EIN SINNVOLLER PLAN GOTTES?

QUAESTIONES DISPUTATAE

Begründet von
KARL RAHNER UND HEINRICH SCHLIER

Herausgegeben von
JOHANNA RAHNER UND THOMAS SÖDING

QD 330

EIN SINNVOLLER PLAN GOTTES?

Internationaler Marken- und Titelschutz: Editiones Herder, Basel

EIN SINNVOLLER PLAN GOTTES?

Von der Teleologie des göttlichen Willens

herausgegeben von
Christoph Böttigheimer und Alexis Fritz

HERDER

FREIBURG · BASEL · WIEN

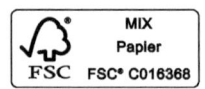

Inhalt

III. Ethik

Vorwort

Der Band basiert auf einem Symposium, das auf Initiative der Lehrstühle für Moraltheologie und Fundamentaltheologie an der Katholischen Universität Eichstätt-Ingolstadt im März 2022 in Ingolstadt stattgefunden hat.

Das Forschungsthema „(K)ein sinnvoller Plan Gottes?" ist interdisziplinär angelegt und berührt verschiedene Themenbereiche der Theologie: Schöpfungslehre, Anthropologie und Ethik. Im Zentrum steht die Frage nach einem Schöpfungs- bzw. Heilsplan Gottes. Gemeinhin bildet die Rede von einem göttlichen Plan eine wichtige und selbstverständliche Grundlage christlicher Theologie. Sowohl in Bezug auf das schöpferische als auch erlösende und heilschaffende Tun Gottes wird von einer grundsätzlichen Teleologie ausgegangen und damit verbunden dem Menschen nicht nur eine besondere Rolle zugedacht, sondern zusammen mit all dem von Gott Geschaffenen auch eine zukünftige Vollendung verheißen. Daraus leitet sich für den Menschen sowohl ein Schöpfungsauftrag als auch ein entsprechendes moralisches Verhalten ab.

Im Gegensatz hierzu wird seitens der Naturwissenschaften, namentlich der Evolutionsbiologie sowie der Kosmologie, eine Naturteleologie mehrheitlich in Abrede gestellt. Dieser Spannung nehmen sich die in diesem Band zusammengeführten Beiträge an. Inwiefern kann in der Theologie begründetermaßen von einem Schöpfungsplan Gottes gesprochen werden? Was könnten konkrete Inhalte sein und worin wäre das Sinnziel auszumachen? Wie könnte ein solcher Schöpfungs- und Heilsplan angesichts der Ergebnisse moderner Naturwissenschaften plausibel gemacht werden? Welche ethischen Implikationen könnten mit ihm verbunden sein? Auf solche und ähnliche Fragen versucht der Band Antworten zu geben.

Ohne die Mithilfe Vieler hätte weder das Symposium stattfinden noch dieser Band entstehen können. Unser Dank gilt darum zunächst allen Referentinnen und Referenten für die spontane und kollegiale Zusammenarbeit sowohl auf der Tagung selbst als auch für die Erstellung ihrer Beiträge. Ohne die finanzielle Unterstützung durch die Maximilan Bickhoff Universitätstiftung, die Eichstätter

Universitätsstiftung sowie die Stiftung „Karpos" hätte die Tagung nicht durchgeführt werden können, wofür wir in besonderer Weise Dank sagen. Ferner gilt unser ausdrücklicher Dank allen, die an der Fertigstellung des Manuskripts mitgewirkt haben. An erster Stelle sind hier Frau Wiebke Brandt, Frau Tabea Kett und Frau Verena Lauerer zu nennen, die bei der Druckfassung der Beiträge maßgeblich mitgearbeitet haben. Nicht zuletzt sei ein besonderer Dank an Frau Edeltraud Halbig ausgesprochen, Sekretärin am Lehrstuhl für Fundamentaltheologie, die geduldig und beharrlich nicht nur die Tagung organisatorisch mit vorbereitet, sondern auch die Korrespondenzen geführt und bei der Registererstellung mitgearbeitet hat. Schließlich sei den beiden Herausgebern der Reihe „Quaestiones disputatae", Frau Johanna Rahner und Herrn Thomas Söding, für die Aufnahme dieses Bandes in die Reihe sehr herzlich gedankt, ebenso Herrn Clemens Carl, Lektor beim Verlag Herder, für die reibungslose und kooperative Zusammenarbeit

Eichstätt, im März 2023
Christoph Böttigheimer
Alexis Fritz

Thematische Hinführung

Christoph Böttigheimer / Alexis Fritz

1. Einführung

Die christliche Theologie geht von der Grundüberzeugung aus, dass, wie es u. a. im Johannesprolog zum Ausdruck kommt, alles, was ist, durch den inkarnierten göttlichen Logos ins Dasein gerufen wurde. Demzufolge kann die Schöpfung nicht anders als logoshaft, d. h. vernünftig gedacht werden. Mit Vernunfthaftigkeit korrelieren nicht Willkür und Zufall, sondern Planmäßigkeit und Sinnhaftigkeit.

Die Heilige Schrift wird von den Schöpfungserzählungen einerseits und dem eschatologischen Ausblick andererseits eingerahmt, wodurch Geordnetheit und Zielgerichtetheit des schöpferischen Tuns Gottes zum Ausdruck gebracht werden. Alles von Gott ins Dasein Gerufene folgt einem bestimmten Plan, insofern es auf ein letztes Sinnziel hingeordnet ist, nämlich am Ende aller Zeiten in den göttlichen Urgrund zurückzukehren, auf dass Gott inmitten seiner Schöpfung wohne.

So vertraut die Rede vom Schöpfungs- und Heilsplan Gottes bzw. von der Wohlgeordnetheit der Schöpfung klingt, so sehr fällt auf, dass die Überzeugung, die Schöpfung werde von Vernunft geleitet, theologischerseits wenig bis kaum plausibel zu machen versucht wird. Augenscheinlich wird die diesbezügliche Leerstelle etwa angesichts sinnwidriger Ereignisse und krisenhafter Szenarien. Weder in der Pandemie noch in der ökologischen Krise wird von einem göttlichen Plan und der verheißenen Zukunft in Form einer neuen Schöpfung gesprochen, sondern oftmals an die Verantwortung des Menschen appelliert. Hängt die Zukunft allein vom Menschen ab? Gibt es demnach doch keinen göttlichen Plan oder aber kann ihn der Mensch gänzlich zunichtemachen? Wie verhält sich offensichtlich Vernunftwidriges zur Vernunfthaftigkeit der Schöpfung und wie lässt sich deren Ausgerichtetheit auf ein göttliches Sinnziel begründen?

Nicht nur das Theodizee-Problem lässt an der Vernünftigkeit und Zielgerichtetheit der Welt zweifeln, auch in Auseinandersetzung mit den modernen Naturwissenschaften fällt es der Theologie zunehmend schwerer, die Rede von einem planmäßigen Schöpfungshandeln Gottes einsichtig zu machen. Hier stellen sich oftmals Fragen, die theologischerseits kaum zur Kenntnis genommen werden, weil Schöpfungslehre, Hamartiologie, Soteriologie und Eschatologie vielfach anthropozentrisch verengt sind. Wird indes die kosmische Dimension mit in Betracht gezogen, stellen sich sogleich eine Reihe ganz grundlegender Fragen: Wie lässt sich beispielsweise der Sündenfall des Menschen so denken, dass er Auswirkungen auf das gesamte Universum hat und darum die Schöpfung insgesamt in „Geburtswehen" (Röm 8,22) liegt? Wie sollte es dem erst seit ca. 10.000 Generationen (ca. 200.000 Jahren) existierenden Menschen überhaupt möglich gewesen sein, den schöpferischen Plan für ein bereits seit 13,7 Milliarden Jahren bestehendes Universum von unvorstellbarem Ausmaß in Unordnung zu bringen? Wie kann angesichts einer sich selbst organisierenden Natur, die von natürlicher Selektion im Zusammenspiel mit Zufallsprozessen geprägt ist, die Rede von der Vernünftigkeit und Sinnhaftigkeit der Welt einsichtig gemacht werden? Stellen die Autonomie von Mensch und Welt einen Schöpfungsplan, der womöglich auf die Zufallsbereiche fokussiert ist, nicht grundsätzlich infrage? Wenn Schöpfungslehre und Eschatologie miteinander zu korrelieren haben, weshalb existiert dann keine elaborierte kosmologische Eschatologie? Mit kritischen Anfragen an einen göttlichen Schöpfungsplan setzen sich die Beiträge des ersten Teils dieses Bandes auseinander.

Mit der Rede vom göttlichen Schöpfungs- und Erlösungsplan verbinden sich noch weitere Fragen, die sich insbesondere auf den Menschen und seine Um- und Mitwelt beziehen. Anthropologischen Fragen- und Problemstellungen ist der zweite Teil dieses Bandes gewidmet. Während die Bibel von der Gottebenbildlichkeit des Menschen spricht (vgl. Gen 1,26f.; 5,1; 9,6) und die katholische Glaubenslehre davon ausgeht, „dass der Mensch die einzige von Gott um ihrer selbst willen gewollte Kreatur ist" (GS 24), wird seitens der biologischen Evolution die grundlegende Abhängigkeit und das prinzipielle Angewiesensein des Menschen auf alle anderen Mitgeschöpfe betont und die Sonderstellung bzw. eine besondere Wertigkeit des Menschen gegenüber der Natur infrage gestellt. Ist der Mensch „Krone der Schöpfung" oder lediglich eine der jüngsten Blüten am Baum der Evolution, die womöglich in den nächsten Milliarden von Jahren durch eine andere Art von Hominiden bzw. Spezies oder gar durch ein posthumanes Wesen abgelöst werden wird?

Ferner stellt sich die Frage, ob sich aus dem göttlichen Willen bzw. der Schöpfungsordnung ethische Implikationen ableiten lassen. Haben sich solche Ableitungen angesichts der evolutiven Einbindung des Menschen in die Biosphäre und einer grundsätzlichen Ungerichtetheit und Offenheit des evolutiven Prozesses nicht längst als obsolet erwiesen? Nach wie vor hält das kirchliche Lehramt insbesondere in der Sexualmoral an scheinbar durch die Schöpfungsordnung vorgegebenen Regeln und Normen fest. Kann eine solche Argumentation heute noch aufrechterhalten werden? Aus einer dezidiert philosophisch- und theologisch-ethischen Perspektive befasst sich der dritte und letzte Teil dieses Bandes mit der Frage, ob und inwiefern von einem göttlichen Plan berechtigter- und sinnvollerweise gesprochen und welche ethische Schlussfolgerung aus ihm abgeleitet werden kann.

Der Band möchte einen Beitrag zur Klärung des Axioms christlicher Theologie leisten, nämlich der Rede vom göttlichen Schöpfungs- und Heilsplan, dem gemessen an seiner Bedeutung für die Theologie oftmals viel zu wenig Beachtung geschenkt wird. Auf diese Weise, so die Hoffnung, möge die Theologie transdisziplinär auskunftsfähiger werden.

2. Überblick

Sachlogisch und der biblischen Chronologie folgend, wenden sich die ersten Beiträge der Schöpfungsthematik zu. *Kristin Weingart* geht anhand des Schöpfungsberichts in Gen 1,1–2,3 und der Paradieserzählung in Gen 2,4b–3,24 der Frage nach, inwiefern sich nach biblischem Zeugnis mit der Schöpfung ein göttlicher Plan verbindet. In beiden Schöpfungstexten würde ein logisch-stringentes, planvolles Handeln Gottes beschrieben, an dessen Ende ein stabiler Zustand stehe, der sich allerdings von der Lebenswirklichkeit deutlich unterscheide. Zwar bestünden durchaus Gemeinsamkeiten, letztlich aber entspräche die reale Lebenswelt nicht der als völlig konfliktfrei und heilvoll beschriebenen Schöpfungswelt. Der stabile Urzustand markiere deshalb keinen Schlusspunkt, sondern weise über sich hinaus. Schon bald würde von einem tiefgreifenden Bruch gesprochen, der in der priesterlichen und nichtpriesterlichen Erzähllinie zwar je anders zur Darstellung komme, gemeinsam aber sei, dass es zu einem nachfolgenden Neuanfang komme. Dieser indes würde den Urzustand nicht einholen, wodurch die ätiologischen Erzählungen der gegenwärtigen Lebenswelt Rechnung tragen würden. Wie der Bruch in Bezug auf die göttliche Planungskompetenz zu bewerten sei, bleibe insofern offen, als die Ursache des Bruchs nicht genannt würde. Damit würden die Schöpfungserzählungen auch keine unmittelbare Auskunft über einen göttlichen Plan geben, wohl aber formuliert Weingart abschließend drei Thesen zur Funktion des „durchkreuzten Plans", die sie zur Diskussion stellt.

Der Beitrag von *Dirk Ansorge* befasst sich gleichfalls mit der Frage nach einem sinnvollen und zielgerichteten Schöpfungsplan Gottes. Der Fokus liegt dabei auf den metaphysischen Implikationen des malum morale. Um diese adäquat erfassen zu können, wird zunächst, ausgehend von der metaphysischen Grundfrage, warum überhaupt etwas ist und nicht vielmehr nichts, der Gottesbegriff zu klären versucht. Näherhin geht es um die metaphysischen Eigenschaften Gottes und um die Denkmöglichkeit, dass ein freier Schöpfergott die Welt in einem zeitlichen Anfang ins Dasein gerufen hat. In diesem Zusammenhang wird auf die trinitarische Natur Gottes eingegangen. Mit einem freien Schöpfungsakt verbänden sich eine Absicht und ein Ziel: die Autonomie der Welt, genauer: eine autonome Freiheit. Eingeräumt wird, dass eine daraus resultierende Anthropozentrik durchaus unter Ideologieverdacht geraten könnte. Mehr noch aber werfe sie die Frage auf, ob ein schuldhaft herbeigeführtes Ende der menschlichen Zivilisation nicht unweigerlich das Scheitern des göttlichen Plans bedeuten müsse. Letztlich richte sich die Hoffnung des Glaubenden darauf, dass sich Gott für die Erschaffung der Welt mit all ihrem unsäglichen Leid selbst einmal rechtfertigen werde.

Insbesondere im Blick auf naturwissenschaftliche Erkenntnisse fragt *Christoph Böttigheimer*, inwiefern die Theologie mit der Schöpfung begründetermaßen einen sinnvollen Plan in Verbindung bringen könne und unter welchen Bedingungen davon auszugehen sei, dass ein darin intendiertes Ziel auch tatsächlich erreicht würde. Von der Differenz zwischen organischer Teleologie und Handlungsteleologie ausgehend wird zunächst darauf hingewiesen, dass die Zweckgeordnetheit der Naturprozesse nicht mit Intentionalität in Verbindung gebracht oder aus ihr gar die Evidenz eines planvollen, zielgerichteten Handelns Gottes abgeleitet werden dürfe. Eine Theologisierung naturwissenschaftlicher Ergebnisse verbiete sich. Die Annahme eines Schöpfungsplans gründe in der Offenbarung Gottes und ziele auf die Vollendung von allen und allem. Die Realisierung dieses Ziels müsse wissenschaftskonform gedacht werden können. Bezogen auf ein mögliches Einwirken Gottes auf die Weltwirklichkeit werden drei aktuelle Denkmodelle vorgestellt, die sich bei genauerer Untersuchung jedoch allesamt als problembehaftet erweisen würden. Auch im Blick auf die menschliche Freiheit falle es der Theologie schwer, die Realisierung des Schöpfungsziels plausibel zu denken. Die Heilsvollendung von allen und allem bedinge eine starke Souveränität Gottes. Doch auch dann blieben noch Fragen offen, die u. a. die Erlösungsbedürftigkeit der außermenschlichen Schöpfung sowie die Heilsbedürftigkeit des Menschen beträfen.

Im Beitrag von *Andreas Reitinger* wird im Kontext der Rede von einem Plan Gottes der Blick gleichfalls universalkosmologisch geweitet. Dies geschieht bewusst, weil in den schöpfungstheologischen und eschatologischen Theoriebildungen nach wie vor eine Tendenz in Richtung eines heilsgeschichtlichen Anthropozentrismus und damit einer Unterbestimmung der kosmischen Perspektive auszumachen sei. Die These von der „Kosmosvergessenheit" in der Eschatologie wird sodann durch die Analyse verschiedener eschatologischer Konzepte, die entsprechend ihres Verhältnisses zu einer kosmischen Eschatologie schematisiert werden, begründet. Am Ende werden Perspektiven für eine kosmos-bewusste Schöpfungstheologie und Eschatologie formuliert, die Gottes Plan Rechnung tragen: Ihm gehe es immer um die gesamte Wirklichkeit, die er zum Heil führen möchte.

Wurde im ersten Teil des vorliegenden Bandes die Frage nach einem Plan Gottes ausgehend von der Schöpfung reflektiert, beschäftigen sich die Beiträge des zweiten Teils mit dem Menschen. Im Blick auf die Umweltbewegung und ökologische Wissenschaft macht *Michael Rosenberger* darauf aufmerksam, dass der christliche Anthropozentrismus in den 1960er-Jahren mit der Umweltkrise in Verbindung gebracht und seither kritisch angefragt wird. Papst Franziskus halte in seiner Enzyklika „Laudato si'" an einer anthropozentrischen Perspektive nach wie vor fest, möchte aber zugleich dem Anliegen des Bio- und Ökozentrismus ansatzweise Rechnung tragen. An diese Feststellung schließt eine terminologische Präzisierung der Begriffe

„Anthropozentrismus" und „Anthropozentrik" an. Ursprünge für die Theologie der christlichen Schöpfungslehre werden sodann im griechischen, näherhin stoischen Anthropozentrismus ausfindig gemacht, hätten sich doch deren beider Prämissen – gütige Vorsehung der Götter und Vernunftbegabung des Menschen – gut mit dem Schöpfungsplan verbinden lassen. Die Folge sei allerdings die Preisgabe des biblischen Biozentrismus gewesen. Womit man heute den Anthropozentrismus auch immer zu ersetzen versuche, ob durch Patho-, Bio- und Ökozentrismus, auf eine Teleologie könne nicht gänzlich verzichtet werden. Damit sei die Rede von einem göttlichen Schöpfungsplan nicht gänzlich abwegig, nichtsdestotrotz sollte sie mit größter Zurückhaltung verwendet werden.

Die Plausibilität der Rede von einem göttlichen Plan steht heute u. a. aufgrund kosmologischer Einwände infrage. *Wolfgang Schoberth* macht in seinem Beitrag deutlich, dass die Gewichtigkeit dieser Einwände von Veränderungen in der Plausibilitätsstruktur herrührt, näherhin von der Fragmentierung der Sprach- und Wissensbereiche und damit verbunden der Semantiken. In der theologischen Semantik gehe es nicht um die Erfassung eines göttlichen Plans, sondern in erster Linie um das Leben, näherhin um die Stellung des Menschen vor Gott, nicht zuletzt im Verhältnis zu den nichtmenschlichen Geschöpfen. Vor diesem Hintergrund reflektiert Schoberth sprachphilosophisch über den Ausdruck ‚Plan Gottes' als anthropomorphe Metapher. Ein spekulatives Nachdenken, wie heute die wissenschaftliche und religiöse Semantik miteinander verbunden (nicht vermischt) werden könnten, bildet den Abschluss. Im Glauben sei durchaus eine Teleologie auf Gott hin erkennbar, gleichwohl aber bleibe sowohl Gott als auch sein Plan für den Glaubenden unerforschlich.

Christina Aus der Au setzt sich mit dem göttlichen Zuspruch der Gottebenbildlichkeit des Menschen auseinander und fragt, ob dieser eine bestimmte Entwicklungsstufe in der Hominisation voraussetze. Gemeinhin würde er auf den Homo sapiens sapiens bezogen, was jedoch eine dynamische Sichtweise Gottes wie des Menschen ausschlösse. Im Blick auf die evolutionsbiologischen Erkenntnisse fragt Aus der Au bewusst nach einem prozessualen Verständnis der Gottebenbildlichkeit und damit verbunden nach einem geschichtlichen Verständnis von Gott. In diesem Zusammenhang kommt sie auf die Prozesstheologie Alfred North Whiteheads zu sprechen. Ihr gemäß müsse die Gottebenbildlichkeit radikal relational und prozessual gedacht werden. Sie sei nicht auf ein Geschöpf mit einer bestimmten Entwicklungsstufe zu beziehen, sondern als Gottes Vision beseele und treibe sie die Schöpfung von Anfang an an und motiviere die Geschöpfe, ihr Potential auszuschöpfen. In Jesus Christus schließlich würde das wahre Bild Gottes für den Menschen ansichtig, das als solches jedoch nicht in dieser Person fixiert sei, sondern dem Menschen die Augen für die Möglichkeiten öffne, sein subjective aim an das initial aim anzugleichen. Indem die Gottebenbildlichkeit prozesstheologisch gedeutet wird, kommt eine Teleologie der Schöpfung zum Ausdruck.

Auf die Zukunft der Menschheit richtet *Reinhold Esterbauer* seinen Blick, indem er sich mit dem Transhumanismus und Posthumanismus befasst. Da Letzterer sowohl ein anthropozentrisches Schöpfungsziel als auch ein göttliches Erlösungshandeln obsolet erscheinen lasse, fragt Esterbauer, welches Menschenbild eine solche Vorstellung impliziere und welche Konsequenzen sich hieraus für das theologische Denken möglicherweise ergeben. In den trans- oder posthumanistischen Theorien tauche eine neue Vorstellung von Zweck oder Ziel auf: Die technologische Entwicklung treibe hin zur Entfaltung aller technischer Potentiale; an die Stelle der Naturteleologie trete eine Technikfinalität. Eine theologische Soteriologie sei für eine sich selbst erlöste Welt und damit für leibfreie, moralisch schuldfreie und unsterbliche posthumane Wesen ebenso bedeutungslos wie ein göttlicher Plan. Letztlich lasse die posthumanistische Superintelligenz selbst eine individuelle Individualität hinter sich und erwecke den Eindruck, ‚alles in allem‘ zu sein. Die vom Trans- und Posthumanismus intendierte Zukunftsvorstellung ließe zwar Gemeinsamkeiten mit der christlichen Eschatologie und Anthropologie erkennen, doch würde nicht deutlich, worin die intrinsische Zielgerichtetheit der Technik gründe, was es mit der menschlichen Freiheit angesichts einer den göttlichen Erlösungsplan entbehrenden Selbstoptimierung des Menschen auf sich habe und was Leiblichkeit im Unterschied zu biochemischen und physiologischen Gegebenheiten ausmache.

Ulrich Lüke geht in seinem Beitrag davon aus, dass der göttliche Plan nicht bekannt ist und darum auch nicht gewusst werden kann, ob so etwas wie eine ‚Krone der Schöpfung‘ vorgesehen sei. Zwar könne im Glauben ein göttlicher Schöpfungs- und Heilsplan und

damit verbunden eine Sonderstellung des Menschen erahnt werden,
doch im Blick auf die gesamte Biologie würden sich weitergehende
Schlussfolgerungen verbieten. Umgekehrt aber sei durch die Naturwissenschaft eine dem Menschen theistisch-deutend zugeschriebene
Nobilitierung ebenso wenig widerlegbar. Im Transzendenzbewusstsein des Menschen könne ein Argument für dessen theologische Nobilitierung ausfindig gemacht werden, das vielleicht auch seitens der
Naturwissenschaften Akzeptanz fände. Jedenfalls reiche der Verweis
auf den Zufall nicht aus, um die Annahme eines göttlichen Planes
grundlegend zu destruieren. Aus evolutionstheoretischer Perspektive
sei freilich nicht auszuschließen, dass der Mensch momentan lediglich eine Art „Pole-Position" einnehme und die evolutive Entwicklung über ihn hinwegschreite. Dass der Mensch indes sich selbst
und damit seine Geschöpflichkeit überwinden könne, stelle eine metaphysisch unbegründete Hypothese dar.

Die Beiträge des dritten Teils erörtern das Thema eines Plans Gottes
in Verbindung mit substantiellen, historischen wie gegenwärtigen
Herausforderungen der Metaethik und der normativen Ethik. In
diesem Zusammenhang werden die Möglichkeit und die Bedeutung
des Sprechens von einem Plan Gottes durchaus differenziert und
kontrovers philosophisch- wie theologisch-ethisch betrachtet.
    Matthias Perkams stellt fest, dass in der Geschichte des christli-
chen Denkens der Begriff „Plan Gottes" weniger gebräuchlich ist
als die Begriffe „Vorsehung", „Verwaltung der Dinge" oder „ewiges
Gesetz". Der anschließende Vergleich zwischen der stoischen Idee
und der christlichen Annahme eines göttlichen Plans zeige analoge
Herausforderungen sowie christliche Proprien. Laut Perkams bieten
neuplatonisch denkende Personen, wie es z. B. die meisten mittelalterlichen Aristoteliker waren, in ihrer Reflexion der göttlichen
Transzendenz, des menschlichen Urteilens und kausaler, weltlicher
Zusammenhänge elegante Antworten auf die Kernfragen eines göttlichen Plans an: Hatte Gott die Wahl, welche Welt er schaffen will?
Wie verhält sich die göttliche Freiheit zur Möglichkeit eines freien
menschlichen Handelns? Perkams skizziert die alternativen Argumentationen (u. a. Boethius, Augustinus, Abaelard, Thomas von
Aquin und Johannes Duns Scotus), mit denen diese Herausforderungen bewältigt wurden. Anschließend arbeitet er den systematischen Vorteil der Idee eines göttlichen Plans heraus. Anhand von

Thomas von Aquins Lehrstück des ewigen Gesetzes (lex aeterna) erklärt Perkams, wie das Postulat eines göttlichen Plans den hypothetischen Rahmen für Einzelhandlungen bieten könne. Thomas' neuplatonische Perspektive eines göttlichen Willens erlaube keineswegs direkte Schlussfolgerungen, was einzelne Menschen in einer konkreten Situation tun sollen. Vielmehr müsse jeder einzelne Akteur rational prüfen, welche Handlungsmöglichkeit im Einzelfall die richtige ist. Die Annahme, dass das ewige Gesetz die höchste Norm sei, aber vom Menschen in seiner Komplexität nicht zur Gänze erfasst werden könne, müsse partikularistisch verstanden werden. Bei Thomas begründe die Annahme des ewigen Gesetzes die Unhintergehbarkeit individueller und situativer moralischer Urteile.

Der nicht-theologische Teleologiebegriff gehört substantiell zu den theologischen Konzepten von „Schöpfung" und „Vorsehung". *Henning Tegtmeyer* erarbeitet in seinem Beitrag ein differenziertes und präzises Teleologie-Verständnis. Dadurch können auch Einseitigkeiten und Missverständnisse in der Theodizee-Debatte korrigiert werden. Spätestens in der Philosophie der Neuzeit wurde die Annahme von Finalursachen zur Erklärung von Weltzusammenhängen problematisiert. Hingegen behielten intentionale Teleologien in Handlungstheorien ihre Gültigkeit – abgesehen von wenigen Minderheitenpositionen (z. B. reduktiver Materialismus). Auch in der Philosophie werde zu viel und Unterschiedliches in die Kategorie Teleologie hineingelesen. Anhand von Beispielen aus der Biologie zeigt Tegtmeyer, wie unverzichtbar die begriffliche Differenzierung zwischen einer internen und externen und zwischen einer immanenten und transzendenten Teleologie sei. In der Philosophie wurde der Teleologie-Gedanke durch die Metaethik des 20. Jahrhunderts rehabilitiert. Insbesondere moderne Tugendethikerinnen und Tugendethiker, die einem nichtreduktiven aristotelischen Naturalismus zugeordnet werden können, betrachten menschliche Verhaltensweisen in Bezug auf das menschliche Gedeihen. Zwar blenden auch diese Theorien zentrale Sachverhalte und Herausforderungen der Ökologie menschlichen Zusammenlebens aus, dennoch könne die Perspektive des Aristotelischen Naturalismus für eine verengte Theodizee-Debatte befreiend sein. So verfehlt laut Tegtmeyer jede Theodizee-Debatte ihr Ziel, „wenn sie nicht ausgeht von der dynamischen Ordnung des Lebendigen als einer ökologischen Ordnung, welche theologisch als göttlich geschaffen interpretiert wird und in welcher für die Menschheit, abermals theologisch gesprochen, eine bestimmte Rolle vorgesehen ist".

Weil sie dem Plan Gottes widersprechen, verbietet das katholische Lehramt die künstliche Empfängnisverhütung, die vor- und außereheliche Sexualität oder die Segnung von homosexuellen Paaren. Unabhängig davon, unter welchem naturmetaphysischen oder personalistischen Vorzeichen diese Art von Begründung geschehe, bestünden gegen diese – laut *Stephan Ernst* – gravierende nichttheologische wie theologische Einwände. Unter anderem werde ihr vorgehalten, zirkulär zu sein, auf höchst fragwürdigen naturteleologischen wie anthropologischen Voraussetzungen zu gründen oder einen Naturalistischen Fehlschluss zu begehen. Ebenso ist es für Ernst aus theologischer Sicht unzulässig und unverantwortlich, einzelne moralische Normen aus einem besonderen Plan Gottes abzuleiten, weil ohnehin alles, was ist – Heil und Unheil –, restlos auf den allgemeinen Plan Gottes zurückzuführen sei. Dagegen seien moralische Normen und ihr Anspruch „innerweltlich" mit der menschlichen Vernunft und Erfahrung zu begründen. Hinsichtlich moralischer Normaussagen und der Rede von Gottes Plan sei zu unterscheiden „zwischen dem *Grund der Geltung* einzelner moralischer Weisungen einerseits und der *Motivation zum ethischen Handeln* andererseits. Ebenso sei zu unterscheiden zwischen dem *geschichtlich vermittelten Prozess der realen Einsicht* in moralische Normen und dem *Grund ihrer Gültigkeit*". Eine legitime Begründungmöglichkeit moralischer Normen, welche die Ambivalenz menschlichen Handelns würdigt, ist für Ernst das Verhältnismäßigkeitsprinzip: Die Verhältnismäßigkeit im Handeln bestehe darin, „im Blick auf das jeweilige Gut, das man erreichen will, nicht mehr Übel und Schäden als erforderlich zu verursachen oder zuzulassen".

Christof Breitsameter geht der Frage nach, ob die Rede von einem Plan Gottes normativ signifikant sein kann. Hierbei konzentriert er sich auf die epistemologischen Herausforderungen, denn ein Plan Gottes, der existiert, für uns aber nicht erkennbar ist, hat in normativer Hinsicht als belanglos zu gelten. Breitsameter diskutiert unterschiedliche konzeptionelle Entwürfe und zeigt, dass der Begriff „Plan Gottes" ungeeignet ist, um die Genese oder Geltung von Moralsystemen zu erläutern: Aporien und Absurditäten hinsichtlich göttlichen Wissens und menschlicher Freiheit sprechen gegen den „kühnen" Versuch, Gottes Plan als einen Anspruch zu verstehen, den jeder Mensch en détail in seiner Situation oder in wichtigen Belangen zweifelsfrei erkennen könne. Alternativ kann sich die Rede vom Plan Gottes auf Naturgesetze, Kausalitäten beziehen. Kritisch setzt sich Breitsameter mit der theologiegeschichtlichen Lehre der Spezialprovidenz auseinander: Angenommen, Gott greife in die Naturläufe heilsgeschichtlich ein, dann bliebe der Mensch in der Schwebe, ob er auf Gottes Souveränität oder auf seine eigenen Kräfte vertrauen soll. Ebenso lehnt Breitsameter einen normativen Konnex zwischen den Vorstellungen einer evolutionären Zielgerichtetheit der menschlichen Natur und einem Plan Gottes ab. Die Natur des Menschen selbst sei nicht normativ signifikant. Es ließen sich höchstens Moralsysteme plausibilisieren, mit denen gezeigt werde, dass diese im Gebrauch der menschlichen Natur nicht zufälligen, sondern kontingenten Vernunft- und Sozialzwecken entsprechen bzw. den kontingenten Erfordernissen angepasst sind. Dagegen werde die Geltung einer Norm durch Vernunftgründe anerkannt. Die dazu angemessene normative Einstellung eines Subjekts enthält unterschiedliche Rationalitätstypen, die es insgesamt erlaubten, von einem sinnvollen Plan zu sprechen.

Was steckt hinter der bindenden Kraft des Normativen, wenn wir uns schon längst mit den Worten von G. E. M. Anscombe von der Vorstellung eines göttlichen Gesetzes oder Gesetzgebers verabschiedet haben? In einem ersten Schritt zeigt *Alexis Fritz,* dass normative Überzeugungen und Sprache auf unterschiedlichen, aufeinander bezogenen Ebenen (Handlungskraft, Semantik, Ontologie und Epistemologie) metaethisch untersucht werden können. Weitgehend sei man sich darin einig, dass Normativität praktisch und objektiv sei. Anschließend verortet Fritz in dieser metaethischen Diskussionslandschaft zwei moderne, von Thomas von Aquin inspirierte, vernunfttheoretische Naturrechtsmodelle. Diese rechtfertigen das Verbindliche von Normen weder mit einem göttlichen noch physikalischen Gesetz, sondern mit menschlichen Willensstrebungen und praktischen Vernunftprinzipien. Das Wesen von „Normativität" hat in jüngster Zeit Ralph Wedgwood innerhalb eines sogenannten „conceptual role approach" mithilfe des Begriffs „Plan" systematisch entfaltet. Demnach verpflichtet man sich in einem normativen Sprechakt auf grundlegende Rationalitätsregeln und nicht auf irgendein mysteriöses Wirklichkeitsverständnis oder eine magische Erkenntnisfähigkeit. Zuletzt wird geschichtlich skizziert, wie sich innerhalb der deutschsprachigen Moraltheologie der Gedanke durchsetzte, dass moralische Urteile nur durch vernünftiges Denken eines konkreten Subjekts begründet werden können. Im Kontext des Glaubens könne der Planbegriff eine transzendentale, unthematische Kategorie sein, wo es letztlich um die Öffnung des Subjekts gegenüber Anderen und ihren Ansprüchen geht.

I.
Schöpfung

Durchkreuzte Pläne?

Bruch und Neuanfang in alttestamentlichen Schöpfungstexten

Kristin Weingart

Der Chor alttestamentlicher Schöpfungsaussagen erklingt bekanntlich vielstimmig: Da ist das jubelnde Lob des chaosbändigenden Schöpfergottes (Ps 29), das getragene Staunen über die wunderbare Ordnung (Ps 104), der dissonante und nicht zuletzt an der Schöpfung aufbrechende Zweifel daran, ob diese Ordnung der menschlichen Erkenntnisfähigkeit zugänglich ist (Prov 10,7), aber auch das schrille Auftönen chaotischer Elemente, nicht jenseits oder vor, sondern mitten in der Schöpfung (Hi 38–40). Alttestamentliche Schöpfungsaussagen und -vorstellungen lassen sich nicht ohne Weiteres systematisieren[1] und das gilt auch für die Frage nach einem göttlichen Plan hinter und mit der oder auch für die Schöpfung.

Im Folgenden kann es daher auch nicht um allgemeine Aussagen über „die" Schöpfungstheologie im Alten Testament gehen, sondern die Frage nach dem göttlichen Plan soll anhand der zwei Schöpfungserzählungen diskutiert werden, die die Genesis und damit das Alte Testament eröffnen: der Schöpfungsbericht in Gen 1,1–2,3 und die Paradieserzählung in Gen 2,4b–3,24.[2]

---

[1] Instruktive Überblicke zu alttestamentlichen Schöpfungsvorstellungen liefern z. B. *A. Schellenberg*, Art. Schöpfung (AT), in: WiBiLex 2016, https://www.bibelwissenschaft.de/stichwort/27281/, oder *J. Jeremias*, Theologie des Alten Testaments (Grundrisse zum Alten Testament 6), Göttingen 2015, 325–350.

[2] Gen 2,4a rückt zwischen die beiden Schöpfungstexte. Hierbei handelt es sich um eine sog. Toledot-Formel, die den Auftakt zu einer Kette von zusammengehörigen Gliederungssignalen innerhalb der Genesis bildet (vgl. Gen 5,1a; 6,9a; 10,1a; 11,10a.27a; 25,12a.19a; 36,1a; 37,2a). Diese Toledot-(„Hervorbringungen")Überschriften leiten jeweils den Abschnitt über die folgende Generation ein; so sind etwa die „Toledot Isaaks" (25,19a) die Geschichte Jakobs. Die Überschrift in Gen 2,4a אלה תולדות השמים והארץ בהבראם („Diese sind die Hervorbringungen des Himmels und der Erde bei ihrem Geschaffenwerden") greift Leitworte des Schöpfungsberichtes in Gen 1,1–2,3a auf, bezieht sich aber auf die Paradieserzählung in Gen 2,4b–3,24, die Erzählung von Kain und Abel in Gen 4,1–16 sowie die Kainiten- bzw. Setitenstammbäume. Literargeschichtlich sig-

1. Gut geplant, aber …

Der Schöpfungsbericht in Gen 1,1–2,3 beschreibt die Schöpfung als ein ebenso wohlüberlegtes wie wohlstrukturiertes und planvolles göttliches Handeln. Dies zeigt sich bereits an der Textoberfläche. Diese ist gekennzeichnet durch die rhythmische Aufnahme wiederkehrender Elemente,[3] die dem Text ein stark strukturiertes Gepräge geben. Dass er dennoch nicht starr schematisch wirkt, liegt an der Vielzahl kleinerer Variationen. So erfolgt die Zählung der Tage ab dem zweiten Tag jeweils mit יום „Tag" + Ordinalzahl (so in V. 8.13.19.23.31), beim ersten Tag (V. 5) ist das Nomen יום mit der Kardinalzahl אחד verbunden: „ein Tag".[4] Über die Billigungsformel sind die einzelnen Schöpfungsetappen jeweils als טוב „gut" charakterisiert (V. 4.10.12.18.21.25), am sechsten Tag und in Bezug auf die gesamte Schöpfung ist das Urteil zu טוב מאד „sehr gut" variiert.[5]

Trotz oder vielmehr innerhalb dieser starken narrativen Strukturierung entwickelt der Schöpfungsbericht eine innere Dynamik. Er läuft auf einen doppelten Höhepunkt zu: auf die Erschaffung des

---

nifikant ist dabei, dass die Toledot-Struktur zu den priesterlichen Elementen der Genesis gehört, hier aber als Verbindungsstück für priesterliches und nicht-priesterliches Material fungiert (vgl. dazu *E. Blum*, Art. Urgeschichte, in: TRE 34 (2002), 436–445, hier 443). Dies zeigt an, dass den priesterlichen Autoren die nicht-priesterliche Urgeschichte bei der Zusammenarbeit vorlag (zur Forschungsdiskussion um das Verhältnis von priesterlicher und nicht-priesterlicher Urgeschichte vgl. den Überblick bei *J. Ch. Gertz*, Das erste Buch Mose Genesis. Die Urgeschichte Gen 1–11 (ATD 1), Göttingen 2018, 5–18).

[3] Diese sind u. a. ויאמר אלהים „und Gott sagte" (8x in V. 3.6.9.14.20.24.26.29), וירא אלהים „und Gott sah" (7x in V. 4.10.12.18.21.25.31), ויהי ערב ויהי בקר „und es wurde Abend, und es wurde Morgen" (6x in V. 5.8.13.19.23.31). Sie sind u. a. zusammengestellt bei *G. Fischer*, Genesis 1–11 (HThKAT), Freiburg i. Br. 2018, 120; die Strukturierung über die verschiedenen Formeln ist ausführlich besprochen bei *W. Bührer*, Am Anfang … Untersuchungen zur Textgenese und zur relativ-chronologischen Einordnung von Gen 1–3 (FRLANT 256), Göttingen 2014, 52–73, 83–87.

[4] Das ist nicht nur eine stilistische Variation, sondern hat auch die inhaltliche Implikation, dass hier aus Abend und Morgen zum ersten Mal „ein Tag" und damit die Grundstruktur der folgenden Ordnung entsteht (vgl. *D. M. Carr*, Genesis 1–11 (IECOT), Stuttgart 2021, 58).

[5] Für *G. Fischer*, Genesis (s. Anm. 3), wird damit zugleich die Schöpfung charakterisiert: „Was er [Gott] hier schafft, zeichnet sich sowohl durch Ordnung und Regelmäßigkeit als auch durch Flexibilität aus" (120).

Menschen am sechsten Tag und auf die Ruhe am siebten Tag. Beide
Höhepunkte sind wiederum strukturell betont. So bietet der sechste
Tag eine doppelte Steigerung gegenüber den übrigen Tagen. Den
dritten und den sechsten Tag kennzeichnet ein doppeltes Schöp-
fungswirken, jeweils eingeleitet mit ויאמר אלהים „und Gott sprach".
Damit sind die sechs Tage in zwei 2+1 Gruppen gegliedert.[6] Am
sechsten Tag wird die Doppelstruktur aus Tag drei noch um die aus-
führliche Bestimmung zur Verteilung der Nahrungsgrundlagen erweitert. Der sechste Tag überbietet quantitativ, d. h. im Blick auf
die Textmenge alle vorhergehenden Tage und führt auch über inhaltliche Wiederaufnahmen Linien zum Abschluss, die sich aus den
vorhergehenden Tagen ergeben. So greift etwa die Verteilung der
Nahrungsgrundlagen auf die Schöpfungswerke vom dritten Tag
(1,29f. → 1,11f.) und der Mehrungssegen für die Menschen auf den
gleichlautenden Segen für die Tiere am fünften Tag (1,28 → 1,22)
zurück. Der siebte Tag fällt aus der übrigen Struktur heraus und ist
schon auf diese Weise abgesetzt und als besonderer Tag markiert.
Zudem sind Gen 2,1–3 durch zahlreiche Stichwortaufnahmen mit
1,1–2 verknüpft, so dass sich eine Rahmung um den gesamten
Schöpfungsbericht ergibt.[7]

In der Sache erschafft bzw. ordnet Gott den Kosmos in einer
Abfolge von Bifurkationen,[8] so dass sich eine genealogisch anmuten-
de Struktur ergibt. Ohne Rückschritte baut die Abfolge stringent
aufeinander auf. Das Ergebnis ist eine räumlich wie zeitlich klar
strukturierte Lebenswelt. Sie ist eingeteilt in verschiedene (Lebens-)
Bereiche und gekennzeichnet durch eine konfliktausschließende
Verteilung der Ressourcen. Exemplarisch wird dies am Beispiel der
Nahrung ersichtlich: Die Menschen essen von den Früchten der
Bäume, die Vögel und Landtiere vom Kraut der Erde (1,29f.). Die
Nahrungsgrundlagen sind klar getrennt, die Option tierischer Nah-
rung kommt weder für den Menschen noch für die Tiere in den
Blick.[9] Der erreichte Zustand ist also frei von Gewalt und Tötung

---

[6] Vgl. *W. Bührer*, Am Anfang (s. Anm. 3), 139.
[7] Vgl. das Diagramm bei *G. Fischer*, Genesis (s. Anm. 3), 121.
[8] So *F. Cramer,* Der Zeitbaum. Grundlegung einer allgemeinen Zeittheorie,
Frankfurt a. M. 1996, 123–125 mit dem Schema 126.
[9] So auch *D. M. Carr*, Genesis (s. Anm. 4), 73f., vgl. die Diskussion bei *G. Fischer,*
Genesis (s. Anm. 3), 156–159. *G. J. Wenham*, Genesis 1–15 (WBC 1), Waco 1987,

gedacht.[10] Nach der linearen Abfolge der Schöpfungswerke, der Etablierung von Raum und Zeit und ihrer jeweiligen inneren Ordnung, einer konfliktvermeidenden Zuweisung der Lebensbereiche und dem Erreichen des Abschlusses am siebten Tag kann die Welt nun einschwingen in eine beständige zyklische Sieben-Tage-Struktur – auf Dauer gestellt als aus göttlicher Perspektive „sehr gute" (1,31) Schöpfung.

Auch der zweite Schöpfungstext des Alten Testaments, die Paradieserzählung Gen 2,4b–3,24, stellt an den Anfang die Einrichtung einer Lebenswelt. Hier ist es ein wohlgeordneter Baumgarten, den Gott anlegt, bewässert und bepflanzt (2,8f.) und in den er dann den Menschen setzt, ihn zu bebauen (2,15).[11] Anders als im priesterlichen Schöpfungsbericht wirkt hier nicht alles von vornherein konzipiert und dann Schritt für Schritt umgesetzt. So geht der Erschaffung der Frau ein trial-and-error-Verfahren voraus. Nach der Ankündigung in 2,18, dem Menschen eine Hilfe bzw. ein Gegenüber (עזר כנגדו) zu machen, „formt" Gott zunächst die Tiere. Dieses geschieht ganz ähnlich wie das vorhergehende „Formen" (יצר) des Menschen aus dem „Erdboden" (אדמה). Diese werden zum Menschen gebracht, der sie benennt, wobei hier natürlich nicht an individuelle Eigennamen, sondern an Gattungsbezeichnungen gedacht ist.[12] Im Ergebnis der Erschaffung der Landtiere und Vögel steht jedoch zunächst eine Fehlanzeige. Es ist kein עזר כנגדו für den Men-

---

verweist auf Texte wie Jes 11,6–8 (oder auch Jes 65,25; Hos 2,20) als Analogie, die ebenfalls ein friedliches Miteinander von fleischfressenden und anderen Tieren bzw. Mensch thematisieren (vgl. ebd., 33). So ist in Jes 11,7 im Kontext einer Vision der kommenden Heilszeit auch vom Stroh fressenden Löwen die Rede. Zur Verbindung mit Lev 26 s. u. S. 29.

[10] Laut G. *Fischer*, Genesis (s. Anm. 3), 159, steht hier „der Aspekt des Schutzes alles Lebendigen" im Vordergrund.

[11] Die erzählerische Digression in Gen 2,10–14, die den Baumgarten über eine Kombination aus identifizierbaren und rätselhaften geografischen Angaben irgendwo im Nirgendwo verortet, gilt vielen, aber nicht allen Kommentatoren als sekundärer Eintrag. So gehen die aktuellsten Kommentierungen unterschiedliche Wege: J. Ch. *Gertz*, Genesis (s. Anm. 2), 107f., versteht die sog. Paradiesgeografie als Nachtrag; für D. M. *Carr*, Genesis (s. Anm. 4), 98f., stellt sie einen genuinen Bestandteil der Erzählung dar, der u. U. ältere Traditionen aufnimmt (G. *Fischer*, Genesis (s. Anm. 3), 193–201, diskutiert die Frage nicht). Eine Entscheidung muss hier nicht gefällt werden.

[12] Das gilt zunächst genauso auch für die in Gen 2,23 als אישה und im Wortspiel-

schen unter ihnen, d. h. die Tiere entstehen bezüglich des eigentlichen Vorhabens erst einmal als Fehlversuche, bis das passende Gegenüber für den Menschen gefunden ist. Dieses muss denn auch auf andere Weise und auch unterschieden von der Erschaffung des Menschen geschehen. Nicht aus dem Erdboden, sondern aus dem Mann selbst entsteht die Frau. Womit ätiologisch und in Aufnahme der Formel „Bein von meinem Bein und Fleisch von meinem Fleisch" (עצם מעצמי ובשר מבשרי) die enge Verbundenheit von Mann und Frau hergeleitet wird, die ja bekanntlich die einzige der engsten Familienbeziehungen ist, die nicht auf Verwandtschaft beruht.[13]

Die Paradieserzählung zeichnet das göttliche Schöpfungshandeln also durchaus offener. Auch hier ergibt sich ein Schritt folgerichtig aus dem anderen, aber das Ergebnis erscheint nicht in gleicher Weise vorherbestimmt und im Voraus geplant. Am Ende von Gen 2 ist aber ebenfalls ein Zustand erreicht, der geordnet ist, von Dauer sein könnte und nicht auf Veränderung angelegt ist – zumindest nicht auf den ersten Blick. Der Garten ist gepflanzt und bewässert, Menschen und Tiere leben wohlversorgt im Garten. Da den Menschen der Baum des Lebens[14] zur Verfügung steht, könnten sie auch

---

zusammenhang mit איש bezeichnete Frau. Als Person mit ihrem Eigennamen kommt Eva erst in 3,20 in den Blick.

[13] Zu dieser sog. Verwandtschaftsformel vgl. grundlegend W. Reiser, Die Verwandtschaftsformel in Gen 2,23, in: ThZ 16 (1960), 1–4.

[14] Das Problem der beiden Bäume ist eine alte und vielfach diskutierte crux interpretum der Paradieserzählung; zu den einschlägigen Textbeobachtungen vgl. J. Ch. Gertz, Genesis (s. Anm. 2), 88–90, zu traditionsgeschichtlichen Hintergründen der Baum-Motivik vgl. M. Bauks, Sacred Trees in the Garden of Eden and their Ancient Near Eastern Precursors, in: Journal of Ancient Judaism 3 (2012), 267–301. Löst man diese dahingehend auf, dass die Erzählung eigentlich nur mit einem Baum konstruiert sei, stellt sich die Frage, welcher der beiden als sekundär anzusehen ist. So argumentierte etwa schon H. Gese, Der bewachte Lebensbaum und die Heroen. Zwei mythologische Ergänzungen zur Urgeschichte der Quelle J, in: ders., Vom Sinai zum Zion, München 1974, 99–34, dafür, dass das Lebensbaummotiv nachträglich durch den Baum der Erkenntnis in den Hintergrund gedrängt worden sei (vgl. neuerdings auch wieder D. M. Carr, Genesis (s. Anm. 4), 98). J. Ch. Gertz, Genesis (s. Anm. 2) sieht dahingegen das Lebensbaummotiv in Gen 2,9 als nachgetragen, wobei in der Konsequenz auch 3,22.24 als sekundär beurteilt werden müssen. Für ihn ist das Motiv erst über eine midraschartige Erweiterung, die „eine vertiefte Reflexion über die Sterblichkeit des Menschen in die Paradieserzählung" eingetragen habe (90, vgl. auch 146–149), in den Text ge-

ewig so weiterleben. In beiden Darstellungen, dem Schöpfungsbericht von Gen 1,1–2,3 sowie dem ersten Teil der Paradieserzählung
in Gen 2,4b–25 steht am Abschluss des eigentlichen Schöpfungshandelns Gottes ein stabiler Zustand.

In beiden Fällen entspricht dieser Zustand aber nicht der vorfindlichen Lebenswelt der Adressatinnen und Adressaten.[15] Die geschaffene Welt ist auf die Lebenswelt hin transparent, aber deckt sich
nicht mit ihr. Im Falle des Schöpfungsberichts von Gen 1 ist Ersteres
zweifellos bei der angedeuteten Ordnung von Raum und Zeit gegeben, so etwa in der Abfolge von Nacht und Tag, dem Wechsel von
Mond und Sonne oder auch in der Vorstellung, dass die bewohnbare
Welt ringsum vom Wasser abgegrenzt ist.[16] Diese entspricht dem
gängigen kosmologischen Weltbild der Adressatinnen und Adressaten. Auch der am Ende von Gen 2 erreichte Zustand bietet Bekann-
tes: Der Mensch kann hier einen Garten bearbeiten und bewahren
und er lebt im Gegenüber zu den als different erlebten Tieren bzw.
in enger Bezogenheit von Mann und Frau. Das in der Kapitelüber-
schrift enthaltene „Aber" deutet Letzteres an: Weder die primären
Adressatinnen und Adressaten noch die gegenwärtige Menschheit
und vielleicht auch niemals werden Menschen in einer Friedenswelt
wie jener von Gen 1 leben, in der nicht nur der Mensch, sondern
auch alle Tiere Herbivoren sind und die Verteilung lebensnotwendi-

---

langt. Gegenüber derartigen literarkritischen Ansätzen ist jedoch die Kontrollfra-
ge zu stellen, ob die mit den Bäumen verknüpften Auffälligkeiten als literarkri-
tisch auszuwertende Indizien gelesen werden müssen oder ob sie auch in der spezifischen narrativen Gestaltung der Erzählung begründet sein können. Letztere
beantwortet z. B. E. *Blum*, Von Gottesunmittelbarkeit zu Gottähnlichkeit. Überlegungen zur theologischen Anthropologie der Paradieserzählung, in: ders., Text-
gestalt und Komposition. Exegetische Beiträge zu Tora und Vordere Propheten,
hg. v. W. Oswald (FAT 69), Tübingen 2010, 1–19, dezidiert positiv: „Die beiden
Bäume in der Mitte des Gartens *müssen* nebeneinander stehen" (17, Hervor-
hebung i. O.). Zur zugrundeliegenden Deutung der Paradieserzählung s. u. S. 32f.
[15] Zur historischen Verortung der Texte s. u. (S. 35–37. Letztlich gilt diese Feststellung aber auch für jede historische Epoche bis in die Gegenwart.
[16] Zur altorientalischen Kosmologie bzw. spezifischer dem biblischen Weltbild:
B. *Janowski*, Das biblische Weltbild. Eine methodologische Skizze, in: B. Ego/B.
Janowski (Hg.), Das biblische Weltbild und seine altorientalischen Kontexte
(FAT 32), Tübingen 2001, 3–26, hier 4–12, oder auch der ältere Versuch einer
Visualisierung bei O. *Keel*, Das sogenannte altorientalische Weltbild, in: BiKi 40
(1985), 157–161, hier 161.

ger Ressourcen kein Konfliktpotential mehr birgt. Gleiches gilt für Gen 2: Weder Menschen im alten Israel noch alle späteren Leserinnen und Leser der biblischen Texte leben in einem Garten Eden, wohlversorgt, aber nackt und ohne Scham.

2. Die Lebenswelt und ihre Ätiologie

Mit der Feststellung dieses ambivalenten Verhältnisses zur Lebenswelt kommt ein Zug der Schöpfungserzählungen in den Blick, der ebenso banal wie grundlegend ist. Der Abschluss des göttlichen Schöpfungshandeln markiert nicht das Ende der Geschichte(n). Narrativ ist dies zumindest in Gen 2,4b–25 auch gleich mehrfach angezeigt. Die Regel, die Gott in 2,16f. dem Menschen gibt, dass er von jedem Baum des Gartens, aber nicht vom Baum der Erkenntnis essen dürfe (2,16f.), weckt Leserinnen- und Lesererwartungen. Hier muss etwas passieren.[17] Gleiches gilt für die abschließende Charakterisierung des Menschenpaares als nackt und ohne Scham.[18]

Aber auch darüber hinaus liegt es in der Gattung der Schöpfungserzählungen, dass sie nicht mit Gen 2,3 oder Gen 2,25 enden könnten. Schöpfungserzählungen sind ihrem Wesen nach Ätiologien; sie nehmen ihren Ausgangspunkt bei der Lebenswelt der Adressatinnen und Adressaten und erklären, wie diese so geworden

---

[17] Hier deutet sich gleich eine doppelte Erzählkomplikation an. Zum einen bleibt eine Regelung für den explizit eingeführten „Baum des Lebens" (2,9) offen; ist er in die Erlaubnis, dass der Mensch „von jedem Baum des Gartens" (מכל עץ הגן) essen darf, eingeschlossen? Hierin liegt eine erzählerische Leerstelle, die zum Spekulieren einlädt bzw. die Spannung erhöht (zum Phänomen der Leerstellen als Gestaltungsmittel [nicht nur] alttestamentlicher Erzählungen, vgl. grundlegend *M. Sternberg*, The Poetics of Biblical Narrative. Ideological Literature and the Drama of Reading, Bloomington 1985, 186–190). Zum anderen weckt ein derartiges Verbot die Erwartung, dass seine Einhaltung oder eben Nicht-Einhaltung zum Gegenstand wird. Beide Erwartungshorizonte werden im Laufe der folgenden Erzählung bedient.

[18] Es greift der in der Narratologie sog. „Gestaltschließungszwang", vgl. dazu *Ch. Hardmeier*, Textwelten der Bibel entdecken. Grundlagen und Verfahren einer textpragmatischen Literaturwissenschaft der Bibel, Band 1/2 (Textpragmatische Studien zur Literatur- und Kulturgeschichte der Hebräischen Bibel), Gütersloh 2004, 202.

ist, wie sie ist.[19] Diese ist narrativ noch nicht eingeholt; es muss noch
etwas geschehen. Wie aber wird aus dem stabilen Zustand die Lebenswelt der Adressatinnen und Adressaten? Wie und warum unterscheidet sich diese vom stabilen Urzustand? Was diese Fragen betrifft, ist nun entlang der literargeschichtlichen Zuordnung zu
differenzieren, denn die Antworten fallen in den priesterlichen und
nicht-priesterlichen Texten[20] unterschiedlich aus. Interessanterweise
geht es in beiden Fällen jedoch um einen tiefgreifenden Bruch.

Die priesterliche Erzähllinie hält sich nicht lange damit auf, wie es
zu diesem Bruch kommt: Nach dem Schöpfungsbericht Gen 1,1–2,4a
und den Genealogien Adams und Noahs in Gen 5,1–28.30–32 setzt
sich der priesterliche Erzählfaden in Gen 6,9 fort. Dies geschieht zunächst mit der Toledot-Formel als abschnittsgliedernder Überschrift.[21] Die inhaltliche Linie wird in 6,11f. mit der Feststellung wieder aufgenommen: „Die Erde war verderbt vor Gott und die Erde war
erfüllt von Gewalt" (ותשחת הארץ לפני האלהים ותמלא הארץ חמס). Der
Verlust bzw. die Verkehrung des guten Urzustands wird hier lapidar
konstatiert.[22] Im Fortgang der priesterlichen Erzähllinie ist die Folge

---

[19] Zum ätiologischen Charakter der Schöpfungserzählungen vgl. u. a. *Odil H.
Steck,* Die Paradieserzählung. Eine Auslegung von Gen 2,4b–3,24, in: ders., Wahr-
nehmungen Gottes im Alten Testament. Gesammelte Studien (TB 70), München
1982, 9–116, der dies für die Paradieserzählung wie folgt auf den Punkt bringt:
Sie „thematisiert … im Vorgang anthropologischer Reflexion auf dem Boden ge-
genwärtiger Erfahrungswelt das für vorfindliches Menschsein immer schon Typische, Charakteristische, Konstante" (63).

[20] Über die Identifikation der priesterlichen Texte besteht innerhalb der alttestamentlichen Wissenschaft seit *Th. Nöldeke,* Die s. g. Grundschrift des Pentateuchs,
in: ders., Untersuchungen zur Kritik des Alten Testaments, Kiel 1869, 1–144, ein
relativ stabiler Konsens. Zahlreiche weiterführende Fragen, wie die Literar-
geschichte der priesterlichen Literatur, das literarische und theologische Profil
der priesterlichen Texte u. ä., werden freilich z. T. kontrovers diskutiert, vgl. die
knappen Überblicke in den gängigen Einleitungen wie etwa *J. Ch. Gertz,* Grundinformation Altes Testament (utb 2745), Göttingen [6]2019, 237–246, oder *E. Zen-
ger/Ch. Frevel* (Hg.), Einleitung in das Alte Testament, Stuttgart [9]2016, 183–209,
bzw. exemplarisch die im Sammelband *F. Hartenstein/K. Schmid* (Hg.), Abschied
von der Priesterschrift? Zum Stand der Pentateuchdebatte, Leipzig 2015, versam-
melten Studien.

[21] Zur Toledot-Struktur vgl. oben Anm. 2.

[22] Die sprachlichen Anklänge an die Mehrungssegen in Gen 1,22.28 sind unverkennbar, vgl. *G. Fischer,* Genesis (s. Anm. 3), 412. Auch die Formulierung von
6,12 והנה … וירא אלהים verweist auf Gen 1 – hier 1,31 – zurück. Dort folgte die

dieses Bruches die vollständige Zerstörung der Lebenswelt in der Flut. Danach setzt über den Neuanfang mit Noah eine kleinteilige und langwierige Restitutionsbewegung ein, in der sich die Verhältnisse langsam wieder an die gute Schöpfung annähern, ohne sie jemals zu erreichen.[23]

Gut erkennbar ist dies am Beispiel der Nahrung.[24] Die Schöpfungsordnung von Gen 1 beinhaltete eine klare Aufteilung der Nahrungsgrundlagen (s. o. bzw. Gen 1,29f.): samentragende Pflanzen und die Früchte der Bäume für die Menschen, das „grüne Kraut" (ירק עשב) für Landtiere und Vögel. Dass der die Flut auslösende Einbruch von Gewalt auch das Töten von Mensch und Tier einschloss, wird nicht explizit gesagt, ergibt sich aber im Rückblick aus der Einschränkung des Blutvergießens in Gen 9. Im Bundesschluss mit Noah spricht Gott ihm den Mehrungssegen von Gen 1,28 wiederum zu. Anders als zuvor ist die Lebenswelt der noachidischen Menschheit nun aber nicht mehr durch Frieden zwischen Mensch und Tier und die Aufteilung der Ressourcen gekennzeichnet, sondern dem Menschen werden sowohl das zuvor für die Tiere reservierte grüne Kraut wie auch die Tiere selbst als Nahrung zugestanden, verbunden mit einer neuen Verhältnisbestimmung zwischen Mensch und Tier, die nun in „Furcht und Schrecken" (מורא וחת)

---

[23] Billigungsformel für die gesamte „sehr gute" Schöpfung, hier das Urteil der grundlegenden Verderbtheit derselben, d. h. einer vollständigen Perversion der guten Schöpfung (zur Bedeutung der Wurzel שחת: D. *Conrad*, Art. שָׁחַת šāḥat, in: ThWAT 7 (1993), 1233–1245, hier 1239). B. *Janowski*, Das Zeichen des Bundes. Gen 9,8–17 als Schlussstein der priesterlichen Fluterzählung, in: Ch. Dohmen/Ch. Frevel (Hg.), Für immer verbündet. Studien zur Bundestheologie der Bibel, FS F.-L. Hossfeld (SBS 211), Stuttgart 2007, 113–122, hier 118, spricht von einer „Gegenformulierung".

[23] Zur theologischen Konzeption der priesterlichen Schicht im Pentateuch, vgl. E. *Blum*, Studien zur Komposition des Pentateuch (BZAW 189), Berlin 1990, 287–332. Das übergreifende Leitthema ist dabei die Wiederermöglichung von Gottesnähe in der Schöpfung.

[24] Dazu ebd., 323f. Hierbei geht es um eine für unseren Zusammenhang instruktive Nebenlinie. Innerhalb der priesterlichen Konzeption schwergewichtiger sind die Einrichtung des Heiligtums als Ort der Gottesbegegnung, die Stiftung von Gottesdienst und Kult und die damit verbundenen Komplexe von Heiligung und Reinheit, vgl. zur Bezogenheit von Heiligkeitsgesetz und Schöpfung auch A. *Ruwe*, „Heiligkeitsgesetz" und „Priesterschrift". Literaturgeschichtliche und rechtssystematische Untersuchungen zu Leviticus 17,1–26,2 (FAT 26), Tübingen 1999, 103–127.

der Tiere vor dem Menschen resultiert (Gen 9,2). Die Freigabe tierischer Nahrung umfasst hier zwar die gesamte Tierwelt,[25] geht aber mit einer doppelten Beschränkung einher:[26] Die Tötung von Menschen und der Genuss des Blutes sind von der göttlichen Erlaubnis ausgenommen. Die weitere Restitutionsbewegung schließt dann zumindest für Israel doch wieder eine stärkere Beschränkung der tierischen Nahrung ein. Lev 11,1–47 listet detailreich jene Tiere auf, die als Speise infrage kommen.[27] Dabei ist der größte Teil der Tierwelt ausgeschlossen und eine erste Annäherung an die ursprüngliche Schöpfungsordnung von Gen 1 gegeben. Das Schlusskapitel des Heiligkeitsgesetzes Lev 26 enthält in Segen und Fluch Verheißungen für den Fall des Bewahrens der Gebote und Gerichtsandrohungen für den Fall des Bundesbruchs. Als Verheißung kommt dabei unter erneuter Aufnahme des Mehrungssegens aus Gen 1,28 in Lev 26,9 auch wieder ein Ende der Bedrohung durch Tiere in den Blick.[28] Lev 26,6 verheißt einen Friedenszustand ohne zwischenmenschliche Feindschaft und ohne den Schrecken wilder Tiere; es bleibt freilich eine Verheißung. Erst mit Lev 26 ist der priesterliche Erzählbogen somit in der Lebenswelt israelitischer Adressatinnen und Adressaten angekommen. Diese bleibt dabei eine fragile, die zum Segen, aber auch zum Fluch geraten kann.

Während die priesterliche Erzähllinie ihn selbst nicht eigens thematisiert, nimmt die nichtpriesterliche Erzähllinie sich des Bruches genauer an. Er steht im Mittelpunkt des zweiten Teils der Paradieserzählung in Gen 3,1–24. Man hat die Paradieserzählung insbesondere in der christlichen Tradition als Geschichte eines Falls in Sünde und Tod gelesen,[29] wenn man sie aber in ihrer eigenen narrativen

---

[25] Dies zeigt u. a. der Rekurs auf die charakteristische Trias der Lebensbereiche Land, Luft und Wasser in Gen 9,2 an, die ihrerseits auch wieder an den Schöpfungsbericht von Gen 1 erinnert.

[26] Sprachlich sind die zwei Bedingungen durch die beigeordnete Abfolge וְאַךְ ... אַךְ in Gen 9,4.5 markiert.

[27] Zu Lev 11 und seiner Systematik vgl. u. a. ausführlich J. Milgrom, Leviticus (AncB), New York 1991, 641–742, oder auch R. Achenbach, Zur Systematik der Speisegebote in Leviticus 11 und in Deuteronomium 14, in: ZAR 17 (2011), 161–209.

[28] So auch E. Blum, Studien (s. Anm. 23), 325.

[29] Diese Deutung ist bei Paulus vorbereitet (Röm 5,12–21; 1Kor 15,21 –22.45–49), später insbesondere von Augustin zu einer Erbsündenlehre weiterentwickelt und als

Logik betrachtet, ist hier Vorsicht geboten.[30] Das zeigt sich schon daran, dass von „Sünde" in Gen 2–3 gar keine Rede ist, das Stichwort חטא erscheint erst bei Kains Brudermord in Gen 4,7. Der Bruch besteht hier vielmehr im Erwachsenwerden des Menschen. Das zeigt sich insbesondere an den folgenden Erzählzügen:[31]

a) Die Folgen des Essens der Frucht

Am Ende von Gen 2 leben die Menschen wie Kinder im Garten – versorgt, nackt und unbedarft.[32] Mit dem Essen der Frucht vom Baum der Erkenntnis entdecken sie ihre Scham und kommen quasi

---

solche auf dem Konzil von Trient dogmatisiert worden. Zu derartigen wirkungsgeschichtlichen Irrungen und Wirrungen, aber auch zum Umgang mit der Paradieserzählung in der rabbinischen Auslegung vgl. die instruktive Studie von *P. Schäfer*, Die Schlange war klug. Antike Schöpfungsmythen und die Grundlagen des westlichen Denkens, München 2022, zur augustinischen Erbsündenlehre bes. 345–361.

[30] In der exegetischen Literatur hat die Paradieserzählung, selbst da, wo man sie in dieser Tradition als „Sündenfallerzählung" verstehen wollte, im Einzelnen recht unterschiedliche Deutungen erfahren. Eine Übersicht bietet *B. Willmes*, Art. Sündenfall, in: WiBiLex, https://www.bibelwissenschaft.de/stichwort/31958/. *M. Konkel*, Diesseits von Eden. Überlegungen zur sog. „Sündenfallerzählung" (Gen 2–3), in: ThG 58 (2015), 261–276, spitzt die verschiedenen seit der Aufklärung vertretenen Auslegungstypen auf die Alternative „Sündenfallerzählung" bzw. „Hybris-Lektüre" oder „Aufstiegserzählung" bzw. „Autonomie-Lektüre" zu und versucht diese über einen Rückgriff auf einen systemtheoretisch informierten Kommunikationsbegriff zu überwinden. Er versteht Gen 2–3 als eine Erzählung gestörter Kommunikation. Allerdings wäre zu fragen, ob die Alternative Autonomie oder Hybris vom Text her angezeigt ist bzw. ob das unhintergehbare ätiologische Moment der Erzählung tatsächlich auf die Frage der Kommunikation hinausläuft.

[31] Die i. F. vorgetragenen Überlegungen greifen im Wesentlichen auf *E. Blum*, Gottesunmittelbarkeit (s. Anm. 14) zurück.

[32] Der Erzählerkommentar in 2,24 unterbricht die Darstellung. Das hat bereits *H. Gunkel*, Genesis (HThKAT 1/1), Göttingen ³1910, 13, gesehen und erläutert, dass hier eine ätiologische Erläuterung vorliegt, die einen Zug der Lebenswelt der Adressatinnen und Adressaten aufgreift: „Hier also liegt das Musterbeispiel eines ätiologischen Mythus vor … Die hier vorausgesetzte Frage ist: wie kommt es, daß der Mann nach Vereinigung mit dem Weibe strebt? Der Mythus antwortet: der Mensch begehrt, mit dem Weibe ein Fleisch zu werden, denn er ist ja ursprünglich ein Fleisch mit ihr gewesen. … Vater und Mutter verläßt der Mann um des Weibes willen; so groß ist seine Sehnsucht zum Weibe, daß die stärksten Bande darüber zerreißen."

in die Pubertät (3,7.10). Folgerichtig werden nun auch das Begehren (3,16) und die Sexualität zum Thema. Neben den Tod des Individuums tritt die Überwindung des Todes im Fortbestand der Gattung über die Möglichkeit zur Fortpflanzung. Darauf wird am Ende die Rolle Evas zugespitzt, so in 3,16 „unter Schmerzen wirst du Kinder gebären" (בעצב תלדי בנים), aber auch in der Namenserklärung in 3,20 „Mutter alles Lebendigen" (אם כל חי).

b) „Erkenntnis von Gut und Böse"

Im hebräischen Sprachgebrauch ist „das Erkennen von Gut und Böse" (לדעת טוב ורע) eine geprägte Wendung. Sie beschreibt die Möglichkeit zur mündigen, selbstverantworteten Lebensgestaltung.[33] Gut erkennbar ist dies daran, wer diese Fähigkeit nicht hat: die kleinen Kinder oder die hochbetagten Menschen. Dtn 1,39 charakterisiert auf diese Weise die Säuglinge und Kinder: „Und eure Säuglinge, von denen ihr sagtet, sie würden zur Beute werden, und eure Kinder, die noch nicht erkennen können, was gut und böse ist …" (vgl. auch Jes 7,15f.). In 2 Sam 19,36 weist der greise Barsillai Davids Einladung an den Hof mit der Begründung zurück: „Ich bin heute achtzig Jahre alt. Kann ich denn noch erkennen, was gut und böse ist, kann denn dein Knecht noch schmecken, was ich esse oder was ich trinke, kann ich denn noch die Stimme der Sänger und Sängerinnen hören?"

c) Gebotsübertretung mit Todessanktion?

In Gen 2,17 verbietet Gott dem Menschen vom Baum der Erkenntnis zu essen und erklärt „denn an dem Tag, an dem du von ihm isst, musst du sterben" (ביום אכלך ממנו מות תמות). Der Satz ist häufig so gedeutet worden, dass hier eine Gebotsübertretung mittels der Todessanktion bewehrt werde. Dem widerrät jedoch die Formulierung:

---

[33] So auch schon J. *Wellhausen*, Prolegomena zur Geschichte Israels, Berlin [5]1899, 305–307. Gegen immer wieder vertretene sittlich-moralische oder auch sexuelle Deutungen hält Konrad Schmid pointiert fest: „Gemeint ist mit der Erkenntnis von Gut und Böse vielmehr … die Unterscheidung zwischen lebensförderlich und lebensabträglich, die … ein besonderes Kennzeichen erwachsenen, und zwar jedes erwachsenen menschlichen Lebens ist" (K. *Schmid*, Die Unteilbarkeit der Weisheit. Überlegungen zur sogenannten Paradieserzählung Gen 2f. und ihrer theologischen Tendenz, in: ZAW 114 (2002), 21–39, hier 28).

Verwendet ist nicht der sogenannte Todesrechtssatz מות יומת, der in den Rechtscorpora die Todesstrafe ausdrückt.[34] Mit מות תמות wird der Tod vielmehr als eine logische Folge angekündigt. Ein analoger Sprachgebrauch begegnet etwa in 2 Kön 1,4. Elia kündigt dem kranken König Ahasja an, dass er nicht von seiner Krankheit genesen, sondern sterben werde (מות תמות). Der Fortgang der Paradieserzählung bestätigt diese Richtung. Keineswegs werden die Menschen nach dem Essen der Frucht getötet, aber der Tod kommt nun als unhintergehbare Realität in die menschliche Existenz: „… bis du wieder zum Ackerboden wirst, denn aus ihm bist du genommen; denn Staub bist du und zu Staub wirst du werden" (Gen 3,19: עד שובך אל האדמה כי ממנה לקחת כי עפר אתה ואל עפר תשוב).[35] Mit diesem Zug der *conditio humana* schließt die Gottesrede in Gen 3,14–19, in der ebenso exemplarisch wie grundlegend Elemente der Lebenswelt zur Sprache kommen. Vor diesem Hintergrund wäre auch „denn an dem Tag, an dem du von ihm isst, wirst du sterblich werden" eine treffende Übersetzung für Gen 2,17.[36]

d) Die Charakteristika Gottes

Am Ende der Paradieserzählung müssen die Menschen den Garten verlassen. Gen 3,22 nennt als Grund dafür die Wahrung der Differenz von Schöpfer und Geschöpf, wobei es hier um zwei Wesenszüge Gottes geht: die Erkenntnis von Gut und Böse und ewiges Leben. Beides zusammen kennzeichnet Gott, beides zusammen dürfen die Menschen daher nicht erlangen, soll die Differenz gewahrt bleiben.

---

[34] Für diese bereits von *A. Alt*, Die Ursprünge des israelitischen Rechts (1934), in: ders., Kleine Schriften zur Geschichte des Volkes Israel, Band 1, München [4]1968, 278–332, hier 308–311, eingehend beschriebene Klasse von Rechtssätzen gibt es im Alten Testament 24 Belege, wovon die meisten natürlich in den Rechtscorpora (u. a. Ex 21,12.15–18; 31,14f.; Lev 20,9f.; 24,16f.), einige aber auch in Erzähl- (Gen 26,11; Jdc 21,15) oder prophetischen Kontexten (Ez 18,13) zu finden sind.
[35] Hier wird erzählerisch sehr geschickt ein Bogen zum Anfang der Erzählung geschlagen. Der Art und Weise der Formung des Menschen aus dem Ackerboden (Gen 2,7) kommt nun noch eine weitere Bedeutungsdimension zu, vgl. *D. M. Carr*, Genesis (s. Anm. 4), 136, bzw. *G. Fischer*, Genesis (s. Anm. 3), 257.
[36] Ein hebräisches Äquivalent des deutschen „sterblich" ist freilich im Alten Testament nicht belegt. (Wenn das Wort in der Luther- oder Einheitsübersetzung, wenn auch je unterschiedlich, in Hi 10,4 erscheint, dann nicht als wörtliche Übersetzung.)

Mit der „Erkenntnis von Gut und Böse", d. h. der Fähigkeit zur
selbstverantworteten mündigen Lebensgestaltung, haben sie ein
göttliches Charakteristikum gewonnen: „Siehe, der Mensch ist geworden wie einer von uns, Gutes und Böses zu erkennen"
(הן האדם היה כאחד ממנו לדעת טוב ורע). Das narrative Gefälle der Erzählung legt wiederum die Vermutung nahe, dass die Menschen als
Kinder im Garten als nicht sterblich gedacht waren – sei es, weil sie
immer Zugang zum Baum des Lebens hatten oder weil sie auf Dauer
als Kinder angelegt waren. In dieser Hinsicht bietet die Erzählung
eine Leerstelle, die nicht explizit gefüllt wird.[37]

Der Bruch, der in der Paradieserzählung am Bild des Erwachsen-
werdens des Menschen über die Motive des Entdeckens der Scham
und das Gewinnen der Mündigkeit thematisiert wird, ist mit gravierenden Lebensminderungen verbunden. Gen 3 expliziert sie anhand
von Tod und Schmerzen, der mühsamen Arbeit, der Feindschaft
zwischen Mensch und Tier oder auch der Unterordnung der Frau
unter den Mann. Auf der anderen Seite steht zugleich eine immense
Steigerung menschlicher Möglichkeiten. In der Option der selbst-
bestimmten und selbstverantworteten Lebensgestaltung haben die
Menschen Teil an einer Eigenschaft Gottes. Am Ende von Gen 3
steht eine realistisch ambivalente Zeichnung der *conditio humana*.
Mit dieser kommt die Paradieserzählung an ihr ätiologisches Ziel,
d. h. hier ist in dieser Erzähllinie die Lebenswelt der Adressatinnen
und Adressaten eingeholt.

---

[37] Gleichwohl ist die Frage, ob der Mensch von vornherein als sterblich geschaffen war oder dies erst mit dem Essen der Frucht und der darauffolgenden Vertreibung aus dem Garten geworden ist, ausführlich und breit diskutiert worden.
Auch die aktuellen Kommentare kommen in dieser Frage zu unterschiedlichen
Antworten; *J. Ch. Gertz*, Genesis (s. Anm. 2), 119–121, geht vom „schöpfungs-
gemäß sterblichen Menschen" (121) aus; für *D. M. Carr*, Genesis (s. Anm. 4),
141, verlieren die Menschen mit der Vertreibung aus dem Garten „the chance at
immortality"; *G. Fischer*, Genesis (s. Anm. 3), 204f., möchte Gen 2,16 dagegen
metaphorisch deuten: Bei der Rede vom Sterben gehe es um den Verlust der Gottesgemeinschaft.

3. Gescheiterte Pläne oder geplantes Scheitern?

Die beiden Schöpfungserzählungen der Genesis unterscheiden sich tiefgreifend. Sie gehen je eigene Wege in ihrer narrativen Gestaltung, ihrer Motivik, ihrem Fokus und auch ihrer historischen Pragmatik. In der ätiologischen Perspektive und in der Vorstellung, dass mit dem ersten Zustand der Welt – der Schöpfung in Gen 1,1–2,3 bzw. dem Garten von 2,4b–25 – zwar eine gute Ordnung gegeben war, diese aber nicht der menschlichen Lebenswelt entsprach und auch keinen Bestand hatte, laufen sie aber parallel. Dieser Umstand wirft gerade im Blick auf einen möglichen göttlichen Schöpfungsplan vielfältige Fragen auf: Ist der göttliche Schöpfungsplan gescheitert? War er – gegen Gottes eigene Einschätzung im Schöpfungsbericht, dass die Schöpfung „sehr gut" war (Gen 1,31) – fehlerhaft? Oder war der Übergang von vornherein mit eingeplant, wie eine eingebaute Sollbruchstelle? War die menschliche Existenz – so gibt die Paradieserzählung zu denken – denn nun als eine kindliche oder als eine der mündigen Erwachsenen intendiert? Und wozu die Umwege; hätte Gott die Lebenswelt nicht gleich so schaffen können, wie sie sich am Ende präsentiert? Erweist er sich also als unfähiger Planer?

Derartige Fragen führen freilich exegetisch an eine Grenze. Die biblischen Texte und insbesondere die Schöpfungserzählungen sind Ausdruck der Welt- und Selbstdeutung *coram deo* ihrer israelitischen Verfasserinnen und Verfasser. Sie sind Teil einer bestimmten historischen Kommunikationssituation und entfalten innerhalb dieser ihre primäre Pragmatik. Neben der grundsätzlichen Selektivität allen Erzählens bestimmt diese Einbettung in die jeweiligen Diskurse mit, welche Fragen gestellt bzw. narrativ beantwortet werden. Die Bewertung der Planungskompetenz Gottes stand nun aber offensichtlich nicht auf der Agenda der Autoren der Schöpfungserzählungen.

Dies zeigt sich nicht zuletzt daran, dass die genaue Herleitung des Bruchs in beiden Erzählungen eine erzählerische Leerstelle darstellt. In der priesterlichen Erzähllinie ist der Bruch – wie oben gesehen – lediglich konstatiert. Auch die Paradieserzählung, die der Gegenüberstellung der menschlichen Daseinsweise vor und nach dem Essen der Frucht große Aufmerksamkeit widmet, bleibt bezüglich der Motivation des Übergangs erstaunlich unbestimmt. Die Initiative wird der Schlange zugeschrieben, die als unvermittelt auftauchender Akteur in das Geschehen eingreift. Über ihre Motive ebenso wie ihre

Beziehung zu den übrigen Akteuren schweigt sich die Erzählung aus. Der Fokus liegt also nicht auf den Ursachen oder der Herleitung des Bruchs, sondern vor allem auf seinen Konsequenzen. Die je eigene Profilierung derselben im Schöpfungsbericht bzw. der Paradieserzählung erschließt sich vor dem Hintergrund der historischen Pragmatik der jeweiligen literarischen Kontexte. Der Schöpfungsbericht in Gen 1,1–2,3 wird mit guten Gründen der priesterlichen Komposition innerhalb des Pentateuchs zugerechnet. Auch wenn über ihren Umfang, das literargeschichtliche Verhältnis zum nicht-priesterlichen Material oder auch die Frage der möglichen internen Schichtung in den gegenwärtigen Forschungsdebatten keine Einigkeit besteht, so ist doch Konsens, dass der Schöpfungsbericht den Auftakt zu einer literarischen Komposition[38] bildet, die neben der Weltschöpfung auf die Erschaffung des Gottesvolkes und die Einwohnung JHWHs in seinem Heiligtum hinausläuft. Die oben angedeuteten Bezüge zu Lev 26 implizieren literargeschichtlich, dass der Bogen noch über Ex 40 hinausragt und bis zum sog. Heiligkeitsgesetz in Lev 17–26 reicht, in dem die Heiligung des Gottesvolkes als Voraussetzung der im *rite* vollzogenen Kult ermöglichten Gottesgegenwart im Fokus steht.

Weitgehend unstrittig ist immerhin, dass das 6. Jahrhundert v. Chr. eine formative Phase in der Herausbildung der priesterlichen Komposition im Pentateuch bildete. Diese hat also die Eroberung Judas, die Zerstörung Jerusalems und die Deportation judäischer Eliten im Rücken und die mühsamen Anfänge einer gesellschaftlichen und religiösen Restitution vor Augen.[39] Sie setzt die gemeinsame Erfahrung der Adressatinnen und Adressaten voraus, dass die gesamte Lebensgrundlage tiefgreifend erschüttert werden kann und bearbeitet diese theologisch im Kontext einer Ursprungserzählung. Ein zentraler Punkt ist dabei, die Katastrophenerfahrung nicht als Ende der Gottesbeziehung Israels zu deuten. Im Kontext der Urgeschichte folgt auf den Einbruch der Gewalt in die göttliche Schöpfung und die Zerstörung in der Flut ein Neuanfang mit Noah, verbunden mit der Zusage Gottes, die Lebenswelt nicht noch einmal in

---

[38] Zur Terminologie und dem zugrundeliegenden Modell der Pentateuchgenese, vgl. E. *Blum*, Studien (s. Anm. 23), 229–285.

[39] Die historischen Hintergründe sind z. B. in der aktuellen Darstellung von Ch. *Frevel*, Geschichte Israels, Stuttgart ²2018, 342–368 nachzulesen.

gleicher Weise zu zerstören (Gen 8,22; 9,12–16). Nicht der Bruch muss begründet werden, sondern dass und wie die Geschichte danach weitergehen kann. Auch die Paradieserzählung steht nicht für sich. Sie ist aber in einen anderen literarischen Zusammenhang eingebettet, den der nicht-priesterlichen Urgeschichte innerhalb von Gen 1–11.[40] Sie ist über zahlreiche literarische Querverweise mit den Geschichten um Kain, die Flut und den Turmbau zu Babel vernetzt.[41] Wie die Paradieserzählung denkt die nicht-priesterliche Urgeschichte insgesamt im Modus der Ätiologie ganz grundsätzlich über die Möglichkeiten und Grenzen des menschlichen Erkenntnisvermögens und der menschlichen Fähigkeit zur Welt- und Lebensgestaltung nach. Es handelt sich um Bildungsliteratur, das Thema sind die Ambivalenzen menschlichen Daseins. Das Thema zieht sich weiter durch – über Kain, der zum Mörder wird und auf dessen Nachkommen zentrale kulturelle Errungenschaften wie Städtebau, Musik und Metallverarbeitung zurückgehen (Gen 4,16–22), bis hin zum Turm von Babel (Gen 11,1–9), diesem Ausdruck technologischer Höchstleistung und menschlicher Hybris.

Der Versuch einer historischen Einordnung derartiger Bildungsliteratur bzw. weisheitlicher Reflexion ist naturgemäß mit großen Unsicherheiten belastet.[42] Literargeschichtlich lässt sich für die Da-

---

[40] Zur weitgehend unstrittigen Abgrenzung von den priesterlichen Texten, vgl. z. B. *E. Blum*, Urgeschichte (s. Anm. 2), 437 oder *J. Ch. Gertz*, Genesis (s. Anm. 2), 15.

[41] Vgl. u. a. die Bezüge Gen 2,8.10–14 // 11,2; 3,16 // 4,7; 3,17 // 8,21; 9,20; 3,20 // 4,1; 3,22 // 11,6.

[42] Mit der Frage nach der Datierung der nicht-priesterlichen Urgeschichte ist denn auch eine komplexe und verzweigte Foschungsdebatte befasst, in der ganz unterschiedliche Positionen vertreten werden und die hier nicht in angemessener Weise behandelt werden kann. Die Frage hängt neben den angedeuteten literatursoziologischen Erwägungen (Schreibermilieus mit Kenntnissen altorientalischer Schöpfungstradionen oder gar Texte?) auch an der Modellbildung zur Pentateuchgenese (Verhältnis der nicht-priesterlichen zur priesterlichen Literatur bzw. Urgeschichte?) sowie möglichen zeitgeschichtlichen Bezügen (vgl. Anm. 43). Die im Kontext der Neueren Urkundenhypothese noch bis Mitte des 20. Jahrhunderts häufig vorgenommene Zuweisung zu einer jahwistischen Quellenschrift aus der frühen Königszeit wird heute kaum noch vertreten (zu Datierungsvorschlägen innerhalb der Forschungsgeschichte vgl. den knappen Überblick bei *W. Bührer*, Am Anfang (s. Anm. 3), 284–287). Dagegen zeichnet sich

tierung der nicht-priesterlichen Urgeschichte immerhin ein Rahmen abstecken. Zum einen rezipiert sie vielfach altorientalische Traditionen, deren Bekanntheit entsprechende Kulturkontakte voraussetzt. Zum anderen markiert die priesterliche Komposition, die die nicht-priesterliche Urgeschichte voraussetzt und integriert, einen *terminus ad quem*. Zudem klingen die historischen Verwerfungen, die die priesterliche Literatur prägen, hier (noch) nicht an. Letzteres ist gerade im Blick auf Babel aufschlussreich, die Stadt kommt als Metropole mit entsprechender Architektur in den Blick, aber nicht als Sitz einer als feindlich erlebten Großmacht. Dass das Motiv des gescheiterten Turmbaus auf konkrete historische Umstände verweist, wie etwa den unvollendet gebliebenen Bau des Etemenanki in der Regierungszeit Asarhaddons im 7. Jahrhundert v. Chr., ist möglich, aber letztlich kaum zu belegen.[43] Eine vorexilische Ansetzung und eine Verortung in den Bildungseliten am Königshof bzw. an den Schreiberschulen im Juda der späteren Königszeit bleibt eine plausible Option.[44]

Trotz der unverkennbar ätiologischen Ausrichtung und der tiefsinnigen Reflexion über Grundzüge der *conditio humana* bleibt auch innerhalb der nicht-priesterlichen Urgeschichte der Bruch selbst auffällig unterbelichtet. Er wird nicht narrativ hergeleitet und daher auch nicht begründet; der Fokus der Paradieserzählung liegt vielmehr auf dem Nachdenken darüber, wie seine Folgen das

---

ein Trend ab (dazu auch *K. Schmid*, Unteilbarkeit (s. Anm. 33) (Lit.); dagegen aber z. B. wieder *W. Bührer*, Am Anfang (s. Anm. 3), 290–305), die Paradieserzählung – wie auch hier vertreten – als Frucht weisheitlicher Weltdeutung zu verstehen, was die Datierungsproblematik freilich nicht einfacher macht. Auch vor diesem Hintergrund werden sowohl nachexilische (z. B. *E. Otto*, Die Paradieserzählung Gen 2–3. Eine nachpriesterliche Lehrerzählung in ihrem religionsgeschichtlichen Kontext, in: A. Wagner u. a. (Hg.), „Jedes Ding hat seine Zeit …". Studien zur israelitischen Weisheit, FS D. Michel (BZAW 241), Berlin/New York 1996, 167–192) als auch vorexilische Ansetzungen vertreten (so z. B. *E. Blum*, Urgeschichte (s. Anm. 2), 441).

[43] Vgl. *W. v. Soden*, Etemenanki vor Assarhaddon nach der Erzählung vom Turmbau zu Babel und dem Erra Mythos, in: ders., Bibel und Alter Orient, hg. v. H. P. Müller (BZAW 162), Berlin/New York 1985, 134–147 oder *Ch. Uehlinger*, Weltreich und „eine Rede". Eine neue Deutung der sog. Turmbauerzählung (Gen 11,1–9) (OBO 191), Fribourg/Göttingen 1990, 552–558 (allerdings mit der Annahme exilischer Fortschreibungen).

[44] So auch *J. Ch. Gertz*, Genesis (s. Anm. 2), 15–18.

menschliche Dasein prägen. Das Kontrastidyll des Baumgartens dient dabei der genaueren Zeichnung von Daseinssteigerungen und Daseinsminderungen bei selbstverantworteter menschlicher Lebensgestaltung im Gegenüber zu Gottes wohlwollender Bevormundung.

4. Der narrative Plan der Schöpfungserzählungen

Angesichts der Unterschiede in der Aussageintention, der Kontexteinbettung und den historischen Hintergründen der beiden Schöpfungserzählungen ist es umso auffälliger, dass beide Ätiologien durch eine Abfolge von Urzustand, Bruch und Neuanfang geprägt sind. Eine Antwort auf die angedeuteten Fragen nach dem göttlichen Plan – ob und inwiefern er etwa als umgesetzt, gescheitert oder durchkreuzt zu betrachten ist – liefern die alttestamentlichen Schöpfungserzählungen nicht. Dazu fehlt der narrative Fokus auf den Bruch selbst, der möglicherweise Rückschlüsse in dieser Richtung erlauben würde. Das ist bei der Frage nach einem Schöpfungsplan Gottes als exegetischer Befund an den Schöpfungserzählungen der Genesis festzuhalten. Damit bleiben derartige Fragen natürlich theologisch drängend, sie aber anhand der diskutierten Schöpfungserzählungen beantworten zu wollen, wird deren Eigensinn nicht gerecht.

Dennoch ist die Abfolge von Urzustand, Bruch und Neuanfang bedeutsam, aber eben im Blick auf Urzustand und Neuanfang. Nicht dem Bruch, sondern der mit Urzustand und Neuanfang verbundenen Vorher-Nachher-Dichotomie geben die Texte Raum, sie ist ein narratives Mittel, das zentralen Aussageintentionen der Texte dient. Wenn die Schöpfungserzählungen über einen göttlichen Plan mit und für die Schöpfung Auskunft geben, dann in einer Weise, die abschließend in drei Thesen zur Funktion des „durchkreuzten Plans" zur Diskussion gestellt werden sollen – in Bezug auf die narrative Gestaltung, aber auch darüber hinaus:
1. Das chaotische Element des narrativ (wie sachlich) letztlich unmotivierten Bruchs erlaubt den Umschlag von einem in sich ruhenden Ideal- oder Urzustand zur Bewegung. Das gilt innerhalb der Erzählungen zunächst einmal für die damit in Gang kommende Erzähldynamik. Ohne den Einbruch von Gewalt gäbe es in der priesterlichen Konzeption keine Restitutions*bewegung*, in

deren Folge prägende Institutionen der Lebenswelt wie Tempel und Kult entstehen könnten. Ohne das Auftreten der Schlange wären die Menschen der Paradieserzählung zwei Kinder im Baumgarten geblieben und nie zu Stammmutter und -vater der Menschheit geworden. Ohne den Bruch gäbe es schlicht nichts Weiteres zu erzählen. Ätiologisch hergeleitet wird damit aber auch – und die Bezogenheit der Erzählungen auf die Lebensweise von Ackerbauern im königszeitlichen Juda oder die Anliegen priesterlicher Tradenten in der persischen Provinz Jehud transzendierend – ein Wesenszug unserer Lebenswelt als eine in vieler Hinsicht prozessuale.

2. Der narrative Rückgriff auf einen verlorenen Urzustand erlaubt neben der Darstellung der Veränderungen, die mit dem Neuanfang einhergehen, auch einen Fokus auf Kontinuitäten. Diese treten umso stärker hervor, je mehr sich Anderes wandelt. Beide Erzählungen nutzen diese Möglichkeit, um bestimmte und bleibende Züge des Gottesbildes herauszustellen. In der priesterlichen Tradition erklärt sich über die Beziehung Gottes zu seinem „Werk" מלאכה (2,2), das er ordnet, segnet und als „sehr gut" befindet, die bleibende Bindung Gottes an seine Schöpfung und seine Geschöpfe. Diese bildet den Hintergrund für die Zusagen und Bundesschlüsse ab Gen 9, die hier als Basis des Neuanfangs in den Blick kommen.[45] In der Paradieserzählung ist Gott in Gen 2 im Bild des fürsorglichen Elternteils gezeichnet, das den Menschen in den Garten setzt, ihn versorgt, ihm ein ihm entsprechendes Gegenüber verschafft und ihn vor Gefahren warnt (2,17). Dieser Charakter Gottes bleibt auch nach dem Bruch und auch für die Existenz der Menschen außerhalb des Gartens erhalten. Narrativ eingeholt wird dies z. B. in Gen 3,21: Gott kleidet seine nun den Garten verlassenden Kinder noch vorsorglich ein.[46] Die Vorher-

---

[45] Dies kommt nicht zuletzt durch die vielfachen sprachlichen Bezüge zwischen Gen 9,1–7 und Gen 1 zum Ausdruck, die z. B. bei *G. Fischer*, Genesis (s. Anm. 3), 488–596, notiert sind.

[46] Mit dem Thema der Kleidung ist wiederum eine Brücke zur kindlich-nackten Existenz im Garten (2,25) bzw. dem ersten, noch unbeholfenen Versuch der Bekleidung (3,7) geschlagen. Jenseits des Gartens steht Nacktheit aber primär für Schutzlosigkeit (vgl. *F. Hartenstein*, „Und sie erkannten, dass sie nackt waren …" (Gen 3,7). Beobachtungen zur Anthropologie der Paradieserzählung, in: EvTh 65 (2005), 277–293, hier 289–292). Über die Bekleidung zeigt sich Gott weiterhin

Nachher-Dichotomie erlaubt es derartige Kontinuitäten zu profilieren und bei allen Leid- und Konflikterfahrungen, die das menschliche Leben prägen, für die Möglichkeit zu argumentieren, auf einen gütigen, zugewandten Gott zu vertrauen.
3. Der Urzustand als Kontrastidyll markiert eine Differenz zur Lebenswelt und kann diese in gewisser Hinsicht relativieren. Während eine den Gattungsregeln entsprechende Ätiologie diese Option in der Regel nicht bietet und vielmehr im Sinne einer klaren Kausalität den Ist-Zustand herleitet und erklärt, ist das narrative Mittel der Vorher-Nachher-Dichotomie in dieser Hinsicht offener. Entsprechende Relativierungstendenzen des Vorfindlichen, bis hin zu einem kritischen Impetus, zeigen sich in der Paradieserzählung z. B. daran, dass die Unterordnung der Frau unter den Mann zwar als unhintergehbarer Zug der vorfindlichen Lebenswelt präsentiert wird (3,16), nicht aber als Kennzeichen der gottesunmittelbaren Existenz im Garten. Sie entspricht damit nicht dem vom Schöpfer ursprünglich intendierten Zustand, sondern zählt zu den Daseinsminderungen, die wie die Mühen der Feldarbeit mittels der menschlichen Erkenntnisfähigkeit u. U. auch erleichtert und überwunden werden können. In der priesterlichen Tradition kommt die genannte Restitutionsbewegung in den Blick, die die vorfindliche Lebenswelt gerade nicht als unveränderlich festschreibt, sondern die Möglichkeit einer Annäherung an die gute, gewaltfreie Schöpfung impliziert, was dann – wie es in Lev 26 geschieht – auch paränetisch z. B. im Blick auf die JHWH-Treue oder das Halten der Gebote zugespitzt werden kann. Der vorfindlichen Lebenswelt wird damit kein Entwicklungsautomatismus attestiert, sie gewinnt aber eine zielgerichtete Perspektive.

---

als sorgendes Elternteil (*E. Blum*, Gottesunmittelbarkeit (s. Anm. 14), 17). Zugleich ist damit aber auch wieder der Tod im Blick, setzt doch die Bekleidung mit Fellen die Tötung von Tieren voraus (so auch *W. H. Schmidt*, Die Schöpfungsgeschichte der Priesterschrift. Zur Überlieferungsgeschichte von Genesis 1,1–2,41 und 2,4b–3,24 (WMANT 17), Neukirchen-Vluyn [2]1967, 219).

Eine kosmische Katastrophe?

Metaphysische Implikationen des „malum morale"

Dirk Ansorge

In seinem Drama *Dantons Tod* (1835) legt Georg Büchner die Messlatte sehr hoch: „Das leiseste Zucken des Schmerzes, und rege es sich nur in einem Atom, macht einen Riss in der Schöpfung von oben bis unten".[1] Hätte es jemals einen göttlichen Plan für die Welt gegeben, dann hätte ihn – folgt man Büchner – die Erfahrung des Schmerzes irreparabel zum Scheitern gebracht. Man fühlt sich an Reinhold Schneider (1903–1958) erinnert: Bei seinem Gang durch das Naturhistorische Museum in Wien drängt sich dem Schriftsteller das namenlose Leid in einer durch das Gesetz von Fressen und Gefressen-Werden gepeinigten Natur auf.[2] Gleiches beim Gang durch das ethnografische Museum: Ein jeder Saal „die Folterkammer eines Volkes, eines Stammes".[3]

Beharrt man auf der Moralität des Schöpfers, dann scheint beides – das *malum physicum* wie das *malum morale* – jeden Gedanken an einen göttlichen Plan zu diskreditieren, den Gott mit der Erschaffung der Welt verfolgt haben könnte. Lässt sich angesichts des manifesten Übels in der Welt verantwortet noch von einem sinnvollen und zielgerichteten Plan Gottes mit seiner Schöpfung sprechen? Darf man in einer von Leiden und Schmerz gepeinigten Geschichte redlicherweise das Walten der göttlichen Vorsehung unterstellen, ohne Gottes Moralität oder seine Allmacht in Zweifel zu ziehen?

Die folgenden Überlegungen zielen freilich nicht zunächst auf eine Rechtfertigung Gottes angesichts des Übels in der Welt.[4] Sie richten sich vielmehr auf die metaphysischen Dimensionen von

---

[1] *G. Büchner*, Dantons Tod, 3. Akt, 1. Aufzug (Werke und Briefe, München/Wien 1980, 44).

[2] *R. Schneider*, Winter in Wien. Aus meinen Notizbüchern 1957/1958, Freiburg i. Br. 1958 (posthum veröffentlicht), 129–131, vgl. 178. 212.

[3] Ebd., 170.

[4] Die Literatur zur Theodizeefrage ist inzwischen unübersehbar. Auf detaillierte Hinweise wird hier deshalb verzichtet.

Sünde und Schuld. Angesichts deren unbestreitbarer Realität soll nach dem möglichen Grund und Ziel der Schöpfung gefragt werden. Es geht also um metaphysische Implikationen des *malum morale*. In dieser Perspektive wird zunächst nach einem möglichen Motiv Gottes gefragt, die Welt zu erschaffen. Dazu ist vorab der Gottesbegriff zu klären. Vielleicht überraschend wird sich dabei eine gewisse Anthropozentrik als unvermeidlich erweisen. Anschließend ist zu fragen, inwieweit Sünde und Schuld das Schöpfungsmotiv Gottes zu diskreditieren imstande sind. Gerade allerdings aus dem Gedanken eines Zusammenspiels von göttlicher und menschlicher Freiheit wird sich aus der Perspektive Gottes die Alternative abzeichnen, ein mögliches Scheitern seiner Absichten für die Schöpfung in Kauf zu nehmen oder auf die Erschaffung der Welt gänzlich zu verzichten.

1. Freie Schöpfung oder Emanation?

Jedes Nachdenken über die Welt und den Menschen darf zuversichtlich deren Existenz voraussetzen; denn dass Welt und Mensch existieren, daran kann kein vernünftiger Zweifel bestehen.[5] Ungewiss hingegen sind Grund und Ursprung der Existenz von Welt und Mensch: Warum ist etwas und nicht vielmehr nichts? Jede Antwort auf diese „Grundfrage der Metaphysik"[6] ist durch das jeweilige Verständnis dessen geprägt, wie Grund und Ursprung der Welt zu denken sind. Geistes- und Naturwissenschaftler bieten hierzu eine Vielzahl von Hypothesen an.[7]

---

[5] Vgl. dazu die grundlegenden Reflexionen von René Descartes in: ders., Meditationen. Mit sämtlichen Einwänden und Erwiderungen, hg. v. Ch. Wohlers (Philosophische Bibliothek 598), Hamburg 2011, 19–37 (Meditationen 1–2).

[6] Die Frage wurde in der Geschichte der Philosophie nicht nur unterschiedlich beantwortet, sondern auch unterschiedlich gestellt. Bei Leibniz heißt es: „Pourquoi il y a plus tôt quelque chose que rien?" Schelling fragt: „Warum ist nicht nichts, warum ist überhaupt etwas?" Und Heideggers Auseinandersetzung mit dem Nihilismus lässt ihn formulieren: „Warum ist überhaupt Seiendes und nicht vielmehr Nichts?" – Vgl. *D. Schubbe/J. Lemanski/R. Hauswald* (Hg.), Warum ist überhaupt etwas und nicht vielmehr nichts? Wandel und Variationen einer Frage, Hamburg 2013, 8f.

[7] Vgl. *H. Kragh*, Conceptions of Cosmos. From Myths to the Accelerating Universe. A History of Cosmology, Oxford 2007; *St. Weinberg*, Cosmology, Oxford 2008; *A. Liddle*, Einführung in die moderne Kosmologie, Weinheim 2009; *G. Bör-*

Seit Jahrzehnten richtet sich das Bemühen von Physik und Kosmologie darauf, das Universum durch eine alle innerweltlichen Phänomene erfassende einheitliche Theorie (*Grand Unifying Theory*) zu beschreiben. Sind damit aber schon Grund und Ursprung der Welt erfasst? Erreicht die Beschreibung der Phänomene jene Differenz im Sein selbst, welche durch die Kontingenz der Dinge markiert ist? Wo alles sein oder auch nicht sein kann, dort bedarf es offenbar der Annahme einer vom Seienden selbst unterschiedenen Instanz, welche als Quelle und Seinsgrund des Seienden wie des Seins insgesamt gelten kann.

Zwar wäre es denkbar, dass dieser Seinsgrund das von ihm Begründete immer schon – und das heißt: von „Ewigkeit" her – bei sich hat. Die neuplatonische Ontologie vertritt diesen Gedanken. Aber philosophisch wie physikalisch bliebe dann immer noch klärungsbedürftig, wodurch das Zur-Existenz-Gelangen der Dinge veranlasst ist. Alternativ wäre ein ewiger Kosmos denkbar, in dem es zwar aufgrund irgendwelcher Unregelmäßigkeiten Transformationsprozesse gibt, der aber selbst keinen Ursprung hat.

Allerdings wirft der Gedanke eines ewigen Bestehens des Kosmos sowohl physikalische als auch philosophische Probleme auf. Physikalische Schwierigkeiten ergeben sich aus der beobachtbaren Struktur der Welt und aus ihren Gesetzen. So ist nach dem ersten Hauptsatz der Thermodynamik mit einer unumkehrbaren Zunahme an Entropie im Universum zu rechnen, die schlussendlich in dessen Kältetod einmündet. Bestünde das Universum seit einer unendlichen Zeit, dann müsste dieser Kältetod bereits eingetreten sein – was offenkundig nicht der Fall ist. Philosophisch wiederum bereitet die Annahme einer realen Unendlichkeit von Zeitintervallen Schwierigkeiten: Läge diese reale Unendlichkeit in der Vergangenheit, dann käme man nie in der Gegenwart an. Da es aber offenbar so etwas wie „Gegenwart" gibt, muss die Zahl der vergangenen Zeitintervalle endlich sein.

In der Tat geht die weithin akzeptierte „Urknall-Theorie" von einem zeitlichen Anfang des Universums aus, der sich vor etwa 13,7 Milliarden Jahren ereignet hat. Aber auch im sog. „Friedmann-Lemaître-Universum" ist die Frage nach dessen Ursprung und Seinsgrund nicht

---

ner, Das neue Bild des Universums – Quantentheorie, Kosmologie und ihre Bedeutung, München 2009; *L. M. Krauss*, A Universe from Nothing. Why There Is Something Rather than Nothing, New York 2012.

beantwortet. Der britische Physiker Stephen Hawking (1942–2018) hat deshalb vorgeschlagen, das Universum als ein in sich abgeschlossenes und zugleich in Raum und Zeit grenzenloses Phänomen aufzufassen, das einfach vorhanden ist und deshalb keines Schöpfergottes bedarf.[8] Ob allerdings mit der Annahme eines grenzenlosen Universums die „Grundfrage der Metaphysik" überzeugend beantwortet ist, scheint mehr als fraglich. Denn dass etwas voraussetzungslos „einfach da ist", widerspricht aller Erfahrung und aller Logik.

Gleiches gilt freilich auf den ersten Blick auch von Gott. Auch Gott ist kein Gegenstand der Erfahrung; ihm zugeschriebene Eigenschaften wie etwa die, in sich selbst zu gründen und insofern „causa sui" zu sein, behaupten von Gott eben das, was mit Blick auf das Universum als widersprüchlich und unlogisch erscheint. Ist es nicht ein leicht durchschaubarer Taschenspielertrick, von Gott gelten zu lassen, was in Bezug auf die Welt absurd erscheint?

Allerdings lässt sich der Begriff Gottes im Sinne einer formalen Bedingung der Möglichkeit des Universums durchaus denken. So könnte man geltend machen, dass der Grund von Raum und Zeit beides transzendieren muss und insofern als unräumlich und zeitlos zu denken ist. Als Ursprung von Materie wäre der Weltengrund seinerseits immateriell zu konzipieren; als zeitlose Wirklichkeit wäre er frei von jeder Veränderung. Seinerseits ohne Ursache wäre der Grund der Welt ohne Anfang und ohne Ende. Zugleich müsste er hinreichend mächtig sein, die Welt aus dem Nichts hervorzubringen. Der Begriff eines Weltengrundes impliziert demnach eine stattliche Reihe metaphysischer Eigenschaften Gottes. Zu klären bliebe freilich immer noch, wie der Übergang der Welt vom Nichts zum Sein gedacht werden kann und was ihn ausgelöst haben könnte.

2. Ewigkeit der Welt?

Viele der alten Mythen weichen dieser Frage aus; ihnen genügt die Vorstellung von der Etablierung einer Ordnung in einem unvordenklichen Chaos, ohne dass dazu ein äußerer Anlass gegeben wäre.[9]

---

[8] *St. W. Hawking*, Eine kurze Geschichte der Zeit. Die Suche nach der Urkraft des Universums, Reinbek bei Hamburg 1988, 179.
[9] So etwa im Alten Ägypten, wonach sich mit einem Mal aus dem formlosen Ur-

Gnostische Weltentstehungsmythen wiederum spekulieren über eine Unregelmäßigkeit in der göttlichen Licht- und Seinsfülle (πλήρωμα), aus der dann stufenweise bis hinab zur Materie die Welt hervorgegangen ist; die Ursache der Unregelmäßigkeit bleibt trotz einer Vielzahl von Spekulationen im Dunklen.[10] Viele Mythen liefern keine auch nur im Ansatz befriedigenden Erklärungen, warum es das Seiende gibt und nicht vielmehr nichts. Monotheistische Religionen tendieren deshalb zur Annahme eines transzendenten und zugleich frei handelnden Schöpfergottes. Darin unterscheiden sie sich von monistischen Religionen, die auf einen unpersönlichen Seinsgrund verweisen, aus dem alles hervorgeht und der in allem Seienden substanziell präsent ist.[11] Jan Assmann spricht hier deshalb auch von „kosmotheistischen" Religionen.[12] Setzen monotheistische Religionen einen scharfen Schnitt zwischen Gott und Welt, so sehen kosmotheistische Religionen die Vielfalt in der Welt einbegriffen in eine das Ganze umfassende und tragende Einheit.

Ozean ein trockener Hügel erhebt, auf dem das Leben entstehen kann. Anders als im mesopotamischen Theomachien entsteht die Welt nach den altägyptischen Mythen konfliktfrei. Vgl. *J. Assmann*, Schöpfungsmythen und Kreativitätskonzepte im Alten Ägypten, in: R. M. Holm-Hadulla (Hg.), Kreativität (Heidelberger Jahrbücher 44), Berlin 2000, 157–188. – Vgl. *J. Ebach*, Art. Anthropogonie/ Kosmogonie, in: H. Cancik/B. Gladigow/M. Laubscher (Hg.), Handbuch religionswissenschaftlicher Grundbegriffe, Bd. 1, Stuttgart u. a. 1988, 476–491.

[10] Beispielsweise wird im Apokryphon des Johannes die Emotionalität der weiblichen „Sophia", eines der göttlichen Äonen, als Ursache benannt. Vgl. *G. P. Luttikhuizen*, Gnostic Views on the Origin and the Nature of the Universe, in: G. Roskam/J. Verheyden (Hg.), Light in Creation. Ancient Commentators in Dialogue and Debate on the Origin of the World (Studien und Texte zu Antike und Christentum 104), Tübingen 2017, 277–288, bes. 281–285.

[11] Vgl. *R. Litz*, Monismus – Zugänge zu einem Gedanken vom Ganzen, in: K. Müller/M. Striet (Hg.), Dogma und Denkform. Strittiges in der Grundlegung von Offenbarungsbegriff und Gottesgedanke (ratio fidei 25), Regensburg 2005, 131–139; dazu *M. Lerch*, All-Einheit und Freiheit. Subjektphilosophische Klärungsversuche in der Monismus-Debatte zwischen Klaus Müller und Magnus Striet (Bonner dogmatische Studien 47), Würzburg 2009, 120–122. Anders als bei den von den genannten Autoren verhandelten subjekttheoretischen Grundlegungen geht es im vorliegenden Beitrag um kosmologisch-metaphysische Implikationen des Monismus-Begriffs.

[12] Vgl. *J. Assmann*, Die Mosaische Unterscheidung oder der Preis des Monotheismus, München 2003, 96–106.

Bereits in der vorsokratischen Philosophie wurde nach einem einenden und gründenden Ursprung der Welt gesucht. Nach Jens Halfwassen hat Anaximander im 6. Jahrhundert v. Chr. zum ersten Male in der Geistesgeschichte den Gedanken eines vorweltlichen Ursprungs formuliert. Der ionische Naturphilosoph begreift den Ursprung (ἀρχή) von allem als „göttlich" (θεῖον) und bestimmt ihn als „grenzenlos" (ἄπειρον). Als das Unbegrenzte, Unendliche und Unbestimmte ist der Ursprung von allem die Negation der aus ihm hervorgehenden Welt. Halfwassen macht darauf aufmerksam, dass dieser Gedanke „gänzlich unmythologisch ist, weil er sich von aller bildlichen Vorstellbarkeit befreit und ins reine Denken erhoben hat".[13] Dass der so begriffene Ursprung von allem nur einer und einzig sein kann, liegt auf der Hand.

Wie verhält sich dieser Ursprung von allem zum Ganzen? Halfwassen nennt drei Grundformen.[14] So kann der Ursprung als Vollendung des Ganzen aufgefasst werden, als höchste Gestalt von allem, der alles zustrebt. In diesem Sinne habe Aristoteles den Ursprung als „unbewegten Beweger" (οὐσία ἀκίνητος) und als vollkommenes Bei-sich-Sein (νόησις νοήσεως) aufgefasst. Dieser Gottesgedanke sei der des traditionellen Theismus und finde sich auch bei Thomas von Aquin und bei Leibniz. Eine zweite Grundform des Verhältnisses von Ursprung und Ganzem erblickt Halfwassen in der Identität von beidem: Der Ursprung ist das Ganze, und zwar so, dass sich der Ursprung als das Ganze darstellt. Als Vertreter dieser Variante werden Heraklit und Parmenides, aber auch Nikolaus von Kues und Hegel genannt. Die dritte Grundform schließlich könne als die radikale Differenz von Ursprung und Begründetem gelten, wie sie bei Platon und Plotin, aber auch in der negativen Theologie gegeben sei.[15] In immer neuen Anläufen, so Halfwassen, haben die Vertreter der neuplatonischen Geistmetaphysik – darunter Augustinus, Johannes Scotus Eriugena, Cusanus, Schelling – eine Synthese der

---

[13] Vgl. J. *Halfwassen*, Auf den Spuren des Einen. Studien zur Metaphysik und ihrer Geschichte (Collegium metaphysicum 14), Tübingen 2015, 52.
[14] Vgl. ebd., 53–57.
[15] So haben im 2. nachchristlichen Jahrhundert *Alkinoos* (Didaskalikos, 10) oder *Apuleios* (De Platone I,5) den göttlichen Ursprung „unaussprechlich", „namenlos" und „unbegreiflich" genannt.

Grundformen angestrebt, um das Verhältnis des Ursprungs zum Ganzen zu erfassen.[16] Dem neuplatonischen Emanationsmodell zufolge steht am Ursprung der Welt eine Wirklichkeit, die aufgrund der ihr einwohnenden Seinsfülle über sich hinaus – und damit in das „Nichts" hinein – drängt. Alles Seiende ist wesentlich dadurch bestimmt, dass es an der ursprünglichen Einheit der Wirklichkeit in vermittelter und deshalb verminderter Weise teilhat. Über dem Abgrund des Nichts schwebend, existiert das Seiende allein durch seine Teilhabe am alles umfassenden Sein.

Aber wie sollte man das ursprüngliche Hineindrängen des ursprünglichen Einen in das Nichts denken? Genügt der Hinweis auf die „überquellende Seinsfülle" des ursprünglichen Einen? Und welchen Stellenwert haben in einem durchgängig kausal strukturierten Kosmos Kontingenz und Freiheit? Sind sie etwa bloße Illusionen? Nach neuplatonischem Verständnis ist ja das menschliche Bewusstsein in letzter Instanz nichts anderes als eine Emanation des ursprünglichen Einen und Teilhabe am transzendenten Nous. Deshalb erreichen neuplatonische Kosmologien prinzipiell nicht den Gedanken eines Kommerziums von göttlicher und menschlicher Freiheit. Nicht zufällig mündet Avicennas neuplatonisch geprägte Metaphysik in einen kosmischen Nezessitarismus ein.[17] Und nicht zufällig haben christliche Theologen im 13. Jahrhundert auf der Individualität der menschlichen Seele und deren Freiheit in Bezug auf ihren göttlichen Ursprung bestanden.[18]

Für eine aus dem ursprünglichen Einen hervorgehende Welt gälte im Übrigen das, was Aristoteles aus seinen Analysen von „Bewe-

---

[16] Vgl. hierzu auch: *St. Gersh*, From Iamblichus to Eriugena. An investigation of the prehistory and evolution of the Pseudo-Dionysian tradition (Studien zur Problemgeschichte der antiken und mittelalterlichen Philosophie 8), Leiden u. a. 1978.

[17] Vgl. *L. Honnefelder*, Die Kritik des Johannes Duns Scotus am kosmologischen Nezessitarismus der Araber. Ansätze zu einem neuen Freiheitsbegriff, in: J. Fried (Hg.), Die abendländische Freiheit vom 10. zum 14. Jahrhundert. Der Wirkungszusammenhang von Idee und Wirklichkeit im europäischen Vergleich (Konstanzer Arbeitskreis für Mittelalterliche Geschichte: Vorträge und Forschungen 39), Sigmaringen 1991, 249–263.

[18] Vgl. *M. Hille*, Die Pariser Verurteilung vom 10. Dezember 1270 im Spannungsfeld von Universitätsgeschichte, Theologie und Philosophie (Erfurter Theologische Studien 87), Leipzig 2005.

gung" (κίνησις) für den Kosmos insgesamt ableitet: Sie wäre mit ihrem Ursprung zeitgleich und deshalb ewig. Insofern nämlich „Bewegung" nach Aristoteles der Übergang von einer Möglichkeit in eine Wirklichkeit ist,[19] erfolgt dieser Übergang nie ohne einen externen Impuls. Dieser Impuls benötigt wiederum einen ihn auslösenden Impuls. Nun gibt es zwei Möglichkeiten: Entweder sind Impuls und Wirkung zeitgleich – dann gibt es überhaupt keine Zeit, und unsere Wahrnehmung zeitlicher Zerdehntheit wäre eine bloße Illusion. Oder aber Impuls und Wirkung folgen zeitlich aufeinander – dann ist die Reihe der Ursachen und Wirkungen unendlich, und die Welt ist ewig. Da wir in der Welt nun aber Bewegung und Veränderungen wahrnehmen, spricht nach Aristoteles der Augenschein für die zweite Möglichkeit – und somit für die Ewigkeit der Welt.[20]

Erreicht aber eine unendlich in die Vergangenheit zurückreichende Folge von Ereignissen jemals die Gegenwart? Der byzantinische Gelehrte Johannes Philoponos (490–570) jedenfalls hat dies in seiner ausführlichen Kritik an der neuplatonischen Kosmologie des Proklos (412–485) vehement bezweifelt.[21] Seither wird über die Ewigkeit der Welt leidenschaftlich diskutiert; jüdische, christliche und muslimische Denker haben sich an den Debatten beteiligt.[22] Thomas von Aquin (1225–1274) hielt die Frage für unentscheidbar, und Gleiches gilt für Immanuel Kant (1724–1804): In einer seiner „Antinomien der reinen Vernunft" hat Kant gezeigt, dass sich sowohl zugunsten der Ewigkeit der Welt wie auch für deren zeitlichen Anfang überzeugende Gründe anführen lassen.[23] Wenn dem aber so

---

[19] Vgl. *Aristoteles*, Physik III,1: „Jede Bewegung oder Veränderung ist nämlich ‚der Akt eines in Potenz Befindlichen als solchen'" (201a).
[20] Vgl. *Aristoteles*, De caelo I: „… Der gesamte Himmel ist also weder entstanden, noch kann er untergehen, wie einige meinen; sondern er ist einer und ewig und hat in seiner ganzen Dauer weder Anfang noch Ende und fasst und umgreift in sich selbst die unbegrenzte Zeit" (283b).
[21] Vgl. *B. Gleede*, Platon und Aristoteles in der Kosmologie des Proklos. Ein Kommentar zu den 18 Argumenten für die Ewigkeit der Welt bei Johannes Philoponos (Studien und Texte zu Antike und Christentum 54), Tübingen 2009.
[22] Zur Diskussion um die Ewigkeit der Welt im Mittelalter vgl. *E. Behler*, Die Ewigkeit der Welt. Problemgeschichtliche Untersuchungen zu den Kontroversen um Weltanfang und Weltunendlichkeit im Mittelalter, Paderborn 1965.
[23] Vgl. dazu einführend: *L. Kreimendahl*, Die Antinomie der reinen Vernunft, 1. und 2. Abschnitt (A405/B432–A461/B489), in: G. Mohr/M. Willaschek (Hg.),

ist, dann ist es mindestens nicht unvernünftig, als Grund der Welt
einen freien Schöpfergott anzunehmen, welcher der Welt einen zeitlichen Anfang gesetzt hat.[24] Dann aber drängt sich unausweichlich
die Frage nach dem Schöpfungsmotiv und der Absicht Gottes für
die von ihm geschaffene Welt auf. Verfolgte Gott mit der Erschaffung der Welt irgendeinen Plan?

3. Planvolles Handeln?

Schon die Rede von einem „göttlichen Plan" setzt voraus, als letzten
Grund der Welt nicht eine unpersönliche Wirklichkeit anzunehmen,
sondern einen freien Gott. Dieser muss sowohl als intentional handelnd wie auch als hinreichend mächtig gedacht werden, seine freien
Entscheidungen in die Tat umsetzen zu können.

Diese Voraussetzungen sind keineswegs selbstverständlich. Solange
es Physiker für denkbar halten, dass das Universum völlig in sich abgeschlossen ist, bedürfte es zu seiner Existenz keines Schöpfergottes.
Dann aber ginge innerhalb der kosmischen Evolution der Ausgriff des
menschlichen Bewusstseins ins Leere. Der Ruf des Menschen – und besonders der ohnmächtige Hilfeschrei des Leidenden und Gequälten –
verhallte ungehört in den unauslotbaren Tiefen des Universums.[25]

Immanuel Kant: Kritik der reinen Vernunft (Klassiker Auslegen 17/18), Berlin
1998, 413–446.

[24] Die naheliegende Vermutung, ob und in welcher Hinsicht der Schöpfergott
durch die Erschaffung der Welt einen inneren Wandel vollzogen hat, kann hier
ebenso außer Acht bleiben wie die herausfordernde Aufgabe, die Relation eines
als „ewig" gedachten Gottes zur zeitlich verfassten Welt zu denken. Beide Fragestellungen sind der Gotteslehre zuzuordnen; die hier zu erörternde Problematik hingegen zielt auf die Geschichtstheologie und die Vorsehungslehre. –
Vgl. u. a. K. *Ruhstorfer* (Hg.), Unwandelbar? Ein umstrittenes Gottesprädikat in
der Diskussion (Beihefte zur Ökumenischen Rundschau 112), Leipzig 2018; L.
Neidhart, Gott und Zeit (Studien zur systematischen Theologie, Ethik und Philosophie 9), Münster 2017; Ch. *Tapp/E. Runggaldier* (Hg.), God, eternity, and time, Farnham 2011.

[25] Vgl. M. *Striet*, In der Gottesschleife. Von religiöser Sehnsucht in der Moderne,
Freiburg i. Br. [2]2015, bes. 21–25; O. *Fuchs*, Der zerrissene Gott. Das trinitarische
Gottesbild in den Brüchen der Welt, Mit einem Vorwort v. M. Striet, Ostfildern
[3]2016. – Vgl. auch J. *Paul*, Rede des toten Christus vom Weltgebäude herab, dass
kein Gott sei, in: Sämtliche Werke, Bd. 1,2, Frankfurt a. M. [2]1996, 270–275.

Angesichts der naturwissenschaftlich weiterhin unbeantworteten Frage nach dem Ursprung des Universums erscheint der christliche Glaube an einen persönlichen Gott als eine bloß mögliche Option – eine Option freilich, für die sich nachvollziehbare Gründe namhaft machen lassen. So ließe sich etwa geltend machen, dass als Grund der Welt keine Naturkausalität überzeugt, wohl aber eine Kausalität, die sich auf Kategorien der Freiheit und somit auf die Idee der Person stützt. Denn selbst dann, wenn einzuräumen ist, dass im quantenmechanischen Bereich spontane Ereignisse auftreten, erfolgen diese doch nicht zielgerichtet. Menschliche Freiheit hingegen vollzieht sich intentional. Sie ist formal unbedingt, spontan und gerade deshalb in der Lage, innovativ zu wirken. Freiheit kann gewissermaßen „ex nihilo" Neues schaffen.[26]

Im endlichen Bereich gilt dies freilich nur für die Sphäre des humanen Bewusstseins; hier sind der Kreativität der menschlichen Phantasie und des Wollens keinerlei Grenzen gesetzt. Die Erschaffung der Welt hingegen muss selbst dann als analogielos gelten, wenn sich wechselweise Materie in Energie umwandeln lässt. Denn in der Natur gilt, dass nichts ohne Grund und Ursache entsteht: „Ex nihilo nihil fit" (Aristoteles, *Physik* I,4). Der göttliche Schöpfungsakt hingegen ist nicht nur formal, sondern auch material unbedingt; er ist *creatio ex nihilo*.

Die Annahme, dass Gott die Welt aus freiem Entschluss erschaffen hat, kann damit rechnen, dass er mit ihr auch ein Ziel verfolgt hat. Ein absichtsloses Erschaffen der Welt nämlich wäre angesichts des mit einer endlichen Welt unvermeidlich verbundenen Übels moralisch kaum zu rechtfertigen. Und dass Gott mit der Möglichkeit des Übels in der von ihm geschaffenen Welt rechnen konnte, darf mit Blick auf seine Allwissenheit getrost unterstellt werden. Dann aber kann sein freier Entschluss zum Schöpfungsakt nur aus einer Güterabwägung hervorgegangen sein: Das von der Erschaffung der

---

[26] So etwa W. L. *Craig*, Reasonable Faith. Christian Truth and Apologetics, Wheaton ³2008, 153f. Craig stützt sich dabei auf Überlegungen von Richard Swinburne. Schon bei Thomas von Aquin wird unmissverständlich festgestellt, dass der Schöpfungsakt keine Bewegung bzw. Veränderung ist, sondern Begründung im Sein: „Non enim est creatio mutatio, sed ipsa dependentia esse creati ad principium a quo statuitur" (ScG II, 18).

Welt zu erwartende Gut muss die ebenfalls zu erwartenden Übel mindestens aufgewogen, wenn nicht übertroffen haben. Welches Gut könnte dies sein? Wenn Schöpfung bedeutet, dass Gott die Differenz zwischen Sein und Nicht-Sein „zugunsten des Seins" gesetzt hat,[27] dann ist es nicht unwahrscheinlich, dass der göttliche Schöpfungsplan auf die Autonomie der Welt zielt – eine Autonomie sowohl der Natur wie auch der ihrer selbst bewussten Lebewesen darin. Auf diese Weise ließe sich auch verständlich machen, warum Gottes schöpferisches Handeln nicht unmittelbar auf die Erschaffung eines freien Gegenübers zielte, sondern den Umweg über die Evolution des Kosmos und des Lebens auf der Erde in Kauf nahm. Aber wäre dies nicht die Position des Deismus? Deisten argumentieren, dass ein allmächtiger und moralisch vollkommener Gott nur die „beste aller möglichen Welten" erschaffen konnte. Ein nachträgliches Eingreifen in diese Welt sei deshalb nicht nur nicht nötig, sondern könnte die bestmöglich geschaffene Welt nur verschlechtern. Demnach beschränkte sich jeder Plan Gottes auf die anfängliche Einrichtung einer Welt, die anschließend den Konstanten und Gesetzen der Natur unterworfen bliebe.

Offenkundig widerspricht ein solches Gottesverständnis dem Selbstverständnis religiöser Menschen; denn die Annahme eines göttlichen Wirkens in der Welt ist für die meisten Religionen wesentlich und deshalb unaufgebbar. Damit freilich steht die theistische Annahme eines *in* der Welt frei handelnden Gottes vor der Herausforderung, Gottes Beziehung zu der von ihm geschaffenen Welt zu klären. Um nicht bloß von einem abstrakten göttlichen Plan sprechen zu können, wäre es nötig, einen Begriff vom wirksamen Eingreifen Gottes in Raum und Zeit zu gewinnen.

Die damit gegebenen theologischen Probleme sind freilich immens.[28] Sie betreffen nicht nur die Theodizeefrage, sondern auch die Beziehung zwischen einem als „ewig" gedachten Gott und der

---

[27] *H.-J. Höhn*, Gott – Offenbarung – Heilswege. Fundamentaltheologie, Würzburg 2011, 127 u. ö.

[28] Vgl. *Ch. Böttigheimer*, Wie handelt Gott in der Welt? Reflexionen im Spannungsfeld von Theologie und Naturwissenschaft, Freiburg i. Br. 2013. An der Frage nach dem Handeln Gottes in der Welt entscheidet sich nichts Geringeres als die Denkbarkeit von Wundern oder die rationale Vertretbarkeit von Bittgebeten. Vgl. dazu: *K. v. Stosch*, Gott – Macht – Geschichte. Versuch einer theodizeesensiblen Rede vom Handeln Gottes in der Welt, Freiburg i. Br. 2006.

raumzeitlich verfassten Welt. Diese Beziehung wiederum ist maßgeblich davon bestimmt, welche Eigenschaften von Gott prädiziert
werden dürfen. Eine philosophische Gotteslehre liefert hierzu erste
Hinweise.[29] Eine christliche Theologie wird sich darüber hinaus auf
Einsichten stützen dürfen, die sie der Offenbarung entnimmt – so
herausfordernd auch dieser Begriff wiederum sein mag.[30]

4. Schöpfungsmotiv Freiheit?

Nach christlichem Selbstverständnis hat sich der Schöpfer des Himmels und der Erde in der Geschichte des Volkes Israel und in der Person Jesu von Nazareth als vollendete Freiheit und Liebe geoffenbart.
Von daher wagt das Christentum eine Antwort auch auf die Grundfrage der Metaphysik, warum etwas ist und nicht vielmehr nichts. Sie
lautet im Anschluss an Johannes Duns Scotus: „Deus vult condiligentes suos" – Gott will Mitliebende.[31] Demnach gründet die Erschaffung
der Welt nicht nur in der Freiheit Gottes, sondern in dessen trinitari-
scher Natur. Denn das „Erstgeliebte" ist nach Duns Scotus nicht etwa
die Welt, sondern der göttliche Logos. Erst in zweiter Linie richtet sich
Gottes Liebe auf ein Gegenüber, das durch die Schöpfungsdifferenz
von seinem göttlichen Grund unterschieden ist.

Die innertrinitarische Relation zwischen Vater und Logos kann
somit als der Grund der Welt verstanden werden. In anthropologischer Konzentration formuliert Karl Rahner (1904–1984): „[…]
Man könnte von daher den Menschen – ihn in sein höchstes und
finsterstes Geheimnis hineinstoßend – definieren als das, was entsteht, wenn die Selbstaussage Gottes, sein Wort, in das Leere des

---

[29] Vgl. *Th. Marschler*, Die Attribute Gottes in der katholischen Dogmatik, in:
ders./Th. Schärtl (Hg.), Eigenschaften Gottes. Ein Gespräch zwischen systematischer Theologie und analytischer Philosophie (Studien zur systematischen Theologie, Ethik und Philosophie 6), Münster 2016, 3–33.
[30] Vgl. *S. Wendel*, In Freiheit glauben. Grundzüge eines libertarischen Verständ-
nisses von Glauben und Offenbarung, Regensburg 2020; *B. Nitsche/M. Remenyi*
(Hg.), Problemfall Offenbarung. Grund – Konzepte – Erkennbarkeit, Freiburg
i. Br. 2022.
[31] *J. Duns Scotus*, Opus Oxoniense III, dist. 32, qu. 1, nr. 6: „Deus vult alios habere condiligentes."

gottlosen Nichts liebend hinausgesagt wird [...]. Wenn Gott Nicht-Gott sein will, entsteht der Mensch."[32] Dass Rahner hier nicht etwa die Welt, sondern den Menschen als das Resultat der liebenden Selbstaussage Gottes in das Nichts benennt, ist nicht zufällig. Wenn nämlich Gott dreifaltige Liebe ist, wie es der christliche Glaube für wahr hält, dann kann sein schöpferisches Wirken nur auf ein Wesen zielen, das seinerseits zur Liebe imstande ist. Das bedeutet zwar nicht, dass nur das ein angemessenes Gegenüber der eigenen Liebe ist, was seinerseits lieben kann oder Liebe ist. Nicht selten erweist sich Liebe gerade darin, dass sie liebt, was nicht liebenswert ist oder selbst nicht lieben kann. Ihre Erfüllung jedoch findet Liebe erst in einem dialogischen Verhältnis: im geliebten Gegenüber, das die eigene Liebe liebend zu erwidern imstande ist.

Zwar kann Liebe nicht geboten werden – zutreffend bemerkt Kant, die Liebe sei eine Sache der Empfindung, nicht des Wollens.[33] Allerdings ist das biblische Gebot, seinen Nächsten zu lieben wie sich selbst (vgl. Mt 22,37–39), nicht sinnlos. Gemeint ist hier nämlich weniger die Liebe als Eros oder Philia, sondern als Agape. In diesem Verständnis kann „Liebe" als Vollendung der Freiheit gelten – jedenfalls solange es um individuelle Subjekte und um den Bereich des Privaten geht.[34] Im Rahmen des Rechtes und der Institutionen hingegen ist sachgemäßer von „Anerkennung" die Rede. Wechselseitige Anerkennung ist grundlegend für die Begegnung freier Subjekte.[35] Zugleich ist in der frei gewährten Anerkennung des Anderen das ermöglichend grundgelegt, was sich in personaler Beziehung als Liebe vollendet: die unbedingte Anerkennung des Anderen um seiner selbst willen.

---

[32] K. Rahner, Grundkurs des Glaubens. Einführung in den Begriff des Christentums, Freiburg i. Br. 1976, 222f.

[33] I. Kant, Grundlegung zur Metaphysik der Sitten (Akad.-Ausg. IV, 399. 401).

[34] Zum Verhältnis von Freiheit und Liebe vgl. J. Seifert, Liebe als Bejahung der Person, in: H. Reinhardt (Hg.), Philosophisches zu Wahrheit, Freiheit, Liebe (Schriftenreihe der Theologischen Hochschule Chur 6), Fribourg/Ue. 2006, 115–133.

[35] Zu Hegels richtungsweisendem, im Anschluss an Fichte gewonnenen Begriff der Anerkennung vgl. L. Siep, Anerkennung als Prinzip der praktischen Philosophie. Untersuchungen zu Hegels Jenaer Philosophie des Geistes (Praktische Philosophie 11), Freiburg i. Br. 1979. Wichtig sind auch Hegels diesbezügliche Reflexionen in seiner Rechtsphilosophie von 1820.

Wenn wahr ist, dass sich Gott in Jesus Christus als vollendete Liebe geoffenbart hat, dann darf die Theologie solche Überlegungen in analoger Weise auch für die Erschaffung der Welt beanspruchen. „Schöpfung" bedeutet ja, dass „außer" Gott nicht Nicht-Sein sein soll, sondern Sein. Gott anerkennt das nichtgöttliche Sein als Sein-Sollendes. Im schöpferischen Wirken setzt Gott die Differenz zwischen dem Sein, das er selbst ist, und dem Sein, das er nicht ist. Wie aber sollte das aus dem Nichts zum Sein geführte Seiende beschaffen sein, um dem Wesen und Willen des freien Schöpfers zu entsprechen? Nach dem bislang Ausgeführten liegt die Schlussfolgerung nahe: Gottes schöpferisches Wirken muss auf die Erschaffung von Freiheit zielen. Denn ist Gott selbst Freiheit – trinitarische Freiheit in der liebenden Bezogenheit der drei göttlichen Personen aufeinander –, dann kann sein Wirken „nach außen" nur wiederum auf Freiheit zielen. Denn ausschließlich eine Wirklichkeit, die wesentlich Freiheit ist, kommt als Gegenüber und Gehalt der sich schöpferisch in das Nichts hinein aussprechenden Freiheit Gottes infrage.

Diese Schlussfolgerung wird durch die transzendentalen Analysen des Wesens von Freiheit bestätigt, wie sie der Münchner Philosoph Hermann Krings (1913–2004) vorgelegt hat: „Welcher Inhalt erfüllt die Form der Freiheit? Durch welchen Inhalt wird ihrer Dignität entsprochen? Der den transzendentalen Entschluss erfüllende Gehalt muss die Dignität der transzendentalen Freiheit selber haben. Der erfüllende Inhalt der Freiheit kann, sofern er ihr der Form und Dignität nach nicht nachstehen soll, kein anderer sein als Freiheit. Das aber bedeutet: Freiheit gibt sich letztlich und erstlich dadurch einen Inhalt, dass sie andere Freiheit bejaht. Nur im Entschluss zu anderer Freiheit setzt sich Freiheit selbst ihrer vollen Form nach".[36]

Diese philosophische Bestimmung transzendentaler Freiheit kann auch theologisch geltend gemacht werden: Für einen als „frei" gedachten Gott kann sein schöpferisches Wirken nur darauf zielen, wiederum Freiheit zu erschaffen, will er seiner eigenen Natur entsprechend handeln. Schöpfung ist „creatio ex amore" (Medard Kehl).[37]

---

[36] *H. Krings*, Freiheit. Ein Versuch, Gott zu denken (1970), in: System und Freiheit. Gesammelte Aufsätze, Freiburg i. Br./München 1980, 161–184, hier 174.
[37] *D. Ansorge/M. Kehl*, Und Gott sah, dass es gut war. Eine Theologie der Schöpfung, Freiburg i. Br. ³2018, 43–44, 193–194.

Ist ein univokes Verständnis von Freiheit theologisch legitim? Das IV. Laterankonzil (1215) hat darauf bestanden, dass menschliche Rede von Gott der gemeinten Wirklichkeit stets unähnlicher als ähnlich ist. Duns Scotus räumt dies wohl ein, vertritt aber dennoch die Auffassung, dass es im Medium des Begriffs eine Gleichheit von Gott und Geschöpf geben muss.[38] Andernfalls nämlich, so Scotus, könnten wir uns von Gottes Existenz ebenso wenig eine Vorstellung bilden wie von seinem freien Handeln.

Offenkundig kann man nur mit einem univoken Begriff von Freiheit den Satz von Duns Scotus begrifflich einholen: Mit der Erschaffung der Welt wollte Gott „Mitliebende" außerhalb seiner selbst erschaffen, nämlich endliche freie Wesen, die er zu lieben imstande wäre und die ihrerseits lieben können – ihre Mitgeschöpfe und auch ihren Schöpfer. Und diese Wesen *sollen* lieben; denn auch für sie gilt der Hinweis von Krings, dass sich öffnende Freiheit den ihr angemessenen Gehalt allein in anderer Freiheit findet. Dass dies unter den Bedingungen endlicher Existenz immer nur in endlicher Weise geschehen kann, steht dem nicht entgegen. Die *vollkommene* Erfüllung endlicher Freiheit aber ist niemand anders als Gott selbst in seiner unendlichen und unbedingten Freiheit.[39]

Überdies wäre für einen als „frei" gedachten Gott ein unfreies Universum schlicht langweilig. In ihm gäbe es nichts, über das Gott nicht schon von Ewigkeit her verfügte und was er nicht schon von Ewigkeit her wüsste. Erst die Existenz einer Gott gegenüber autonomen Freiheit verbürgt in der Welt wahre Innovation und somit auch für Gott Überraschendes.[40] Dass sich Gott mit der Erschaffung

---

[38] Vgl. dazu *W. Pannenberg*, Analogie und Offenbarung. Eine kritische Untersuchung zur Geschichte des Analogiebegriffs in der Lehre von der Gotteserkenntnis (1955), Göttingen 2007, 123–180, bes. 160–170. Ferner: *Th. Kobusch*, Intersubjektivität und Freiheit. Zu den metaphysischen Voraussetzungen des modernen Freiheitsbegriffs, in: M. Knapp (Hg.), Religion – Metaphysik(kritik) – Theologie im Kontext der Moderne/Postmoderne (Theologische Bibliothek Töpelmann 112), Berlin 2001, 187–203.

[39] Vgl. *Th. Pröpper*, Freiheit als philosophisches Prinzip theologischer Hermeneutik, in: Evangelium und freie Vernunft. Konturen einer theologischen Hermeneutik, Freiburg i. Br. 2001, 5–22.

[40] Mit dieser These ist die anhaltende Debatte zwischen „Eternalisten" und „Sempiternalisten" berührt, in der es um die Möglichkeit eines „offenen Theismus" geht. Vgl. *O. Wiertz*, Allgegenwart, (Außer-)Zeitlichkeit und Unveränder-

einer raumzeitlich verfassten Welt dazu bestimmt hat, sich zu ihr in ein solches Verhältnis zu setzen, das die Dimensionen von Raum und Zeit nicht ausklammert, darf dabei getrost vorausgesetzt werden.[41] Entsprechendes gilt für die Freiheit: Mit der Erschaffung endlicher Freiheit hat sich Gott dazu bestimmt, sich von dieser Freiheit her bestimmen zu lassen. Dass er bei alledem weder Souveränität noch Allmacht preisgibt, darf schon deshalb vorausgesetzt werden, weil anders tatsächlich nicht auszuschließen wäre, dass die Weltgeschichte in eine kosmische Katastrophe einmündet.[42]

5. Anthropozentrismus?

Sollte Duns Scotus zutreffend vermuten, dass Gott „Mitliebende" wollte, als er die Welt schuf, dann ist der Schluss unausweichlich, dass das gewaltige Universum allein deshalb geschaffen wurde, damit in ihm einmal solche Bedingungen herrschen, die seiner selbst bewusstes Leben ermöglichen. Ob dies im Universum nur ein einziges Mal geschehen würde oder nicht, ist damit noch nicht entschieden – und auch noch nicht über die daraus hervorgehenden theologischen Konsequenzen. Gleichwohl ist die Anthropozentrik dieser These unübersehbar.

Keine Frage: Im Zeitalter der ökologischen Krise steht jede anthropozentrische Betrachtung der Welt unter Ideologieverdacht. Instrumentelle Vernunft, technisches Wissen und ökonomisches Kalkül scheinen die Biosphäre und den Globus als Ganzen an den Rand der Katastrophe zu bringen. Ist es da nicht grenzenlose Hybris zu behaupten, das Universum sei einzig um des Menschen willen ge-

---

lichkeit, in: K. Viertbauer/G. Gasser (Hg.), Handbuch Analytische Religionsphilosophie. Akteure – Diskurse – Perspektiven, Stuttgart 2019, 159–174.

[41] Zu klären bliebe freilich, welcher Art das Verhältnis ist. Traditionell gesprochen dürfte das Verhältnis von Gott zur Welt nicht sein Wesen betreffen, sondern akzidentell sein. Eben dies will auch Thomas von Aquin sagen, wenn er in seiner Summa contra Gentiles behauptet, Gott habe keine „reale" Beziehung zur Welt (ScG II,12).

[42] Hierin besteht im Kern auch die Kritik, die Jüngel an der Idee eines sich in die Geschichte entäußernden Gott geübt hat: E. *Jüngel*, Gottes ursprüngliches Anfangen als schöpferische Selbstbegrenzung. Ein Beitrag zum Gespräch mit Hans Jonas über den „Gottesbegriff nach Auschwitz", in: H. Deuser u. a. (Hg.), Gottes Zukunft – Zukunft der Welt (FS Jürgen Moltmann), München 1986, 265–275.

schaffen worden? Viele um die Zukunft der Erde besorgte Menschen mahnen deshalb eine größere Bescheidenheit an.

Mehr noch: Ist der Mensch auf seinem winzigen Planeten am Rande des Universums realistischerweise nicht eine gänzlich zu vernachlässigende Größe, deren Existenz zeitlich nicht ins Gewicht fällt? Bildet man die Geschichte der Erde – nicht des Weltalls! – auf einer Skala von 24 Stunden ab, dann taucht der seiner selbst bewusste Mensch erst zwei Minuten vor Mitternacht als neue Art des Lebendigen auf. In Relation zum Alter des Universums beginnt die klassische Antike sieben Sekunden vor Mitternacht; die technische Zivilisation gibt es erst im letzten Bruchteil der letzten Sekunde.[43] Wozu also dieser kosmische Aufwand? Wozu dieses gigantische Universum mit seinen unermesslichen Dimensionen? Warum hat Gott nicht gleich und unverzüglich ihrer selbst bewusste Wesen geschaffen, sondern diese erst als vorläufiges Endprodukt einer Milliarden Jahre wählenden Evolution entstehen lassen? Den Hinweis auf eine mögliche Antwort liefert einmal mehr der Gedanke der Autonomie: Nicht nur endliche Freiheit ist der schöpferischen Freiheit Gottes angemessen, sondern auch eine Natur, die sich – zumindest nach dem ersten Intervall der Planck-Zeit (= $5{,}391 \times 10^{-44}$ s) – nach festen Gesetzen und Konstanten entfaltet.[44]

6. Missbrauch der Freiheit?

Ein weiterer Verdacht drängt sich auf: Überschätzt die skizzierte Rekonstruktion eines möglichen Motives, das Gott zur Erschaffung der Welt veranlasst haben könnte, nicht maßlos Möglichkeit und Praxis menschlicher Freiheit? Welcher Stellenwert in Kosmos und Geschichte ist menschlicher Freiheit überhaupt einzuräumen? Ist das Insistieren einer bestimmten Tradition christlicher Theologie auf der Freiheit nicht als kulturell bedingte Sonderform der Glaubensreflexion zu relativieren?

---

[43] Vgl. *O. Elicki, Ch. Breitkreuz,* Die Entwicklung des Systems Erde, Berlin/Heidelberg 2016; *W. Oschmann,* Evolution der Erde. Geschichte des Lebens und der Erde, Bern/Stuttgart 2021, 351–361.
[44] Vgl. u. a. *St. Weinberg,* Die ersten drei Minuten. Der Ursprung des Universums, München [5]1985.

Im Rahmen monistischer Deutungen des Wirklichkeitsganzen werden Individualität, Subjektivität und Freiheit des Menschen oft als Illusionen betrachtet. Aber steht dem nicht die Erfahrung entgegen, dass der Wert eines jeden einzelnen Menschen unermesslich ist? Und lässt sich eine monistisch gegründete Anthropologie in der Praxis überhaupt durchhalten? Im Licht der inzwischen global rezipierten Idee der Menschenrechte jedenfalls erscheint jede Nivellierung von Personalität und Individualität fraglich. Vieles spricht dafür, dass dem einzelnen Menschen wesentliche Bedürfnisse zugesprochen werden müssen, die von seinen Mitmenschen und der Gesellschaft zu respektieren sind und auf die er insofern ein Anrecht geltend machen kann.[45]

Historisch ist die Idee der Menschenrechte aus einem Kulturkreis hervorgegangen, der maßgeblich durch das Christentum geprägt ist. Dies bedeutet freilich nicht, dass das Christentum als einzige Wurzel der Menschenrechte gelten muss. Treffender wird man wohl sagen dürfen, dass die Menschenrechte aus ebenso spezifischen wie vielschichtigen historischen Konstellationen erwachsen sind, zu denen erst im Rückblick auch die religiösen Traditionen des Christentums gezählt werden können. Nur so lässt sich im Übrigen in einer kulturell vielgestaltigen Welt die universale Geltung der Menschenrechte überzeugend begründen.[46]

Außerhalb totalitärer Ideologien scheint sich zu Beginn des 21. Jahrhunderts ein globaler Konsens darüber abzuzeichnen, dass der Mensch wesentlich als ein Freiheitswesen aufzufassen ist, das bestimmte Bedürfnisse artikulieren und Rechte geltend machen darf. Kaum jemals zuvor in der Menschheitsgeschichte wurden Menschenrechte entschiedener eingefordert als heute. Gerade deshalb aber fällt ihre vielfältige Missachtung umso greller ins Auge. Im 21. Jahrhundert sind Gewalt und Folter, Krieg und Ausbeutung

---

[45] Vgl. *M. C. Bassiouni*, Menschenrechte zwischen Universalität und islamischer Legitimität, Berlin 2014. Bassiouni zählt zu den Grundbedürfnissen des Menschen seinen Anspruch auf Nahrung, Wohnung und Kleidung, aber auch das Recht auf freie Meinungsäußerung, Bildung und politische Partizipation.
[46] Vgl. *H. Joas*, Die Sakralität der Person. Eine neue Genealogie der Menschenrechte, Berlin 2011, 251–281. – Joas erklärt die Menschenrechte aus ihren historischen und religiösen Kontexten heraus. Mit dem Gedanken einer „Sakralisierung der Person" bezieht er sich auf die funktionalistische Religionstheologie von Émile Durkheim (1858–1917), kritisiert diese jedoch als reduktionistisch.

omnipräsent – in der Realität wie in den Medien. Als Skandal wird
alles das aber nur deshalb wahrgenommen, weil sich in globaler Perspektive das Bewusstsein durchgesetzt hat, dass Menschen in ihrer
Würde und Freiheit unbedingt zu respektieren sind.

Dem vielerorts gähnenden moralischen Abgrund korrespondiert
die drohende Klimakatastrophe. Auch sie ist kein Verhängnis der Natur, sondern von Menschen gemacht. Treibhauseffekt und Rohstoff-
knappheit, Verwüstungen, Versteppungen und Überflutungen sind
Folgen globaler Industrialisierung und des damit verbundenen Ener-
gieverbrauchs. Was im Anthropozän den Lebensstandard einer Minderheit verbessert, stürzt die Mehrheit der Weltbevölkerung in Ar-
beitslosigkeit, Armut und Perspektivlosigkeit. Gewaltsame Konflikte
um Ressourcen, Flucht und Vertreibung sind weltweit zu beobachten.
Trotz guten Willens und wiederholter Anläufe erweist sich die Politik
als unfähig, den Gesetzen der Ökonomie wirksam Grenzen zu setzen.
Die Natur wiederum gehorcht ihren Gesetzen blind. Angesichts der
politischen und ökologischen Krisen ist deshalb der Zusammenbruch
der globalen Zivilisation zu einer realen Möglichkeit geworden.[47]

Im Hinblick auf die unermesslichen Dimensionen des Weltalls
stellte ein Ende der menschlichen Zivilisation auf der Erde gewiss keine kosmische Katastrophe dar. Wohl aber werden religiöse Deutungen des Wirklichkeitsganzen nicht der Frage ausweichen können, ob
mit dem möglichen Ende des Menschen nicht auch Gottes Plan mit
der Welt an ein Ende gelangt, ja womöglich definitiv gescheitert ist.

7. Böswillig durchkreuzt?

Wenn das schöpferische Handeln eines freien Gottes auf die Erschaffung endlicher Freiheit zielte, um mit ihr in ein dialogisches Verhältnis zu treten – wäre dann nicht das Ende von Zivilisation und Hu-
manität als Scheitern dieses Vorhabens zu werten? Dann in der Tat
stellten Sünde und Schuld des Menschen nicht bloß einen bedauer-
lichen Betriebsunfall dar, sondern eine – wie im Titel des Beitrags
formuliert – „kosmische Katastrophe". Denn mit der Sünde des
Menschen geschieht genau das, was dem Plan Gottes mit seiner

---

[47] Vgl. G. *Taxacher*, Apokalypse ist jetzt. Vom Schweigen der Theologie im Ange-
sicht der Endzeit, Gütersloh 2012, bes. 16–56.

Schöpfung widerspricht: dass nämlich die endliche Freiheit des Menschen diesen Plan durchkreuzt und zum Scheitern bringt. Andererseits vollzieht sich Freiheit selbst noch im Widerspruch zu ihrer Bestimmung *als* Freiheit.[48] Denn die freie Hinwendung zu anderen Menschen und zu Gott wäre nicht frei, wenn ihr nicht die reale Möglichkeit der Verweigerung offenstünde. Eben diese Verweigerung ist das Wesen der Sünde. Denn Sünde besteht darin, sich frei und bewusst gegen das zu entscheiden, was der Freiheit gemäß wäre: nämlich die vollkommene Freiheit Gottes frei anzuerkennen. Sünde besteht aber auch darin, sich gegen das zu wenden, wozu die Welt eigentlich geschaffen ist: dass in ihr freie Wesen leben, die sich wechselseitig in ihrer Freiheit achten und darin bestärken. Und dass sie gerade so ihrem Schöpfer jene liebende Anerkennung zollen, die ihrem gänzlichen Verdankt-Sein entspricht.

Aber es ist unübersehbar: Seit Menschengedenken wurde die Freiheit der Anderen oft grausam missachtet. Die Geschichte liefert erdrückende Beispiele hierfür: die Schlächtereien eines Dschingis-Khan, die Feldzüge der Konquistadoren, der Armenier-Genozid, Stalins Terror gegen die Kulaken, und natürlich Auschwitz, nicht zu vergessen die Völkermorde in Kambodscha und Ruanda, die Kriege im Jemen und der Ukraine – die Reihe humanitärer Katastrophen ließe sich fortsetzen. Die Geschichte der Menschheit durchzieht eine Blutspur von Terror und Gewalt.[49]

Es fehlt nicht an Versuchen, diese Grausamkeiten zu erklären. So werden Gesetze der Evolution geltend gemacht: Nur wer sich Gefährdungen seitens seiner Umwelt erfolgreich erwehren kann, überlebt. Gewalt entsteht aus Angst. Angst wiederum, so der Psychoanalytiker Fritz Riemann (1902–1979), „gehört zu unserer Existenz und ist eine Spiegelung unserer Abhängigkeiten und des Wissens um unsere Sterblichkeit".[50] Mit der Angst umzugehen, kann vielfache Formen

[48] Darauf hat Thomas Pröpper in seiner Auseinandersetzung mit Wolfhart Pannenberg bestanden: *Th. Pröpper*, Das Faktum der Sünde und die Konstitution menschlicher Identität. Ein Beitrag zur kritischen Aneignung der Anthropologie Wolfhart Pannenbergs, in: ThQ 170 (1990) 267–289 (auch in: *Th. Pröpper*, Evangelium und freie Vernunft. Konturen einer theologischen Hermeneutik, Freiburg i. Br. 2001, 153–179).
[49] Vgl. *T. Todorov*, Angesichts des Äußersten, München 1993.
[50] *F. Riemann*, Grundformen der Angst. Eine tiefenpsychologische Studie, München/Basel [10]1975, 7.

annehmen – darunter auch die gewaltsame Wendung gegen andere Menschen. Zu erinnern ist an René Girards Theorie mimetischer Gewalt: Diese mag dem je eigenen Kollektiv zwar heilsam erscheinen, für die Betroffenen – seien es Einzelne, seien es Gruppen – endet sie jedoch oft tödlich.[51]

Seitens der Theologie wurden Hinweise auf psychologische und soziale Funktionen der Gewalt in den zurückliegenden Jahrzehnten auch deshalb wiederholt und gerne aufgegriffen, um jene anthropologische Konstante verständlich zu machen, die – im Deutschen begrifflich unscharf – als „Erbsünde" (*peccatum originale*) firmiert.[52] Dabei verweist die Erbsündenlehre auf die unstrittige Erfahrung, dass die Sünde – verstanden als Selbstverschließung menschlicher Freiheit gegenüber der Freiheit anderer Menschen und der Freiheit Gottes – im menschlichen Zusammenleben oft eine strukturelle Gestalt gewinnt. Überpersönliche Strukturen prägen das Individuum in seinem Denken und Handeln häufig so sehr, dass es aus freien Stücken nicht mehr dazu in der Lage ist, das Gute auch nur zu *wollen*. Unter dem bestimmenden Einfluss der Erbsünde, so bereits Augustinus, könne der Mensch nicht *nicht* sündigen (*non posse non peccare*).[53]

Karl Rahner hat darauf aufmerksam gemacht, dass im Verlauf der Menschheitsgeschichte keine Tat ohne Folgen bleibt. Aus dem Tun des Bösen entstehen „Objektivationen fremder Schuld", die es den Nachgeborenen verwehren oder es ihnen doch mindestens erschweren, das Gute zu tun.[54] Vor diesem Hintergrund haben Theologie und Lehramt wiederholt von „struktureller Sünde" oder auch – sachlich präziser – von „Strukturen der Sünde" gesprochen.[55] Dem-

[51] Vgl. zusammenfassend: R. *Miggelbrink*, Der Mensch als Wesen der Gewalt. Die Thesen René Girards und ihre theologische Rezeption, in: ÖR 49 (2000), 431–443.
[52] Vgl. H. *Hoping*/M. *Schulz* (Hg.), Unheilvolles Erbe? Zur Theologie der Erbsünde (QD 231), Freiburg i. Br. 2009, darin bes. den Beitrag von J. *Knop*, Die Ursünde. Unheilvolles Erbe der Theologiegeschichte oder der Menschheit? (25–48).
[53] Vgl. *Augustinus*, De perfectione iustitiae hominis IV, 9: „Quia vero peccavit voluntas, secuta est peccantem peccatum habendi dura necessitas, donec tota sanetur infirmitas" (CSEL 42, 9,4–6).
[54] Vgl. K. *Rahner*, Grundkurs (s. Anm. 32), 113–121.
[55] Vgl. *Johannes Paul II.*, Apostolisches Schreiben Reconciliatio et paenitentia, (1984), Nr. 16; ders., Enzyklika Sollicitudo rei socialis (1987), Nr. 36–37, Enzyklika Centesimus annus (1991), Nr. 38. In diesen lehramtlichen Dokumenten

nach ist es auch *dann* nicht mehr möglich, das Gute zu tun, wenn Menschen dies wollen.

8. Begründete Hoffnung

Muss man also mit Blick auf die faktische Situation der Menschheit sagen, Gott sei mit seinem Plan für die Welt gescheitert? Und was trägt in diesem Zusammenhang der christliche Glaube an die Menschwerdung Gottes aus? Ist er ein Zeichen göttlicher Solidarität mit der hoffnungslos verdorbenen Menschheit? Oder lassen sich Leiden, Tod und Auferweckung Jesu irgendwie als Heilsereignis verstehen – aber wenn ja, in welchem Sinne? So ganz abwegig scheint es jedenfalls nicht, wenn der Freiburger Fundamentaltheologe Magnus Striet (geb. 1964) mit Blick auf das Leiden und Sterben Jesu zu behaupten wagt, der Tod Jesu am Kreuz sei keine Sühne für die Sünden der Menschen. Vielmehr sei er die Sühne Gottes für eine Welt, in der es unvorstellbares Leiden gibt und in der Menschen Gewalt und Tod erdulden müssen.[56]

Zunächst aber kann angesichts der unfasslichen Dimensionen des Universums der christliche Glaube an die Menschwerdung Gottes nur als eine intellektuelle Provokation erscheinen.[57] Wenn dieser Glaube tatsächlich wahr wäre, dann freilich wäre der Schöpfer des Himmels und der Erde kein Gott, der unbeteiligt aus der Höhe des Olymps herab auf die von ihm geschaffene Welt hinunterblickt. Gott wäre vielmehr „mit Fleisch und Geist" in die leidvolle Geschichte der Menschheit verstrickt. Und diese Verstrickung währte in alle Ewigkeit; denn auch ein allmächtiger Gott kann weder sein eigenes Leiden am Kreuz noch das Leiden der Menschen ungeschehen machen. Allerdings wäre dann Gottes Mitleiden in der Welt ein tröstli-

---

finden sich Ausdrücke wie „Strukturen der Sünde", „Situationen der Sünde" oder „Soziale Sünde".

[56] Vgl. *M. Striet*, Gottesschleife (s. Anm. 25), 155–168; *ders.*, Erlösung durch den Opfertod Jesu? in: ders. (Hg.), Erlösung auf Golgota? Der Opfertod Jesu im Streit der Interpretationen, Freiburg i. Br. 2012, 11–31, bes. 22f.

[57] Vgl. *D. Ansorge*, Gegen die Kälte des Universums – ein Kind. Überlegungen zu Josef Wohlmuths Deutung der Menschwerdung Gottes, in: J. Wohlmuth, Jesu Weg – unser Weg. Kommentierte Neuausgabe der kleinen mystagogischen Christologie, hg. v. F. Bruckmann/R. Dausner/E. Dirscherl, Paderborn 2018, 223–246.

ches Zeichen göttlicher Solidarität. Und Jesu Auferstehung von den Toten ließe die Hoffnung darauf als begründet erscheinen, dass Leiden, Gewalt und Tod in der Welt nicht das letzte Wort haben.

Liebe will geweckt werden; jeder Zwang ist ihr wesensfremd. Wie also hätte sich Gott dem Menschen als der liebende Grund der Welt überzeugender offenbaren können als in einem liebenden und zugleich machtlosen Menschen?

Und dennoch: Wenn Gott mit der Erschaffung des schier unendlichen Universums tatsächlich „Mitliebende" wollte – muss man dann nicht realistischerweise sagen, sein Vorhaben sei schon mit Kains Brudermord gescheitert? Und wenn nach Kant das „höchste Gut" (*summum bonum*) in der Vollkommenheit der freien sittlichen Persönlichkeit besteht – wäre dieses Gut in der Geschichte der Menschheit nicht gründlich verfehlt? Hegel erblickte in der Verwirklichung und Entfaltung menschlicher Freiheit den „Endzweck der Geschichte"; denn „die wahre Freiheit ist als Sittlichkeit dies, daß der Wille nicht subjektive[n], d. i. eigensüchtige[n], sondern allgemeinen Inhalt zu seinen Zwecken hat".[58] Ein realistischer Blick auf die Menschheitsgeschichte und die Gegenwart kann diesbezüglich nur ernüchternd sein.

Ist also Gottes Plan tatsächlich gescheitert? Vielleicht ist diese Schlussfolgerung in der Tat zwingend. Aber was wäre die Alternative gewesen? Hätte Gott in seliger Drei-Einigkeit bei sich selbst bleiben können? Liebe drängt eben doch über sich hinaus; sie will sich nicht selbst genügen; sie sehnt sich nach dem Anderen – so zumindest die Erfahrung liebender Menschen. Die anglikanische Theologin Sarah Coakley (geb. 1951) zögert nicht, eben diese menschliche Erfahrung für das christliche Verständnis von Trinität und Schöpfung zu beanspruchen.[59]

So stand Gott also vermutlich vor einer Alternative: seiner eigenen Liebe und dem darin wurzelnden Verlangen nach dem Anderen Grenzen zu setzen und bei sich selbst zu bleiben – oder über sich selbst hinaus zu wirken und die Differenz zwischen Sein und Nicht-Sein zugunsten des Seins zu setzen. Ganz offenbar hat er sich für Letzteres entschieden.

---

[58] *G. W. F. Hegel*, Enzyklopädie der philosophischen Wissenschaften, § 469f.
[59] Vgl. *S. Coakley*, God, Sexuality, and the Self. An Essay ‚On the Trinity', Cambridge 2013. – Vgl. dazu *K. Vechtel*, Sarah Coakleys Theologie des „Desire". Trinität, Sexualität und Gebet, in: ZTP 144 (2022), 243–269.

Dass aber der Grund der Welt als freier Wille und liebendes Gegenüber anerkannt werden kann, bleibt in der Welt verborgen. Alternativen sind denkbar – bis hin zur Annahme einer abgrundtiefen Absurdität des Daseins. Christen glauben daran, dass sich Gott in den Zweideutigkeiten der Geschichte als derjenige geoffenbart hat, der am Rande des Universums den Menschen als freies Gegenüber und liebenden Partner gewollt hat. Dafür können sie Gründe nennen; Gewissheit haben sie nicht.

Die Ungewissheit des Glaubens überspielt die Tragik der Geschichte keineswegs. Kann wirklich nur ein leidender und ohnmächtiger Gott helfen, wie Dietrich Bonhoeffer (1906–1945) vermutete?[60] Ein Gott, dessen Plan für die Welt nicht endgültig als gescheitert betrachtet werden müsste, müsste immerhin hinreichend machtvoll sein, die in der Geschichte aufgetürmten Trümmer des Unrechts und Leidens zu heilen. Paul Klees „Engel der Geschichte" erblickt in der Deutung von Walter Benjamin (1892–1940) in der Vergangenheit „eine einzige Katastrophe, die unablässig Trümmer auf Trümmer häuft und sie ihm vor die Füße schleudert". Während der Trümmerhaufen „zum Himmel wächst", möchte der Engel „wohl verweilen, die Toten wecken und das Zerschlagene zusammenfügen".[61] Aber es gelingt ihm nicht, so Benjamin; denn ein Sturm vom Paradies – der unaufhaltsame Fortschritt – treibt auch den Engel der Geschichte ohnmächtig vor sich her.[62]

Mit der Erwartung der Wiederkunft Jesu Christi und dem Erscheinen eines „neuen Himmels und einer neuen Erde" (Offb 21,1) verbinden Christen die Hoffnung, dass die Geschichte des Universums trotz aller Sünde und Schuld nicht in eine kosmische Katastrophe einmündet. Dennoch kann selbst Gott das Schreien der gefolterten und missbrauchten Menschen nicht ungeschehen machen. Und

---

[60] Vgl. *D. Bonhoeffer*, Brief vom 16. Juli 1944 an Eberhard Bethge, in: Widerstand und Ergebung. Briefe und Aufzeichnungen aus der Haft, München 1998, 526–538, bes. 533–535.

[61] *W. Benjamin*, Über den Begriff der Geschichte, These IX, in: Sprache und Geschichte. Philosophische Essays, hg. v. R. Tiedemann, Stuttgart 2000, 146 (auch: Zur Kritik der Gewalt und andere Aufsätze (1965), Frankfurt a. M. [13]2015, 84f).

[62] Vgl. auch die von Max Horkheimer bekundete „Hoffnung, dass das Unrecht nicht das letzte Wort sein möge, der Mörder nicht über sein Opfer triumphiert": Spiegel-Interview mit Helmut Gumnior (1970), in: Die Sehnsucht nach dem ganz Anderen. Ein Interview (Stundenbücher 97), Hamburg [17]1975.

deshalb können auch Christen nur darauf hoffen, dass sich Gott am
Ende der Geschichte *selbst* für die – wie es Romano Guardini auf
seinem Sterbebett formulierte – „fürchterlichen Umwege, das Leid
der Unschuldigen, die Schuld"[63] rechtfertigen kann und auch rechtfertigen wird.

Mehr als diese Hoffnung, so scheint es, bleibt Menschen nicht.
Aber: Eine begründete Hoffnung, die Menschen zu verwandeln imstande ist, bleibt nicht folgenlos.[64] Vielmehr kann sie glaubende Menschen dazu anspornen, engagiert auf das hinzuarbeiten, was in Jesu
Praxis und Predigt vom Gottesreich angedeutet und verheißen ist.

---

[63] Zitiert nach dem Bericht von Walter Dirks, in: *E. Biser*, Interpretation und Veränderung. Werk und Wirkung Romano Guardinis, Paderborn u. a. 1979, 132.

[64] Vgl. *J. Moltmann*, Theologie der Hoffnung. Untersuchungen zur Begründung
und zu den Konsequenzen einer christlichen Eschatologie (Beiträge zur evangelischen Theologie 38), München [8]1969.

Vom Sinn und Ziel göttlicher Ordnung

Christoph Böttigheimer

Der Wissenschaftsaufteilung liegt bis heute noch immer die aristotelische Vierursachenlehre[1] zugrunde. Der rasche Erfolg moderner Naturwissenschaften war bedingt durch die ausschließliche Konzentration auf causa materialis und causa efficiens, mit der Folge, dass causa formalis und causa finalis zur Angelegenheit der neuzeitlichen Geisteswissenschaften wurden. „Diese ‚verstehen‘ ihren Gegenstand, wenn sie seine Formen als Sinngebilde erfaßt und in ihren teleologischen Sinnzusammenhängen expliziert haben."[2] Dementsprechend ist die geisteswissenschaftliche Methodik nicht mathematischer und experimenteller, sondern hermeneutischer Art, was ausnahmslos auch auf die Theologie zutrifft. Sie hat es nicht mit Einzelphänomenen zu tun, sondern mit dem Ganzen der Weltwirklichkeit und bemüht sich, ausgehend von der Selbstmitteilung Gottes, um die Sinndeutung von Welt, Mensch und Geschichte.

Die Theologie beantwortet die Frage nach der Form- und der Zielursache der Welt im Rückgriff auf das schöpferische Offenbarungshandeln Gottes. Wie es für Platon das Denken des Guten ist, das die vollkommene Form der Naturwirklichkeit erkennen lässt[3], so erfolgt die Sinndeutung theologischerseits ausgehend vom Glauben „an den einen Gott, den allmächtigen Vater, Schöpfer des

---

[1] Vgl. *Aristoteles*, Metaphysik, V. Buch 2. Kap. (1013a–1014b); *Thomas v. Aquin*, Expositio super Librum de causis, lat.-dt. Kommentar zum Buch von den Ursachen, eingel. u. mit Anm. versehen v. G. H. Jakob, Freiburg i. Br. 2017.

[2] *L. Geldsetzer*, Metaphysik. Vorlesungen an der HHU Düsseldorf, in: https://www.phil-fak.uni-duesseldorf.de/philo/geldsetzer/metaphysik_einl.pdf, (17.02.2022), hier 52.

[3] Vgl. *Platon*, Politeia, 503e–509. „Das ist es also, was dem Erkannten Wahrheit verleiht und was dem Erkennenden das Vermögen (des Erkennens) gibt: verkünde es nur, das sei die Idee (Urgestalt) des Guten. Denke sie dir als die Ursache des Wissens und der Wahrheit, die wir erkennen. So schön aber auch diese beiden, Erkenntnis und Wahrheit, sind, so wirst du es doch recht halten, wenn du die Idee des Guten für etwas hältst, das noch schöner ist als diese beiden." (509c)

Himmels und der Erde, aller sichtbaren und unsichtbaren Dinge"[4].
Das von Gott Geschaffene nennt die Theologie „Schöpfung". Als
Deutungskategorie ist der Begriff „Schöpfung" vom Naturbegriff[5]
unterschieden; auch Schöpfungsordnung und Naturordnung sind
nicht identisch.

Auf der Grundlage des Offenbarungsglaubens gewinnt die Theologie Auskunft über die Ordnung der Schöpfung, ihren Sinn und ihr
Ziel, mitunter auch ethisch-moralische Begründungen. So etwa untersagt 2021 das kirchliche Lehramt die „Segnung von Verbindungen
von Personen gleichen Geschlechts" unter Berufung auf den göttlichen Schöpfungsplan, der in dem kurzen Schreiben siebenmal als
Argument herangezogen wird.[6] Eine Moral aber, die auf theonome
Geltungsbegründungen setzt und das Handeln allein an einem letzten Ziel ausrichtet, das um seiner selbst willen und nicht als moralisches Gut als erstrebenswert gilt, sieht sich seit der Neuzeit zunehmender Kritik ausgesetzt, so dass eine moralisch motivierte Rede
von der Schöpfungsordnung heute als problematisch gilt.

Wenn im Folgenden der Begriff „Schöpfungsordnung" verwendet
wird, dann nicht, wie es vor allem in der protestantischen Tradition
weithin der Fall war, in einem ethisch-moralischen, sondern ausschließlich in einem schöpfungstheologischen Sinn. Gefragt wird,
ob der Schöpfung eine sinnvolle Ordnung, ein sinnvoller Plan, zugrunde liegt und unter welchen Bedingungen das intendierte Ziel erreicht werden kann. Leitend bei der Bearbeitung dieser Frage ist das
Interesse, vor allem auf Schwierigkeiten und offene Fragen aufmerksam zu machen, ohne schon allseits befriedigende Antworten bereithalten zu wollen, zumal sich diese in der gegenwärtigen Theologie
erst abzuzeichnen beginnen.

---

[4] NR 250.
[5] Der lateinische Begriff „natura" ist vom lateinischen Verb „nasci" (entstehen,
geboren werden) abgeleitet. Er bezeichnet damit all das, was ohne äußeres Mitwirken, d. h. wesensgemäß von selbst da ist und sich selbst reproduziert und entwickelt. Ebenso steht der griechische Ausdruck „φύσις" für das Gewachsene.
[6] Vgl. Responsum ad dubium der Kongregation für die Glaubenslehre über die
Segnung von Verbindungen von Personen gleichen Geschlechts (15.03.2021).

1. Teleologie der Natur

War eingangs davon die Rede, dass sich Theologie und Naturwissenschaft unterschiedlichen Fragestellungen widmen, sich der Schöpfungsbegriff vom Naturbegriff unterscheidet und die Sinnfrage Angelegenheit der Theologie ist, wurde und wird trotz allem immer wieder versucht, eine Verbindung zwischen der Zweckmäßigkeit in der Natur und den theologischen Sinnaussagen herzustellen.[7] Naheliegend erscheint dies insbesondere dort, wo sich in der Natur quasi teleologische Strukturen zeigen, die eine völlige Planlosigkeit und Zufälligkeit der wirkenden Naturkräfte zu widerlegen scheinen. Liegt damit nicht eine Art Zielgerichtetheit vor und könnte, allen Differenzen zwischen Glaubenswissenschaft und naturwissenschaftlicher Welterklärung zum Trotz, nicht theologischerseits daran angeknüpft werden?

Was sich in der anorganischen Natur dem Auge des Physikers zeigt, sind zunächst nichts anderes als aus der Dynamik des beobachteten Naturgeschehens abgeleitete Gesetzmäßigkeiten und eine darauf beruhende Ordnung. Sind die Naturgesetze als solche sinnfrei, können sie nicht zur Bestimmung etwaiger intelligibler Pläne oder Ziele des Naturgeschehens dienen. Was zutage tritt, ist keine planmäßige und zielgerichtete Einrichtung der Natur, sondern lediglich eine durch Gesetzmäßigkeiten hervorgerufene Ordnung – eine regulative Idee. Anders als in der Physik, stellt sich die Teleologiefrage in der Biologie insofern drängender, als hier das Werden von Lebendigem, gar empfindsamem und intelligiblem Leben in den Blick kommt. Im Zusammenhang mit der organischen, lebendigen Natur wird in der Biologie gerne von „Zwecken" oder „Zweckmäßigkeit" gesprochen. Charles Darwin etwa machte in der Natur, basierend auf einer mechanisch-materialistischen Auslese (Selektion), eine natürliche Zweckgeordnetheit aus, nämlich den Kampf ums Leben

---

[7] Vgl. *Ch. Kardinal Schönborn*, Finding Design in Nature. Gastkommentar in der New York Times vom 07.07.2005, in deutscher Übersetzung dokumentiert in: Publik Forum Nr. 15 (2005), 53f. hier 53: „Die katholische Kirche überlässt der Wissenschaft viele Details über die Geschichte des Lebens auf der Erde, aber sie verkündet zugleich, dass der menschliche Verstand im Licht der Vernunft leicht und klar Ziel und Plan in der natürlichen Welt, einschließlich der Welt des Lebendigen, erkennen kann."

bzw. ums Dasein (‚struggle for life' bzw. ‚struggle for existence')[8] –
überleben kann nur, wer sich kämpfend durchzusetzen vermag. Der
Zweckbegriff wird in der Biologie heute oft changierend verwendet
und nicht einheitlich definiert, weshalb das „alte Teleologieproblem
[…] – entgegen einem verbreiteten Vorurteil – nach wie vor unge-
löst" ist.[9] Zudem darf der in der Biologie verwendete Zweckbegriff
nicht im Sinne eines intentionalen Handelns, das Zwecke und Ziele
selbst *setzt*, anthropomorphisiert werden.

Die Handlungsintentionalität des Menschen ist letztlich nicht geeignet, um davon abgeleitet eine etwaige Naturteleologie denken zu
wollen. Dies schon deshalb nicht, weil in der Natur „jeder teleologisch beurteilte Teil auf andere Teile eines Ganzen verweist, mit
dem er in einem wechselseitigen Bestimmungsverhältnis steht"[10],
während menschliche Handlungen auch für sich allein stehen können. Im Gegensatz also zur organischen Natur, für die eine funktio-
nale Verwiesenheit charakteristisch ist, kann menschliches Handeln,
das nicht grundlos und ohne Absicht erfolgt, durchaus auf isolierte
Ziele gerichtet sein. Des Weiteren dient der Zweckbegriff in der Biologie der Erkenntnis eines Organismus, er ist also auf die Erfassung
kausaler Verhältnisse beschränkt, während für die intentionale
Handlungsfinalität zudem die sprachliche Ebene von Bedeutung ist.
„Diese doppelte Beschreibung des Prozesses in der Handlungsteleologie ermöglicht den direktionalen, einseitig gerichteten Aspekt, der
in dem zyklischen Charakter der organischen Naturteleologie gerade
nicht vorliegt."[11] Damit ist die menschliche, zielsetzende Handlung
der Zweckmäßigkeit der Natur entronnen: Sie muss weder in Zusammenhang mit dem Zweck der Selbsterhaltung bzw. dem Organismus stehen, noch muss sie notwendigerweise auf den Menschen
als Organismus zurückwirken.[12]

---

[8] Vgl. *Ch. Darwin*, On the origin of species by means of natural selection, or the
preservation of the favoured races in the struggle of life, 1859.
[9] *H.-D. Mutschler*, Kann der Physiker Gott beweisen? Warum ein kosmologischer
Gottesbeweis nicht mehr möglich ist, in: HerKorr Spezial, Getrennte Welten? Der
Glaube und die Naturwissenschaften (2008), 41–45, hier 44.
[10] *G. Toepfer*, Zweckbegriff und Organismus. Über die teleologische Beurteilung
biologischer Systeme, Würzburg 2004, 426.
[11] Ebd.
[12] Vgl. ebd., 427.

Aufgrund der Verschiedenheit von organischer Teleologie und Handlungsteleologie verbietet es sich, die Zweckgeordnetheit der Naturprozesse mit Intentionalität in Verbindung zu bringen oder aus ihr gar die Evidenz eines planvollen, zielgerichteten Handelns Gottes[13] abzuleiten, wie dies etwa im teleologischen Gottesbeweis und in der Physikotheologie[14] der Fall war oder heute im Kreationismus, vor allem in der Intelligent-Design-Bewegung geschieht. Eine theologische Ausbeutung naturwissenschaftlicher Erkenntnisse begegnet auch im Zusammenhang mit dem so genannten starken Anthropischen Prinzip. Aus dem Umstand, dass das Auftreten vernunftbegabten Lebens nur dank einer äußerst genauen Feinabstimmung von Naturkonstanten möglich war, wird teleologisch geschlussfolgert, das intelligente, bewusstseinsfähige Leben sei von Anfang an eingeplant gewesen und in der Evolution sei eine göttliche Finalität am Werk, geradeso wie auch schöpfungstheologisch alles auf den Menschen zulaufe. Doch wer den gesamten Evolutionsprozess als intentional zielgerichtet deutet und mit dem planvollen Schöpfungshandeln Gottes in Verbindung bringt, übersieht allzu leicht, dass einst die theologische Interpretation der Welt als Schöpfung nicht bei deren Schönheit und Wohlgeordnetheit ihren Ausgang nahm, sondern bei der Erfahrung ihrer Ambivalenz und Fragilität. „Der Schöpfungsglaube ist [...] seit seinem Ursprung Teil der religiösen Soteriologie, eine kontrafaktische Gewißheit, die Hoffnung und Bestand gewährt: Trotz allen Anscheins hat die Welt einen guten und zuverlässigen Grund. Theologisch muß daher der Gedanke der Schöpfungsordnung und des Schöpfungsplanes [...] mit großer Vorsicht verwendet werden."[15]

---

[13] Den Begriff des „Handelns" auf Gott anzuwenden ist nicht unproblematisch, da er sich zunächst ausschließlich auf den Menschen bezieht. Um einer Anthropomorphisierung zu entgehen, darf er darum nur analog auf Gott bezogen werden. Weil menschliches Handeln bestimmten Bedingungen unterliegt, sich in der Zeit ereignet etc., ist Gottes Wirksamkeit von der menschlichen Handlungsinstanz unterschieden.

[14] Vgl. P. *Michel*, Physikotheologie. Ursprünge, Leistung und Niedergang einer Denkform, Zürich 2008.

[15] S. *Wiedenhofer*, Schöpfungsglaube und Evolutionstheorie. Unterscheidung und Schnittpunkt, in: S. O. Horn/S. Wiedenhofer (Hg.), Schöpfung und Evolution. Eine Tagung mit Papst Benedikt XVI. in Castel Gandolfo, Augsburg 2007, 165–189, hier 185.

Eine theologische Interpretation des Evolutionsprozesses ruft unweigerlich den Projektionsverdacht hervor und wird von den Naturwissenschaften so gut wie nicht akzeptiert. Der Versuch, den biblischen
Schöpfungsglauben mit Argumenten aus der physikalischen und biologischen Evolutionstheorie anzureichern und zu begründen, übersieht,
dass es sich bei den Schöpfungsaussagen um metaphysische Aussagen
handelt, die naturwissenschaftlich weder verifiziert noch falsifiziert
werden können. Naturwissenschaftliche Erkenntnisse lassen sich nicht
in die Metaphysik hinein extrapolieren. „Wir können den Kosmos auf-
und abkonjugieren, vom Urknall bis zum ‚big crunch', wir können
Überlegungen über ein inflationäres Universum anstellen, über dunkle
Materie, negative Energien, über Vakuumfluktuationen und das Verhältnis von Materie zu Antimaterie, über die Existenz von Parallelwel-
ten, Zeitreisen und Wurmlöchern, an keiner Stelle stoßen wir auf etwas
Metaphysisches."[16] Damit führt von der Naturwissenschaft auch kein
direkter Weg zur Theologie, schon gar nicht lassen sich Theologie und
Naturwissenschaften zu einer Symbiose vereinen. Die Frage nach einem
göttlichen Plan kann also nicht im Verweis auf eine wie auch immer
gedachte Naturteleologie beantwortet werden.

Causa formalis und causa finalis kommen in einer naturwissenschaftlichen Welterklärung nicht vor. Die Frage nach dem Sinn und
Ziel der Gesamtwirklichkeit ist Angelegenheit der Philosophie und
Theologie. Eine positive Sinndeutung setzt eine Metaphysik voraus,
die sich mit einem weltanschaulichen Naturalismus nicht zufrieden-
gibt, sondern davon ausgeht, dass in der Welt sowohl Physisches als
auch Geistiges am Werk ist. Nur mit Geistigem lassen sich Kategorien
wie Freiheit, Handlungsgründe, Sinn und Ziel verbinden, und von dieser geistigen Komponente handelt die Schöpfungstheologie. Welche
Sinnaussagen trifft sie und wie lassen sich diese verplausibilisieren?

2. Schöpfergott und Schöpfungsziel

Gemäß biblischer Schöpfungstheologie gründet die Wirklichkeit in
einem freien göttlichen Willensentschluss, d. h. sie wurde absicht-
lich, frei und voraussetzungslos („creatio ex nihilo"[17]) geschaffen,

---

[16] H.-D. *Mutschler*, Physiker (s. Anm. 9), 42.

[17] Die Formulierung „creatio ex nihilo" wurde 447 von Leo dem Großen fest-

was eine grundlegende Relationalität zwischen Schöpfer und Schöpfung impliziert. Das Geschaffene partizipiert am Schöpfersein Gottes; Geschaffensein heißt Zusammensein mit Gott.[18] „Am Anfang war Beziehung" paraphrasiert Martin Buber Joh 1,1 im Zusammenhang von Gen 1 und Spr 8.[19] Schöpfung besagt ein grundsätzliches Verhältnis zwischen Gott und Welt, ein letztes und tiefstes Getragen-Sein aller Wirklichkeit von Gott, dem Urgrund der Schöpfung. Diese metaphysische Aussage darf nicht im Sinne von Ursächlichkeit, die dann etwa im Urknall als Beginn des Universums festzumachen und zeitlich zu umreißen wäre, missverstanden werden. Weil es in der Schöpfungserzählung um das rechte Gottesverhältnis, die Relation zwischen Gott und dem von ihm Geschaffenen geht und um keine Herkunfts- oder Ursachenerklärung für das Universum, verbanden sich mit den frühesten Formulierungen des Credos keine zeitlichen Vorstellungen. Umso verhängnisvoller war es, dass man im späteren Verlauf in die erste Aussage des Credos – „Am Anfang schuf Gott" – bewusst oder unbewusst die zeitliche Komponente hineininterpretierte.[20]

Die Schöpfungserzählungen postulieren eine fortwährende Beziehung aller geschaffenen Dinge zu ihrem göttlichen Grund. Aus diesem relationalen Geschehen werden Sinn- und Zielaussagen abgeleitet: Der Kosmos sei aufgrund seines letzten und tiefsten Getragen-Seins von Gott als prinzipiell sinnvoll und gut anzusehen –

---

geschrieben, um jeden Dualismus auszuschließen. Gott ist das alleinige Prinzip der Welt, die darum gut ist. In der Schrift wird zwar nur zweimal erwähnt, Gott habe die Welt aus dem Nichts geschaffen (Ijob 26,7; 2 Makk 7,28), zugleich aber wird Gott als „Herr des Himmels und der Erde" (Neh 9,6; Jdt 9,12; LK 10,21) bezeichnet und betont, er habe „alles" geschaffen (Joh 1,3; 1 Kor 8,6; Kol 1,16f.).

[18] G. *Ebeling*, Dogmatik des christlichen Glaubens, Bd. I, Tübingen 1979, 223f.

[19] M. *Buber*, Das dialogische Prinzip (1923), Heidelberg 1962, 22.

[20] Der göttliche Schöpfungsakt kennt keine temporale Bestimmung, weshalb er sich nicht akthaft in der Vergangenheit festmachen lässt. Das schöpferische Tun Gottes bezeichnet vielmehr eine transtemporale Gegründetheitsrelation der geschaffenen Wirklichkeit, so dass Schöpfung als eine permanente Dimension von Welt zu begreifen ist. Das indes schließt eine Verbindung zwischen dem Schöpfergott und dem Entstehen des Universums nicht notwendigerweise aus: Es „spricht […] nichts gegen die Vorstellung, dass Gott das Universum vor endlich langer Zeit aus nichts ins Dasein gerufen hat und dass dies mit dem Urknall zusammenhängt." (A. *Kreiner*, Das wahre Antlitz Gottes – oder was wir meinen, wenn wir Gott sagen, Freiburg i. Br. 2006, 283.)

„Gott sah alles an, was er gemacht hatte: Und siehe, es war sehr gut"
(Gen 1,31) – und auf Gott als den letzten Bezugspunkt aller Wirklichkeit hingeordnet. Er, so formulierte das Erste Vatikanische Konzil, sei „der Ursprung und das Ziel aller Dinge"[21]. Die Schöpfung ist
demnach gut, ihr liegt ein sinnvoller Plan zugrunde und sie ist auf
ein bestimmtes Ziel hingeordnet, das sich im Siebten Schöpfungstag
widerspiegelt (vgl. Gen 2,2f.): Gottes Ruhen ist zu verstehen als sein
Wohnen inmitten seiner freien Geschöpfe. Ziel ist die ungetrübte
Gemeinschaft zwischen Gott und allem von ihm Geschaffenen und
die Verherrlichung Gottes darin.[22] Im Neuen Testament steht hierfür
die Chiffre „Reich Gottes". Sie bezeichnet jene Existenzweise, in der
Gottes Gottsein als die alles bestimmende Wirklichkeit anerkannt
wird und inmitten seiner Schöpfung zur Verwirklichung gelangt.
Gottes Reich ist zu denken als das Ankommen und Wirksamwerden
der Wesenseigenschaften Gottes, es ist zu denken als Reich der Gerechtigkeit, der Freiheit, der Gnade, der Freude, der Liebe, des umfassenden Friedens etc. Doch eine Realisierung dieses Schöpfungszieles scheint angesichts des Zufalls und der Disharmonien in den
Naturereignissen, vor allem aber im Hinblick auf die Ambivalenz
menschlicher Freiheit nur möglich, wenn Gott selbst dafür bürgt,
d. h. er selbst eine diesbezügliche Aktivität entfaltet. Mit anderen
Worten: Die für die Schöpfung angezielte, ungetrübte Heilswirklichkeit wird sich weder evolutiv noch dank menschlicher Anstrengungen einstellen. Das Prinzip des Fressens und Gefressenwerdens, die
Notwendigkeit des Todes für die evolutive Entwicklung sowie der
menschliche Egoismus sprechen dagegen. Das Schöpfungsziel muss
von Gott selbst heraufgeführt werden.

Soll Gottes aktive Sorge für das Ziel, das er seiner Schöpfung
selbst zugrunde gelegt hat, plausibel erscheinen, müssen entsprechende theologische Aussagen mittels der Vernunft einsichtig gemacht werden können. Natürlich erschließt sich göttliches Handeln
nur im Glauben, aber eben solche Glaubensaussagen dürfen zu kei-

---

[21] DH 3004.

[22] Vor allem in den Psalmen ist von der Verherrlichung Gottes durch die Schöpfung immer wieder die Rede: „Herr, unser Herrscher, wie gewaltig ist dein Name
auf der ganzen Erde; über den Himmel breitest du deine Hoheit aus." (Ps 8,2)
„Die Himmel rühmen die Herrlichkeit Gottes, vom Werk seiner Hände kündet
das Firmament." (Ps 19,2)

nen kontrafaktischen Behauptungen führen. Das bedeutet, theologische Aussagen müssen sich, ungeachtet dessen, dass sich eine Theologisierung naturwissenschaftlicher Ergebnisse verbietet, als mit naturwissenschaftlichen Erkenntnissen kompatibel erweisen. Die Differenzierung der wissenschaftlichen Disziplinen bedeutet keine Trennung; wissenschaftliche Aussagen müssen prinzipiell, dem Widerspruchsprinzip folgend, in der einen Wahrheit geeint sein. Wie lässt sich ein besonderes Wirken Gottes in der Welt konform mit den modernen Naturwissenschaften konzeptualisieren?

3. Modelle fürsorglichen Schöpfungshandelns Gottes

In der theologischen Tradition finden sich bezogen auf das Einwirken Gottes auf die Weltwirklichkeit zur Realisierung der Schöpfungsbestimmung im Wesentlichen folgende drei Modelle:
– *Non-Interventionismus*: Die traditionelle, thomasische Zweitursachenlehre, die im letzten Jahrhundert u. a. von Karl Rahner[23] und vor allem von Béla Weissmahr[24] weiter entfaltet wurde, geht davon aus, dass Gott als die erste und universale Ursache in die Welt nicht direkt interveniert, sondern in ihr nur mittels Zweitursachen (causae secundae), durch die Naturprozesse und Geschöpfe agiert. „Gott ist [...] in einem ursprünglicheren Sinne Ursache jeder Tätigkeit als die zweite Wirkursache"[25]. Als transzendente causa prima, die für Thomas von Aquin nicht nur ein erster Bewegungsanstoß ist, wie bei Aristoteles, sondern Teilhabe an ihrem subsistierenden Sein gewährt, wirke Gott in allem Seienden – „der zweite Akteur handelt immer kraft des ersten"[26]. Die göttliche

[23] Vgl. *K. Rahner*, Grundkurs des Glaubens. Einführung in den Begriff des Christentums, in: ders., Sämtliche Werke, Bd. 26, Freiburg i. Br. 1999, 1–445, hier 87–90.

[24] Vgl. *B. Weissmahr*, Gottes Wirken in der Welt. Ein Diskussionsbeitrag zur Frage der Evolution und des Wunders, Frankfurt a. M. 1973; *ders.*, Gibt es von Gott gewirkte Wunder? Grundsätzliche Überlegungen zu einer verdrängten Problematik, in: StZ 191 (1973), 47–61; *ders.*, „Gottes Wirken in der Welt. Das Verhältnis von göttlicher und innerweltlicher Ursache", in: R. Isak (Hg.), Glaube im Kontext naturwissenschaftlicher Vernunft, Freiburg i. Br. 1997, 23–42.

[25] *Thomas v. Aquin*, ScG, III, 67.

[26] *Ders.*, S.th. I, q.105 a.5: „Similiter etiam considerandum est quod, si sint multa

Vorsehung und Lenkung bediene sich der physischen Zweitursachen, ohne dass die Schöpfung dadurch ihren Eigenwert und die Fähigkeit verlieren würde, sich selbst gemäß ihrer Eigengesetzlichkeit zu entwickeln. Dabei kann es nach Weissmahr zu durchaus qualitativ Neuem, einem „selbsterwirkten Seinszuwachs" kommen.[27] Eine Konkurrenz zwischen transzendenter Erstursache und geschöpflichen, frei tätigen Zweitursachen wird in diesem Modell des Non-Interventionismus insofern ausgeschlossen, als es die Erstursache ist, die von innen heraus durch ihre seinsgewährende Kraft jene autonome Wirkung ermöglicht, die den Zweitursachen zu eigen ist, wobei Gott zugleich das Ziel ist. Thomas sagt: „Eine und dieselbe Tätigkeit geht nicht aus zwei Wirkenden derselben Ordnung hervor; aber nichts steht im Wege, daß ein und dieselbe Handlung vom Erst- und Zweitwirkenden hervorgehe."[28] Erst- und Zweitursache sind auf unterschiedlichen Ebenen angesiedelt und durch das Sein vermittelt, sie bilden eine Zweieinheit aus unterschiedlichen Ordnungen. Weil die Naturwissenschaften lediglich auf der geschöpflichen Ebene, der Ebene der Zweitursachen operieren, fehlt ihnen der Sinn für die Erstursächlichkeit, d. h. für die Wirklichkeit hinter der messbaren und erforschbaren Wirklichkeit – für die metaphysische Dimension.

– *Interventionismus*: Hier wird Gott als ein der Welt und dem Menschen transzendentes personales Gegenüber gedacht, das von außen in den immanenten Kausalzusammenhang direkt und gezielt durch Aufhebung der Naturgesetze bzw. durch deren temporäre Außerkraftsetzung intervenieren und so den Weltlauf beeinflussen kann. Thomas von Aquin ging davon aus, dass die Erstursache auch direkt wirksam werden, also nicht nur regulär, sondern auch extraordinär handeln könne, was Weissmahr jedoch negiert. Unvermittelt, ohne Zweitursachen könne Gott in der Welt nicht

---

agentia ordinata, semper secundum agens agit in virtute primi, nam primum agens movet secundum ad agendum."

[27] B. *Weissmahr*, Gottes Wirken in der Welt. Ein Diskussionsbeitrag zur Frage der Evolution und des Wunders, Frankfurt a. M. 1973, 131. Karl Rahner sprach bei der Wesensüberschreitung des Seienden „ins substantiell Neue" von „Wensenselbsttranszendenz" (K. *Rahner*, Die Christologie innerhalb einer evolutiven Weltanschauung, in: ders., Sämtliche Werke, Bd. 15, Freiburg i. Br. 2001, 219–247, hier 226).

[28] *Thomas v. Aquin*, S.th. I, q.105 a.5 ad2.

wirken.[29] Zwar wird in der Theologie heute ein direkter Interventionismus mehrheitlich verworfen, dennoch findet sich eine neuere Variante des direkten Interventionismus wieder, wobei man sich nun um einen Einklang mit den Naturgesetzen bemüht.[30] Bei quantenphysikalischen Vorgängen und chaotischen Prozessphasen zeigen sich insofern Indeterminismen, als aus energetisch identischen Ausgangsbedingungen unterschiedliche Endzustände resultieren. Solche quantenphysikalischen Unbestimmtheiten und chaotischen Instabilitäten wurden im letzten Jahrhundert zu nutzen versucht, um darin „göttliches Wirken, göttliche Fügung und Herrschaft" zu lokalisieren.[31] Dabei werden weder die physikalischen Erhaltungssätze bzw. die innerweltlichen Kausalzusammenhänge verletzt, noch nimmt Gott eine Lückenbüßer-Rolle ein. Anstatt in epistemischen Lücken wird sein Handeln in realen indeterminierten Freiräumen angesiedelt und geht mit Naturgesetzen konform. Gott hat demnach die Natur so geschaffen, dass sie eine intrinsische Offenheit besitzt. Sein Handeln ist physikalisch nicht ausmachbar, es ereignet sich im Verborgenen. Weil von außen nicht einsichtig ist, was die Natur von sich aus tut und was Gott in ihr wirkt, bleibt die Glaubensfreiheit des Menschen gewahrt.

– *Panentheismus*: Ein drittes Modell geht davon aus, dass der Schöpfergott seiner Schöpfung nicht gegenübersteht, sondern diese, weil sie aus Gott ist, auch in Gott ist, so wie er auch nicht das Gegenüber des Menschen ist: „Denn in ihm leben wir, bewegen wir uns und sind wir" (Apg 17,28). Das panentheistische Denken modifiziert den personalen Theismus, ohne Welt und Gott einfach in eins zu setzen. Zwar wird die Erste-Person-Perspektive aufgegeben, doch bleibt trotz der durchdringenden Im-

---

[29] Vgl. *B. Weissmahr,* Gottes Wirken (s. Anm. 24), 71.

[30] Vgl. *H. Fink,* Die Quantentheorie und der liebe Gott. Eine Absage an theologische und esoterische Annäherungsversuche gegenüber der modernen Physik, in: Aufklärung und Kritik 17 (2010), 222–237.

[31] *P. Jordan,* Der Naturwissenschaftler vor der religiösen Frage, Oldenburg 1972, 156. Jean Guitton mutmaßte: „Und vielleicht ist es so, daß dort unten, im Innern des seltsamen Reichs der Quanten, unser menschlicher Geist und der Geist jenes transzendenten Wesens, das wir Gott nennen, veranlaßt werden aufeinanderzutreffen" (*J. Guitton,* Gott und die Wissenschaft. Auf dem Weg zum Meta-Realismus, München 1992, 119).

manenz Gottes sowohl die Alterität, Eigenständigkeit und Selbstorganisation des Geschaffenen erhalten als auch die absolute Transzendenz Gottes. Gott und Universum werden in eine differenzierte Einheit gebracht; Gott bzw. Gottes Geist ist das Prinzip der von ihm selbst hervorgebrachten Wirklichkeit. Er ist seiner Schöpfung immanent und wirkt von innen, nicht supranaturalistisch von außen, wobei er „jenseits der Differenz von Differenz und Indifferenz"[32] ist. Weil die Schöpfung ihm nicht äußerlich ist, wird er durch sie auch nicht begrenzt, was ja sein Gottsein aufheben würde. Im Panentheismus wird die Aufteilung in Materie und Geist, Subjektivität und Objektivität überwunden und damit auch die Alternative Interventionismus und Non-Interventionismus.

– Der Panentheismus prozesstheologischer Provenienz weist zudem das schöpfungstheologische Axiom „creatio ex nihilo" zurück und bringt Gott mit einer Welt in Verbindung, die ihm aufgrund ihrer metaphysischen Grundstrukturen entzogen ist. Das bedeutet: Gott steht mit der primordialen Materie in einer reziproken, geistigen Interaktion. „Das ist der spezifische Sinn des prozesstheologischen Panentheismus: Dass die Welt ‚in' Gott ist, bedeutet, dass Gott auf alles bezogen ist und ihn diese Beziehungen mitkonstituieren."[33] Gemäß dem panpsychistischen System Alfred North Whiteheads, das die Prozesstheologie auf den Weg brachte,[34] ist allen Entitäten ein geistiger Aspekt zu eigen; Geistiges ist eine intrinsische Eigenschaft des Physischen. Mit seiner schöpferischen wie erwidernden Liebe schaffe Gott immer komplexere Ordnungsstrukturen.[35] Wie die Welt im Werden sei, so sei es

---

[32] M. *Remenyi*, Vom Wirken Gottes in der Welt: zugleich ein Versuch über das Verhältnis von Naturwissenschaft und Theologie, in: B. Göcke/R. Schneider (Hg.), Gottes Handeln in der Welt. Probleme und Möglichkeiten aus Sicht der Theologie und analytischen Religionsphilosophie, Regensburg 2017, 282–300, hier 292.

[33] G. *Brüntrup*, Das Prozessparadigma, in: K. Viertbauer/G. Gasser (Hg.), Handbuch Analytische Religionsphilosophie. Akteure – Diskurse – Perspektiven, Berlin 2019, 295–307, hier 299.

[34] *Ders.*, Die Renaissance des Panpsychismus. Überall Geist, in: HerKorr 71 (9/2017), 44–47, hier 47.

[35] Vgl. *A. N. Whitehead*, Prozeß und Realität. Entwurf einer Kosmologie, Frankfurt a. M. ²1984, 618: „Gottes Rolle liegt nicht in der Bekämpfung produktiver Kraft mit produktiver Kraft, von destruktiver Kraft mit destruktiver Kraft; sie be-

auch Gott, der den Ereignissen bessere Möglichkeiten anbiete bzw. die geschaffenen Dinge zum Guten locke und so eine kreative Zukunft eröffne[36], in welcher der Evolutionsprozess eine Zielgerichtetheit aus unendlicher schöpferischer Freiheit heraus entwerfe.[37] Als „Poet der Welt" leite Gott die Schöpfung „mit zärtlicher Geduld durch seine Vision von Wahrheit, Schönheit und Güte".[38]

All diese zugegebenermaßen holzschnittartig dargestellten Modelle ermöglichen es zwar, eine aktive Einflussnahme Gottes auf seine Schöpfung und damit verbunden eine Verwirklichung des Schöpfungszieles zu denken, doch erweisen sie sich bei genauerer Untersuchung als problembehaftet.

– *Interventionismus*: Er ist in sich widersprüchlich. Warum sollte Gott in seiner Weisheit Ordnungsstrukturen schaffen, gegen die er mit seinem Handeln verstoßen muss? Konterkariert er dadurch nicht seinen eigenen Schöpfungsplan und widerspricht dies nicht zudem dem Prinzip der Einfachheit Gottes? Ferner stellt sich die Frage nach der Vereinbarkeit interventionistischen Handelns mit den Gesetzmäßigkeiten in der Natur; wie sollen diese durchbrochen werden können? Ungeachtet dessen, ob sich diese Frage überhaupt zufriedenstellend beantworten lässt, ist des Weiteren kritisch anzumerken, dass ein interventionistisches Handeln eine Veränderbarkeit und Zeitlichkeit Gottes implizieren und eine reale Beziehung Gottes zur Welt voraussetzen würde, wodurch Gott von der Schöpfung und von irdischen Ereignissen abhängig würde.[39]

---

steht in der geduldigen Ausübung der überwältigenden Rationalität seiner begrifflichen Harmonisierung. Er schafft die Welt nicht, er rettet sie."
[36] Vgl. R. *Faber*, Gott als Poet der Welt. Anliegen und Perspektiven der Prozesstheologie, Darmstadt 2003, 19–43; J. *Enxing*, Anything flows? Das dynamische Gottesbild der Prozesstheologie, in: HerKorr (68) 2014, 366–370.
[37] Im Hintergrund steht eine libertarische Freiheitskonzeption. Kennzeichnend für den Libertarismus ist die Fähigkeit des So-oder-Anderskönnens (vgl. G. *Keil*, Willensfreiheit, Berlin ²2013; *ders.*, Wir können auch anders. Skizze einer libertarischen Konzeption der Willensfreiheit, in: Erwägen Wissen Ethik 20 (2009), 3–16).
[38] A. N. *Whitehead*, Prozeß (s. Anm. 35), 618.
[39] J. *Grössl*, Ewige Kontingenzpläne. Eine eternalistische Konzeption göttlichen Handelns in der Welt, in: ZKTH 136 (2014), 405–422, hier 411.

Das hätte eine partielle Kontingenz Gottes zur Folge. Am schwers-
ten aber wiegt wohl der Umstand, dass Gott durch ein direktes interventionistisches Handeln zu einer innerweltlichen Naturkraft in
der Reihe anderer Ursachen und dadurch seiner Transzendenz beraubt würde.

– Grenzt man den Interventionismus quanten- und chaostheo-
retisch ein, drängen sich neue Probleme auf: Nach derzeitigem
Stand der Wissenschaft ist zwar davon auszugehen, dass es im Mi-
kro-Bereich eine Unbestimmtheit von Quantenereignissen gibt.
Jedoch ist auch davon auszugehen, dass diese Unbestimmtheit,
die entweder epistemologisch oder ontologisch gedeutet werden
kann, als solche noch keine Auswirkungen auf die physikalischen
Prozesse im Makro-Bereich hat. Die Wundertaten Jesu lassen sich
auf diese Weise jedenfalls schwerlich erklären. Damit Quan-
tenphänomene auf der physikalischen Makro-Ebene überhaupt
wirksam werden können, bedarf es Zusatzannahmen, etwa eines
homogenen Raums, in dem sich die Geschehnisse stabilisieren
können. Derartige Theorien finden aufgrund ihrer Ungesichert-
heit in der Fachwelt aber kaum Anklang. Zudem wäre ein solches
Handeln noch immer ein Eingriff von außen, so dass sich „[d]ie
vermeintliche Konkordanz mit den Naturwissenschaften [...] als
latenter Supranaturalismus" entpuppt.[40] Was ferner die nicht-
linearen chaotischen Systeme anbelangt, so scheint es höchst fragwürdig, weshalb sich ein planvolles Handeln Gottes ausgerechnet
in einer spontanen, zufälligen Ordnungsentstehung ereignen soll.

– *Non-Interventionismus*: Die Zweitursachenlehre, wonach Gott secundum ordinem handle, geht zwar weithin mit den modernen
Naturwissenschaften konform und wahrt das Prinzip der welt-
immanenten Kausalität, doch stellt sich, wie schon beim Interventionismus, wiederum die Frage nach der Freiheit. Wie kann
sich die metaphysische causa prima der geschöpflichen Zweitursachen instrumentell und teleologisch bedienen, ohne den Eigenstand und die Freiheit der Geschöpfe zu gefährden? Überdies
meldet sich sowohl beim Interventionismus als auch beim Non-
Interventionismus die äußerst bedrängende Theodizee-Frage zu
Wort. Sollte der Schöpfergott zur Verwirklichung seines Plans in

---

[40] *M. Remenyi*, Vom Wirken Gottes (s. Anm. 32), 288.

seine Schöpfung direkt intervenieren können, warum gibt es dann Leid und Übel in der Welt? Warum greift er in manchen Situationen ein, in vergleichbaren ähnlichen aber nicht? Ist sein Handeln zur Umsetzung seines Plans inkonsistent, letztlich gar willkürlich? Sollte seine Weltwirksamkeit aber an geschöpfliche Zweitursachen gebunden sein, ist dann angesichts von Auschwitz oder Hiroshima der Preis für diese Freiheit nicht zu hoch?[41]

– *Panentheismus*: Wenn im Prozesstheismus Gott lediglich formgebend und zielbestimmend präsent ist, nämlich durch seine Vision einer letzten Harmonie, der wahren Liebe, wie kann er dann noch Herr der Schöpfung sein und den Ausgang des in eine offene Zukunft hinein sich selbstrealisierenden kreativen Weltprozesses bestimmen, gar für das Gelingen individuellen Lebens Sorge tragen? Zweifelhaft scheint, ob das evolutive, zeitlich aber begrenzte Universum je einen vollkommenen Entwicklungszustand erlangen wird, einschließlich einer leidfreien, erfüllten Existenz für jeden Einzelnen und einer elementaren Gerechtigkeit für die Opfer der Geschichte. Denkbar wäre es, dass der prozesstheologische Gott „zwar sein Bestes gegeben haben [mag], weil er einfach nicht mehr geben konnte. Allerdings könnte in diesem Fall das Beste eben nicht gut genug sein."[42] Anders gefragt: Wie steht es um das Heilshandeln Gottes in der Geschichte? Ferner: Ist ein Gott, der selbst im Werden ist, noch das, über das hinaus nichts Größeres gedacht werden kann[43]? Nicht zuletzt bleibt auch beim

---

[41] Ist es schon schwierig genug, das moralische Übel durch ein vermeintlich höherrangiges Gut, nämlich die menschliche Freiheit rechtfertigen zu wollen, gibt es für das genuine Übel, das sich auf keinen höheren Wert beziehen lässt, keine zufriedenstellende Antwort. Wer in der Theodizee-Frage eine diffizile, detaillierte, kritische etc. Reflexion nicht scheut, wird am Ende feststellen müssen, „dass sie einen [nicht] zufriedener macht. Wer sich mit Gott, der Welt und dem Leid aus theologischer und religionsphilosophischer Sicht beschäftigt, wird sich dieser Situation aussetzen und sie aushalten müssen. […] Man wird – freilich immer nach der unverzichtbaren Sichtung und Abwägungen der Argumente – in der Theodizeedebatte nicht umhin kommen, eine ‚Kröte' zu schlucken." (A. *Reitinger*, Theodizee prozesstheologisch gedacht. Gott, Welt und Leid im Paradigma eines panentheistischen Konzepts, Münster 2019, 233).
[42] A. *Kreiner*, Gott im Leid. Zur Stichhaltigkeit der Theodizee-Argumente (QD 168), Freiburg i. Br. ²1998, 120.
[43] Vgl. *Anselm v. Canterbury*, Proslogion, c. 2, lat.-dt. Ausgabe. Ed. F. S. Schmitt, Stuttgart-Bad Cannstatt 1962, 84 f.

Prozesstheismus das Theodizee-Problem weiter bestehen, fällt letzten Endes das genuine Übel doch insofern wieder in die Verantwortung Gottes, als von ihm, wenn auch nur essentiell, die Schöpfungsinitiative ausgeht.

Die Frage nach einem sinnvollen Plan Gottes erweist sich bei genauem Hinsehen als äußerst komplex. Zwar kommt in allen biblischen Aussagen explizit oder implizit ein göttlicher Schöpfungs- und Heilsplan zum Ausdruck, doch fällt es der Theologie alles andere als leicht, ein aktives Sorgetragen Gottes für die Realisierung seines Schöpfungsziels mit den naturwissenschaftlichen Ergebnissen konform und doch zugleich heilswirksam zu denken. Allenthalben zeigen sich Überhangprobleme. Das verwundert umso mehr, als es sich hier um den Kerngehalt biblisch-christlichen Glaubens handelt. Damit zeigt sich einmal mehr, dass es das Was des christlichen Glaubens ist, das gegenwärtig zur Disposition steht.

4. Schöpfungsziel und Apokalyptik

Womöglich fällt es leichter, die Frage nach dem Schöpfungsplan anstatt von der Welt vom Menschen aus anzugehen. Schließlich fokussiert die Schrift die Schöpfung ebenso wie das besondere Handeln Gottes explizit auf die menschlichen Geschöpfe hin. Ihre herausragende Rolle innerhalb des Schöpfungsplans kommt nicht nur in deren Gottebenbildlichkeit zum Ausdruck (vgl. Gen 1,26f.; 51; 9,6), sondern mehr noch im göttlichen Heilshandeln, näherhin in der Inkarnation und im Erlösungswerk Jesu Christi (vgl. GS 22). Weil die Gnadenordnung der Schöpfungsordnung nachfolgt, ist bei der Frage nach einem sinnvollen Plan Gottes die Heilsordnung miteinzubeziehen. Die besondere Stellung des Menschen vor Gott bereitet naturwissenschaftlich weniger Schwierigkeiten, schließlich geht es hierbei um keine Sonderstellung innerhalb der Naturordnung. Gleichwohl ist nicht zu verkennen, dass die Heilsgeschichte keine „metahistorische Glaubenserfahrung" ist.[44]

---

[44] *K. Rahner, H. Vorgrimler*, Heilsgeschichte, in: Kleines Theologisches Wörterbuch, Freiburg i. Br. [14]1983, 188f., hier 189.

Im Zusammenhang mit der Kontingenz, der Fragilität und Ambivalenz der Wirklichkeit bezeugt die Schrift den Schöpfergott als in einer ganz besonderen Weise dem Menschen zugewandt. Beschrieben wird ein Beziehungs- und Bundesgeschehen Gottes mit dem Menschen – auch mit dem sündig gewordenen –, das dynamisch, veränderlich und auf Zukunft hin offen ist. Warum? Weil nicht nur der Weltwirklichkeit ein Eigenstand zu eigen ist, sondern dem Menschen auch Autonomie zukommt. Nimmt Gott die kreatürliche Willensfreiheit radikal ernst, kann seine souveräne Schöpfermacht nicht anders als an die menschliche Freiheit gebunden gedacht werden; sie kann diese nicht wieder aufheben. Das muss nicht notwendigerweise als Ausdruck göttlicher Schwäche verstanden werden, vielmehr lässt sich die freigelassene Schöpfung als machtvolle Selbstzurücknahme Gottes deuten.[45] Doch kann der in die Unabhängigkeit entlassene Mensch am Ende nicht zu Gottes Risiko werden? Muss dann nicht der Ausgang der Geschichte offen und die Realisierung der Schöpfungsabsicht fragwürdig bleiben?

Das Schöpfungsziel scheint gewiss, wenn Gott, wie beim klassischen Theismus, trotz aller Selbstbeschränkung eine kontrollierende Macht zugebilligt wird. Ein solcher theologischer Determinismus evoziert aufseiten des Menschen eine kompatibilistische Freiheit, was in der gegenwärtigen Theologie jedoch kontrovers diskutiert wird. Anders dagegen herrscht im Offenen Theismus[46], der von der Theologie göttlicher Liebe und damit von einer Reziprozität in der Gott-Mensch-Beziehung ausgeht, ein libertarisches Freiheitsverständnis vor. Gott als die wahre Liebe schließe jeden Zwang aus, was eine ontologische Offenheit zur Folge hat; er sei weder unzeit-

---

[45] Vgl. S. *Kierkegaard*, Reflexionen über Christentum und Naturwissenschaft, in: Gesammelte Werke 17, Düsseldorf 1954, 123–140, hier 124: „Das Höchste, das überhaupt für ein Wesen getan werden kann, höher als alles, wozu einer es machen kann, ist dies: es frei zu machen. Eben dazu, dies tun zu können, gehört Allmacht. Dies scheint absonderlich, da Allmacht gerade abhängig machen müßte. Aber falls man Allmacht denken wird, wird man sehen, daß eben in ihr zugleich die Bestimmung liegen muß, sich selbst wieder solchermaßen in der Äußerung der Allmacht zurücknehmen zu können, daß eben deshalb das durch die Allmacht Entstandene unabhängig werden kann."

[46] Vgl. C. *Pinnock, R. Rice, J. Sanders, W. Hasker, D. Basinger*, The Openness of God. A Biblical Challenge to the Traditional Understanding of God, Inter-Varsity Press, 1994; *J. Grössl*, Offener Theismus, in: K. Viertbauer/G. Gasser (Hg.), Handbuch Analytische Religionsphilosophie. Akteure – Diskurse – Perspektiven, Berlin 2019, 272–282.

lich noch unveränderlich oder allwissend zu denken. Wie die Prozesstheologie, so lehnt auch der Offene Theismus eine radikale Überzeitlichkeit Gottes ab, nimmt also ein Werden Gottes an, geht aber anders als die Prozesstheologie von einer radikalen Asymmetrie im Gott-Welt-Verhältnis aus. Obgleich Gott als relationale, affektive Person gedacht wird, hält der Offene Theismus an einer starken Transzendenz, d. h. an der Souveränität Gottes fest.[47] Die göttliche Beschränkung ist also nicht durch eine metaphysische Grundstruktur bedingt, sondern erfolgt freiwillig. Gott sei mächtig genug, die Schöpfung zum Gelingen zu führen. Während die libertarische Freiheit allein an die Weltzeit gebunden sei, könne die eschatologisch zur Vollkommenheit gelangte Freiheit die göttliche Liebe nicht mehr zurückweisen (kompatibilistische Freiheit).[48] Damit sei die Möglichkeit eines Neuanfangs gegeben und ein erneutes Scheitern der neuen Schöpfung ausgeschlossen.

Der Offene Theismus macht deutlich, dass die Umsetzung des Schöpfungsplans, d. h. die Verwirklichung des Gottesreiches, mit einer starken Transzendenz bzw. Souveränität Gottes steht und fällt. Denn aufgrund der Kontingenz der Welt und der Selbstzentriertheit des Menschen besteht kein Grund, von einem evolutiven, linearen Schöpfungswachstum hin zum Reich Gottes auszugehen. Trifft

---

[47] So kritisiert etwa William Hasker an der Prozesstheologie: „God so conceived cannot create the heavens and the earth out of nothing, nor can he part the Red Sea for the people of Israel, nor can he raise Jesus from the dead as a pledge of victory over sin and eternal life." (zit. bei: B. L. *Callen*, God as Loving Grace. The Biblically Revealed Nature and Work of God, 2018, 75).

[48] Vgl. M. *Schmid*, Bewährte Freiheit. Eine Rekonstruktion und Weiterführung des theologischen Freiheitsbegriffs im Offenen Theismus, in: K. v. Stosch u. a. (Hg.), Streit um die Freiheit. Philosophische und theologische Perspektiven, Paderborn 2019, 365–391, hier 379: „Die libertarische Freiheit des Menschen ist auf die geschichtliche Bewährung der Gottesgemeinschaft hin angelegt und dazu bestimmt, sich im Empfang und in der Erwiderung der Liebe Gottes immer stärker jener kompatibilistischen Freiheit anzunähern, welche die Existenz der Erlösten in Ewigkeit auszeichnet. Die endzeitliche Vollendung bedeutet für den Menschen damit die Versiegelung seiner biographisch substantiierten Teilhabe an der Liebe des Schöpfers: Jener Gott, der auf seinem Weg mit Israel und der Kirche in unermüdlichem Selbsteinsatz unter Beweis gestellt hat, dass er nicht mehr anders Gott sein will denn als Gott für den Menschen, entspricht in der eschatologischen Neuschöpfung der geschichtlich bekräftigten Bereitschaft des Menschen, nicht mehr anders Mensch sein zu wollen denn als Mensch in Gemeinschaft mit diesem Gott."

denn nachweislich zu, dass das „schon gegenwärtige Reich Christi
[…] durch die Kraft Gottes sichtbar in der Welt" (LG 3) wächst?
Eine wie auch immer geartete Interaktion Gottes mit der Welt – ob
kausal, mediatorisch oder formativ – scheint zur Erlangung der
Schöpfungsbestimmung, der göttlichen Heilswirklichkeit, nicht hinreichend. Jedenfalls ist nach biblischem Zeugnis das Offenbarwerden
von Gottes Reich an die Parusie Christi gebunden und mit einer radikalen Transformation der alten Schöpfung verbunden; Gottes
Reich ereignet sich nicht in diesem Universum. Die alte Welt muss
vergehen, damit eine neue, heilvolle, alles Leid und den Tod überwindende Schöpfung[49] werden kann. Zuzutrauen ist dies nur einem
Gott, der bei aller Weltimmanenz radikal transzendent und mächtig
genug ist. Oftmals wird in der theologischen Reflexion übergangen
oder verkannt, dass kein Handeln Gottes in der Welt das Schöpfungsziel verwirklichen und in diesem Kosmos eine heilvolle Wirklichkeit stiften kann. Ist es Zufall, dass die Bibel der Christen mit der
Offenbarung des Johannes endet, mit der Vision von einem neuen
Äon, der die alte Welt- und Schöpfungsordnung ablösen und in
dem sich das Schöpfungsziel verwirklichen wird? Ohne eine starke
Transzendenz schwindet die eschatologische Hoffnung, weil der
Rede von einem Schöpfungs- und Heilsplan Gottes der Boden entzogen wird. Anders formuliert: Die Frage nach dem Sinn und Ziel
der göttlichen Schöpfungs- und Heilsordnung kann nur unter Einschluss der eschatologischen Perspektive umfänglich beantwortet
werden, d. h. unter Berücksichtigung der Parusie Christi und all dessen, was mit diesem Ereignis zusammenhängt.

Doch selbst mit der Annahme einer starken Transzendenz sind
nicht alle Fragen beantwortet. Wird nämlich der Heilsuniversalismus nicht als eschatologisch erzwungen gedacht, sondern partizipativ und unter Aufarbeitung der Täter-Opfer-Problematik sowie des
ungerechten, unverzeihlichen Leids, scheint die neue Schöpfung
nicht ohne Weiteres garantiert.[50] Ginge man allzu selbstverständlich

---

[49] Vgl. Offb 21,3f.: Dann wird Gott „in ihrer Mitte wohnen und sie werden sein
Volk sein; und er, Gott, wird bei ihnen sein. Er wird alle Tränen von ihren Augen
abwischen: Der Tod wird nicht mehr sein, keine Trauer, keine Klage, keine Mühsal. Denn was früher war, ist vergangen."
[50] Vgl. *O. Fuchs*, Das Jüngste Gericht. Hoffnung auf Gerechtigkeit, Regensburg
²2009, 137–165.

davon aus, die eschatologische Heilswirklichkeit würde sich unabhängig von dem verwirklichen, was innergeschichtlich durch Freiheitsmissbrauch unerfüllt blieb: universale Solidarität, Aussöhnung,
Gerechtigkeit etc., droht die Gefahr des Geschichtsnihilismus und
die Opfer der Geschichte würden zum wiederholten Male zu Opfern
gemacht. Gott als Ziel der Schöpfung kann nicht anders gedacht
werden als in Verbindung mit einem umfassenden Weltgericht. Bevor es „den neuen Himmel und die neue Erde" (Offb 21,1) geben
kann, muss das Verhältnis der Menschen untereinander geklärt
werden. „Das Ausbleiben eines Jüngsten Gerichts wäre der schreck-
liche Ausdruck göttlicher Gleichgültigkeit: der Gleichgültigkeit des
Schöpfers gegenüber der eigenen Schöpfung und speziell gegenüber
dem von ihm geschaffenen Menschen. Nichts aber würde den Menschen tiefer erniedrigen als dies, Gott gleichgültig zu sein."[51] Klärungsbedürftig ist aber ebenso das Verhältnis Gottes zu seiner
Schöpfung, ausgehend von der Frage, warum es die alte, leidgeplagte
Welt so und nicht anders gegeben hat. Die Frage nach dem Warum
kann nicht ausgeblendet werden. So zeigt sich erneut: Jede Rede von
einem sinnvollen Schöpfungsplan Gottes wird letzten Endes durch
die unabschließbare Theodizee-Frage eingeholt.

5. Erlösungsbedürftigkeit als Ausgangspunkt der Heilsordnung

Die Erlangung des Schöpfungsziels wird durch die kreatürliche Autonomie und natürliche Eigenkausalität, vor allem aber durch die
Freiheit des Menschen infrage gestellt. Darüber hinaus fordern die
Naturwissenschaften und das Theodizee-Problem die Rede von einem Heilshandeln Gottes heraus. Nicht zuletzt wird ein göttlicher
Heilsplan auch dadurch unsicher, dass seine traditionelle Begründung wegbricht, was abschließend nur noch kurz angedeutet werden
soll.
    Die Störung der ursprünglichen Schöpfungsharmonie wird in
der Sündenfallerzählung auf den Freiheitsmissbrauch des Menschen
zurückgeführt. Durch ihn sei die Urstandsgnade verloren gegangen,

---

[51] E. *Jüngel*, Evangelischer Glaube und die Frage nach dem ewigen Leben, in: Das
Wesen des Christentums in seiner evangelischen Gestalt. Eine Vortragsreihe im
Berliner Dom, Neukirchen 2000, 112–132, hier 125.

was die prinzipielle Heilsbedürftigkeit des Menschen sowie der ganzen Schöpfung nach sich gezogen habe. Damit bildet der Sündenfall den Konnex zwischen Schöpfungs- und Heilsordnung. Diese Verbindung ist allerdings mit manchen Tücken behaftet, sowohl im Blick auf die Schöpfung als auch auf den Menschen.

Schöpfungstheologisch drängt sich die Frage auf, inwiefern die nicht-menschliche Schöpfung als heilsbedürftig zu erachten und der Fall des Menschen hierfür verantwortlich zu machen ist. Inwiefern soll der homo sapiens sapiens ein bereits seit 13,7 Milliarden Jahren bestehendes Universum, in dem es schon lange vor dem Menschen Tod und genuines Übel gab, „in eine sündige Verfassung" gebracht haben, wie es im Katechismus der Katholischen Kirche heißt[52]? Wenn schon vor der Hominisation das Prinzip des Fressens und Gefressenwerdens galt, kann dann noch die Schöpfung als ursprünglich gut angesehen und die Rede von einer gefallenen bzw. vom Menschen verdorbenen Schöpfung bzw. die Rede von einer auf den Menschen zurückgehenden „Schuld der Welt"[53] aufrechterhalten werden? Verantwortlich kann der Mensch allenfalls für sein eigenes Gefallensein gemacht werden. Dann aber droht am Knotenpunkt zwischen Schöpfungs- und Heilsordnung die kosmologische Dimension verloren zu gehen. Tatsächlich herrscht in der Erlösungs- und Heilslehre – einschließlich der Eschatologie – eine weit verbreitete anthropozentrische Verengung vor, von der geozentrischen ganz zu schweigen. Hingeordnet wird das Heil weit mehr auf den Menschen als auf die Schöpfung bzw. das Universum im Ganzen, mit der Folge, dass das Schöpfungsziel relativiert wird und eine Sinnperspektive für den gesamten Kosmos aus dem Blick gerät. Liegt darin begründet, weshalb es der Kirche bislang nicht recht gelingt, trotz oder gerade wegen der ökologischen Krise Hoffnung und Zuversicht zu verbreiten? Nur allzu oft wird das Heil des Menschen präsentisch konzipiert, doch das heilvolle Neuwerden der irdischen Schöpfung ist futurisch an das Ende der Weltzeit gebunden. Das ist der Kern christlicher Hoffnung, weshalb Ernst Käsemann zu Recht

---

[52] KKK Nr. 408, vgl. Röm 8,16–22.
[53] Schuld – Vergebung – Versöhnung mit Gott und den Menschen. Eine Handreichung zum Heiligen Jahr der Barmherzigkeit, hg. v. Sekretariat der Deutschen Bischofskonferenz, Bonn 2016, 31; vgl. Paul Gerhardts Lied: „Ein Lämmlein geht und trägt die Schuld / Der Welt und ihrer Kinder" (EG 83).

von der Apokalyptik als „Mutter aller christlichen Theologie"[54] sprach. Schwer fällt es nicht nur, die Erlösungsbedürftigkeit der außermenschlichen Schöpfung zu begründen, sondern ebenso die Heilsbedürftigkeit des Menschen. Gerade darauf aber baut die gesamte Soteriologie und Heilsordnung auf. Wie soll einsichtig gemacht werden, dass sich seit der prozesshaften und wohl ungleichzeitig abgelaufenen Hominisation alle Menschen von Geburt an in einer gestörten Relation zu Gott vorfinden?[55] Schon seit geraumer Zeit gelingt es der Theologie immer weniger, einen solchen Riss in der Schöpfungsordnung plausibel zu machen. Denn evolutionsbiologische Erkenntnisse belasten die traditionelle Bezugnahme auf Adam und Eva[56], und das Autonomiebewusstsein des modernen Menschen sperrt sich gegenüber einer wie auch immer gearteten Erbschuldtheorie. Ausgehend vom neuzeitlichen autonomen Freiheitsbegriff erscheint das Erbschuldkonstrukt als widersprüchlich. Wie sollte ein Zustand schuldhaft und im übertragenen Sinne Sünde sein, wenn ihm keine eigenständige Freiheitsentscheidung vorausgeht? Verantwortung und Schuld sind prinzipiell unübertragbar. Ist die Lehre von der Erbsünde als ein Un-Begriff, d. h. als ein ‚hölzernes Eisen' aufzugeben, wie ist dann die Notwendigkeit einer universalen Heilsordnung zu begründen? Womöglich mithilfe des Anerkennungsparadigmas[57]?

6. Schluss

Die christliche Glaubenshoffnung gründet in der Sinnhaftigkeit der von Gott geschaffenen Wirklichkeit: Der Schöpfungsplan sei gut und das Schöpfungsziel unverbrüchlich auf Gottes Heil hin angelegt.

---

[54] E. Käsemann, Die Anfänge christlicher Theologie, in: ders., Exegetische Versuche und Besinnungen, Bd. 2, Göttingen ³1970, 82–104, hier 100.

[55] Der Katechismus der Katholischen Kirche geht tatsächlich noch davon aus, dass der Sündenfall ein Urereignis ist, „das zu Beginn der Geschichte des Menschen stattgefunden hat" (KKK, Nr. 390).

[56] Davon unbeeindruckt spricht der Katechismus der Katholischen Kirche von „unseren Stammeltern Adam und Eva" (KKK, Nr. 375).

[57] Vgl. Ch. Böttigheimer, Von der Erbsünde zur Ursünde. Die verzweifelte Suche nach Anerkennung, in: Die Erbsündenlehre in der modernen Freiheitsdebatte (QD 316), hg. v. ders./R. Dausner, Freiburg i. Br. 2021, 385–420.

Doch nicht nur infolge naturwissenschaftlicher Ergebnisse fällt es der Theologie gegenwärtig schwer, diesen Kerngedanken christlichen Glaubens einsichtig zu machen, sondern auch deshalb, weil das apokalyptische Denken in Theologie und Kirche fast keine Rolle mehr spielt. Selbst wenn man gegenwärtig der Frage nach dem Handeln Gottes in der Welt wieder mehr Aufmerksamkeit schenkt, den klassischen Theismus kritisch anfragt und sich mit dem panentheistischen Denken anfreundet, gelingt es kaum, auf sämtliche Fragen befriedigende Antworten zu gegeben. Dieses Problem ist kein rein theologisches, denn es wird auch außerhalb der Theologie wahrgenommen, implizit und unbewusst überall dort, wo heute die Rede von einem sinnvollen Plan Gottes in einer von den Naturwissenschaften beherrschten Welt nicht mehr überzeugt.

Weil's ums Ganze geht

Die Kosmosvergessenheit in der systematischen Eschatologie als Problemanzeige

Andreas Reitinger

1. (K)ein Plan Gottes? – eine erste Problemanzeige

Die seit fast drei Jahren währende Corona-Pandemie hat brennglasartig viele bereits vorhandene Probleme verstärkt und Phänomene wieder deutlicher hervortreten lassen, so auch die gern verdrängte Verwundbarkeit des Menschen angesichts eines unbekannten Virus, das innerhalb von wenigen Wochen nahezu alle Bereiche unseres Lebens beeinträchtigt hat. In der theologischen Diskussion ist die Pandemie auch mit dem Schöpfungsplan Gottes in Zusammenhang zu bringen versucht worden. Tatsächlich stellt sich auch bei COVID-19 die Frage nach einem göttlichen (Heils-)Handeln und nach einem – wie auch immer erkennbaren – Plan bzw. nach einer Ordnung der geschaffenen Wirklichkeit. Die (dann auch im Besonderen theodizeerelevante) Frage nach einem sinnvollen Plan Gottes ist aber allgemein von Bedeutung, wenn die aktuellen Krisen und Herausforderungen in den Blick genommen werden: Neben der angeführten Corona-Pandemie sind in ökotheologischer und -ethischer Hinsicht natürlich der menschengemachte Klimawandel bzw. die Klimakatastrophe und die zunehmende Knappheit der natürlichen Ressourcen zu nennen, zudem die – immer noch zu wenig thematisierte – massive Veränderung der globalen Biodiversität und damit das größte Artensterben (also menschengemachtes Verschwinden von Arten durch Umweltzerstörung und Ausrottung) seit dem Aussterben der Dinosaurier.

Aber auch die sicherheitspolitischen Herausforderungen mit der durch den Krieg in der Ukraine gewachsenen Bedrohung einer nuklearen Zerstörung der Welt, zu Ungunsten eines multilateralen und regelbasierten internationalen Systems, verstärken den allgemeinen Eindruck einer neuen Gleichzeitigkeit von Krisen. Diese wiederum verschärfen die schon vorhandenen theologischen Herausforderungen und lassen die Rede von einem göttlichen Plan zweifelhaft erscheinen, genauer die Herausforderungen auf den Feldern der Kosmologie, des Schöpfungsglaubens, der Theodizee, des Dialogs mit Naturwissenschaften, des Handelns Gottes und der Eschatologie. Vonseiten eines naturalistischen Paradigmas mit seiner reduktiv-materialistischen Welt- und Selbstbeschreibung wird der Gottes- und Schöpfungsglaube insgesamt infrage gestellt; die gegenwärtige physikalische Kosmologie hat zudem eine anspruchsvolle und konsistente Theorie der Welt im Großen entwickelt und konfrontiert uns mit der Frage, ob diese Theorie (Urknall, Expansion des Universums, Kältetod …) mit einer theologischen Deutung und der Idee eines Schöpfungsaktes Gottes vermittelt bzw. vereinbart werden kann. In dieser Perspektive steht der Mensch nicht mehr im Zentrum der Welt, das physische Weltall scheint nicht auf ihn ausgerichtet zu sein und offenbart zumindest primär weder Plan noch Ziel. Die Idee der klassischen Schöpfungstheologie, in der ausschließlich die Gott-Mensch-Beziehung im Zentrum steht, ist mehr als brüchig geworden. Dabei lassen sich die Konfliktlinien heilsgeschichtlicher Anthropozentrismus versus Unermesslichkeit und Unergründlichkeit des Kosmos und Intentionalität und Agieren eines gütigen Schöpferwesens versus darwinistisches Evolutionsparadigma identifizieren. Der damit einhergehende Plausibilitätsverlust eines wie auch immer zu denkenden eschatologischen Handelns Gottes macht damit auch deutlich, dass der personale Theismus heute nicht mehr überzeugen kann und bei der Rede vom Plan Gottes und seinem Schöpfungs- und eschatologischen Handeln immer auch der dabei in Anspruch genommene Gottesbegriff reflektiert werden muss. Ein im Rahmen des Prozesstheismus und einer panentheistischen Gott-Welt-Modellierung entwickeltes Gotteskonzept scheint hingegen für die angezeigten Herausforderungen erkennbare Stärken zu haben.

Die komplexe und kontroverse Diskussion um die Tragfähigkeit dieses Paradigmas und seiner Chancen und Grenzen kann in dem hier vorliegenden Rahmen nicht geführt werden. Vielmehr soll zunächst – quasi als weiterer Diagnoseschritt – genauer in den Blick genommen werden, dass es grosso modo in den schöpfungstheologischen und eschatologischen Theoriebildungen nach wie vor einen faktisch vorherrschenden heilsgeschichtlichen Anthropozentrismus oder zumindest die Tendenz gibt, sich ausschließlich auf den

Menschen als Adressat und Sinnspitze der Schöpfungs- und Heilsgeschichte zu konzentrieren.

2. „Kosmosvergessenheit" der Schöpfungstheologie und der Eschatologie – eine weitere Problemanzeige

Im Folgenden wird demnach in einer Art Bestandsaufnahme die
These zu erhärten versucht, dass letztlich eine „Kosmosvergessenheit"[1] in der Eschatologie vorherrscht.
Nachdem ihr auch katholischerseits seit Mitte des 20. Jahrhunderts wieder mehr Aufmerksamkeit zuteilgeworden war, ist auch in
der gegenwärtigen Theologie das Interesse an der Eschatologie selbst
nach wie vor präsent.[2] Hans Urs von Balthasars berühmtes Diktum,
wonach „[d]ie Eschatologie […] der ‚Wetterwinkel' in der Theologie
unserer Zeit" sei und in Abwandlung von Troeltschs Diagnose das
„eschatologische Bureau […] seit der Jahrhundertwende Überstun-
den [macht]"[3], ist wohl nicht überholt. Mit – wenn auch zweifellos
nie vollständigem – Blick auf die doch beachtliche Zahl an eigenständigen Lehr- und Handbüchern zur Eschatologie oder zu eschatologischen Themen in systematisch-theologischen Gesamtdarstel-
lungen innerhalb der letzten drei Jahrzehnte[4] ist festzustellen, dass
die theologische Auseinandersetzung mit den „Letzten Dingen"
keineswegs nur ein Randphänomen darstellt. Seit dem Zweiten Vatikanischen Konzil ist im katholischen Bereich im Vergleich – und
wohl auch in Absetzung – zu den neuscholastischen Konzepten
eine Ausdifferenzierung verschiedener Typen eschatologischen Denkens, teils mit dezidierter Reflexion eines Leitbegriffs (etwa „Verhei-

---

[1] Vgl. W. *Bröker*, Kosmosvergessenheit der Schöpfungstheologie, in: Theologie –
Grund und Grenzen. Festgabe für Heimo Dolch zur Vollendung des 70. Lebensjahres, hg. v. H. Waldenfels unter Mitarbeit v. H. Pfeiffer u. K. Rohmann, Paderborn u. a. 1982, 147–159.
[2] Vgl. dazu auch *Ch. Böttigheimer*, Die Reich-Gottes-Botschaft Jesu. Verlorene
Mitte christlichen Glaubens, Freiburg i. Br. 2020, 39–42.
[3] *H. U. v. Balthasar*, „Eschatologie", in: J. Feiner/J. Trütsch/F. Böckle (Hg.), Fragen der Theologie heute, Einsiedeln 1960, 403–422, hier 403.
[4] Einen instruktiven und pointierten Überblick bietet *Th. Marschler*, Eschatologie, in: ders./Th. Schärtl (Hg.), Dogmatik heute. Bestandsaufnahme und Perspektiven, Regensburg 2014, 508–553.

ßung" oder „Hoffnung"), einer verstärkt ökumenischen Orientierung oder Überlegungen zu einer Zeit- und Geschichtstheologie zu beobachten.[5] In formaler Hinsicht ist festzuhalten, dass fast alle Publikationen die klassisch-traditionellen Themenfelder *Theologie des Todes, Parusie, Auferweckung, Gericht, Himmel, Hölle, Purgatorium* und *Vollendung der Welt / des Kosmos* behandeln, wenn auch mit unterschiedlichen Schwerpunktsetzungen und Modifikationen. Mit Blick auf den Traktataufbau ist die Einteilung in „individuelle" und „universale" Eschatologie zwar meist noch vorhanden, wird aber als weniger bedeutsam als früher angesehen.[6] Inhaltlich lassen sich hinsichtlich der erwähnten Typisierung der verschiedenen Ansätze verschiedene Auslegungsparadigmen unterscheiden (wobei die Klassifikation unterschiedlich vorgenommen wird). Thomas Marschler beispielsweise führt im Anschluss an Franz Gruber sechs Zugänge in den letzten hundert Jahren an, namentlich Albert Schweitzers konsequente Eschatologie, Karl Barths radikale Eschatologie, Rudolf Bultmanns existenzielle Eschatologie, Wolfhart Pannenbergs heilgeschichtlich orientierten Ansatz, Karl Rahners transzendentaltheologische Eschatologie und schließlich die eindeutig politisch-praktische Akzentuierung bei Jürgen Moltmann einerseits und bei Johann Baptist Metz beziehungsweise der von ihm beeinflussten lateinamerikanischen Befreiungstheologie andererseits.[7] Der für unsere Fragestellung relevante Aspekt zeigt sich nun darin, dass trotz des ungebrochenen Interesses an der Eschatologie selbst und ungeachtet der unterschiedlichen Perspektivierungen und Einteilungen in der eschatologischen Literatur die oben erwähnte mehr oder weniger eindeutige anthropozentrische Engführung auszumachen ist. Die Unterbestimmung der kosmischen Perspektive ist dabei freilich differenziert zu betrachten. Zunächst lässt sich sagen, dass das Desiderat einer universalkosmologischen Per-

---

[5] Vgl. ebd., 510f.

[6] Vgl. ebd., 512–514.

[7] Vgl. ebd., 510, Anm. 4; dort auch weitere Paradigmenaufzählungen. Einen knappen, für die erste Durchsicht sicherlich hilfreichen Überblick bietet auch die sachlich sehr ähnliche Einteilung von *F.-J. Nocke*, Eschatologie, in: Th. Schneider (Hg.), Handbuch der Dogmatik, Bd. 2, Düsseldorf [4]2009, 377–478, hier 405–412, da er als einer der wenigen die angeführten Positionen im Rahmen der universalen Eschatologie vorstellt.

spektive in der Eschatologie zwar vereinzelt formuliert, aber nicht systematisch expliziert wurde.

Werner Bröker hat schon Anfang der 1980er angesichts der Erkenntnisse der naturwissenschaftlichen Kosmologie die zu enge Fokussierung auf Anthropologie kritisiert und eine Revisionsbedürftigkeit der Schöpfungstheologie festgestellt.[8] Das klassische Konzept der Schöpfungstheologie und theologischen Anthropologie, wonach der Mensch als Krone der Schöpfung zu verstehen sei, bestehe nach wie vor, und selbst nach der sogenannten Kopernikanischen Wende wurde der Mensch „[…] weiterhin als Mittepunkt gedacht, nunmehr jedoch nicht auch als geographischer, sondern vielmehr nur noch als ideeller Mittepunkt."[9] Diese Konzentration der Schöpfungstheologie auf Anthropologie führte in den Jahrzehnten des ausgehenden 19. bis zu den ersten Jahrzehnten des 20. Jahrhunderts vonseiten der Theologie zu einem gesteigerten Interesse an denjenigen Disziplinen der aufkommenden Naturwissenschaften, die sich direkt oder indirekt mit dem Menschen befassten, wie die Biologie mit ihrer Evolutionstheorie. Die Dringlichkeit der Auseinandersetzung und die Frage nach der Stellung des Menschen verstärkte die Tendenz, (Schöpfungs-)Theologie als eine Theologie des Menschen und der Bedingungen seines unmittelbaren Umfelds, der Erde, zu betreiben und übertrug sich, so Bröker, auch auf andere Themenfelder, wobei er explizit auch die Eschatologie nennt.[10] Mit der prädominanten Vorstellung, der Mensch sei die Krone des Universums und das Ziel des Kosmos sei allein das Heil des Menschen, muss das Schicksal der nicht-menschlichen Schöpfung und damit eine universaleschatologische Perspektive in der Eschatologie aus dem Blick geraten. Bröker plädiert dafür, die Zentrierung der Schöpfungstheologie auf theologische Anthropologie in Zweifel zu ziehen und formuliert die These: „Die geschöpfliche Wirklichkeit ist nicht nur um des Menschen willen da! […] Die Schöpfungstheologie darf nicht mehr *theoretisch* auf das Gott-Mensch-Verhältnis *allein* enggeführt werden."[11] Freilich stellt Bröker zu Recht dann die sich unmittelbar aufdrängende Anschlussfrage, ob und wenn ja, welcher Sinn

---

[8] Vgl. *W. Bröker*, Kosmosvergessenheit (s. Anm. 1).
[9] Ebd., 149f.
[10] Vgl. ebd., 152.
[11] Ebd., 154 (Kursivierung im Original).

dem nicht auf den Menschen hin orientierten Teil der Schöpfung zukomme.[12]

Zunächst argumentiert Bröker theo-logisch und schöpfungstheologisch, dass alles Geschaffene als von dem guten Schöpfergott Geschaffene einen Sinn habe und daher auch „[…] der nicht auf den Menschen bezogene Kosmos sicher einen Sinn hat"[13], scheint dann aber darunter weder den Kosmos in seiner Ganzheit noch in seiner Materialität zu verstehen, sondern konkret extraterrestrische vernunftbegabte Wesen. Als Kriterien dafür nennt er geistige Vollzüge und Bewusstseinsfähigkeit, sodass für ihn nicht abwegig ist, „[…] an materiell komplex konstituierte, geistiger Vollzüge fähige Geschöpfe zu anderen Zeiten und in anderen Räumen des Universums denken zu dürfen. Sie wären weitere Sinnzentren der Schöpfung, Sinnzentren, in denen weitere besondere Gottesbezüge der Schöpfung ‚bewußt' realisiert würden."[14] Allerdings stellt sich dann auch bei Bröker kritisch die Frage, ob der Kosmos nicht an sich vollendet werden kann, sondern nur insofern, als er selbst bewusstseins- und des Gottesbezugs fähige Wesen enthält.

Auf gleicher Linie diagnostiziert auch Kurt Koch die in seinen Augen „[…] totale[…] Anthropologisierung der Schöpfungslehre", die dazu geführt hat, „[…] daß die Domestizierung der universalen Schöpfungstheologie in der individuellen Eschatologie der Vollendung des einzelnen Menschen in der jüngeren theologischen Vergangenheit eigentlich nur die letzte Konsequenz dieser anthropozentrischen Konzentration der Schöpfungstheologie überhaupt darstellt." Wie Bröker fordert auch Koch eine „[…] Korrektur dieser Gleichgewichtsstörung im theologischen Haushalt, die nicht nur eine Revitalisierung der Schöpfungstheologie überhaupt impliziert, sondern auch und vor allem die Entwicklung und Entfaltung einer Eschatologie der ganzen Schöpfung, die das Ende der Welt als Erfüllung und Vollendung der Schöpfung zu interpretieren hat."[15] Die Kritik an einer anthropozentrischen Fixierung sowohl der Eschato-

---

[12] Vgl. ebd., 156.

[13] Ebd., 156.

[14] Ebd., 157.

[15] K. *Koch*, Weltende als Erfüllung und Vollendung der Schöpfung, in: J. Pfammatter/E. Christen (Hg.), Hoffnung über den Tod hinaus. Antworten auf Fragen der Eschatologie, Zürich 1990, 139–179, hier 166f.

logie wie der Schöpfungslehre begründet Koch auch mit Blick auf
das Sieben-Tage-Werk in der ersten Schöpfungserzählung, wonach
das Ziel des Schöpfungswerkes nicht der Mensch, sondern der Sabbat sei, „[…] die Schöpfung nicht – anthropozentrisch – auf den
Menschen hin angelegt ist, sondern – theozentrisch – auf Gott als
den Schöpfer, Erhalter, Retter und Vollender der ganzen Welt."[16] Gegen einen traditionellen Heilsindividualismus und „Heilsego-
ismus"[17] muss christliche Theologie eine individuelle und eine universale, kosmologische Eschatologie explizieren. Dass christliche
Eschatologie beide Dimensionen haben muss, zeigt sich für Koch
auch angesichts der zentralen eschatologischen Aspekte von Auferweckung, Gericht und Reich Gottes: Genauso wie es richtig ist,
dass die christliche Auferweckungshoffnung die Vollendung der humanen Bestimmung des einzelnen Menschen an ihm selbst in seiner
unverwechselbaren Personalität beinhaltet, ist es wichtig und unverzichtbar, das Reich Gottes als Vollendung der Bestimmung des Menschen in einer wahrhaft menschlichen Gesellschaft und geretteten
Schöpfung zu verstehen, sodass gerade dadurch die „[…] unlösbare
Verknüpfung von Auferweckungshoffnung und Erwartung des Reiches Gottes" zum Ausdruck kommt bzw. sich darin „[…] die untrennbare Einheit von individueller und universaler Bestimmung
von Gottes Schöpfung"[18] äußert. Die von ihm geforderte Korrektur
der Schöpfungstheologie und Eschatologie wird von Koch allerdings
nicht mehr systematisch eingeholt, und er konstatiert selbst, dass die
theologische Rede vom Ende der Welt im Sinne ihrer Voll-Endung
als elementare Kategorie einer christlichen Eschatologie unerlässlich
ist, aber „[…] freilich noch einer intensiven theologischen Durch-
dringung bedarf"[19].

Trotz der von einigen Stimmen wie Bröker und Koch angemahn-
ten Revision und Neuakzentuierung ist im Allgemeinen in der
gegenwärtigen Eschatologie die genannte Vernachlässigung des kosmologischen Aspekts in den einzelnen eschatologischen Konzeptionen auszumachen, wobei diese sich freilich nicht einheitlich präsen-
tieren.

---

[16] Ebd., 167.
[17] Ebd., 169.
[18] Ebd.
[19] Ebd., 172.

Von einigen wird eine Position vertreten, die prinzipiell die Irrelevanz der kosmischen Dimension betont oder wenigstens ihre faktische Irrelevanz proklamiert. Andere wiederum begründen mit Verweis auf die klare Trennung theologischer und naturwissenschaftlicher Theoriebildungen (Stichwort „Trennung der Geschäftsbereiche") die Nichtbeantwortbarkeit der kosmologischen Fragestellung, während weitere Stimmen zwar die Relevanz der Thematik hervorheben, jedoch ohne eine Modellbildung zu versuchen. Die Auseinandersetzung erfolgt dabei entweder unter ausschließlicher Bestimmung auf das prinzipielle Bezogen-Sein der nicht-menschlichen Schöpfung auf den Menschen – d. h. es wird am Ende eine christologische und/oder anthropologische „Ausfahrt" genommen – oder es wird sogar ausdrücklich ein Bewusstsein für den Eigenwert der nicht-menschlichen Wirklichkeit angemahnt, dies allerdings eben nicht in einer vertieften systematischen Reflexion expliziert.

Die im Einzelnen in den eschatologischen Konzepten angeführten Gründe für die Nichtbearbeitung oder Vernachlässigung der kosmologischen Perspektive zeigen zum einen die verbreitete fast selbstverständliche Konzentration auf Anthropologie in den eschatologischen Fragestellungen, was die These von der „Kosmosvergessenheit" bekräftigt. Zum anderen sind mit den jeweiligen Begründungen die Probleme und Überlegungen markiert, die für die Frage nach einer näher zu bestimmenden Vollendung auch der außermenschlichen Schöpfung relevant sind. Eine – ebenfalls genauer zu explizierende – Begründung für eine adäquate Berücksichtigung einer kosmischen Eschatologie wäre in *theologischer* Hinsicht der christliche Schöpfungsgedanke, mit dem eine isolierte Vollendung des Menschen letztlich unvereinbar ist (auf dieser Ebene argumentieren Bröker und Koch, wie oben dargestellt) und in *philosophischer* Hinsicht Überlegungen zu einer „ökologischen Ontologie", die den Menschen nicht nur in seiner Biologie, sondern auch hinsichtlich seines kognitiven Zugangs zur Welt in seine Umwelt eingesenkt und als einen voll integrierten Teil von ihr versteht.

In Orientierung an der angeführten Einteilung für den Umgang mit der kosmologischen Fragestellung werden im Folgenden exemplarische Einzelbeobachtungen erfolgen:

a) Prinzipielle oder faktische Irrelevanz der kosmischen Dimension

Zwar wird in einigen Handbüchern die universale Dimension, etwa
unter dem Begriff „Vollendung der Welt" (auch als Kapitelüber-
schrift) behandelt[20], aber die weiteren Ausführungen haben fast immer einen eindeutigen Schwerpunkt auf den biblischen Befund beziehungsweise exegetische Fragstellungen einerseits und theologie-
und kirchengeschichtliche Darstellungen (etwa zur Position des Chi-
liasmus, Joachim von Fiore etc.) andererseits.[21] Eine explizite systematische Reflexion über eschatologische Aussagen zum Gesamt des
Kosmos oder zu den naturwissenschaftlichen Erkenntnissen der modernen Kosmologie (etwa über das Standard-Modell der Kosmologie) findet jedoch nicht oder nur sporadisch statt. Bei den meist
spärlichen Bemerkungen wird dabei weniger das *Dass* des Einbezugs
des (auch materiellen) Universums in das Erlösungs- und Vollendungsgeschehen angezweifelt, sondern vornehmlich die Un-
möglichkeit des *Wie* angeführt, im Sinne einer angemessenen theologischen Rede. So konstatiert etwa Josef Finkenzeller in seiner
Eschatologie im Handbuch von Wolfgang Beinert knapp: „Beachtet
man aber das biblische Menschenbild und den Auftrag des Menschen für diese Welt, so wird man den Kosmos mit in die Erlösung
einbeziehen müssen. Über die eigentliche Gestalt dieser gesamten
Erlösung kann auch die Theologie keine Beschreibung geben. Es
geht letzten Endes um das Geheimnis der Auferstehung Christi und
der Gestalt des Auferstehungsleibes, der Ausdrucksgestalt der vollen
Erlösung des Menschen."[22] Die Behandlung der eschatologischen
Zukunft des Universums wird bei anderen durchaus differenzierter
und ausführlicher dargestellt, allerdings fällt auch hier auf, dass die
Frage nach der Vollendung des Kosmos zwar als ein mögliches Thema oder auch als Problemanzeige für die Eschatologie gesehen wird,
sie faktisch aber mit Verweis auf die prinzipielle Hermeneutik von
offenbarungstheologischen Aussagen und der Reichweite eschatologischer Rede als bleibend unbeantwortbar erklärt wird. Franz Josef
Nocke etwa verweist explizit auf die oben genannte Kritik Brökers

---

[20] Vgl. *F.-J. Nocke*, Eschatologie (s. Anm. 7), 377.
[21] Vgl. etwa ebd., 379–405.
[22] *J. Finkenzeller*, Eschatologie, in: W. Beinert (Hg.), Glaubenszugänge. Lehrbuch
der Katholischen Dogmatik, Bd. 3, Paderborn u. a. 1995, 525–671, hier 616.

an einer Anthropozentrik und kosmosvergessenen Theologie und formuliert als ein Caveat der Eschatologie einen „[…] *radikalen Anthropozentrismus, für den die außermenschliche Welt belanglos ist.*"[23] Dennoch muss letztlich auch hier die Frage nach der Zukunft der außermenschlichen Schöpfung unterbestimmt bleiben, denn: „Offenbarung zielt nicht auf die umfassende Information über alle möglichen Erkenntnisbereiche, sondern auf das Heil ihrer Adressaten. […] Von daher ergeben sich Einschränkungen eschatologischer Rede, zumindest ein Deutlichkeitsgefälle in ihren Aussagen. Der Glaube weiß mehr über die Zukunft des Menschen als über die Zukunft der außermenschlichen Wirklichkeit."[24]

b) Verweis auf die klare Trennung theologischer und naturwissenschaftlicher Theoriebildungen

Gerade auch im Rahmen der Auseinandersetzung mit naturwissenschaftlichen Erklärungsmodellen wird von einigen die Nichtbearbeitung der kosmischen Eschatologie betont und für eine klare Trennung eschatologisch-theologischer von naturwissenschaftlichen Theoriebildungen oder für die Nichtbeweisbarkeit einer Konvergenz der beiden Bereiche plädiert: Für Hans Küng ist die Frage nach dem Ende der Welt und des Universums „nicht mehr von der naturwissenschaftlichen Kosmologie, vielleicht auch nicht von der Philosophie, sondern möglicherweise nur von der Theologie, die ihrerseits von biblischer Protologie und Eschatologie herkommt"[25], zu beantworten. Das bedeutet dann auch: „Die biblischen Aussagen über das Ende der Welt haben Autorität nicht als naturwissenschaftliche Aussagen über das Ende des Universums, sondern als *Glaubenszeugnis vom Wohin des Universums*, das die Naturwissenschaft weder bestätigen noch widerlegen kann. Auf eine Harmonisierung der biblischen Aussagen mit den verschiedenen naturwissenschaftlichen Theorien vom Ende kann deshalb verzichtet werden."[26]

In dieselbe Richtung weisen auch Johanna Rahners Bemerkung am Beginn des Kapitels zur universalen Eschatologie in ihrer Einlei-

---

[23] *F.-J. Nocke*, Eschatologie (s. Anm. 7), 416 (Kursivierung im Original).

[24] Ebd., 416.

[25] *H. Küng*, Ewiges Leben? München [6]1996, 264.

[26] Ebd., 266 (Kursivierung im Original).

tung in die christliche Eschatologie, wobei sie *kosmologisch* und *geschichtstheologisch* synonym verwendet. Der Durchgang sei keineswegs in Konkurrenz zu naturwissenschaftlich orientierten Überlegungen, etwa der Astrophysik zu sehen; ebenso sei die Vollendung der „Welt" in theologisch-eschatologischer Hinsicht anders zu sehen, also „Welt" auch anders zu verstehen als einfach nur eine naturwissenschaftlich relevante Größe. Die Argumentation für die Nichtbehandlung der Frage nach dem eschatologischen Schicksal des Kosmos erfolgt hier also ebenfalls mit der prinzipiellen Trennung der beiden Bereiche Theologie und Naturwissenschaft und zugleich mit dem Hinweis auf einen eindeutig anthropozentrischen Rahmen: „Das Interesse der Theologie liegt auf einer anderen Ebene. Wenn die Eschatologie die Frage nach Vollendung im Sinn von Sinn und Ziel der ‚Welt' stellt, dann hat sie damit nicht die naturwissenschaftlich relevante Größe ‚Welt' oder ‚Kosmos' im Blick, sondern die ‚hominisierte Welt', die auf den Menschen als das Subjekt des Denkens und Nachdenkens bezogene Welt. D. h. der Anspruch der Theologie ist gegenüber dem des naturwissenschaftlichen Nachdenkens über den Kosmos und seine Zukunft deutlich begrenzt."[27]

c) Relevanz der nicht-menschlichen Schöpfung mit ausschließlichem Bezug zum Menschen

Charakteristisch für diese Positionen ist, dass sie die Relevanz einer kosmischen Eschatologie durchaus im Blick haben, jedoch – vor allem auch unter dem Einfluss von Karl Rahner – faktisch die entsprechende eschatologische Reflexion des Vollendungsgeschehens vor dem Hintergrund einer traditionellen Schöpfungstheologie und theologischen Anthropologie auf den Menschen als alleinigen Adressaten des vom Schöpfergott gewollten Heils- und Geschichtshandelns beschränken. Im Rahmen von Überlegungen zu einer verantworteten Hoffnung auf die zukünftige Vollendung des Reiches Gottes und unter dem Stichwort einer „versöhnten Schöpfung" ex-

---

[27] *J. Rahner*, Einführung in die christliche Eschatologie, Freiburg i. Br. 2010, 73. Zudem betont Rahner, dass die Vollendung der Geschichte und der Welt stets als ein notwendig in die menschliche Lebens- und Freiheitsgeschichte verwobenes oder nur als ein durch diese vermitteltes Geschehen betrachtet werden dürfe (vgl. ebd., 93).

pliziert zum Beispiel Medard Kehl wesentliche Merkmale einer universalen Eschatologie.[28] Dabei betont er zunächst die auch für eine kosmische Eschatologie relevante Universalität des Heils, wenn die Gesamtwirklichkeit der individuellen und sozialen menschlichen Geschichte, inklusive der menschlichen Lebenswelt, also Natur und Kultur zum Raum von Gottes Friedenswillen wird und somit zu einer versöhnten Menschheit in einer befreiten Schöpfung.[29] Die Hoffnung auf eine universale Versöhnung der Geschichte und der Schöpfung in einem vollendeten Reich Gottes beantwortet freilich noch nicht das mögliche Schicksal der nicht-menschlichen Wirklichkeit. Kehls Position folgt hier den bekannten Linien der schon erwähnten theologischen Anthropologie und Schöpfungstheologie, innerhalb derer er die Relevanz der nicht-menschlichen Schöpfung am Vollendungsgeschehen ausbuchstabiert. Einerseits sei sowohl die natürliche als auch die kulturell/technisch gestaltete Lebenswelt des Menschen in die Vollendung mithineingenommen,[30] andererseits können die nicht-menschlichen Elemente (wie Tiere, Pflanzen, Artefakte oder auch Steine), insofern sie als nicht-menschliche Entitäten sich nicht in Freiheit der Liebe Gottes öffnen, nicht „in sich" vollendet werden, wohl aber „*in ihrer Bezogenheit*" auf den Menschen und seinen Dienst am Reich Gottes „mit-vollendet".[31]

Kehls Erläuterung dazu, wie eine derartige Bezogenheit genauer gedacht werden kann, orientiert sich dabei an personalen Kategorien, mit denen der Mensch als beziehungsfähiges Wesen auch zu Tieren oder Artefakten in seiner unmittelbaren Umgebung stehend verstanden wird, ohne dass dieser Erfahrungsbezug näher erläutert wird. Es wird eher beschrieben als begründet, warum auch das Haustier oder das Spielzeug zur im Eschaton vollendeten Identität des Menschen gehören: „Immer da, wo die ‚Dinge' dieser Schöpfung von uns in einer menschen- und allen Geschöpfen würdigen Lebens-

---

[28] Vgl. *M. Kehl*, Dein Reich komme. Eschatologie als Rechenschaft über unsere Hoffnung, Kevelaer 2003, 230–251.

[29] Vgl. ebd., 230.

[30] Kehl formuliert dies wörtlich mit der „Teilhabe an der Vollendung des Reiches Gottes" (ebd., 241), argumentiert aber ausschließlich biblisch, indem er zur Begründung Röm 8,21 anführt, wonach auch die Schöpfung zur Freiheit und Herrlichkeit der Kinder Gottes befreit werden soll.

[31] Ebd., 241 (Kursivierung im Original).

welt bewahrt bzw. ‚hineinverwandelt' werden, wo sie also in verantwortlicher ‚Sympathie' vom Menschen bejaht und auf die verheiße-
ne Gestalt des Reiches Gottes hin ausgerichtet werden, da haben sie
bereits auf ihre Weise teil an der ‚Freiheit der Kinder Gottes' […].
Und im Maße dieses Anteilhabens werden auch sie […] mit den
Menschen in der vollendeten Gestalt des Reiches Gottes ‚aufgehoben' sein."[32] Und wie schon andere vorgestellte Positionen setzt
Kehl dann eine erkenntnistheoretische Grenze: „*Wie* der einzelne
Mensch dann in seiner Vollendung diese Beziehung zu Tieren oder
Pflanzen oder Dingen erfahren wird, bleibt uns jetzt notwendiger-
weise verborgen."[33]

Darüber hinaus möchte Kehl mit Blick auf seinen Ansatz, dass
die empirisch erfahrbare Materialität nicht „in sich" in die Vollendung aufgenommen wird, sondern nur jeweils in ihrer Bezogenheit auf den Menschen, dem dabei im Raum stehenden Verdacht einer letztlich zu spirituellen, platonischen Vollendung von Welt und
Geschichte begegnen. Seine Replik auf diesen möglichen Vorwurf
zielt zum einen darauf ab, dass die materielle Wirklichkeit überhaupt nicht „in sich" vollendet werden soll und auch nicht kann,
wobei er damit einmal mehr gänzlich im Rahmen der klassischen
Konzentration auf den Menschen als den Orientierungspunkt der
Schöpfung und als den auf das Bundesangebot des personalen Gottes antwortenden Dialogpartner argumentiert: „Als von Gott geschaffene Wirklichkeit ist doch die ganze materielle Schöpfung letztlich nur daraufhin angelegt, daß in ihr ein Geschöpf freigesetzt wird,
das zur freien Antwort auf das Geschenk der Liebe Gottes fähig ist.
Ohne diese Sinnspitze hätte eine Schöpfung durch die unendliche
Liebe Gottes, die in sich alle Fülle der Wirklichkeit enthält, doch
kaum einen verstehbaren Sinn. Daß diese Liebe Gottes (die ja für
unsere Begriff eine ‚geistige', nicht unmittelbar sinnlich wahrzuneh-
mende Wirklichkeit ist) dennoch neben sich eine Wirklichkeit
schafft, die auf endliche Weise an ihrer Liebe partizipiert und dadurch überhaupt erst ihr Dasein erhält, kann doch kaum sinnvoll
damit erklärt werden, daß diese Liebe Gottes sich eben auch an end-
lich-materieller Wirklichkeit ‚erfreuen' wolle, ganz unabhängig da-

---

[32] Ebd., 241.
[33] Ebd., 241 (Kursivierung im Original).

von, ob diese zu einer personalen, freien Antwort auf die Liebe Gottes fähig ist oder sein wird."[34]
Zum anderen betont Kehl die bekannte Problematik, vor dem
Hintergrund des Glaubens an die leibliche Auferstehung die „Vollendung des materiellen *Leibes* (des Menschen und der Erde überhaupt)"[35] zu denken; leitend müsse hier die Vorstellung einer die jet-
zige Empirie völlig transzendierenden Leiblichkeit und Materialität[36]
sein, die jegliches Sprechen von „Verwandlung" und „Verklärung"
notwendigerweise als „unsinnlich" und „unanschaulich" bestimmt.
Genauso wie die leibliche Vollendung des Einzelnen kann dann
auch die Vollendung der Erde als eine in unserer jetzigen materiellen
Erfahrungsstruktur nicht wahrnehmbaren Vollendung gedacht werden, wobei sie, wie oben dargestellt, „in Gestalt einer ganz in die
menschliche Freiheit einbezogenen und *dadurch* endgültig ‚aufgeho-
benen' Materialität vorgestellt wird"[37]. Zwar wird hier ebenfalls nicht
bestritten, dass auch die außermenschliche Wirklichkeit im Vollendungsgeschehen zu berücksichtigen ist; ihr kommt jedoch insofern kein Eigenwert zu, als ihre eschatologische Relevanz ausschließlich mit ihrem prinzipiellen Bezogen-Sein auf den Menschen und
dessen Vollendung definiert wird. Doch gerade die von Kehl gewähl-
te Strategie zur Vermeidung bzw. Abmilderung der Spiritualismus-
Gefahr ist, wie gezeigt worden ist, um den Preis erkauft, dass sie
den seine Eschatologie voraussetzenden Anthropozentrismus nicht
nur fortführt, sondern ihn sogar verstärkt. Jede kosmologische Perspektivierung mit Blick auf die Vollendung aller nicht-menschlichen
Schöpfung ist bei Kehl damit notwendigerweise immer schon und
zuallererst eine anthropologische.

---

[34] Ebd., 242.
[35] Ebd., 243 (Kursivierung im Original).
[36] Vgl. ebd., 244.
[37] Ebd., 244 (Kursivierung im Original). Mit der Kursivsetzung unterstreicht
Kehl selbst noch einmal die Pointe seines Ansatzes: Dann und nur dann, wenn
die materielle Wirklichkeit in Bezug zum Menschen als freiem, personalem Be-
ziehungswesen gesetzt gedacht wird, kann sie auch eschatologisch „aufgehoben"
und mit-vollendet werden.

d) Relevanz der nicht-menschlichen Schöpfung mit (nicht näher explizierter) Anerkennung ihres Eigenwerts

Anders als Kehl plädieren einige Stimmen nicht nur für den Einbezug der kosmologisch-universalen Reflexion in die Eschatologie, sondern möchten – in gewisser Relativierung einer anthropozentrischen Perspektive – auch das Bewusstsein für den *Eigenwert* der nicht-menschlichen Wirklichkeit geschärft und damit auch die apersonale Welt in das eschatologische Vollendungsgeschehen miteinbezogen sehen.

Auf evangelischer Seite zeigt sich Markus Mühling dem Gedanken der Selbstzweckhaftigkeit der Welt gegenüber aufgeschlossen und widmet sich in einem Unterkapitel seiner „Grundinformation Eschatologie"[38] dem „Geschick der Welt" und damit der Frage nach der universalen Eschatologie,[39] wobei er in diesem Kontext explizit auch naturwissenschaftliche und -philosophische Überlegungen miteinbezieht und auch als einer der wenigen in der Diskussion das Standardmodell der Kosmologie (mit den hypothetischen Szenarien eines „Big Crunch" und eines „Big Freeze" des Universums) anführt.[40] Mühling unterscheidet hinsichtlich des kosmischen Aspekts zwei Typen: die Verwandlung der Welt im Sinne einer Transformation, aber auch Neuschöpfung einerseits und einer Vernichtung der Welt im Sinne einer Annihilation des gesamten Universums andererseits. Bei der Darstellung der Bewertungskriterien hinsichtlich der beiden Typen nennt Mühling auch den Gedanken der Selbstzweckhaftigkeit der Welt, der auch der nichtpersonalen Schöpfung einen Eigenwert zugestehen will: „Viel versprechender könnte der Gedanke der *Selbstzweckhaftigkeit der Welt* sein. Es könnte theologisch gute Gründe geben, die es erfordern, auch der nichtpersonalen Schöpfung einen Eigenwert zuzugestehen. Dies wird nicht erst nach der ökologischen Krise Ende der 70er/Anfang der 80er Jahre des 20. Jh. betont [...]."[41] Die sich für ihn daraus ergebende Anschlussfrage müsse dann lauten, „[...] ob und in welcher Weise die nichtpersonale Schöpfung von eschatischem Bestand

---

[38] Vgl. *M. Mühling*, Grundinformation Eschatologie, Göttingen 2007.
[39] Vgl. dazu und zum Folgenden ebd., 139–156.
[40] Vgl. ebd., 141–144.
[41] Ebd., 149 (Kursivierung im Original).

sein kann"[42]. Mühlings Antwort respektive Lösungsvorschlag besteht darin, dass – mit Option für den Verwandlungs-Typus – auch die natürliche apersonale Welt beziehungsweise „[…] auch welthafte Ereignisse, in die keine Menschen involviert sind, eschatisch von der welthaften Ordnungsrelation in die göttliche Ordnungsrelation transferiert werden können, aber nicht müssen"[43]. Das heißt, dass nicht nur die personale, sondern auch die apersonale Schöpfung verwandelt und vollendet werden wird, allerdings, so Mühling, wenn uns auch im Hier-und-Jetzt entzogen bleibt, wie weit sich dies vollzieht.

Abgesehen davon, dass unklar bleibt, unter welchen metaphysischen Rahmenbedingungen und unter welchen systematisch-theologischen Voraussetzungen der von Mühling vorgeschlagene „Transfer" in die göttliche Ordnungsrelation vonstattengehen soll, bleibt sein Konzept unbefriedigend, wenn – ähnlich wie bei Nocke oder Küng – betont wird, dass uns entzogen bleibt, in welchem Ausmaß und in welcher Weise sich dies vollziehen wird. Die zweifellos zu konstatierende Relativierung der einseitigen anthropozentrischen Perspektive mit expliziter Betonung des Eigenwerts auch der apersonalen Welt im eschatologischen Vollendungsgeschehen ist im Vergleich zu anderen Positionen sicherlich positiv zu würdigen; die notwendigen systematischen Überlegungen zu einer kosmos-bewussten Eschatologie werden jedoch auch bei Mühling nicht entfaltet.

Auf gleicher Linie wie Mühling, dem kosmischen Bezug Rechnung zu tragen und nicht nur dem Menschen einen Eigenwert im eschatologischen Geschehen zuzuerkennen, liegt auch Josef Wohlmuths eschatologischer Ansatz, den er mit dem Leitmotiv der Verwandlung vor allem, so der Untertitel, im Gespräch mit dem jüdischen Denken der Gegenwart entwirft[44]. Zum einen möchte Wohlmuth bereits in formaler Hinsicht eine einseitige Konzentration auf individualeschatologische Fragestellungen und eine dichotomische Aufteilung unterlaufen, wenn er explizit der traditionellen Traktataufteilung in bzw. der Trennung von Individual- und Universaleschatologie nicht folgt: „Traditioneller katholischer Theologie

---

[42] Ebd.
[43] Ebd., 153f.
[44] Vgl. *J. Wohlmuth*, Mysterium der Verwandlung. Eine Eschatologie aus katholischer Perspektive mit jüdischem Denken der Gegenwart, Paderborn u. a. 2005.

zufolge werden individuale und universale Eschatologie hintereinander behandelt, so dass der Eindruck entsteht, es handle sich um zwei zeitlich auseinanderliegende Ereignisse [...]. Die traditionelle Theologie konnte von Himmel und Hölle in der Weise sprechen, als würde der Jüngste Tag nur noch Unwesentliches zum bereits Erreichten hinzufügen. Dabei wird das Ineinander von Individual- und Universaleschatologie nicht genügend ernst genommen. Wenn Himmel und Hölle für die Einzelseelen schon endgültige Zustände wären, fragte man sich mit Recht, was die leibliche Dimension und eine kosmische Neugestaltung noch erbringen könnten. Von hier aus möchte ich [sc. Wohlmuth] [...] eine scharfe Trennung von Individual- und Universaleschatologie nicht vornehmen, vielmehr dem Verständnis des Todes als Verwandlung einen Stellenwert einräumen, der es ermöglicht, Heil und Unheil des ganzen Menschen und seiner kosmischen Verflechtung im Auge zu behalten."[45]

Das von Wohlmuth betonte konstitutive Eingebundensein der menschlichen Existenz in kosmische Gesetze erfordert demnach auch eine eschatologische Reflexion über das Ende des Kosmos, allerdings wird dies letztlich nicht systematisch eingeholt, sondern eher zurückhaltend und nur im Ansatz beschrieben, wenn Wohlmuth am Ende seiner Studie von der radikalen Verwandlung der Welt im Modus der Hoffnung auf Verklärung auch der nichtmenschlichen Wirklichkeit ausgeht: „Soll die Eschatologie nicht dabei stehen bleiben, sich mit einem Heil der Seelen und somit mit postmortalen Zwischenzuständen zu begnügen, dann verlangt die Ganzheit des Heiles eine Rückbindung an die kosmischen Prozesse, an die unsere menschliche Existenz von ihrer Genese her gebunden ist. Mag es noch so schwierig sein, angesichts unseres Nichtwissens bezüglich der kosmischen Materie sogar von ‚verklärter Materie' zu sprechen, so muss doch wenigstens das Prinzip des kosmischen Bezugs aufrecht erhalten werden [..., und es; AR] bleibt doch das Postulat einer möglichen Situation sinnvoll, ‚in der Materie und Geist einander neu und endgültig zugeeignet sein werden'".[46] Auch hier muss sich die kritische Frage anschließen, inwiefern eine noch so eindringliche Forderung nach Einbezug der kosmischen Perspektive bzw. nach dem kosmischen Bezug des Menschen aus systematischer

---

[45] Ebd., 145f.
[46] Ebd., 233.

Sicht genügen kann, wenn nicht klar ist, innerhalb welchen metaphysischen Rahmens und Modells dies konsistent gedacht werden könnte.

Eine Position, die Relevanz der kosmologischen Dimension nicht nur anzuerkennen, sondern sie auch zumindest mit dem Anspruch einer Modellbildung systematisch zu explizieren, ist der Ansatz von Matthias Remenyi mit seinen dezidierten Überlegungen zur kosmischen Eschatologie. Anders als die bisher genannten Autorinnen und Autoren widmet sich Remenyi nicht nur marginal der universalen Perspektive neben anderen eschatologischen Fragstellungen, sondern er fokussiert klar die Thematik einer möglichen endgültigen Zukunft des gesamten Kosmos.[47] Ausgehend von der soteriologischen Grundsignatur, die für die eschatologische Theoriebildung konstitutiv ist (insofern, als Gott auch eschatologisch heilend, rettend und vollendend auf seine Schöpfung zukommt), handle auch eine kosmische Eschatologie „[...] nicht primär [...] von zukünftigen kosmischen Eschata [...], sondern [...] von dem, der sich in Jesus Christus zum letzten Ziel von Mensch und Welt gemacht hat [...]."[48] Das hier (und natürlich auch prinzipiell) auf der Agenda stehende Spannungsfeld von Naturwissenschaft und Theologie reflektiert Remenyi dabei ebenso und kritisiert die bei nicht wenigen Autorinnen und Autoren anzutreffende Irrelevanz oder Trennung der zwei Bereiche hinsichtlich der kosmologischen Perspektive in der eschatologischen Diskussion. Theologisch reflektiertes Sprechen von Schöpfung beziehungsweise von „Welt" und „Universum" thematisiere nicht etwas völlig anderes als das, was die Naturwissenschaft mit „Welt" und „Universum" meine, vielmehr gelte, dass, wer von Schöpfung spreche, von keiner den Naturwissenschaften letztlich nicht zugänglichen Gegenwelt spreche, er aber in seine Perspektive auf die Welt ausdrücklich Gott miteinschließe. „Und entsprechend handelt kosmische Eschatologie von der Vollendung eben dieses materiellen und empirischen Kosmos."[49]

---

[47] Vgl. M. *Remenyi*, Hoffnung für den ganzen Kosmos. Überlegungen zur kosmischen Eschatologie, in: Th. Herkert/ders. (Hg.), Zu den letzten Dingen. Neue Perspektiven der Eschatologie, Darmstadt 2009, 174–220.

[48] Ebd., 175.

[49] Ebd., 177.

Für die Verhältnisbestimmung von Naturwissenschaft und Theologie (und damit von naturwissenschaftlicher Kosmologie und kosmischer Eschatologie) bedeutet dies ferner, dass hier nicht nur eine rein defensive Abgrenzung, ex negativo, erfolgen könne, sondern dass über eine bloße Kohärenz hinaus von einer Konvergenz oder Konsonanz auszugehen sei.[50] Mit der zu Recht gebotenen Skepsis gegenüber einer ausschließlich anthropozentrischen Argumentation fragt Remenyi in schöpfungstheologischer und theo-logischer Blickrichtung nach der grundsätzlichen Vollendungsfähigkeit der Materie[51] und sieht den Grund für die Vollendung des Kosmos in der Treue des einen nicht getrennt zu denkenden Schöpfer- und Erlösergottes zu seiner Schöpfung; die Heilszusage Gottes schließe ausdrücklich auch die außermenschliche Schöpfung mit ein. Eine wie auch immer geartete einseitig anthropologisch orientierte Perspektivierung werde demnach dem Gottesbegriff selbst nicht gerecht: „Wer folglich den außermenschlichen Kosmos aus der Vollendungshoffnung ausschließt, beschneidet damit den Gottesbegriff selbst. Umgekehrt gilt, dass nur eine wirklich unverkürzte Hoffnung auf universale Erlösung alles Geschaffenen den zentralen Gottesprädikationen – Vollkommenheit, Unendlichkeit, Einfachheit und Einzigkeit, Allmacht und Allgüte – gerecht zu werden vermag."[52]

Die weiter im Raum stehende Frage nach dem genaueren *Wie* der Vollendung des nicht-menschlichen Kosmos und damit nach dessen Vollendungs*fähigkeit* und Erlösungs*bedürftigkeit* sucht Remenyi in zwei Begründungsgängen zu beantworten. Muss und kann also die ganze Schöpfung, das ganze Universum erlöst werden? Zum einen eigne der Welt/dem gesamten Kosmos als Schöpfung per se ein konstitutiver Gottesbezug, die auf ihre Vollendungsfähigkeit hin schließen lasse; eine die Vollendungs- und Ewigkeitsfähigkeit gründende „Zustimmung zum Dasein" und Antwortfähigkeit auf Gottes schöpferisches Handeln gelte ausnahmslos für alles Geschöpfliche.[53] Hinsichtlich einer Erlösungsbedürftigkeit sieht Remenyi die Anwendbarkeit auf die apersonale Schöpfung ebenfalls gegeben, „[…] weil Erlösung nicht nur von Schuld und Sünde [Begriffe also, welche auf die nicht-

---

[50] Ebd., 178.
[51] Vgl. ebd., 189.
[52] Ebd., 190.
[53] Vgl. ebd., 192f.

menschliche Schöpfung nicht anwendbar sind; AR], sondern auch von dem Leid und jener Tragik erhofft werden darf, die mit der unfertigen, im Werden befindlichen und so eben auch endlichen und kontingenten ersten Schöpfung immer verbunden sind [...]."[54] Zum anderen legt Remenyi den Fokus auf das Osterereignis und möchte, auch unter Verwendung des Gestaltbegriffs als Hilfsbegriff für eschatologische Modellbildung, die Auferstehung Jesu Christi als gemeinsame Bezugsgröße von personaler und kosmischer Eschatologie verstanden wissen; die kosmische Relevanz der Auferstehung Jesu und der Gedanke vom mystischen Auferstehungsleib Christi sind Bedingungen sowohl für personales Auferstehungsleben wie für die eschatologische Neuschöpfung des ganzen Kosmos.[55] „[...D]as Bild vom mystischen Leib Christi [bedeutet; AR], dass personale Auferstehung nicht unabhängig von einer kosmischen Verwandlung und Verklärung zu sehen ist, sondern als Teil der universalen Neuschöpfung und also als Gliedwerdung am neuen Himmel und an der neuen Erde gedacht werden kann: Mit jedem Menschen, der im Durchgang durch den Tod in verklärter Gestalt vor seinem Schöpfer steht, gelangt ja auch ein Teil der Natur und des Kosmos in seine verklärte und verwandelte Gestalt."[56]

Remenyi plädiert folglich nicht nur eindeutig für eine kosmos-bewusste Eschatologie, sondern möchte diese auch systematisch einholen; allerdings kann auch hier kritisch rückgefragt werden, ob sein Versuch, unter Zuhilfenahme des Gestaltbegriffs Verbindungslinien zwischen personaler und kosmischer Vollendung zu ziehen, die Frage adäquat beantworten kann, wie und auf welcher Basis der Kosmos als eigenständige Größe Adressat eines Vollendungsgeschehens sein kann.

3. Perspektiven

Wenn die dargestellte Problemanzeige einer „Kosmosvergessenheit"[57] zutrifft, ist m. E. nicht nur im Rahmen einer theologischen Ethik, sondern auch fundamentaltheologisch und dogmatisch eine

---

[54] Ebd., 196f.
[55] Vgl. ebd., 214.
[56] Ebd., 215.
[57] Überlegungen zur Vollendung der nicht-menschlichen Schöpfung berühren

Neuorientierung hin zu einer kosmologischen und integrativen Eschatologie und Schöpfungstheologie notwendig.[58] Eine so verstandene kosmos-bewusste Schöpfungslehre und Eschatologie erfordert unter Umständen eine Neukonturierung des Gott-Welt-Verhältnisses, welche die klassische Vorstellung der Gott-Welt-Differenz fragwürdig erscheinen lässt. Wie oben bereits erwähnt, scheint mir ein panentheistisch grundiertes Verständnis des Handelns Gottes und Gott-Welt-Verhältnisses (und dann auch panpsychistische Denkformen) dafür besser geeignet, und es kann auch den naturalistischen Herausforderungen eher begegnen als der personale Theismus (allerdings mit dem Preis, einige christliche traditionelle Überzeugungen zu reformulieren).

Ferner finden sich in zeitgenössischen Ansätzen, die öko-theologisch und öko-ethisch auch eine kosmische Dimension miteinbeziehen (Jürgen Moltmann[59]; Sally McFague[60]; Catherine Keller[61]) oder in einem kosmisch-christologischen Interpretationsrahmen argumentieren (Niels Gregersen[62]; Elisabeth Johnson[63]), Anknüpfungs-

---

auch die Diskussion um unterschiedliche Begründungsansätze im ökotheologischen und umweltethischen Kontext und die Frage, wem aus welchen Gründen ein Eigenwert zuerkannt und wie daher das menschliche Verhalten der nichtmenschlichen Schöpfung gegenüber eingeordnet wird. Ungeachtet weiterer notwendiger Differenzierungen und terminologischer Klärungsversuche erscheint es nicht adäquat, einen problematischen Anthropozentrismus durch einen nicht minder problematischen Kosmozentrismus zu ersetzen. Für einen ersten Schritt hilfreich ist m. E. die Unterscheidung zwischen einem defizitären -ismus einerseits und einer methodisch und formal unhintergehbaren Eigenperspektive andererseits, sodass ein einseitiger Anthropozentrismus zu verabschieden ist, eine kritisch reflektierte Anthropozentrik als Anthropoperspektive jedoch gar nicht aufgegeben werden kann.

[58] Dies erfordert selbstverständlich auch mehr denn je einen fundierten interdisziplinären Dialog mit Ethik, (Natur-)Wissenschaft und Politik.

[59] Vgl. J. Moltmann, Das Kommen Gottes. Christliche Eschatologie, Gütersloh 1995.

[60] Vgl. S. McFague, The Body of God. An Ecological Theology, Minneapolis/MN 1993.

[61] Vgl. Ch. Keller, Political Theology of the Earth. Our Planetary Emergency and the Struggle for a New Public, New York 2018.

[62] Vgl. N. Gregersen, Incarnation: On the Scope and Depth of Christology, Minneapolis/MN 2015.

[63] Vgl. E. A. Johnson, Creation and the Cross. The Mercy of God for a Planet in Peril, Maryknoll, New York 2018.

punkte für eine solcherart konzipierte Schöpfungstheologie und Eschatologie; zum anderen verweisen jüngere öko-ontologische Überlegungen (Uwe Voigt[64]) darauf, dass der Mensch wesentlich mit seiner Mit-Welt verflochten und auch bezüglich seines kognitiven Zugangs als ein voll integrierter Teil in ihr eingesenkt ist (Michael Spivey[65]).

Das hier in Grundsätzen vorgestellte Plädoyer für eine kosmosbewusste Eschatologie und Vollendung des ganzen Kosmos und für die sich damit ergebenden systematisch-theologischen und (religions-)philosophischen Konsequenzen kann und soll kein fertiges Konzept darstellen, es lassen sich jedoch vielleicht vier Merkposten für die weitere Reflexion formulieren:

1. Eine kosmos-bewusste Schöpfungstheologie und Eschatologie kommt nicht umhin, das in Anspruch genommene Gott-Welt-Modell kritisch zu reflektieren.
2. Jenseits von Kosmos*vergessenheit* einerseits und Kosmos*besessenheit* andererseits muss schöpfungstheologische und eschatologische Rede die anthropo*zentristische* Engführung aufsprengen und gleichzeitig die unhintergehbare anthropo*zentrische* Standortgebundenheit immer kritisch mitbedenken.
3. Eine Schöpfung mit Zukunft für diese Welt und mit uns Menschen als Akteurinnen und Akteuren muss kosmos- und ökosensibel sein.
4. Jede Schöpfungstheologie und Eschatologie ist immer auch eine lernende, insofern sie die christliche Tradition ernst nimmt und sie zugleich mit neuen aktuellen Fragestellungen zu vermitteln versucht.

Wenn christliche Hoffnung auf Vollendung impliziert, dass Gott *alles in allem* sein wird (vgl. 1 Kor 15,28), dann besteht Gottes Plan darin, *allen und allem* das Heil zu bereiten – im Eschaton, wo es ums Ganze geht, weil es Gott immer ums Ganze geht.

---

[64] Vgl. *U. Voigt*, What a Feeling? In Search of a Metaphysical Connection between Panpsychism and Panentheism, in: G. Brüntrup/B. P. Göcke/L. Jaskolla (Hg.), Panentheism and Panpsychism. Philosophy of Religion Meets Philosophy of Mind, Leiden 2020, 139–154.

[65] Vgl. *M. J. Spivey*, Who You Are. The Science of Connectedness, Cambridge (Mass.), London 2020.

II.
Anthropologie

Ebenbild Gottes und Mit-Geschöpf
Christliche Schöpfungsethik in Zeiten der Anthropozentrismus-Kritik

Michael Rosenberger

Noch am Beginn der umweltethischen Debatten im Horizont christlicher Theologie in den 1980er-Jahren dachte man, aus den biblischen Schöpfungserzählungen einen streng monolinearen Schöpfungsplan Gottes und einen eindeutigen Anthropozentrismus ableiten zu müssen. So zog einer der Pioniere christlicher Umweltethik, Alfons Auer, aus Gen 1–2 den Schluss, „dass die ganze übrige Welt allein auf den Menschen als das höchste Schöpfungswerk […] hingeordnet ist, in Gen 2 auf den Menschen als die Mitte, um die herum alles aufgebaut wird, in Gen 1 als die Spitze der durch die Schöpfung aufgerichteten Pyramide."[1]

So tief war der Anthropozentrismus im Christentum verwurzelt, dass man ihn quasi wie ein Dogma behandelte und unter allen Umständen beibehalten wollte. Genau diese Positionierung jedoch wurde von der säkularen Umweltbewegung und der ökologischen Wissenschaft immer stärker infrage gestellt. Und das, wenn man genau hinschaut, bereits in den 1960er- und nicht erst in den 1980er-Jahren. Alfons Auer schwimmt also bereits wissentlich und willentlich gegen den Mainstream der säkularen Umweltethik seiner Zeit.

Im Folgenden werde ich zunächst die in den 1960er-Jahren angestoßene Debatte über die historischen Wurzeln der Umweltkrise rekapitulieren (1). Anschließend prüfe ich, wieweit die Enzyklika „Laudato si'" hier einen neuen Kurs einschlägt (2). Auf der Grundlage einer eingehenden Klärung des Begriffs „Anthropozentrismus" (3) lassen sich die tatsächlichen Wurzeln des christlichen Anthropo-

---

[1] A. *Auer*, Der Mensch – „Partner" der Natur? Wider theologische Überschwänglichkeit in der ökologischen Diskussion, in: H. Gauly u. a. (Hg.), Im Gespräch. Der Mensch. Ein interdisziplinärer Dialog, Düsseldorf 1981, 65–78, hier 69; *ders.*, Umweltethik. Ein theologischer Beitrag zur ökologischen Diskussion, Düsseldorf 1984, 220.

zentrismus und seine untrennbare Verbindung zur traditionellen
Rede vom „Schöpfungsplan Gottes" aufzeigen (4). Auf dieser Basis
ergeben sich erste Überlegungen zu seiner Überwindung (5) und einer kreuzestheologischen Öffnung (6).

1. Die Frage nach den Wurzeln der Umweltkrise

Eröffnet wurde die Debatte über die Ursprünge der Umweltkrise
1967, als der Mediävist Lynn White in der naturwissenschaftlichen
Fachzeitschrift „Science" einen aufsehenerregenden Artikel über
„die historischen Wurzeln unserer ökologischen Krise" veröffent-
lichte. Darin wies er nach, dass die technologische und naturwissenschaftliche Dynamik Westeuropas, die im 11. Jahrhundert beginnt
und bis heute fortdauert, ihre Wurzeln in der flächendeckenden
Christianisierung durch die Karolinger im 9. Jahrhundert hat.
Denn diese habe zu einer Kombination zweier geistiger Grundein-
stellungen geführt:
    Erstens habe man die biblischen Schöpfungserzählungen so ver-
standen, dass alles Geschaffene allein zum Nutzen und für das Wohlergehen des Menschen da sei, weil nur er Gottes Ebenbild sei. Damit
sei das Christentum die am stärksten anthropozentristische Religion
der Welt geworden. „God planned all of this explicitly for man's be-
nefit and rule: no item in the physical creation had any purpose save
to serve man's purposes. And, although man's body is made of clay,
he is not simply part of nature: he is made in God's image. Especi-
ally in its Western form, Christianity is the most anthropocentric religion the world has seen. [...] Christianity, in absolute contrast to
ancient paganism and Asia's religions (except, perhaps, Zoroastria-
nism), not only established a dualism of man and nature but also
insisted that it is God's will that man exploit nature for his proper
ends."[2]
    Zweitens aber müsse der signifikante Unterschied zwischen latei-
nischer West- und griechischer Ostkirche erklärt werden. Denn nur
die lateinische Kirche habe die erwähnte technisch-naturwissen-
schaftliche Dynamik hervorgebracht, während der christliche Osten

---

[2] L. *White*, The Historical Roots of the Ecological Crisis, in: Science (155) 1967,
1203–1207, hier 1205.

in dieser Hinsicht zurückgeblieben sei. Hier verweist White auf den im 11. Jahrhundert aufkommenden Voluntarismus der Westkirche, der den menschlichen Willen und seine Freiheit der Vernunfterkenntnis vor- bzw. überordnet. Im Gegensatz dazu sei die griechische Ostkirche intellektualistisch geblieben, habe also die Vernunfterkenntnis dem Willen und der Freiheit vorgeordnet.

Damit ergibt sich für White als Schlussfolgerung: „first, that, viewed historically, modern science is an extrapolation of natural theology and, second, that modern technology is at least partly to be explained as an Occidental, voluntarist realization of the Christian dogma of man's transcendence of, and rightful mastery over, nature."[3] Die ökologische Krise könne also nicht einfach durch mehr Naturwissenschaft und mehr (Umwelt-)Technik gelöst werden, sondern nur durch eine geistig-spirituelle Umkehr. Hierfür biete sich die Schöpfungsmystik des Franz von Assisi und seine Idee der Geschwisterlichkeit mit allen Geschöpfen an, so White abschließend.

Mit seinem Aufsatz hat White eine Debatte angestoßen, die bis heute nicht verstummt. Seine These ist allerdings oft vergröbert und ihrer zeitlichen wie räumlichen Eingrenzungen beraubt worden. Der Mediävist White analysiert nur das Mittelalter. Er fragt nicht danach, woher die mittelalterlichen Interpretationen der biblischen Erzählungen kommen und ob sie exegetisch betrachtet zutreffend sind. Er fragt auch nicht danach, was am Ursprung des westlichen Voluntarismus steht und warum dieser eben nur den christlichen Westen, nicht aber den christlichen Osten erfasst hat. Schließlich analysiert er auch nicht die nachreformatorische und neuzeitliche Entwicklung, die darauf hindeutet, dass weniger der Katholizismus als vielmehr der Protestantismus (und dort insbesondere der Calvinismus sowie die Freikirchen) die Umweltzerstörung begünstigt haben.[4] Als Mediävist bleibt White seinem Leisten. Allerdings suggeriert die Überschrift, man sei bei den historischen Wurzeln angekommen, so als gäbe es keine Vorgeschichte für das Mittelalter. Genau das führt in der Folge zu ungedeckten Verallgemeinerungen und sehr pauschalen Schuldzuweisungen an „das Christentum". Im deutschen Sprachraum haben sich vor allem Carl Amery 1972 mit seiner Mo-

---

[3] Ebd., 1206.
[4] Vgl. P. *Hersche*, (K)eine Frage von gestern, in: HerKorr 74 (12/2020), 29–31; *ders.*, *M. Weber*, Die Ökologie und der Katholizismus, Basel 2020.

nografie über die „gnadenlosen Folgen des Christentums" und Eugen Drewermann 1986 mit seiner Abhandlung über die „Zerstörung der Erde und des Menschen im Erbe des Christentums" zu Wort gemeldet. Populärwissenschaftlich ist ihre Sicht der Dinge bis in die Gegenwart dominant geblieben.

Die Kirchen haben Lynn Whites Kritik spät, aber dafür sehr klar aufgegriffen und sich zu ihrer Mitschuld bekannt. So konstatiert die Europäische Ökumenische Versammlung (EÖV) in Basel 1989: „Wir haben versagt, weil wir nicht Zeugnis abgelegt haben von Gottes sorgender Liebe für all und jedes Geschöpf und weil wir keinen Lebensstil entwickelt haben, der unserem Selbstverständnis als Teil von Gottes Schöpfung entspricht" (EÖV 43). Und: „Umkehr zu Gott (Metanoia) bedeutet heute die Verpflichtung, einen Weg zu suchen aus der Trennung zwischen dem Menschen und der übrigen Schöpfung, aus der Herrschaft des Menschen über die Natur [...] in eine Gemeinschaft der Menschen mit allen Kreaturen, in der deren Rechte und Integrität geachtet werden" (EÖV 45).

Papst Franziskus gesteht 2015 ebenfalls unumwunden ein: „Das gestattet, auf eine Beschuldigung gegenüber dem jüdisch-christlichen Denken zu antworten: [...] Wenn es stimmt, dass wir Christen die Schriften manchmal falsch interpretiert haben, müssen wir heute mit Nachdruck zurückweisen, dass aus der Tatsache, als Abbild Gottes erschaffen zu sein, und dem Auftrag, die Erde zu beherrschen, eine absolute Herrschaft über die anderen Geschöpfe gefolgert wird" (LS 67).

Trotz dieser grundsätzlichen Anerkenntnis, dass das Christentum wesentlich dazu beigetragen hat, dass der Anthropozentrismus im Abendland bis heute die dominierende ethische Ideologie geblieben ist, muss man doch fragen, ob er im Christentum bereits einer neuen ethischen Grundlegung gewichen ist. Diese müsste sich vor allem in der bislang einzigen Schöpfungsenzyklika „Laudato si'" von 2015 finden. Werfen wir also einen genaueren Blick in diesen Text.

2. Die Enzyklika „Laudato si'" 2015

Zunächst einmal wird deutlich, dass die schöpfungstheologische Wende offensichtlich noch nicht ganz gelungen ist. An mehreren Stellen vertritt Papst Franziskus nämlich einen klassischen Anthropozentrismus, z. B. wenn er auf KKK 2418 verweist (LS 92; 130) oder wenn er den Biozentrismus ausdrücklich ablehnt (LS 118). Die Kernthese des klassischen Anthropozentrismus weist Franziskus jedoch eindeutig zurück: „Heute sagt die Kirche nicht einfach, dass die anderen Geschöpfe dem Wohl des Menschen völlig untergeordnet sind, als besäßen sie in sich selbst keinen Wert und wir könnten willkürlich über sie verfügen" (LS 69). Und: „Der letzte Zweck der anderen Geschöpfe sind nicht wir" (LS 83). Darüber hinaus wird der „Eigenwert eines jeden Geschöpfs" als eines der Zentralthemen der Enzyklika bezeichnet (LS 16; vgl. auch LS 76; 208). Weil die Enzyklika wie der ihr zugrunde liegende Sonnengesang des Franz von Assisi mit „Geschöpf" auch Lebensräume bezeichnet (Sonne, Wasser, Erde, Feuer etc.), könnte man sie sogar als ökozentristisch oder holistisch einstufen. Denn sie spricht vom Eigenwert der Lebewesen (LS 69; 118), der Arten (LS 33; 36) und der Welt (LS 115).

Die Nähe von „Laudato si'" zum Holismus zeigt sich auch in der Überzeugung, dass alles miteinander verbunden ist – nach LS 16 eines der „Zentralthemen, welche die gesamte Enzyklika durchziehen". Aus dieser deskriptiven Beschreibung der Welt als einer untrennbaren Einheit resultiert dann normativ die Forderung geschwisterlicher Liebe: „Da alle Geschöpfe miteinander verbunden sind, muss jedes mit Liebe und Bewunderung gewürdigt werden, und alle sind wir aufeinander angewiesen" (LS 42). Ganz im franziskanischen Duktus betont der Papst die universale Geschwisterschaft aller Geschöpfe (LS 92; 228) und ihre Zugehörigkeit zu einer universalen Familie (LS 89–92).

Inhaltlich wird der Eigenwert der Geschöpfe im Gegensatz zum Nutzwert einer Ressource verstanden: „Es genügt nicht, an die verschiedenen Arten nur als eventuelle nutzbare ‚Ressourcen' zu denken und zu vergessen, dass sie einen Eigenwert besitzen" (LS 33). Der Eigenwert ist nicht skalar, sondern übersteigt jedes Kalkül (LS 36). Ihn wahrzunehmen ist nur möglich in einer anderen Perspektive als der „Technokratie, die den anderen Lebewesen keinen Eigenwert zuerkennt" (LS 118). Das technokratische Paradigma, das Papst Franziskus vehement zurückweist, ist blind für den Eigenwert der Geschöpfe. Sein Denken in Kategorien des menschlichen Eigentums steht der gläubigen Sicht entgegen, dass die Schöpfung eine Leihgabe ist, dem Menschen zu treuen Händen anvertraut: „Die Geschöpfe dieser Welt können nicht als ein herrenloses Gut betrachtet werden: Alles ist dein Eigentum, Herr, du Freund des Lebens (vgl. Weish

11,26)" (LS 89). Mit diesem Postulat des göttlichen Besitzanspruchs
wird die menschliche Verfügungsgewalt über die Schöpfung massiv
eingeschränkt. Die ausschließliche oder primäre Subsumierung der
nichtmenschlichen Geschöpfe unter das VII. Gebot, wie sie im Katechismus der Katholischen Kirche vorgenommen wird, ist damit
obsolet.

Mit Verweis auf KKK 2416 betont Franziskus zweimal, der Eigenwert der Geschöpfe gründe darin, dass sie Gott „schon allein durch
ihr Dasein preisen und verherrlichen" (LS 33; 69). Gott hat die Geschöpfe nicht geschaffen, damit sie ihn erfreuen, sondern damit sie
sich selbst ihres Lebens erfreuen. Gott freut sich, gerade weil sich die
Geschöpfe am Leben erfreuen. Die Betonung in „Laudato si'" liegt
daher eher auf dem Dasein als auf dem Lobpreis Gottes: Die Geschöpfe müssen nicht erst einen Nutzen oder eine Leistung erbringen, um einen Wert zu erwerben – dieser ist ihnen allein durch ihr
Dasein geschenkt. Dieses ist in sich wertvoll.

Franziskus weiß um die Gefahr, Umweltschutz und Menschen-
schutz gegeneinander auszuspielen. Aber sein Rezept gegen einen
menschenverachtenden Ökologismus ist wiederum stark anthropozentristisch formuliert. Unermüdlich betont er die „unermessliche"
(LS 65; 158), „unendliche" (LS 65), „einzigartige" (LS 69), „besondere" (LS 154), ja „ganz besondere" (LS 43) Würde des Menschen.
An einer entscheidenden Stelle scheint er daher die biozentristische
Egalität zurückweisen zu wollen: „Das bedeutet nicht, alle Lebewesen gleichzustellen und dem Menschen jenen besonderen Wert zu
nehmen, der zugleich eine unermessliche Verantwortung mit sich
bringt. […] Manchmal bemerkt man eine Versessenheit, dem Menschen jeden Vorrang abzusprechen, und es wird für andere Arten ein
Kampf entfacht, wie wir ihn nicht entwickeln, um die gleiche Würde
unter den Menschen zu verteidigen. Es stimmt, dass wir uns darum
kümmern müssen, dass andere Lebewesen nicht verantwortungslos
behandelt werden. Doch in besonderer Weise müssten uns die Un-
gerechtigkeiten in Wut versetzen, die unter uns bestehen, denn wir
dulden weiterhin, dass einige sich für würdiger halten als andere"
(LS 90; sinngemäß ähnlich LS 119).

Natürlich ist es vollkommen richtig, dass der Einsatz für die Umwelt und die Tiere nicht die Vernachlässigung der Menschenrechte
und der zwischenmenschlichen Gerechtigkeit rechtfertigen kann.
Und vermutlich stimmt es auch, dass manche radikale Umwelt-

und Tierschützerinnen und Tierschützer genau dies mit Verweis auf die Egalität aller Lebewesen tun. Aber der biozentristische Grundgedanke der Egalität aller Lebewesen besagt in Wahrheit etwas anderes. Insofern ist LS 118 vorsichtiger und daher zutreffender: „Diese Situation führt uns in eine beständige Schizophrenie, die von der Verherrlichung der Technokratie, die den anderen Lebewesen keinen Eigenwert zuerkennt, bis zur Reaktion geht, dem Menschen jeglichen besonderen Wert abzusprechen." Hier deutet sich an, dass die Leugnung der menschlichen und der geschöpflichen Würde in der Regel Hand in Hand gehen: Wer Menschen vorrangig oder ausschließlich als Ware mit einem Preis behandelt, wird dies auch mit nichtmenschlichen Geschöpfen tun und umgekehrt.

Eine bedeutende spirituelle Tiefendimension leuchtet auf, wenn an einigen wenigen Stellen darauf verwiesen wird, dass der „Fleisch", d. h. Geschöpf gewordene Christus „diese materielle Welt in sich aufgenommen hat und jetzt als Auferstandener im Innersten eines jeden Wesens wohnt, es mit seiner Liebe umhüllt und mit seinem Licht durchdringt" (LS 221). Damit ist er zum „Keim der endgültigen Verwandlung" des gesamten Universums geworden (LS 235). Hier verweist Franziskus ausdrücklich auf Teilhard de Chardin: „Das Ziel des Laufs des Universum liegt in der Fülle Gottes, die durch den auferstandenen Christus – den Angelpunkt des universalen Reifungsprozesses – schon erreicht worden ist" (LS 83). Besonders dicht sind die Auslegungen des Kolosser-Hymnus (Kol 1,15–20) und des Logos-Hymnus (Joh 1,1–18) in LS 99: „Eine Person der Trinität hat sich in den geschaffenen Kosmos eingefügt und ihr Geschick mit ihm durchlaufen bis zum Kreuz. Vom Anbeginn der Welt, in besonderer Weise jedoch seit der Inkarnation, wirkt das Christusmysterium geheimnisvoll in der Gesamtheit der natürlichen Wirklichkeit." Häufig verweist die christliche Anthropologie darauf, dass in der Menschwerdung Gottes die Würde des Menschen in einzigartiger Weise aufleuchtet. In Analogie müsste man aus der päpstlichen Interpretation der Inkarnation als Geschöpfwerdung den Schluss ziehen, dass darin die Würde der menschlichen wie nichtmenschlichen Geschöpfe in einzigartiger Weise aufleuchtet.

Eine Enzyklika ist keine wissenschaftliche theologische Abhandlung und genießt daher das Recht, begrifflich und argumentativ etwas unscharf zu bleiben. Erkennbar versucht Papst Franziskus, einerseits das Anliegen des klassischen Anthropozentrismus zu

bewahren, die Würde des Menschen zu schützen und für zwischenmenschliche Gerechtigkeit einzutreten, andererseits aber das Anliegen des Bio- und Ökozentrismus damit zu verbinden, den Eigenwert
der Geschöpfe zu achten und für Gerechtigkeit gegenüber allen Geschöpfen zu kämpfen. „Laudato si'" geht also einen entscheidenden
Schritt weiter als der Katechismus der Katholischen Kirche. Einen
vollständigen Paradigmenwechsel schafft die Enzyklika aber noch
nicht. Sie schwankt weiterhin zwischen dem traditionellen Anthropozentrismus und dem modernen Bio- und Ökozentrismus, wenn
sie auch für die letzteren eine bislang kirchenamtlich ungeahnte
Sympathie erkennen lässt.

3. Zur Klärung des Begriffs „Anthropozentrismus"

Die Debatte um den Anthropozentrismus ist häufig von Begriffsver-
wirrung geprägt. Denn obwohl mittlerweile in allen mir zugänglichen Sprachfamilien klar ist, dass man drei Perspektiven unterscheiden muss, ist diese Differenzierung noch lange nicht in der
gesamten Breite der Diskussion angekommen. Daher möchte ich
vorab den aktuellen „state of the art" wiedergeben:[5]
Die *erkenntnistheoretische, methodische oder epistemische Perspektive* fragt danach, welche Maßstäbe dem Menschen für umweltethi-
sche Urteile zur Verfügung stehen. Hier ist völlig unbestritten, dass
es ihm nur möglich ist, mit seinen menschlichen Vorstellungsmöglichkeiten auf die Welt zu schauen. Diese Vorstellungsmöglichkeiten
kann er durch technische Hilfsmittel erweitern, aber nicht prinzipiell hinter sich lassen. So stoßen viele Tiere Töne aus, die der
Mensch nicht hören kann. Er kann sie aber mittels Sonografie messen und auf diese Weise erschließen. Auch haben manche Tiere Sin-
nesorgane, die der Mensch nicht besitzt, etwa die Sensibilität für das
Magnetfeld der Erde, das ihnen zur Orientierung dient. Auch hier
können Messgeräte das Fehlen menschlicher Sinne ersetzen. Insofern erweitert sich die Wahrnehmung des Menschen für seine Um-
und Mitwelt in den letzten Jahrzehnten enorm.

---

[5] Vgl. für den deutschen Sprachraum zuerst G. M. *Teutsch*, Lexikon der Umweltethik, Göttingen/Düsseldorf 1985, 16–18; B. *Irrgang*, Christliche Umweltethik.
Eine Einführung, München/Basel 1992, 17.

Zugleich bleibt sie prinzipiell in den menschlichen Erkenntnismöglichkeiten gefangen. Denn selbst wenn wir durch das Verhalten der Tiere und Pflanzen gültige (!) Rückschlüsse auf ihr eigenes subjektives Empfinden ziehen, wird es uns für immer verschlossen bleiben zu fühlen, „wie es ist, eine Fledermaus zu sein" – so der Titel des berühmten Aufsatzes von Thomas Nagel 1974. Mit anderen Worten: Der Mensch erkennt die Welt methodisch anthropozentrisch, der Hund methodisch kynozentrisch und die Biene methodisch melissazentrisch[6]. Gleichwohl haben bestimmte Tiere wie der Mensch hohe Fähigkeiten an Empathie über Artgrenzen hinweg. Die Gemeinsamkeiten in Aufbau und Funktionsweise des Gehirns bewirken Ähnlichkeiten in Gestik, Mimik und Verhalten, so dass diese wiederum per analogiam Rückschlüsse auf das innere Erleben ermöglichen. Um die Schwächen der *methodischen oder erkenntnistheoretischen Anthropozentrik* auszugleichen, ist also die größtmögliche Entwicklung der Fähigkeit des Hineinfühlens und Hineindenkens, mithin des Sich-in-andere-Spezies-Hineinversetzens gefragt. Und doch bleiben Grenzen.

Die Unhintergehbarkeit der methodischen Anthropozentrik hat eine unmittelbare ethische Konsequenz: Sie erfordert große Demut. Denn angesichts der Relativität der menschlichen Erkenntnisperspektive gilt es jede Überheblichkeit zu vermeiden, die sich in dem Glauben ausdrückt, der Mensch wisse, wie die Natur funktioniert und was zum Schutz der Um- und Mitwelt zu tun sei. Wenn wir schon nicht einmal wissen, „wie es ist, eine Fledermaus zu sein", dann steht es uns Menschen nicht zu, uns über Tiere und Pflanzen zu erheben. Umwelt- und tierethische Entscheidungen, die wir treffen, stehen immer unter dem Vorbehalt der begrenzten Erkenntnisperspektive, die uns Menschen mitgegeben ist.

---

[6] Die Idee einer artspezifischen epistemischen Begrenztheit findet sich bereits in der Überlegung des Xenophanes (geboren zwischen 580 und 570 v. Chr.), wenn die Tiere Hände hätten, würden die Löwen löwenähnliche und die Ochsen ochsenähnliche Götterbilder herstellen (*H. Diels* (bearb.), *W. Kranz* (Hg.), Die Fragmente der Vorsokratiker. Griechisch und deutsch, Zürich/Berlin 1972–1975, 21 B 15/16), und in einem Epicharmos (um 540–460 v. Chr.) zugeschriebenen Gedicht, dass Hunde andere Hunde am schönsten fänden, Esel andere Esel, Schweine andere Schweine und eben Menschen andere Menschen (ebd., 23 B 5). Vgl. *U. Dierauer*, Tier und Mensch im Denken der Antike. Studien zur Tierpsychologie, Anthropologie und Ethik, Amsterdam 1977, 62.

Die zweite, *formale Perspektive* fragt danach, wer für sein Handeln welche Verantwortung übernehmen kann. Hier dürfte unbestritten sein, dass für das Überleben der Biosphäre als ganzer nur der Mensch ansatzweise die Möglichkeit zur Verantwortung besitzt. Er ist der Adressat globaler ethischer Forderungen – und nur er. Wiederum besteht die Gefahr, aus dieser Sonderstellung des Menschen falsche Schlüsse zu ziehen. Im Zusammenhang mit der Gottebenbildlichkeit in Gen 1 kann man leicht sehen, wohin solche ungedeckten Schlüsse führen können. Während die Gottebenbildlichkeit dort nämlich einzig und allein eine *formale Anthropozentrik* beschreibt, wurde der Begriff in späteren Jahrhunderten als Antwort auf die dritte Frageperspektive gelesen und aus ihm der materiale Anthropozentrismus abgeleitet. Aus dieser historischen Tatsache folgern viele US-amerikanische Schöpfungsethikerinnen und Schöpfungsethiker man solle den Begriff der Gottebenbildlichkeit wie auch seine moderne Übersetzung mit „Haushalterschaft" aufgeben. Das wäre natürlich prinzipiell möglich – der formalen Anthropozentrik entkäme man damit aber keineswegs. Es ginge nur um Semantik, nicht um harte Inhalte. Ich möchte daher eher danach fragen, wie zwischen der formalen Anthropozentrik und dem materialen Anthropozentrismus eine wirksamere Firewall eingezogen werden kann.

Die dritte, *materiale oder teleologische Perspektive* schließlich fragt danach, für wen denn die Erde erhalten werden soll: Wer sind die Teloi, die (Selbst-)Zwecke, um derentwillen die Mittel der Natur eingesetzt werden dürfen und sollen? Sind es nur die Menschen, wie der Anthropozentrismus behauptet? Sind es alle fühlenden, schmerzempfindenden Lebewesen, wie der Pathozentrismus oder Sentientismus meint? Sind es alle Lebewesen, wie der Biozentrismus postuliert? Oder sind es Lebewesen und anorganische Materie, ja sogar kollektive Entitäten wie Ökosysteme und Arten, wie der Ökozentrismus oder Holismus sagen würde? Das ist die Gretchenfrage der Umwelt- und Tierethik schlechthin, und sie ist nicht so trivial, wie man denken könnte.

Zunächst einmal ist klar, dass alle vier teleologischen Festlegungen sowohl mit der methodischen als auch mit der formalen Anthropozentrik kompatibel sind, ja dass alle vier diese beiden in der Regel bejahen. Denn egal für welche teleologische Festlegung wir uns entscheiden, wir tun es als Menschen und damit methodisch und formal anthropozentrisch. Daher unterstreicht z. B. der Biozentrismus die formale Sonderstellung des Menschen, die mit seiner einzigartigen Verantwortung verbunden ist.[7] Auch erkennt er methodisch an, dass der Mensch die umweltethischen Werturteile nach menschlichen Maßstäben fällt.[8] Dasselbe gilt für den Ökozentrismus.[9] Umgekehrt lässt sich der materiale Anthropozentrismus nicht zwingend aus der Tatsache ableiten, dass der Mensch der allein Verantwortliche ist und dass er nur nach seinen Erkenntnismaßstäben urteilen kann.[10] Die drei Perspektiven müssen also sauber auseinandergehalten werden und haben keinen inhaltlichen Nexus, der die eine aus der anderen herleiten ließe.

Um dieser sauberen Unterscheidung der drei Perspektiven willen muss ich an dieser Stelle einige Sätze zur *Terminologie* sagen: Ausgehend vom angelsächsischen Bereich hat es sich in den letzten zehn oder fünfzehn Jahren auch im deutschen und romanischen Sprachraum eingebürgert, von „Anthropozentrismus" zu sprechen, wenn man die teleologische Frage meint. Das halte ich für eine sachlich richtige und angemessene Entwicklung, denn an der teleologischen Frage hängt die eigentliche ideologische Positionierung – und Ideologien bezeichnen wir semantisch traditionell mit dem Suffix „-ismus" und „-istisch".

Allerdings passen „Anthropozentrismus" und das in der Regel dazu kombinierte „anthropozentrisch" semantisch nicht zusammen. Zum Substantiv „Anthropozentrismus" gehört rein sprachlich das Adjektiv „anthropozentristisch". Und das gilt natürlich auch für das

---

[7] Vgl. *F. Ricken*, Anthropozentrismus oder Biozentrismus? Begründungsprobleme der öko-logischen Ethik, in: ThPh 62 (1987), 1–21, hier 20; *H. J. Münk*, Die Würde des Menschen und die Würde der Natur, in: StZ 215 (1997), 17–29, hier 26.

[8] Vgl. *P. W. Taylor*, The Ethics of Respect for Nature, in: Environmental Ethics 3 (1981), 197–218, hier 204; *H. J. Münk*, Die Würde (s. Anm. 7), 26.

[9] Vgl. *J. B. Callicott*, How ecological collectivities are morally considerable, in: The Oxford handbook of environmental ethics 2017, 113–124, 116; *H. Kopnina*, Anthropocentrism and Post-humanism, in: The International Encyclopedia of Anthropology 2019, 4 https://onlinelibrary.wiley.com/doi/abs/10.1002/97811189243 96.wbiea2387 (Abruf 24.9.2022).

[10] Vgl. *T. Hayward*, Anthropocentrism. A misunderstood problem, in: Environmental Values 6 (1997), 49–63, hier 49; *G. Rae*, Anthropocentrism, in: Encyclopedia of Global Bioethics (2014), 1–12, hier 7.

englische Substantiv „anthropocentrism", das das Adjektiv „anthropocentristic" nach sich ziehen muss – was in der englischsprachigen
Literatur leider überhaupt nicht der Fall ist. Umgekehrt korrespondiert das Adjektiv „anthropozentrisch" mit dem Substantiv „Anthropozentrik", so wie z. B. das Adjektiv „ethisch" mit dem Substantiv
„Ethik". Im Englischen entsprächen dem das Substantiv „anthropocentrics" und das Adjektiv „anthropocentric". Denn sprachlich bezeichnet das Suffix „-ismus" ein Weltbild, eine Ideologie, das Suffix
„-ik" hingegen – abgeleitet vom zugehörigen griechischen Adjektiv –
eine Methode oder Herangehensweise (Ethik, Physik, Logik …).

Folglich ist sprachlich korrekt zwischen moralischem, materialem
oder teleologischem Anthropozentrismus (mit Adjektiv anthropozentristisch) einerseits sowie formaler Anthropozentrik und epistemischer
Anthropozentrik (beide mit Adjektiv anthropozentrisch) andererseits
zu unterscheiden.[11] Das verdeutlicht dann auch schon sprachlich, dass
von der formalen oder epistemischen Anthropozentrik kein zwingender Schluss zum materialen Anthropozentrismus führt. Die Firewall
zwischen den ersten beiden und der dritten Perspektive wird sprachlich deutlich markiert. In exakt dieser Weise verwende ich die Terminologie in meinen Publikationen. Vom materialen Anthropozentrismus kann dann auch kürzer bloß von Anthropozentrismus und
anthropozentristisch gesprochen werden. Die Anthropozentrik hingegen verlangt immer die Spezifizierung durch ein Adjektiv, damit
klar wird, in welcher Perspektive wir uns befinden.

Vorausgesetzt ist für mich, dass die Bezeichnung einer teleologischen Festlegung mit einem „-ismus" nur eine Beschreibung und
keineswegs eine Wertung beinhaltet – weder positiv noch negativ.
Das ist nicht selbstverständlich, weil in gesellschaftlichen Debatten
mit „-ismen" häufig Abwertungen einhergehen – man denke nur
an Islamismus, Rassismus oder Antisemitismus. Jene „-ismen" hingegen, die weniger oder gar nicht wertend verwendet werden, sind
gegenwärtig in den öffentlichen Debatten kaum präsent. Das kann
zur Vorverurteilung in der einen oder anderen Richtung verleiten,
und so interpretiere ich die Tendenz mancher Tierethikerinnen und
Tierethiker, die ausdrücklich betonen, sie seien materiale bzw. teleologische Anthropozentrikerinnen und Anthropozentriker, aber keine

---

[11] Vgl. *R. Boddice* (Hg.), Anthropocentrism. Humans, Animals, Environments,
Leiden/Boston 2011, 13.

Anthropozentristinnen und Anthropozentristen. Hier wird ein semantischer Trick angewandt, der sprachanalytisch nicht gedeckt ist
und deswegen vermieden werden sollte. Wer eine anthropozentristische Teleologie vertritt, sollte sich unumwunden Anthropozentristinnen und Anthropozentristen nennen. Es ist keine Schande.

4. Die wahren Wurzeln: Stoa, nicht Bibel

Auf dem Hintergrund der terminologischen Präzisierungen kann
und muss nun nochmals nach den Wurzeln des christlichen Anthropozentrismus gefragt werden. Wie dargestellt hatte Lynn White ihn
bis zu den Karolingern zurückverfolgt und auf die zu dieser Zeit vor-
herrschende Interpretation der biblischen Schöpfungserzählungen
hingewiesen. Für ihn als Mediävist musste jedoch die Frage offenbleiben, ob die mittelalterliche Theologie eine sachlich angemessene
Interpretation der Bibeltexte referiert oder nicht. Diese Frage ist in
der Exegese der letzten Jahrzehnte intensiv diskutiert worden und
hat zu einem negativen Ergebnis geführt: Nein, die mittelalterliche
Theologie gibt nicht die ursprüngliche Intention der biblischen Autoren wieder, wenn sie die Schöpfungserzählungen anthropozentristisch interpretiert.

a) Die jüngere Schöpfungserzählung

Um der Kürze der Ausführungen willen beschränke ich mich im Folgenden auf die Kernsätze Gen 1,26–28 der jüngeren Schöpfungserzählung, die dem Menschen eine besondere Rolle zuschreiben.
Denn es sind genau diese Sätze, die in der Christentumsgeschichte
die am weitesten reichenden Folgen hatten. Einerseits wird der
Mensch als Ebenbild Gottes bezeichnet, andererseits wird ihm ein
„Regierungsauftrag" gegeben. Beide Aspekte bedürfen einer gründli-
chen und von der späteren theologisch-kirchlichen Interpretation
unabhängigen Analyse.

Gen 1,26–27 lautet in der Einheitsübersetzung von 2016: „Dann
sprach Gott: Lasst uns Menschen machen als unser Bild, uns ähnlich! Sie sollen walten über die Fische des Meeres, über die Vögel
des Himmels, über das Vieh, über die ganze Erde und über alle
Kriechtiere, die auf der Erde kriechen. Gott erschuf den Menschen

als sein Bild, als Bild Gottes erschuf er ihn. Männlich und weiblich erschuf er sie." Zunächst einmal ist es bemerkenswert, dass der Begriff der *Gottebenbildlichkeit*, obwohl in dieser Erzählung höchst prominent und in Gen 5,1 und 9,6 wiederkehrend, jenseits der Noacherzählung in der gesamten hebräischen Bibel keinerlei Echo gefunden hat – im Gegensatz zu seiner zentralen Bedeutung in der christlichen Dogmatik.[12] Das mahnt zur Vorsicht, denn es könnte durchaus sein, dass die christliche Anthropologie in den Begriff Dinge hineininterpretiert hat, die er nicht enthält. Was also ist gemeint? Auffällig ist, dass es im biblischen Text heißt, der Mensch sei „als" Ebenbild geschaffen. Das „als" weist auf eine Rolle, eine Funktion des Menschen in der Schöpfung hin. Es geht nicht um eine ontologische Aussage über das Wesen des Menschen, sondern um eine relationale Aussage über seine Beziehung zu den Mitgeschöpfen.[13]

In diesem Sinne nennt die Exegese drei Bedeutungsgehalte des Ebenbildbegriffs:[14] Der Mensch ist Ebenbild

1. wie eine Götterstatue: Götterstatuen wurden im alten Orient als Ebenbilder der Gottheiten bezeichnet. Die damit zugewiesene Rolle ist die, ein Medium göttlicher Lebenskraft für die gesamte Schöpfung zu sein. Wer auf die Statue schaut und betet, empfängt Segen und Heil.

2. wie ein König: In den altorientalischen Reichen wurden Könige als Ebenbilder der Gottheit bezeichnet, weil ihnen einerseits die göttliche Vollmacht verliehen war, im Namen der Gottheit innerhalb ihres Reiches zu regieren, andererseits aber auch die Pflicht

---

[12] Vgl. *O. Keel, S. Schroer*, Schöpfung. Biblische Theologien im Kontext altorientalischer Religionen, Göttingen 2002, 177–178; *B. Schmitz*, Die Sonderstellung des Menschen in der Schöpfung und seine Verantwortung für die Lebenswelt im Zeugnis der Heiligen Schrift, in: TThZ 129 (2012), 29–51, hier 20.

[13] Vgl. *O. Keel, S. Schroer*, Schöpfung (s. Anm. 12), 177–178; *B. Schmitz*, Der Mensch als „Krone der Schöpfung". Anthropologische Konzepte im Spannungsfeld von alttestamentlicher Theologie und moderner Rezeption, in: Kirche und Israel 27 (2012), 18–32, hier 20; gegen *R. Brandscheidt*, Die Sonderstellung des Menschen in der Schöpfung und seine Verantwortung für die Lebenswelt im Zeugnis der Heiligen Schrift, in: TThZ 129 (2020), 29–51, hier 36.

[14] Vgl. *K. Löning, E. Zenger*, Als Anfang schuf Gott. Biblische Schöpfungstheologien, Düsseldorf 1997, 146–155; *O. Keel, S. Schroer*, Schöpfung (s. Anm. 12), 178–180.

auferlegt war, die Lebensordnung ihres Gottes gerade mit Blick auf die Schwachen zu verteidigen. Nicht nur in der Bibel wird der König auf das Ideal eines fürsorglichen Hirten verpflichtet. Und nicht nur in Israel gibt es Darstellungen, die den König als Beschützer des Lebensbaums, mithin der göttlichen Schöpfungsordnung zeigen. Ein König wird seiner Rolle als Ebenbild Gottes also nur dann gerecht, wenn er in der Schöpfung für Gerechtigkeit sorgt. Das ist gemeint, wenn Gen 1,26 in der überarbeiteten Einheitsübersetzung formuliert, der Mensch solle über die Tiere in den verschiedenen Lebensräumen „walten". Der Herrschaft des Menschen haftet folglich „keine ausbeuterische oder zerstörerische (‚niedertretende') Bedeutung an, sondern sie fügt sich in das Bild des Königtums ein, das von Frieden (Ps 72,7–11), Gerechtigkeit (Ps 72,12–14) und Fruchtbarkeit des Landes (Ps 62,16f.) geprägt ist".[15]

3. wie ein Kind: Einige altorientalische Schöpfungsmythen erzählen, dass der Mensch aus dem Leib der Gottheit hervorgegangen ist und ihr deswegen wie ein Ebenbild gleicht. Die Ebenbildlichkeit ist die Ähnlichkeit eines Kindes mit seinen Eltern. Diese Ähnlichkeit sollen alle Menschen in ihrem Handeln gegenüber der Schöpfung an den Tag legen, so der Impuls aus Gen 1,26–27.

Othmar Keel und Silvia Schroer gehen davon aus, dass in Gen 1 dieser letzte Aspekt der wichtigste ist: „Der Aspekt der stellvertretenden Herrschaft ist in Gen 5,3 kein Thema, eine Assoziation mit einem Götterbild ist nicht impliziert. So darf man auch für 1,26 annehmen, dass mit der Ebenbildlichkeit nicht nur Gedanken an Repräsentation und Herrschaft verbunden waren, sondern vor allem auch die größtmögliche Verwandtschaft zwischen Gott und Mensch zum Ausdruck gebracht werden sollte."[16]

In der kontinentaleuropäischen Philosophie und Theologie hat man die Gottebenbildlichkeit mit René Descartes[17] mit „maîtres et possesseurs de la nature" – „Meister und Besitzer der Natur" um-

---

[15] *U. Neumann-Gorsolke*, Herrschen in den Grenzen der Schöpfung. Ein Beitrag zur alttestamentlichen Anthropologie am Beispiel von Psalm 8, Genesis 1 und verwandten Texten, Neukirchen-Vluyn 2004, 307f.
[16] *O. Keel, S. Schroer*, Schöpfung (s. Anm. 12), 180.
[17] Vgl. *R. Descartes*, La Haye en Touraine 1596 – 1650 Stockholm.

schrieben.[18] Descartes dachte dabei zwar nicht an eine rücksichtslose Ausbeutung der Natur, wohl aber an ihre umfassende Beherrschung durch menschliche Technologie und Wissenschaft und ebnete zumindest unbewusst den Weg in den modernen Anthropozentrismus. Demgegenüber haben die angelsächsische Philosophie und Theologie schon eine Generation nach Descartes begonnen, den Begriff der Gottebenbildlichkeit mit dem Konzept der „stewardship", „Haushalterschaft" zu deuten. Der Begriff wurde 1676 durch Matthew Hale (1609–676 Alderley, Gloucestershire) in die schöpfungsethische Debatte eingebracht und in den letzten Jahrzehnten auch in Kontinentaleuropa entdeckt.[19] Seitdem hat er sich als brauchbarer Begriff eingebürgert. Er entspricht auch mehr der Beschreibung des Handelns Gottes im Schöpfungsakt. Denn im Gegensatz zum babylonischen Schöpfungsmythos „Enuma elish", der die Erschaffung der Welt als göttliche Eroberung darstellt, betont Gen 1 die fürsorgliche, liebevolle Beziehung Gottes zu seiner Schöpfung.[20] So lässt sich zusammenfassen: Gottebenbildlichkeit meint die „tätige Verantwortung des königlichen Menschen als des Sachwalters Gottes für die gesamte Schöpfungswelt in der Kraft des göttlichen Segens"[21].

Revolutionär, weil gegen die reale patriarchale Umwelt gerichtet, ist der starke Impuls in Gen 1, dass alle Menschen als Gottes Ebenbilder walten sollen, Männer wie Frauen. Zudem wird die Ebenbildlichkeit nicht allein dem König zugeschrieben, sondern jedem Menschen. Im Ebenbildbegriff kommt also, und zumindest darin hat die spätere christliche Rezeption recht, eine fundamentale Gleichheit aller Menschen zum Ausdruck. Im Haus der Schöpfung sind alle Menschen berufen, mit unmittelbarer, von Gott geschenkter Vollmacht dieses Haus zu gestalten, aber ebenso mit unabweisbarer Verantwortung für die Gemeinschaft aller Lebewesen fürsorglich, lebensdienlich und segensreich da zu sein. Es geht um formale Anthropozentrik, nicht um materialen, teleologischen Anthropozentrismus.

---

[18] *Ders.,* Discours de la méthode, 1637, VI,2.

[19] Vgl. *G. M. Teutsch,* Lexikon (s. Anm. 5), 98.

[20] Vgl. *A. Portier-Young,* „Bless the Lord, Fire and Heat". Reclaiming Daniel's Cosmic Liturgy for Contemporary Eco-Justice, in: T. Berger (Hg.), Full of Your Glory. Liturgy, Cosmos, Creation, Collegeville MS 2019, 45–67."

[21] *W. Groß,* Gottebenbildlichkeit. I. Altes Testament, in: LThK³ 4, 871–873, hier 871.

Kommen wir zum zweiten Satz über die menschliche Sonderstellung. *Gen 1,28* lautet in der Einheitsübersetzung von 2016: „Gott segnete sie und Gott sprach zu ihnen: Seid fruchtbar und mehrt euch, füllt die Erde und unterwerft sie und waltet über die Fische des Meeres, über die Vögel des Himmels und über alle Tiere, die auf der Erde kriechen!"

Es handelt sich um den sogenannten „*Herrschaftsauftrag*", das „*dominium terrae*" – eine aus heutiger Sicht problematische, weil vorurteilsbehaftete Begrifflichkeit. Während die erste Hälfte des Verses mit dem Fruchtbarkeits- und Mehrungssegen auch den Tieren zugesagt wird, ist der zweite Teil nur dem Menschen gewidmet. Was aber meint er? Zunächst einmal wird im Vergleich verschiedener Übersetzungen deutlich, dass es auf die genaue Wortwahl ankommt: Heißt es

– „füllet die Erde und machet sie euch untertan und herrschet über ..."[22],
– „bevölkert die Erde, unterwerft sie euch und herrscht über ..."[23],
– „füllt die Erde und unterwerft sie und waltet über ..."[24] oder
– „füllt die Erde und macht sie urbar und regiert über ..."[25]?

Es fällt auf, dass die beiden letztgenannten Übersetzungen auf das „*euch*" verzichten. Es kommt im hebräischen Text nicht vor. Und natürlich macht es einen erheblichen Unterschied, ob der Mensch die Erde sich oder einem anderen, Größeren untertan macht. Im Sinne der zuvor genannten Ebenbild-Metapher ist eigentlich klar, dass es nur darum gehen kann, die Erde Gott untertan zu machen, also darauf zu achten, dass Gottes Wille in der gesamten Schöpfung geschieht.

Im Weiteren stehen im Hebräischen zwei Verben:

– כבש / *kabaš* heißt wörtlich übersetzt „den Fuß setzen auf". Es könnte das altorientalische Ritual bezeichnen, das verwendet wurde, wenn jemand ein Territorium oder ein Haus zu Lehen übernahm. In dem Moment, in dem er erstmals den Fuß darauf setzte, übernahm er die Sorge und Verantwortung, aber natürlich auch die Gewalt. Diese Gewalt würde dann beim „Fuß setzen auf

---

[22] So die revidierte Lutherbibel 2017.
[23] So die Einheitsübersetzung von 1983.
[24] So die Einheitsübersetzung von 2016.
[25] So O. Keel, S. Schroer, Schöpfung (s. Anm. 12).

die Erde" darin bestehen, das Lebenshaus der Schöpfung für alle
seine Bewohnerinnen und Bewohner lebenswert zu erhalten und
gegen Zerstörung zu verteidigen. Altorientalische Darstellungen
zeigen, wie Menschen ihr Vieh gegen den Angriff von Raubtieren
verteidigen und dabei den Fuß auf das zu schützende Tier setzen.
Man kann das als eigennützig interpretieren, denn die Kuh oder
Ziege ist für ihren Besitzer viel wert. Man kann aber auch den
Aspekt stark machen, dass hier ein Lebewesen fürsorglich ge-
schützt wird – unter Gefahr für das eigene menschliche Leben.
- רדה / *radah* heißt wörtlich übersetzt „herrschen, niedertreten".
Indem anschließend die Lebensräume der Tiere aufgezählt werden, deutet sich an, was gemeint ist: Der Mensch soll dafür sorgen, dass alle Lebewesen ihren Lebensraum bekommen. Vielfach
wird das in altorientalischen Abbildungen des sogenannten
„Herrn der Tiere" deutlich: Zwei miteinander kämpfende Stein-
böcke oder Strauße oder andere Tiere werden vom Menschen getrennt, um ihren Konkurrenzkampf zu beenden. Nicht gemeint
ist mit dem „Herrschen" hingegen das Töten. Denn im anschließenden Satz Gen 1,29 werden auch dem Menschen nur Pflanzen
zur Nahrung gegeben.
Natürlich bleibt auch ein fürsorgliches, gerechtes und uneigennützi-
ges Regieren mit der Anwendung von Gewalt verbunden. Das ist
selbst im modernen demokratischen Rechtsstaat nicht anders.
Ohne Gewalt lässt sich Ordnung nicht herstellen. Aber die Gewalt
soll der Herstellung von Gerechtigkeit dienen. Daran muss sie sich
messen lassen: „Die in Gen 1,28 verwendeten Begriffe *kibbesch* ‚den
Fuß setzen auf' und *radah* ‚treten, niedertreten, beherrschen' bezeichnen Herrschaft, die ggf. die Anwendung von Gewalt einschließt … Apologetische Exegese, die die Gewaltaspekte völlig auszuklammern sucht … und nur auf die Verantwortung abhebt, trägt
zur Verarbeitung der Wirkungsgeschichte dieses Herrschaftsbefehls
nicht bei."[26]

---

[26] Ebd., 181.

b) Die Stoa

Wenn der christliche Anthropozentrismus seine Wurzeln nicht in der hebräischen Bibel hat, wo dann? Im Grunde gibt es nur eine Alternative – und dort wird man schnell fündig: in der griechischen Philosophie. In ihr hat sich der Anthropozentrismus bereits im 5. vorchristlichen Jahrhundert als teleologische Standardüberzeugung etabliert.

Grundvoraussetzung für ihren Transfer in die jüdisch-christliche Sphäre ist der Hellenismus, also die Ausbreitung der griechischen Kultur im gesamten Mittelmeerraum und weit darüber hinaus ab den Eroberungszügen Alexanders des Großen im 4. Jahrhundert v. Chr. Aufgrund des Hellenismus sickern unscheinbare Spuren des Anthropozentrismus bereits in die Spätschriften des Alten Testaments und in die neutestamentliche Briefliteratur ein. Als maßgebliche Teleologie der christlichen Schöpfungslehre setzt sich der griechische Anthropozentrismus jedoch erst in der Zeit der Kirchenväter durch. Das ist vor allem der Stoa geschuldet, die zu dieser Zeit die populärste griechische Philosophie ist und die das Christentum aus vielen Gründen sehr attraktiv fand.

Die Stoa vertritt die These eines durch und durch rationalen Schöpfungsplans der göttlichen Vorsehung (πρόνοια), dessen Sinnziel es ist, dem Menschen als dem einzigen mit Vernunft (λόγος) begabten Wesen ein gutes Leben zu ermöglichen. Daraus leitet sie im zweiten Schritt ethische Pflichten des Menschen für ein natur- und das heißt vernunftgemäßes Leben ab. Gleichsam als Synthese dieser Theorie beschreibt Cicero in seiner Abhandlung über die Natur der Götter mit vielen Beispielen, wie wundervoll und zweckmäßig die Lebewesen geschaffen sind und wie es im Grunde keine Funktion ihres Körpers gibt, die nicht ihren Sinn hätte. Dann wirft er ein: „Vielleicht könnte nun jemand fragen, um wessentwillen (cuiusnam causa) denn ein so gewaltiges Werk geschaffen wurde. Etwa für Bäume und Kräuter, deren Erhaltung doch durch das Naturgesetz gesichert ist, obgleich sie ohne Empfindungsvermögen (sine sensu) sind? Das ist doch absurd! Oder aber für die Tiere? Es ist aber doch wohl ebenso unwahrscheinlich, dass sich die Götter für Geschöpfe, die nicht einmal reden und denken können (mutarum et nihil intellegentium), so große Mühe gemacht haben. Für wen also soll die Welt nun geschaffen sein? Natürlich für die vernunftbegabten lebenden Wesen, das sind Götter und Menschen, die zweifellos vollkommensten Wesen; denn die Vernunft (ratio) übertrifft alles."[27] Der Abschnitt kann als eine Summe des stoischen Anthropozentrismus verstanden werden. Sämtliche Schlüsselbegriffe der Ontologie der Lebewesen tauchen auf, und die gesamte Hierarchie der Geschöpfe (scala naturae) wird durchgegangen. Am Schluss ist der Rekurs auf die Vernunft die entscheidende Begründung für jene Wesen, die selbstzwecklich sind: Götter und Menschen. Ausgangspunkt des stoischen Anthropozentrismus sind also die beiden Prämissen der gütigen Vorsehung der Götter und der Vernunftbegabung des Menschen, der dadurch den Göttern ähnlich und zur Beziehung mit ihnen fähig wird. Aus diesen beiden folgt zwingend der Anthropozentrismus, also die Überzeugung, dass die gesamte Welt allein für die Menschen geschaffen ist.

Für das praktische Leben des sittlich verantwortungsvollen Menschen ergeben sich daraus zwei Maximen. Die eine betrifft seine Beziehung zu den „vernunftlosen" Tieren (ἄλογα) und zur nichtmenschlichen Natur insgesamt: Sie sollen domestiziert, d. h. in vernünftige Bahnen gelenkt werden, damit sie möglichst viel Nutzen und möglichst wenig Schaden für den Menschen bewirken. Unter der Vernunft als Führerin (ἡγεμονικὸν) sollen die vernunftlosen Kräfte der Schöpfung fruchtbar gemacht werden. Die andere Maxime betrifft die Beziehung des Menschen zu seinem Leib und vor allem zu seinen Gefühlen: Sie sollen beherrscht werden, denn sie sind das „Tier in uns", das sich ohne kluge Führung von äußeren Reizen leiten lässt und den Menschen völlig fremdbestimmt macht. Dass damit in etlichen stoischen Texten auch die hierarchische Überordnung des vernunftbegabten Mannes über die emotional bestimmte Frau begründet wird und dass hier außerdem der Ursprung der lustfeindlichen christlichen Sexualmoral liegt, sei nur am Rande bemerkt.

Diese zweite Maxime der stoischen Ethik wird in tierethischen Debatten gerne übersehen, obwohl sie mit der ersten denkerisch untrennbar verbunden ist und die abendländische Ethik mindestens genauso geprägt hat wie jene. Das „Tier in uns" werden die Menschen genauso behandeln wie das „Tier außerhalb von uns". Und das heißt, wenn man die stoischen Beherrschungsparadigmen über-

---

[27] *Cicero*, de natura deorum 2, 133.

Schaubild: Das Ideen-Netz des stoischen Anthropozentrismus

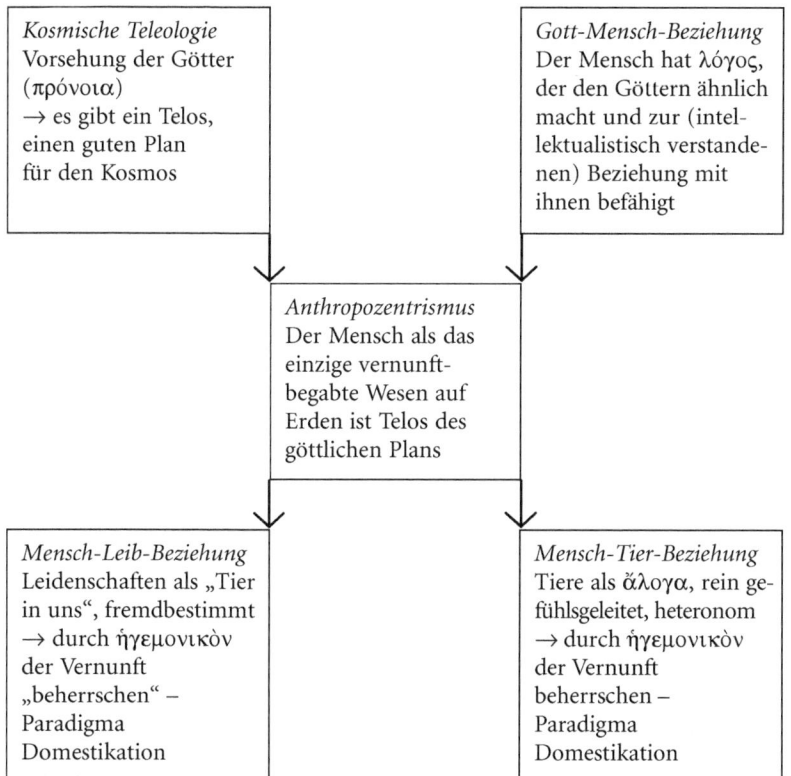

Kosmische Teleologie
Vorsehung der Götter
(πρόνοια)
→ es gibt ein Telos,
einen guten Plan
für den Kosmos

Gott-Mensch-Beziehung
Der Mensch hat λόγος,
der den Göttern ähnlich
macht und zur (intel-
lektualistisch verstande-
nen) Beziehung mit
ihnen befähigt

Anthropozentrismus
Der Mensch als das
einzige vernunft-
begabte Wesen auf
Erden ist Telos des
göttlichen Plans

Mensch-Leib-Beziehung
Leidenschaften als „Tier
in uns", fremdbestimmt
→ durch ἡγεμονικὸν
der Vernunft
„beherrschen" –
Paradigma
Domestikation

Mensch-Tier-Beziehung
Tiere als ἄλογα, rein ge-
fühlsgeleitet, heteronom
→ durch ἡγεμονικὸν
der Vernunft
beherrschen –
Paradigma
Domestikation

nimmt: genauso fragwürdig. Denn warum sollten wir unsere Gefühle prinzipiell „beherrschen"? Haben sie wirklich nichts in sich Gutes
oder Vernünftiges? Und können wir Gefühle nicht auch durch andere Gefühle kritisch begleiten und ausgleichen? Warum sollte es allein
die Vernunft sein, die sie beurteilt und korrigiert? Könnte es nicht
sogar manches Mal so sein, dass Gefühle das korrigieren, was uns
rational absolut vernünftig scheint? Einerseits hat es Charme, wenn
man dieselbe Behandlung für sich selbst wie für die Tiere fordert.
Andererseits scheint es höchst problematisch, wenn dafür das Modell einer Hierarchie und Alleinherrschaft der Vernunft gelten soll.
    Man ahnt, warum der stoische Anthropozentrismus für das frühe
Christentum attraktiv ist. Die beiden Prämissen Schöpfungsplan
und Logozentrik lassen sich viel besser mit christlichen Überzeugun-

gen verbinden als die Prämissen anderer philosophischer Konzepte dieser Zeit. Noch dazu ist die Stoa das populärphilosophische Modell der Spätantike schlechthin. Die winzig kleine Minderheit der Christinnen und Christen konnte sich ihr nicht entziehen. – Die Opfer für die christliche Rezeption liegen hingegen eher in den beiden Maximen, die aus dem Anthropozentrismus gefolgert werden: Sie sind biblisch kaum begründbar. Es bedarf einer erheblichen interpretatorischen Anstrengung (die bereits mit der Übersetzung der hebräischen Bibel ins Griechische, der Septuaginta, beginnt!), um den biblischen Biozentrismus in den stoischen Anthropozentrismus und die ganzheitliche Anthropologie der Bibel in eine Unterordnung der Gefühle unter die Vernunft „umzudeuten" (womit kein bewusst gesteuerter Vorgang, sondern eher so etwas wie „Betriebsblindheit" gemeint ist!). Der lange Schatten dieser Umdeutung verfinstert das Evangelium gegenwärtig wie kaum je zuvor.

5. Perspektiven zur Überwindung des christlichen Anthropozentrismus

Auf dem Hintergrund der Evolutionstheorie hat der Anthropozentrismus schon dogmatisch betrachtet einen schweren Stand. Denn dass sich alles linear und eindeutig auf den Menschen hin entwickelt hat, lässt sich evolutionsbiologisch nicht behaupten. Auch exegetisch dürfte es schwer sein, den Kerntexten der Bibel einen Anthropozentrismus zu unterstellen. Moraltheologisch betrachtet ist dessen argumentative Schwäche geringer: Tier- und Umweltschutz lassen sich prinzipiell sowohl anthropo- als auch bio- oder ökozentristisch begründen. Ich halte es jedoch für fahrlässig, die emotionale Seite auszuklammern. Denn der Anthropozentrismus[28]
– vertraut tendenziell mehr der *technischen Rationalität* und lässt sich eher vom „technokratischen Paradigma" verführen als Bio- oder Ökozentrismus. Er neigt mehr zur Überschätzung des menschlichen Wissens von natürlichen Prozessen und der menschlichen Möglichkeiten des Managements der Natur.
– neigt eher zum alles beherrschenden ökonomistischen Denken, das das Ökosystem nur als „Naturkapital" sieht und bestenfalls um der

---

[28] Vgl. *M. Rosenberger,* Was dem Leben dient, Stuttgart 2001, 162f.

langfristigen ökonomischen Folgen willen schützt. Der Würde-
begriff ist aber nach Kant genau die gegenteilige Kategorie zu mess-
und skalierbaren Geldwerten. Er setzt die ethische Wahrnehmung
von Würdenträgerinnen und Würdenträgern dem ökonomischen
Kalkül entgegen – wohl wissend, welche Macht dieses besitzt.
– lässt sich schneller zum Chauvinismus verleiten, indem er aus der
Sonderstellung des Menschen vor allem Rechte und kaum Pflichten ableitet und damit nichtmenschliche Lebewesen aus Prinzip
unterordnet.

Moraltheologisch betrachtet liegt die Differenz der teleologischen
Begründungsansätze von Umwelt- und Tierethik also vor allem auf
der Ebene der Emotionen. Diese haben für das faktisch sich ent-
wickelnde Ethos einer Gesellschaft höchste Bedeutung und dürfen
keinesfalls unterschätzt oder übergangen werden. Insofern spricht
vieles dafür, den Anthropozentrismus aufzugeben und sich einem
der anderen Begründungsansätze der Umwelt- und Tierethik zuzu-
wenden. Ich selber plädiere für den Biozentrismus, was ich an anderer Stelle[29] ausführlich dargelegt und begründet habe.

Für die leitende Frage nach dem Schöpfungsplan Gottes ist gleichwohl bemerkenswert, dass auch Patho-, Bio- und Ökozentrismus teleologisch strukturiert sind. Ohne eine vorsichtige Prämisse über das Telos
der Natur bzw. Schöpfung scheint eine Umwelt- und Tierethik (und
letztlich auch eine Ethik insgesamt) nicht begründbar zu sein. Man
muss deswegen nicht dem berühmten „naturalistischen Fehlschluss"
(George Edward Moore) anheimfallen und bar jeder kritischen Hermeneutik vom Sein auf das Sollen schließen. Man muss auch nicht aus den
sehr begrenzten Teleonomien, die die Naturwissenschaft nach heutigem Stand beobachtet, eine alles überwölbende monolineare Teleologie
ableiten. Aber man wird im Rahmen kognitivistischer Ethiken doch
nicht umhinkommen, auf so etwas wie eine regelhafte „Natur" oder einen „Schöpfungsplan" zurückzugreifen. Das haben selbst Kontraktua-
listen wie John Rawls (, der auf die „allgemeinen Tatsachen" rekurriert
und seine Theorie als Naturrechtstheorie klassifiziert,) und Diskurs-
ethiker wie Jürgen Habermas (, der die „Natur" als das nicht von Menschen Gemachte benötigt,) anerkannt.

---

[29] Vgl. ders., Eingebunden in den Beutel des Lebens. Christliche Schöpfungsethik, Münster 2021, 131–188.

Hier liegt das unbestreitbare Verdienst der Stoa. Sie hat der abendländischen Ethik ins Stammbuch geschrieben, dass Sollensansprüche unabdingbar mit Erkenntnissen über das Sein in Beziehung gesetzt werden müssen. Ihre Schwäche liegt jedoch darin, eine allzu simple, geradlinige und allein auf den Menschen zulaufende Teleologie entwickelt zu haben. Diese kann sie nur mit einer rationalistisch verengten Vorstellung der Vernunft begründen. Beides ist heute nicht mehr überzeugend, ja sogar schädlich für Menschen, Tiere, Pflanzen und Ökosysteme.

Die christliche Schöpfungstheologie und -ethik sollte also vom göttlichen Schöpfungsplan mit größter Vorsicht und Zurückhaltung sprechen und dort, wo sie diesen inhaltlich bestimmt, auf die geschichtliche Bedingtheit menschlicher Erkenntnis hinweisen. Außerdem sollte sie den unaufhebbaren Widerstreit natürlicher Teleonomien klarer betonen, der angesichts begrenzter Ressourcen im Ökosystem Erde darin liegt, dass alle Lebewesen auf das Sterben anderer Lebewesen angewiesen sind. Dieser schöpfungstheologische Ursprung der Theodizeefrage darf nicht mit salbungsvollen Floskeln zugedeckt werden, sondern muss als unauflöslicher Einspruch gegen eine naive Harmonisierung der Rede von göttlicher Liebe und Fürsorge stehenbleiben, ja stark gemacht werden. Zugleich gilt es jedoch die Anstrengung hochzuhalten, aus den zahlreichen einander widerstreitenden Teleonomien der Natur Richtungsanzeigen für Sinnpotenziale herauszulesen, die ethischen Ansprüchen ein Fundament geben. Ein Verzicht auf die Erschließung solcher Sinnpotenziale wäre eine Kapitulation kognitivistischer Ethik.

6. Epilog: Der Lebensbaum als Kreuz

Schon in der frühen Kirche hat man das Kreuz Christi mit dem Symbol des Lebensbaums in Beziehung gesetzt – literarisch ebenso wie in bildlichen Darstellungen.[30] Schöpfungs- und Erlösungsplan Gottes werden so auf innige Weise miteinander verbunden: Was Gott mit seiner Schöpfung von Anfang an vorhat, nämlich ein einträgliches Zusammenleben der Geschöpfe durch alle unvermeid-

---

[30] Vgl. ebd., 84–89.

baren Konkurrenzen und Konflikte hindurch, dafür ist Christus am Kreuz gestorben. So begründet er die Hoffnung auf eine Vollendung der Schöpfung, in der sich die Widersprüche gegenläufiger Teleonomien auflösen, unter denen die Geschöpfe gegenwärtig leiden. Das Kreuz als Lebensbaum ist Zeugnis eines durch die gesamte Kirchengeschichte unterschwellig vorhandenen Bewusstseins einer biozentristischen Teleologie. Es sprengt die engen Grenzen des theologisch und kirchenamtlich gelehrten Anthropozentrismus. Zugleich durchkreuzt es alle zu glatten und simplen Vorstellungen eines göttlichen Schöpfungsplans. Denn in keinem anderen Symbol ist die Theodizeefrage so explizit präsent wie im Kreuz. Nie dürfen wir von einem göttlichen Schöpfungsplan sprechen, ohne das Ärgernis des Kreuzes im Blick zu behalten.

Der leere Kosmos und Gottes Gegenüber
Über die Plausibilität der Rede vom ‚Plan Gottes' in einem wissenschaftlichen Zeitalter

Wolfgang Schoberth

Pharoah Sanders' mehr als 30-minütige Aufnahme von „The Creator Has a Master Plan", das er gemeinsam mit dem Sänger Leon Thomas komponierte, gilt als ein zentrales Werk des ‚Spiritual Jazz'[1] der späten 1960er- und 1970er-Jahre. Im dichten improvisatorischen Gewebe erscheint immer wieder die gesungene Titelzeile und die Umschreibung dieses Plans: „peace and happiness for every man." Die musikalische Textur entspricht der Ausrichtung dieser universell angelegten Spiritualität, die verschiedene religiöse Traditionen einbezieht – der Titel des Albums ist „Karma"; das Cover zeigt Sanders in Yoga-Pose; musikalisch entspricht dem die Verbindung von asiatischen, vor allem aber auch afrikanischen Elementen mit der Sprache des freien Jazz. Hier erscheint die Rede vom ‚Plan Gottes' in einer ästhetisch und emotional prägnanten Gestalt; sie bringt die Hoffnung auf eine bessere und gerechtere Welt in einer Weise zum Ausdruck, die zum Einstimmen einlädt.

Lässt sich das noch im Denken einholen? Oder ist die Plausibilität der Rede von einem Plan Gottes in unserer Gegenwart nur noch auf religiöse Lyrik und den Ausdruck individueller Spiritualität beschränkt? Die traditionelle Rede vom Plan Gottes wird hauptsächlich durch zwei Einwände infrage gestellt: Zum einen ist das neuzeitliche Vertrauen in einen planvollen Gang der Geschichte gründlich erschüttert; zum andern scheint die Kosmologie der Gegenwart mit ihrem Einblick in unermessliche Größenordnungen und Zeiträume keinen Raum zu lassen für den Gedanken eines planenden Gottes. Beide Einwände müssen in der Tat ernst genommen werden, wobei im Fokus der folgenden Überlegungen der kosmologische Einspruch

---

[1] Die Bezeichnung ‚Spiritual Jazz' ist unscharf und wird auch von vielen afroamerikanischen Musikerinnen und Musikern kritisch gesehen. Ein treffender alternativer Begriff fehlt freilich.

und die ihm korrespondierenden anthropologischen Perspektiven stehen. Der kosmologische und der geschichtsphilosophische Einspruch hängen freilich zusammen, weil sie beide aus Veränderungen der Denkvoraussetzungen hervorgehen, die für die Neuzeit charakteristisch sind.[2] Wenn ich nach den Veränderungen der Denkvoraussetzungen frage, dann ist damit die These verbunden, dass nicht schon die Ausweitung astronomischer und paläontologischer Kenntnisse die Plausibilität der Rede vom Plan Gottes unterminierte und den Gedanken einer besonderen Stellung des Menschen obsolet erscheinen ließ, wie das gängige Geschichtsnarrativ suggeriert. Die Unendlichkeit der Welt und die Vernunftwidrigkeit der Geschichte war vielmehr Menschen früherer Epochen nicht weniger geläufig als uns. Warum erscheint dann heute ausgerechnet das als ein Problem für die Gottesrede, was so lange Zeit ein Moment ihrer Plausibilität war? Der Glaube an Gott hatte doch gerade eine seiner Stärken darin, dass die Unermesslichkeit der Welt im unendlichen Gott geborgen und die Brüchigkeit des Lebens in Gott aufgehoben geglaubt und gedacht werden konnte.

Die geistes- und sozialgeschichtlichen Zusammenhänge, die die Plausibilitätsstrukturen so grundlegend änderten, können hier nicht näher betrachtet werden,[3] zumal mein Interesse nicht historisch, sondern systematisch ist. In einem ersten Teil dieses Beitrags soll ein wesentliches Moment dieser Veränderungen knapp benannt werden, das sich als eine Aufspaltung in unterschiedliche Semantiken beschreiben lässt. Damit ist zunächst nur gemeint, dass zahlreiche, auch basale Ausdrücke ihre Bedeutung verändert haben. Darum müssen diese Semantiken sorgfältig unterschieden werden, weil ihre gängige Vermischung unergiebige Konflikte und endlose Diskussionen hervorbringt – Konflikte, die unlösbar sind, weil sie auf falschen Voraussetzungen basieren, und Diskussionen, die keine Verständi-

---

[2] Darum können aus der genauen Reflexion auf einen der beiden Komplexe auch Hinweise für den anderen erkennbar werden lassen.
[3] Eine genauere Analyse der geschichtlichen Zusammenhänge wäre freilich nötig. Das Narrativ des neuzeitlich steten Erkenntnisfortschritts, wie es vor allem in der protestantischen Theologie des zwanzigsten Jahrhunderts von Troeltsch über Hirsch bis in die Gegenwart adaptiert und zur Grundlage des Selbstbewusstseins gemacht wurde, ist jedenfalls unterkomplex und bedürfte der kritischen Gegenlektüre.

gungsmöglichkeiten bieten, weil die Parteien von Verschiedenem reden. Diese notwendige Unterscheidung kann freilich nur der erste Schritt sein, insofern sich beide Sprachwelten ja in spezifischer Weise auf die eine Welt beziehen, in der wir leben. Um aber wiederum den Zusammenhang und die Verbindung beider denken zu können, bedarf es zunächst der Reflexion darauf, was auf der Basis der sprachphilosophisch geklärten Unterscheidung *theologisch* als ‚Plan Gottes‘ gefasst werden kann. Das soll im zweiten Teil geschehen, in dem die anthropologische Frage nach der spezifischen Stellung des Menschen aufgenommen wird. Abschließend will ich im dritten Teil die Folgerungen darlegen, die in einen „spekulativen Vorschlag" münden, weil dabei einige sehr ungeschützte Überlegungen angestellt werden sollen, die aus der Reflexion des Analysierten hervorgehen: Welche Veränderungen *unserer* Denkvoraussetzungen sind nötig, um das neu denken und artikulieren zu können, was die Tradition als ‚Plan Gottes‘ fasste?

1. Eine notwendige Unterscheidung

Der Titel meines Beitrags bringt zwei Konzepte zusammen, die heterogenen Zusammenhängen entstammen: Die kosmologische Aussage einerseits, das Theologumenon vom Gegenüber Gottes andererseits sind jeweils Teil von Theoriekomplexen, die genau unterschieden werden müssen, um falsche Weichenstellungen zu vermeiden, die zu irreführenden Auseinandersetzungen führen.[4] Die Notwendigkeit einer solchen Unterscheidung ist in den Diskussionen um das Verhältnis von Naturwissenschaften und Theologie immer wieder deutlich geworden; sie wird aber außerhalb dieser Gespräche zu oft nicht berücksichtigt – mit immer wieder denselben problematischen Konsequenzen. Diese Diskussionen sollen hier nicht wiederholt werden; ich will mich darauf

---

[4] Meine Überlegungen in dieser Hinsicht verdanken viel den Gesprächen mit Hans Julius Schneider, auch und gerade, weil wir uns in unterschiedlichen Kontexten bewegen und andere Schwerpunkte verfolgen. Unter seinen einschlägigen neueren Veröffentlichungen sei hier nur genannt: *H. J. Schneider*, Theologie als Grammatik? Sprachphilosophische Beobachtungen Wittgensteins und die Rede von Gott, in: R. Kurilla u. a. (Hg.), Sine ira et studio. Disziplinenübergreifende Annäherungen an die zwischenmenschliche Kommunikation, Wiesbaden 2020, 37–53.

beschränken, diese Unterscheidung sprachphilosophisch zu betrachten, weil diese verhältnismäßig einfache Beschreibung erlaubt, die komplexen Transformationen an einer prägnanten Konsequenz zu verdeutlichen. Das beginnt mit der schlichten Beobachtung, dass die beiden Zentralbegriffe ‚Kosmos‘[5] und ‚Gott‘ verschiedenen Sprachzusammenhängen entstammen: Der Verweis auf die unermesslichen Zeiträume und Entfernungen bewegt sich innerhalb der naturwissenschaftlichen Kosmologie, während die Rede vom Plan Gottes eingebettet ist in religiöse und theologische Kontexte.

Wissenschaft und Religion benutzen dabei jeweils unterschiedliche Vokabulare, folgen unterschiedlichen Argumentationslogiken und bevorzugen andere Sprachformen.[6] Das wird offensichtlich im Blick auf den jeweiligen Gebrauch von Sprachformen wie Metaphern, Erzählungen, Propositionen, Gleichungen und Formeln; diese Sprachformen lassen sich auch nicht ineinander übersetzen. Von besonderem Gewicht für unser Thema ist die Differenz in der Semantik. So ist die Rede vom ‚Plan Gottes‘ naturwissenschaftlich schon allein deshalb sinnlos, weil bekanntlich das Wort ‚Gott‘ naturwissenschaftlich nicht definiert ist und ein Satz, in dem dieser Ausdruck vorkommt, mithin kein gültiger naturwissenschaftlicher Satz sein kann. Natürlich können Sätze, die dieses Wort enthalten, auch in naturwissenschaftlichen Büchern erscheinen; es handelt sich dann aber eben um mehr oder minder private Aussagen der Autorinnen und Autoren, die vielleicht ihre religiösen oder philosophischen Ansichten darlegen, aber nicht im präzisen Sinn um naturwissenschaftliche Aussagen: Sie können naturwissenschaftliche Theorien oder Beobachtungen umrahmen und haben darin auch ihre spezifische Relevanz; sie sind aber selbst nicht Teil der Theorien und Beobach-

---

[5] ‚Kosmos‘ wird hier also in dem Sinn verstanden, wie er in der neuzeitlichen Kosmologie gebraucht wird. Es wird wiederholt darauf zurückzukommen sein, dass dieses Wort auch einen philosophischen und einen spezifisch theologischen Gebrauch hat, der wiederum auf die Sprache der Bibel zurückgeht. Freilich sind die Zusammenhänge der Verwendungsweisen von ‚Kosmos‘ so komplex, dass die Gefahr einer Äquivokation zumindest sehr nahe liegt. Im Folgenden ist also von ‚Kosmos‘ im naturwissenschaftlichen Sinn die Rede, sofern nicht ausdrücklich der Kontext der theologischen Tradition gekennzeichnet wird.
[6] Sicher lassen sich noch zahlreiche andere wissenschafts- und erkenntnistheoretische Differenzen angeben; mir erscheint freilich der sprachphilosophische Ansatz zur Klärung besonders hilfreich.

tungen, weil diese methodisch konstituiert sind, was sie erst als Wissenschaft im neuzeitlichen Sinn qualifiziert.

,Methodisch' heißt dabei, dass die etablierten Verfahrensregeln der jeweiligen Disziplin angewandt werden, das jeweilige Vokabular gebraucht wird und die anerkannten Grundannahmen geteilt werden. Eine wissenschaftliche Disziplin lernen heißt nicht zuletzt, in ihre Terminologie eingeführt zu werden. Dabei geht es nicht nur um spezifische Bezeichnungen von Phänomenen, sondern vor allem darum, dass bestimmte Phänomene zuallererst wahrgenommen bzw. konstruiert werden können. Wissenschaft nimmt Phänomene wahr, die diejenigen, die in dieser Wissenschaft nicht zu Hause sind, nicht wahrnehmen oder jedenfalls nicht so oder als *dieses* wahrnehmen. Das ist in Religion und Theologie nicht anders. Auch sie leben in einer Vielzahl von Wörtern, die außerhalb ihres Kontextes entweder gar nicht oder anders verstanden und gebraucht werden.

Nun kann keine dieser Sprachen vollständig sein; die Naturwissenschaften sind vielmehr dadurch gekennzeichnet, dass sie bewusst reduktiv verfahren. Naturwissenschaft im neuzeitlichen Sinn zeichnet sich dadurch aus, dass sie bestimmte Fragen *nicht mehr* stellt und also auch bestimmte Begriffe und Wortfelder ausschließt. Diese sind im System der Wissenschaften schlicht sinnlos und haben daher auch keinen Ort mehr. Auch auf eben dieser Reduktion beruht der Erfolg neuzeitlicher Wissenschaft: Sie beschränkt sich auf bestimmte Typen von Fragen und eliminiert andere; sie nimmt bestimmte Faktoren mit größter Genauigkeit in den Blick, während andere ausgeschlossen werden. Das ist nicht nur legitim, sondern auch notwendig; freilich sollten die methodisch definierten Grenzen naturwissenschaftlicher Sprache im Bewusstsein bleiben.

Mit der Etablierung eines, mit der Formulierung von Robert Brandom, spezifischen Vokabulars, das allen anderen als epistemologisch überlegen erscheint,[7] sind auch Umstellungen in der Semantik verbunden; einige Begriffe und Ausdrücke (wie etwa „Gott", aber auch ethische und ästhetische Begriffe) wurden gänzlich ausgeschieden und andere in ihrer Bedeutung modifiziert. Der Bedeutungswandel von ,Kosmos' wurde bereits genannt; es ließen sich viele andere anführen, die etwa in der Philosophie ihre präzise Bedeutung

---

[7] Vgl. *R. B. Brandom*, Between Saying and Doing. Towards an Analytic Pragmatism, Oxford [1]2008, 219.

hatten (wie z. B. Bios oder auch Energie). Die Frage, wem und aus welchen Gründen die Definitionsmacht zugeschrieben wird, muss hier nicht weiterverfolgt werden; die hier vorgeschlagene semantische Betrachtungsweise kann das ebenso offen lassen wie Fragen nach der Verifikation etc. Es geht zunächst nur um Funktion und Gültigkeit in einem spezifischen sprachlichen Kontext, der allerdings die Voraussetzungen vorgibt, wie ein Ausdruck verstanden werden kann.

Mit dieser Unterscheidung wird also deutlich, dass ‚leerer Kosmos‘ und ‚Gegenüber Gottes‘ nur in ihrem jeweiligen Zusammenhang verständliche Ausdrücke sind und plausibel sein können. Damit aber ist auch verbunden, dass sich die theologischen Konzepte vom ‚Gegenüber Gottes‘ wie auch von einem ‚Plan Gottes‘ innerhalb der Sprache der Naturwissenschaften gar nicht plausibilisieren lassen. Der naturwissenschaftliche Kosmos ist leer, und dies nicht nur angesichts der sprichwörtlich astronomischen Entfernungen zwischen den Himmelskörpern; er ist vor allem auch leer von Bedeutung und Sinn, weil ‚Sinn‘ selbst wieder zu den Begriffen gehört, die im Vokabular der Naturwissenschaften nicht, oder zumindest sehr anders definiert sind. Dieser Kosmos bietet keinen Platz für einen ‚Plan Gottes‘; und im Rahmen biologischer Anthropologie ist die traditionelle Rede vom Menschen als ‚Krone der Schöpfung‘ sinnlos, schon weil ‚Schöpfung‘ im präzisen Sinn naturwissenschaftlich nicht gebraucht werden kann. Freilich sollte diese negative Auskunft theologisch oder religiös nicht beunruhigen, denn im naturwissenschaftlichen Rahmen sind solche Redeweisen prinzipiell ausgeschlossen; sie können also weder bekräftigt noch widerlegt werden – was allerdings viel zu oft nicht beachtet wird.[8]

Auch hier ist festzuhalten, dass es dabei nicht ausschließlich oder auch nur vorrangig um religiöse oder theologische Aussagen geht – die langen und auch öffentlichkeitswirksamen Debatten um die ‚Willensfreiheit‘ waren ebenso durch die Missachtung grundlegender semantischer Fragen gekennzeichnet, insofern der Begriff ‚Frei-

---

[8] Konsequent missachtet wird diese Einsicht im Naturalismus, der nur das für wirklich hält, was in der Sprache der Naturwissenschaften ausgedrückt werden kann. Wo man diese Voraussetzung macht, ist die Diskussion in der Tat beendet – freilich mit einem dezisionistischen Akt. Die intrinsischen Schwächen des Naturalismus können hier nicht weiter diskutiert werden.

heit' in einem einigermaßen anspruchsvollen Sinn in einem biologischen Kontext nicht erscheinen kann.[9] Es geht also um die Unterscheidung von verschiedenen Sprach- und Wissensbereichen, die gerade darum notwendig ist, weil sie die Voraussetzung für das Verstehen dessen ist, was in den verschiedenen Semantiken zur Sprache kommt. Eben darum ist sie wiederum auch die Voraussetzung für Verständigungsmöglichkeiten zwischen den Semantiken. Darum sind die bisherigen Überlegungen in einem genauen Sinn vor-theologisch, insofern sie noch keine inhaltlichen Aussagen berühren und auch keine Fragen des Glaubens betreffen bzw. nicht anders betreffen als nicht-religiöse und außertheologische Bereiche auch. Die Ausgrenzung dessen, was das Wort ‚Gott' evoziert, ist damit nur ein, wenn auch besonders signifikantes Beispiel dessen, was man mit Brandom als die Privilegierung eines spezifischen Vokabulars oder mit Johannes Fischer als den Exklusivitätsanspruch des tatsachenbasierten Urteils bezeichnen kann. Durch diesen Exklusivanspruch „wird nicht nur Gott aus dem Bereich des Wirklichen ausgeschlossen, sondern die Lebenswelt überhaupt"[10].

Der im Rahmen fachwissenschaftlicher Methodik sinnvolle Verzicht auf die Perspektiven ‚gelebten Lebens' blendet also genau das aus, was in der Tradition *bios* genannt wurde. Die Biologie ist darum geradezu Lebenswissenschaft ohne *bios*, dessen Relevanz freilich auf der Hand liegt, aber eben nicht im Rahmen der Biologie verhandelt werden kann. Wird aber die Lebenswelt methodisch abgeblendet, so

---

[9] Es mag paradox erscheinen, aber erst wo diese Unterscheidung bewusst ist, können die Fragen diskutiert werden, die mit Luthers Zurückweisung des freien Willens verbunden sind. In einem deterministischen Rahmen wären diese Fragen schlicht unsichtbar.

[10] *J. Fischer*, Alles nur Theopoesie? in: ZThK 119 (2022), 292–309, hier 292. Fischer definiert Lebenswelt als die Wirklichkeit, „wie sie erlebt wird"; im Gegensatz zu dem distanzierten Modus des Urteils; vgl. auch *ders.*, Präsenz und Faktizität. Über Moral und Religion, Tübingen [1]2019. In ihrer Intention und vielen Momenten der historischen wie der systematischen Analyse stehen meine hier vorgelegten Überlegungen Fischers Argumentation sehr nahe; mir scheint freilich sein Gegensatz von Urteil und Narration bzw. Präsenz zu eng. Ein Grund dafür ist seine Identifikation von Urteil und Tatsachenbehauptung, die nach meiner Überzeugung auch der traditionellen Metaphysik nicht gerecht wird, zumal auch noch zu reflektieren wäre, was als ‚Tatsache' gelten kann. Die sprachphilosophische Analyse verschiedener Urteilsformen, Behauptungen, Assertionen etc. könnte hier zur Klärung beitragen.

bedeutet das in der Umkehrung, dass der Kosmos nicht die Welt ist, in der wir leben. Darum müssen lebensweltbezogene Perspektiven, die auch für die Theologie grundlegend sind, außerhalb wissenschaftlicher Semantik verhandelt werden.

2. „Gottes Gegenüber" und die Stellung des Menschen

Die bisherigen Überlegungen hatten gezeigt, dass es nicht nur aus wissenschaftstheoretischen Gründen wenig aussichtsreich wäre, in der physikalischen Kosmologie und der Evolutionstheorie einen Verweis auf Gott unterbringen zu wollen. Vielmehr könnte so theologisch gar nicht zur Geltung kommen, was gesagt werden müsste, weil der naturwissenschaftliche Kosmos so vieles nicht enthält, was für unser Leben wesentlich ist. Pointiert gesagt bewohnen wir diesen Kosmos nicht, weil in der kosmologischen Perspektive ein ‚Bewohnen' nicht erscheint. Sicher bezieht sich die kosmologische Perspektive in spezifischer Weise auch auf die Wirklichkeit, die wir als die Welt, in der wir leben, erfahren. Diese Beziehungen sind noch zu bedenken. Aber zunächst ist davon auszugehen, dass die Sonne am Tag, der nächtliche Mond und die Sterne uns anders gegeben sind als Galaxien und Doppelsterne. Beides ist unserer Beobachtung zugänglich, wenngleich in verschiedenen Weisen der Beobachtung, die letztlich nicht ineinander übersetzt werden können, auch wenn sie auf dasselbe Objekt ‚an sich' verweisen. Die kosmologische Perspektive schließt gerade das ‚in der Welt sein' aus, weil dies untrennbar mit dem in der Welt lebenden Ich verbunden ist und also gerade nicht objektiviert werden kann. Darum kann hier durchaus von unterschiedlichen semantischen Welten gesprochen werden, die durch je unterschiedliches Vokabular geformt sind und denen unterschiedliche Perspektiven und Erfahrungsweisen entsprechen. In der semantischen Welt der Kosmologie kann mithin gar nicht von einer Bestimmung des Menschen die Rede sein; eine solche Frage wäre auch für das hier verfolgte Erkenntnisinteresse ohne Bedeutung.

Es ist also gerade kein Defizit physikalischer Kosmologie oder der Evolutionsbiologie, wenn sie die Fragen ausschließt, die anthropologisch grundlegend sind. Daraus folgt aber auch in der Umkehrung, dass die theologische Rede vom Menschsein einer eigenen Begründung bedarf, auch und gerade weil für sie die Wahrnehmung der

Leiblichkeit des Menschseins grundlegend sein muss. Die bekannte Debatte darüber, ob dem Menschen im Kosmos eine Sonderstellung zukomme, erweist sich daher als irreführend, weil in biologischer Perspektive keiner Lebensform eine Sonderstellung zukommen kann, insofern sie entwicklungsgeschichtlich von einem unabschließbaren Kontinuum ausgehen muss und auch keine Eigenschaft und kein Eigenschaftsbündel als privilegiert ansehen kann. Die genuin anthropologische Fragestellung wiederum setzt diese ‚Sonderstellung' immer schon voraus, indem sie im Kern keine distanzierte Betrachtung ‚von außen' ist, sondern die Selbstreflexion auf das Menschsein.

Ohnehin ist der eingeführte Begriff der ‚Sonderstellung' in mehrfacher Hinsicht problematisch und besser aufzugeben, weil er irreführende Diskussionen geradezu provoziert: Er setzt zunächst ein Kontinuum voraus, innerhalb dessen dann doch eine wesentliche Differenz ausgemacht werden soll. Das Eigentümliche des Menschseins ist gerade nicht biologisch auszuweisen, was ironischerweise auch die großen Entwürfe der philosophischen Anthropologie im 20. Jahrhundert gegen ihre Intention bestätigen: Max Schelers Überlegungen zur Stellung des Menschen im Kosmos beginnen zwar programmatisch mit den biologischen Bedingungen des Menschseins, finden ihr Ziel aber in einem biologisch nicht fassbaren Begriff des Geistes; und auch Helmuth Plessners Theorie von den Stufen des Organischen führt aus der zoologischen Beschreibung in philosophische und soziologische Fragestellungen. Hier erst werden dann die Diskussionszusammenhänge erkennbar, in denen sich auch die theologische Anthropologie verortet und in denen sie ihre genuin theologische Perspektive einbringen kann und muss.[11]

Wie immer theologisch das Spezifische des Menschseins bestimmt werden kann, ist seine Position im ‚Plan Gottes' grundsätzlich unterschieden von seiner Stellung in Kosmos und/oder Evolu-

---

[11] Letztlich verfährt so auch J. *Werbic*k, Theologie anthropologisch gedacht, Freiburg i. Br. 2022. Er will zwar die gängige Fragerichtung umkehren und bestimmt die Theologie zunächst nicht als „die antwortende, sondern die angefragte Instanz" (ebd., 10). Sein Ziel, „aufzuweisen, dass es etwas einbringt, theologisch über anthropologisch artikulierte Sachverhalte zu sprechen" (ebd.), setzt aber eben voraus, dass eine genuin theologische Perspektive erkennbar ist, die bei ihm (mit Recht) auch durchweg die Argumentation leitet.

tion. Darum ist sie auch anders zu bestimmen als über eine Definition des Menschen oder seine „natürliche Ausstattung"; die Versuche, das ‚Wesen des Menschen' erfassen zu wollen, haben sich in allen Disziplinen als aporetisch erwiesen.[12] Anthropologische Klärungen sind nur da zu erwarten, wo sie der genauen Wahrnehmung dessen folgen, wie wir uns in unserer Welt vorfinden. Dabei ist die Perspektive der ersten Person grundlegend: Die irreführende Frage nach der Natur ‚des' Menschen wird so durch die Selbstreflexion in der Vielfalt des Menschseins in seinen mannigfaltigen historischen und kulturellen Ausprägungen abgelöst.

Indem die Theologie diese Wendung zur Selbstthematisierung und Selbstreflexion der Menschen in ihrer Welt mit vollzieht, eröffnet sich ihr die Möglichkeit, die anthropologische Frage wieder als eine genuin *theologische* zu stellen. Wenn der Ausgang nicht bei einer allgemeinen Theorie der menschlichen Natur, sondern bei der jeweiligen Wirklichkeit des Menschseins genommen wird, geht es theologisch um die Dimensionen, die Menschen als Glaubende konstituieren. Als Glaubende erfahren sich Menschen als Gottes Gegenüber und erkennen darin die elementare Bestimmung des Menschseins. Diese Grundsituation des Glaubens ist keine Sonderwirklichkeit, sondern benennt die grundlegende Situation aller Menschen, freilich in der spezifischen Perspektive des Glaubens, die nicht anders als partikular sein kann. Weil es aber keine allgemein verbindliche oder einzufordernde Ebene oberhalb der verschiedenen Perspektiven auf das Menschsein gibt, die für alle einsichtig und obligatorisch sein könnte, steht Glaube auch hier in der Spannung eines universalen Anspruchs in der Sache mit dem Wissen darum, dass dieser Anspruch nicht für alle annehmbar sein kann.

Dass es dabei um eine spezifische Perspektive des Glaubens geht, heißt allerdings nicht, dass sie nicht auch anthropologisch zur Geltung gebracht werden könnte. Die theologische Aufgabe umfasst auch die Bemühung darum, die Optionen, die sich aus der Perspektive des Glaubens ergeben, plausibel in den Diskurs einzubringen. Die Wege solcher Kommunikation von Glaubenserfahrungen sind vielfältig; Habermas' Forderung nach einer „Übersetzung" überschätzt nicht nur die Möglichkeiten des Übersetzens, sondern ver-

---

[12] Vgl. dazu *W. Schoberth*, Einführung in die theologische Anthropologie (Einführung Theologie), Darmstadt [2]2019, 70–83.

nachlässigt auch die vielfältigen Sprachformen, in denen Glaubens-
perspektiven mitgeteilt werden können.[13] Gleichnisse und Metaphern sind nicht zufällig elementare biblische Sprachformen, weil
sie nicht nur argumentieren, sondern auch die Vorstellungskraft in
Bewegung bringen. Ebenso wenig zufällig ist das Erzählen immer
schon ein bevorzugter Modus der Katechese,[14] weil dabei nicht nur
Aussagen, sondern Perspektiven mitgeteilt werden können.

Gerade im Ausgang von der Wahrnehmung des Menschseins als
Gegenüber Gottes lassen sich dann wiederum wesentliche Momente
der anthropologischen Reflexion einholen, ohne sie erneut mit Be-
gründungslasten zu überfordern, die sie nicht tragen können. Mit
der Einsicht in die Aporetik einer Definition des Menschen werden
aber zugleich die Ansprüche dekonstruiert, die durch die Festlegung
einer vermeintlichen Menschennatur oder vorgeblicher ‚Schöp-
fungsordnungen‘ ethische Regeln naturalisieren und dadurch der
Diskussion entziehen wollen: Was dabei als menschliche Natur ausgegeben wird, erweist sich bei näherer Analyse als Projektion par-
tikularer kultureller Ideale und sozialer Normen.

Die Umkehr der Perspektive im Vergleich zur theoretischen Anthropologie wird in Psalm 8 geradezu paradigmatisch vor Augen gestellt: Indem die Frage danach, was der Mensch sei, an Gott adressiert wird, ist sie keine Abstraktion, sondern führt in die genaue
Wahrnehmung der Welt, in der der Beter lebt. Diese Welt umfasst
Sterne und Kleinvieh gleichermaßen, alles aber ist ausgerichtet auf
den, von dem sie herkommt. Diese Wahrnehmung des Menschseins
in seiner Lebenswelt lässt sich nicht lösen aus der Ausrichtung auf
Gott; der Psalm ist mithin noch nicht verstanden, wo man aus ihm

---

[13] Vgl. A. *Vieth*, Die Sensibilität der Religiösen. Eine kritische Auseinandersetzung mit Habermas’ Konzeption religiöser Erfahrung, in: ZPhF 66 (2012),
49–74. Habermas’ generelle Übersetzungsforderung ließe sich allenfalls in einem
so offenen Übersetzungsbegriff halten, wie er bei Walter Benjamin erscheint; vgl.
W. *Benjamin*, Die Aufgabe des Übersetzers, in: ders., Gesammelte Schriften, hg. v.
R. Tiedemann/H. Schweppenhäuser, Frankfurt a. M. 1980, 9–21. Damit aber
wäre der Rahmen der öffentlichen politischen Vernunft verlassen. Vielleicht
aber geschehen die grundlegenden und daher langfristigen Veränderungen der
politischen Kultur ohnehin außerhalb der offiziellen Diskurse.
[14] Vgl. C. *Wiesinger/S. Ahrnke* (Hg.), Erzählen. Ingrid Schoberth zum 60. Ge-
burtstag, Göttingen [1]2019.

anthropologische Aussagen ableitet; er fordert auch von den Lesen-
den, selbst in diese Ausrichtung miteinzustimmen.

Luther nimmt diese doppelte Ausrichtung auf und spitzt sie zu,
indem seine Auslegung des ersten Glaubensartikels im Kleinen Katechismus das Bekenntnis zum Schöpfer des Himmels und der Erde in
der leiblichen Erfahrung der Glaubenden konkretisiert: „Ich gleube,
das mich Gott geschaffen hat sampt allen Creaturen". [15] Die Bestimmung des Menschseins wird nicht aus der Überhöhung natürlicher
Eigenschaften und Merkmale gewonnen, sondern bleibt in der klaren Wahrnehmung der Wirklichkeit des Lebens. Darum ist hier
auch nicht die Unterscheidung von anderen Geschöpfen von Relevanz, sondern das, was menschliches Leben vor Gott ausmacht.

Während die klassischen Wesensbestimmungen nach spezifischen
Unterschieden fragen müssen, entfällt in dieser Perspektive die Nö-
tigung, das Menschliche gegen das ‚Tierische' abzugrenzen, die nicht
nur in Hinblick auf den Umgang mit den Mitgeschöpfen fatale Implikationen enthält, sondern sich auch gegen das Natürliche im
Menschsein wendet. Die schon in der Antike erscheinende Frage,
ob die Definition des Menschen als vernünftiges Lebewesen im Umkehrschluss nicht bedeute, der schlafende Sokrates, der sich ja seiner
Vernunft nicht bedient, sei im Grunde gar nicht als Mensch anzu-
sprechen, ist von offenkundiger ethischer Brisanz: Jeder dieser Defi-
nitionsversuche evoziert die Frage, ob diejenigen Menschen, die die
in der Definition benannten Merkmale nicht aufweisen oder auch
nur nicht aktualisieren können, als Menschen zu behandeln seien.

Die Bestimmung des Menschseins im Gegenüber zu Gott und
also nicht in der Differenz zu anderen Geschöpfen bietet auch eine
deutliche Alternative zur traditionellen Rede vom Menschen als
„Krone der Schöpfung", die wohl eher auf stoischen als auf biblischen Vorstellungen beruht. Diese Rede setzt voraus, dass wir ein
Gesamtbild der Schöpfung gleichsam ‚von außen' haben könnten,
in dem den Menschen dann noch einmal eine abschließende Stellung zukommen sollte; ein solches Bild widerspricht aber sowohl
der Ausrichtung des Schöpfungsglaubens auf die Wahrnehmung
der eigenen Geschöpflichkeit als auch der Offenheit alles Geschaffenen auf Gott hin. Vor allem Jürgen Moltmann hat mit Nachdruck

---

[15] BSELK, 870.

darauf hingewiesen, dass erst im Sabbat die Schöpfung zur Vollendung kommt.[16] Die lebensweltliche Einbindung manifestiert sich auch darin, dass nach Gen 1,24f. Menschen und Landtiere den sechsten Schöpfungstag teilen, wobei auch weder ‚Ebenbildlichkeit‘ noch der Herrschaftsauftrag aus Gen 1,28 eine ontologische Abstufung implizieren oder besondere Eigenschaften benennen; vielmehr sind sie funktional zu verstehen als Beauftragung, Gottes Willen in dieser Welt zu repräsentieren.

Die biblische Urgeschichte führt aber auch die Abkehr von diesem Auftrag vor Augen: Die Schöpfungsberichte in Gen 1 und 2 sind eben nicht ohne den Mythos vom Sündenfall zu haben. Wenn in diesem Kontext von einer besonderen Würde des Menschseins als Gegenüber Gottes die Rede sein kann, so bedeutet sie zugleich die besondere Gefährdung. Die Wahrheit dieses Mythos ist offenkundig und ließe nun in einer bitteren und eben darin realistischen Fassung doch noch eine auch biologisch formulierbare Sonderstellung des Menschen behaupten: als einzige Spezies, die in der Lage ist, die Biosphäre zu zerstören. An dieser Stelle kann nur darauf hingewiesen werden, dass diese destruktive Fähigkeit die Rückseite des Ausgriffs aufs Ganze ist, also aus dem Versuch entspringt, selbst die Gottesperspektive einzunehmen. Die Umkehr der Perspektive ist darum auch ein wesentliches Moment dessen, was im biblischen Sinn ‚Umkehr‘ bedeutet.

Solche Umkehr bedeutet eine Abkehr von der Eigenmacht hin zur Wahrnehmung der Welt als Schöpfung, damit aber auch zu der Einsicht, dass aller menschlichen Aktivität die Gabe dessen vorausgeht, was Leben ermöglicht und erhält. Luthers Auslegung des ersten Glaubensartikels bringt das prägnant zum Ausdruck, indem er hier bereits ausdrücklich die Sprache der Rechtfertigung gebraucht: „das alles aus lauter Veterlicher, Gottlicher gute und barmhertzigkeit, one alle mein verdienst und wirdigkeit".[17] Das Sein des Menschen als Gegenüber Gottes hat also die doppelte Gestalt der schöpfungsmäßigen Konstitution des eigenen Lebens in seiner Welt als auch in der Anrede, wie sie in der Geschichte Israels, in der Geschichte Jesu Christi und in der Geschichte der Kirche gehört wird.

---

[16] Vgl. vor allem *J. Moltmann*, Gott in der Schöpfung. Ökologische Schöpfungslehre, München 1985, 279–298.
[17] BSELK, 870.

3. Der ‚Plan Gottes‘ und die Welt

Die hier vorgelegte Argumentation hat gezeigt, dass es theologisch nicht darum gehen kann, den ‚Plan Gottes‘ erfassen zu wollen; es ist vielmehr deutlich bescheidener nach unserer Stellung in diesem ‚Plan‘ zu fragen – an unserem konkreten historischen und sozialen Ort. Dabei ist zu bedenken, dass ‚Plan Gottes‘ offenkundig eine anthropomorphe Metapher ist, die der Klärung bedarf.

Im Rahmen der klassischen Metaphysik war die Vorstellung von einem Plan Gottes nicht nur plausibel, sondern geradezu fundamental, weil sie unmittelbar mit der Erkennbarkeit der Welt verbunden war: Die Wirklichkeit kann durch den endlichen, also begrenzten menschlichen Intellekt nur darum erkannt werden, weil dieser als geschaffener Anteil hat an dem Geist Gottes, der wiederum in der Natur enthalten ist, wie der Plan eines Architekten im Gebäude enthalten und ablesbar ist. Wo aber dieser metaphysische Zusammenhang aufgelöst wird, verliert die Metapher ihre Plausibilität und muss neu begründet werden.[18] Im Horizont eines Denkens, das nur ‚natürliche‘ Kausalzusammenhänge gelten lässt, ist ein ‚Plan Gottes‘ nicht mehr zu behaupten. Mehr noch: Es wäre *theologisch* verfehlt, weil Gott auf diese Weise zu einem Akteur *in* der Welt gemacht würde. Christlicher Glaube bekennt aber die Gegenwart dessen, der gerade nicht Welt ist und deswegen auch nicht als ein Glied in einem Kausalzusammenhang aufgefasst werden kann. Die traditionelle Unterscheidung von *causa prima* und *causae secundae* hatte das im Bewusstsein, indem damit ein kategorialer Unterschied und nicht einfach das Ende einer Reihe benannt ist. Ebenso müsste der Versuch, die offenkundig anthropomorphe Redeweise ‚Plan Gottes‘ in naturwissenschaftliche Kategorien zu übersetzen, zum Verschwinden Gottes führen, weil dann nur noch übrigbleiben könnte, was neuzeitlich als ‚Struktur‘ in der Wirklichkeit bezeichnet wird.

In jedem Falle müsste die Metapher, um sie aktuell verwenden zu können, gegen naheliegende Missverständnisse abgesichert werden. Eine Plausibilisierung der Vorstellung von einem ‚Plan Gottes‘

---

[18] Das Zerbrechen dieses Zusammenhangs bedeutet freilich auch, dass kaum mehr auszusagen ist, was die Objektivität der Erkenntnis begründen kann. Diese Frage beschäftigt große Teile der Fundamentalphilosophie der Neuzeit, ohne dass eine konsensfähige Antwort in Sicht wäre.

kann also auch nicht heißen, ihn in eine naturwissenschaftliche Erklärung einzuzeichnen, sondern muss die komplexen Bezüge der Metapher nachzeichnen. Mir scheint es eines der Grundprobleme neuzeitlicher Theologie zu sein, dass sie die Metaphern und symbolischen Sprachformen, in denen sich die theologische Tradition bewegt, nicht mehr als Metaphern erkennt und versteht, sondern buchstäblich nimmt, also als unmittelbare Aussagen über die Wirklichkeit. Um überhaupt noch Geltung beanspruchen zu können, mussten diese Begriffe und Konzepte dann so umgeformt werden, dass sie mit dem wissenschaftlichen Zugriff auf die Wirklichkeit vereinbart werden konnten; dies geschah freilich um den Preis, dass die genuine Erkenntnis- und Orientierungskraft der tradierten Metaphern weithin verloren wurde. So wird in der Rede vom ‚Plan Gottes‘, wenn sie nicht mehr als Metapher, sondern ‚wörtlich‘ genommen wird, Gott zu einem Baumeister oder Mechaniker hinter der Welt, mit der Folge eines zumindest theistischen, zumeist aber deistischen Modells. Diese scheinbare Rettung unterminiert aber sowohl die theologische Orientierungsleistung, weil ein Gott, der hinter der Wirklichkeit und ihren Strukturen verschwindet, auch im Glauben entbehrlich wird, als auch jede Erklärungskraft für die Wahrnehmung der Welt, weil dieser ‚Plan‘ nicht länger an den Phänomenen ausweisbar ist. Wird er so zum Welt- oder Geschichtsprogramm, das aus sich heraus abläuft oder durch Menschen verwirklicht werden soll, kollidiert die Vorstellung mit der unmittelbaren Erfahrung der Wirklichkeit, in der nicht alles nach Plan läuft.

Hier sind die Überlegungen hilfreich, die eingangs über die Unterscheidung der Semantiken und semantischen Welten entfaltet wurden. Indem dabei Veränderungen in den Denk- und Sprachformen in den Blick genommen werden, ist die Behauptung eines stetigen Fortschritts in der Erkenntnis unnötig und unangemessen; vielmehr können Einsichten aus der Tradition neu zur Geltung kommen, wenn sich wiederum die veränderten Formen als brüchig erweisen. Mithin geht es hier auch nicht unmittelbar um die Differenz von Glauben und Wissen, die quer zu den hier thematisierten Unterscheidungen von Semantiken und Wissenssystemen steht.

Diese Unterscheidung impliziert auch nicht die Behauptung einer *prinzipiellen* Inkompatibilität oder Inkommensurabilität der Semantiken: Entscheidend sind vielmehr die konkreten Versuche der Verständigung, die einerseits die Unterstellung voraussetzen, man könne sich verstehen, und andererseits keinen privilegierten Ort oberhalb der Differenz beanspruchen und darum auch akzeptieren, dass es Aussagen, Haltungen und Lebensformen gibt, die ‚von außen' nicht unmittelbar beurteilt werden können. In Entsprechung dazu lassen sie die geschichtlichen Veränderungen im Denken präziser als Veränderung des Diskursrahmens verstehen:[19] Die metaphysische Synthese der Spätantike hatte einen solchen gemeinsamen Diskursrahmen geboten, der eine grundlegende Verständigung im Denken ermöglichte, was auch die Voraussetzung kritischer Auseinandersetzung war. Die großen Aufklärungsnarrative versuchen diesen Rahmen zu ersetzen, sind aber selbst brüchig geworden. In dieser Situation bedarf es einer doppelten Abgrenzung: auf der einen Seite gegen die hegemonialen Versuche, eine Semantik als die einzig vernünftige oder einzig gottgewollte durchsetzen zu wollen, wie das in der Gestalt eines szientifischen oder eines religiösen Fundamentalismus manifest wird; auf der anderen Seite gegen die Selbstabschließung der Semantiken, die ebenso macht-förmig werden kann. Die Grenzen der Sprachwelten sind aber durchlässig; und vor allem: Man kann voneinander lernen.

Die Aufgabe ist also, wie sich das, was traditionell als ‚Plan Gottes' gefasst wurde, in der Fragmentierung der Semantiken und zugleich angesichts unseres kosmologischen Wissens nachvollziehbar aussprechen lässt. Die Überlegungen zu den differenten Semantiken haben gezeigt, dass das nicht auf der kosmologischen Gegenstandsebene geschehen kann, eben weil diese durch Beschreibungen konstituiert ist, die durch den Ausschluss dessen definiert sind, was die Voraussetzung einer sinnvollen Rede vom ‚Plan Gottes' wäre. Ein Plan setzt ein intentionales Subjekt voraus; dieses soll aber gerade nicht als Erklärung natürlicher Phänomene und auch nicht ihres Zusammenhangs zugelassen werden. Für die Abgrenzung von der klassischen Metaphysik ist eben dieses Moment von großer Bedeu-

---

[19] Von hier aus wäre auch noch einmal neu zu bedenken, ob die Grundfrage, die Charles Taylor seinen Analysen zur Geschichte des säkularen Zeitalters stellt, hinreichend präzise ist: War es „im Jahre 1500 praktisch unmöglich, nicht an Gott zu glauben"? (*Ch. Taylor*, Ein säkulares Zeitalter, Frankfurt a. M. ¹2009, 51). Genauer wäre m. E. zu sagen, dass ‚Gott' für die Menschen dieser Zeit (zumindest in Europa) ein selbstverständlicher Faktor in ihrem Denk- und Sprachrahmen war; das aber ist mit dem, was ‚Glaube' in einem theologisch anspruchsvollen Sinn bedeutet, nicht identisch.

tung; die damit verbundene Ablehnung teleologischen Denkens ist
für neuzeitliche Wissenschaft geradezu kanonisch. Dabei handelt es
sich nicht um ein Resultat der Forschung, sondern um eine methodische Voraussetzung, also eine normative Forderung: Innerhalb
wissenschaftlicher Theorien *darf* es keine Naturteleologie geben.[20]
Für unsere Thematik ist dabei unerheblich, dass sich dieser Ausschluss nicht konsequent durchführen lässt; so sind Konzepte wie
das der Teleonomie, das eigens zur Vermeidung teleologischer Implikationen in der Evolutionstheorie entwickelt wurde, letztlich keine Lösung der anstehenden Fragen, sondern nur deren Verdrän-
gung: Sie werden von der Objektebene ausgeschlossen, um sie in
die unreflektierten Denkstrukturen auszulagern und damit unsichtbar zu machen. Es ist auch nicht zu sehen, wie Scheinsubjekte wie
‚die Natur‘, die etwas einrichte, bevorzuge oder hervorbringe, vermieden werden könnten. Solche Redeweisen können, wie auch der
Begriff der ‚Evolution‘ selbst, nur als Rahmenkonzepte gelten, in
dem viele einzelne Aussagen und Beobachtungen zusammengefasst
werden. Sie überschreiten aber damit notwendig den Bereich, der
durch den methodischen Reduktionismus abgesteckt ist, und überschreiten die Grenze zur Metaphysik.

Wollte man hier Möglichkeiten der Integration von religiöser und
wissenschaftlicher Semantik suchen, so würden freilich auch die
Problemlagen reproduziert, die den metaphysischen Denkrahmen
unplausibel werden ließen. Die Suche nach sprachlichen und ge-
danklichen Äquivalenten in Wissenschaft und Religion führte in
dieselben Schwierigkeiten, denen sich die klassischen Gottesbeweise
ausgesetzt sahen: Selbst wenn wissenschaftlich ein Akteur ausgemacht würde, der die Stelle einnehmen könnte, die religiös ‚Gott‘
genannt wird, wäre doch das Wesentliche verfehlt. In klassischen
Rahmen konnten Konzepte wie *aliquid quo maius cogitari non potest*
oder der ‚unbewegte Beweger‘ als solche Äquivalente fungieren, die
die Logik der Philosophie und Wissenschaft mit der Logik theologischer Rede verbinden konnten. Dabei war auch immer bewusst, dass

---

[20] Vgl. *W. Schoberth*, Warum Ziele keine Zwecke und Zufälle nicht sinnlos sind.
Theologische Bemerkungen zu Finalität, Teleologie und Kontingenz, in: J. v. Lüp-
ke (Hg.), Gott – Natur – Freiheit. Theologische und naturwissenschaftliche Perspektiven (Veröffentlichungen der Kirchlichen Hochschule Wuppertal 10), Neukirchen-Vluyn 2008, 72–93.

diese Äquivalente nicht den vollen semantischen Gehalt umfassen können, für den der Gottesbegriff steht; für die Aufgabe, die sie im Denkrahmen der traditionellen Metaphysik erfüllen sollten, reichte das aus.[21] Thomas markiert aber auch deutlich, dass die Nennung Gottes außerhalb der Beweisführung der fünf Wege steht. Wo dieser Übergang aber nicht mehr selbstverständlich ist, weil nicht mehr alle die letzte Ursache ‚Gott‘ nennen, kann sich die Argumentation verselbstständigen und Gott wird für das Denken entbehrlich. Paradoxerweise ist so die Säkularisation des Denkens schon in dem Versuch angelegt, Glauben und Ratio zu integrieren; das Auseinanderbrechen der Semantik der Beschreibung der äußeren Welt und der Gottesrede lässt dann auch die Auseinandersetzung um die Frage nach einer ‚natürlichen Gotteserkenntnis‘ an Bedeutung verlieren. Wie immer diese gefasst wird, setzt sie die Sprache des Glaubens schon voraus. Darum lässt sich auch die Geschöpflichkeit des Menschseins nur dort plausibilisieren, wo die Gottesrede schon gegenwärtig ist, weil von Geschöpflichkeit nur in Relation zum Schöpfer sinnvoll die Rede sein kann.

Die Beschreibung als unterschiedliche semantische Welten erlaubt es aber nun, wiederum eine weitere Perspektive einzunehmen, weil Semantiken zum einen nie abgeschlossen und vollendet und zum anderen immer eingebettet sind in Lebensformen und Pragmatiken, die sich überlappen können. Damit ist die Aufgabe ihrer Verbindung zunächst ‚nach innen‘ gerichtet: Wie können Christinnen und Christen heute in ihrem Leben beides zusammenbringen? Weil sie die Perspektive und das Wissen neuzeitlicher Wissenschaft teilen, entsteht die Frage, wie sich angesichts dessen an der Wahrheit des Glaubens festhalten lässt. Das ist unter den gegebenen Bedingungen, in denen ein verkürztes Verständnis von Wissenschaft dominiert, nicht einfach. Die Aufgabe theologischer und kirchlicher Praxis ist es darum, hier Sprachformen zu erproben und einzuüben, die beidem gerecht werden: der klaren Unterscheidung der Semantiken, Perspektiven und Pragmatiken *und* dem Zusammenhang in unserem Leben. Dazu ist zunächst genau zu bedenken, an welchem Ort

---

[21] Freilich wurde auch hier schon die komplexe Beziehung von Gottesnamen und partiellen begrifflichen Äquivalenten oft nicht erkannt; so übersieht schon Gaunilo, dass das *quo maius cogitari non potest* eben nur von einem einzigen ausgesagt werden und nicht auf Gegenstände in der Welt angewendet werden kann.

und in welcher Semantik wir uns gerade bewegen. Solange das die kosmologische Perspektive ist und kosmologische Fragen untersucht werden, sind theologische Aussagen unnötig und stören, weil sie außerhalb des Bereichs des hier Sinnvollen liegen. Darum müssen alle Versuche scheitern, in kosmologischen Beschreibungen und Theorien noch einen ‚Plan Gottes‘ auffinden oder einschreiben zu wollen.

Die Spannung lässt sich nicht lösen, wenn man versuchen würde, die Perspektiven ineinanderzuschieben; eben das ist mit der Einsicht in die Differenz der semantischen Welt unvereinbar. Vielmehr muss die Verbindung gerade über die genaue Wahrnehmung der Unterschiedlichkeit der Perspektiven geschehen. Ihr Zusammenhang muss folglich außerhalb der Grenzen der Sprache der Wissenschaften aufgesucht werden – in dem, was dort aus methodischen Gründen bewusst ausgeschlossen wird. Das aber sind eben die Fragen nach dem, wie wir leben können und wollen; nach welchen Orientierungen das Leben ausgerichtet werden soll; was als sinnvoll erfahren wird und was nicht. Alle diese Fragen sind keine wissenschaftlichen Fragen: „… Wir fühlen, dass selbst, wenn alle *möglichen* wissenschaftlichen Fragen beantwortet sind, unsere Lebensprobleme noch gar nicht berührt sind.“[22] Anders als der Wittgenstein des *Tractatus* meint, verschwinden diese Fragen nicht durch die Beantwortung der wissenschaftlichen Fragen. Sie sind auch keineswegs unaussprechlich, wenn sie sich nicht als wissenschaftliche formulieren lassen; eben das wird erkennbar, wenn die Mannigfaltigkeit der Sprachformen in den Blick kommt.

Für die Sprache des Glaubens sind diese Bereiche von elementarer Bedeutung. In ihr ist sicher auch von der Beschaffenheit der Welt die Rede, freilich insofern dies unsere Stellung in der Welt betrifft. Es geht nicht um ein theoretisches Wissen, sondern um die Orientierung in unserem Leben. Dann aber wird offensichtlich, dass der Ausgriff auf das Ganze versperrt ist; er wäre auch gar nicht sinnvoll. Das verändert auch, was theologisch vom ‚Plan Gottes‘ zu sagen ist. Die Metapher bezeichnet etwas anderes als ein Programm, das verwirklicht würde oder geschichtlich zu verwirklichen wäre, sondern gibt den Horizont an, in dem die Selbstwahrnehmung der Menschen

---

[22] *L. Wittgenstein*, Tractatus logico-philosophicus. Logisch-philosophische Abhandlung, Frankfurt a. M. [12]1975, 114, Nr. 6.52.

als Gegenüber Gottes sich vollzieht. Weil es aber der Plan *Gottes* ist, bleibt er verborgen.

Menschliches Leben und Handeln ist nur möglich, indem es Orientierungen folgt und auf das ausgerichtet ist, was in der philosophischen Tradition als *telos* benannt wurde. Das heißt aber auch, dass Menschsein wesentlich auf das ausgerichtet ist, was jenseits des Erforschbaren steht, schon weil es auf Zukunft hin gelebt wird. Die Kette der Ziele, die Menschen verfolgen und verfolgen können, verläuft sich aber im Offenen, das nicht festgelegt werden kann. Indem Glaubende sich als Gegenüber Gottes erfahren, führt diese Offenheit aber nicht ins Bodenlose. So ist die Rede vom ,Plan Gottes' ein Symbol der Hoffnung und der Verpflichtung: Gott verbürgt die Sinnhaftigkeit dessen, was unser Begreifen übersteigt, gerade weil er der Ewige ist.

Mit dieser Metapher ist zugleich festgehalten, dass ein Leben in den Wegen Gottes der Wirklichkeit in ihrer Wahrheit entspricht. Das ist eine elementare Wahrheitsbedingung des Glaubens, die ontologisch anspruchsvoll ist. Darum lässt sich Glaube auch nicht auf Moral oder Religion reduzieren, sondern enthält notwendig ontologische Implikationen. Das Bekenntnis, dass die Welt Schöpfung Gottes ist und Menschen seine Geschöpfe sind, sagt etwas über die Wahrheit der Welt und nicht nur über ihre ,Deutung'. Diese Welt ist aber weder identisch mit dem Kosmos der Wissenschaften noch mit dem griechischen Kosmos, dem Inbegriff des Wohlgeordneten und der Erkenntnis Zugänglichen.[23] Die Vorstellung einer großen Weltordnung ist nicht nur dem biblischen Glauben fremd, sondern kollidiert auch mit den Erfahrungen des Lebens; der Kosmos, den Gott liebt (Joh 3,16), ist gerade nicht in Ordnung. Das sperrt sich auch gegen die Verlagerung der rationalen Ordnung in eine Natur- oder Geschichtsteleologie, wie dies in der neuzeitlichen Kosmodizee unvermeidlich wurde; vielmehr muss und kann sich der Glaube dem Undurchschaubaren und Vernunftwidrigen in der Welt stellen.[24]

---

[23] Insofern sind auch der griechische Kosmos und der Kosmos der Wissenschaft mindestens erkenntnis- und wahrheitstheoretisch eng verbunden.

[24] Vgl. dazu *D. Ritschl*, Gott wohnt in der Zeit. Auf der Suche nach dem verlorenen Gott, in: ders., Bildersprache und Argumente. Theologische Aufsätze, Neukirchen-Vluyn 2008, 36–48, hier 36: Gott „hätte nie in der Weise mit Ordnung, Regeln, Naturgesetzen mit Ordentlichkeit, mit Gesundheit und Normalität naiv parallel gesetzt werden sollen, wie dies tatsächlich geschehen ist."

‚Plan Gottes' ist dann nicht eine verborgene Rationalität des Kosmos und Gott nicht das Super-Subjekt hinter der naturwissenschaftlichen oder geschichtlichen Welt. Aber Glaube impliziert auch, dass diese Welt, wie sie sich dem Zugriff der Erkenntnis darstellt, nicht alles ist. Das wäre neu zur Geltung zu bringen, wie ich es abschließend in einem spekulativen Vorschlag umreißen will. Ich bezeichne das als spekulativ, weil es über das hinausgeht, was sich argumentativ im Rahmen unserer Denkstrukturen aussagen lässt, auch wenn die kritischen Überlegungen, wie ich sie in diesem Beitrag vorgelegt habe, eine solche Überschreitung ermöglichen und nahelegen. Spekulativ ist dieser Vorschlag auch in dem Sinne des Wortes, den Augustin mit 1 Kor 13,12 entfaltet (trin. 15, 8f.), weil er seine eigene Vorläufigkeit mitdenken muss.

Indem Menschen sich als Gegenüber Gottes erfahren, erfahren sie zugleich, dass ihre eigene Leiblichkeit über die Bedingungen des ‚Natürlichen' hinausweist. Das ist in der klassischen Entgegensetzung von Leib und Seele nur unzureichend erfasst, weil der Leib selbst schon mehr ist als Körper und Materie. Müsste da nicht die alte Bestimmung des Menschen, wie sie sich bei Otto Casmann noch am Beginn der Anthropologie als Wissenschaft findet, neu zur Geltung gebracht werden? In seiner Definition des Begriffs der Anthropologie ist die menschliche Natur noch verstanden als Vereinigung der geistigen und körperlichen Welt.[25] Aus dem Auseinanderfallen beider Perspektiven resultieren nicht nur die Aporien der Leib-Seele-Debatte, sondern auch eine verengte Wahrnehmung der Welt und des Lebens in ihr.

Menschsein vollzieht sich gerade in seiner Leiblichkeit, geht aber nicht in seiner Körperlichkeit auf. Darum würde ein Geist-Materie-Dualismus die Wirklichkeit des Lebens ebenso verfehlen wie naturalistische oder idealistische Monismen. Die Fixierung auf wechselseitige Kausalitäten führt in die Irre; es geht vielmehr um das Zusammendenken zweier Erfahrungswelten. Als Menschen unserer Zeit ist uns die kosmologische Perspektive geläufig; und wir müssen sie als Christinnen und Christen mit unserer Glaubensrede zusam-

---

[25] O. *Casmann*, Psychologia anthropologica; sive animae humanae doctrina …, Hannover 1594, 1: „Anthropologia est doctrina humanae naturae. Humana natura est geminae naturae mundanae, spiritualis & corporeae, in unum hyphistamenon unitae, participes essentia."

mendenken. Für Angeredete Gottes ist die Unendlichkeit des Kosmos Horizont, aber auch noch einmal umgriffen von dem, was in religiöser Sprache ‚Himmel' heißt. In unserer Erfahrungswelt ist er gegenwärtig in dem, was das ‚Geistige' genannt wurde und gerade nicht im Intellekt aufgeht. Unser Fühlen und Empfinden ist wie unser Denken nicht zu verrechnen mit dem Materiellen.

Diese ‚geistige Welt', die uns in diesen Dimensionen gegenwärtig ist, hat andere Kategorien als die der Wirkursachen und eine andere Zeitlogik als die der Chronologie. Ist dann das Menschsein nicht die Stelle, an der auf dieser kleinen bedrohten Erde die ‚Welt des Geistigen', wie man es mit der Tradition in aller Brüchigkeit sagen könnte, zur Selbstanschauung kommt und, mit dem von Adorno gebrauchten Bild, die Natur ‚die Augen aufschlägt'[26]? Ist also das Universum auf diesen Fokus ausgerichtet? Das kann und soll nicht in der Sprache der heutigen Naturwissenschaften formuliert werden, weil das nur zur Verwirrung führen müsste. Lässt sich eine Wissenschaft denken, die diese Dimensionen wieder einbeziehen könnte? Das Verständnis der Differenz als semantische Unterscheidung würde ermöglichen, statt einer bloßen Abgrenzung auch Übergänge zwischen den semantischen Welten zu suchen. Vielleicht ließe sich dann auch formulieren, „daß die Rationalität der Welt letztlich identisch ist mit den Gedanken Gottes?"[27] Dann wäre die Erfahrung der Welt und die Orientierung des Lebens, die im Glauben zur Sprache kommt, und mit ihnen „die impliziten Axiome, die von Gnade und Recht für die Schwachen, die vom Jerusalemer Modell zeugen, letztlich der Sinn der Schöpfung".[28] Und dann wäre auch unsere „Lebens- und Gotteserfahrung ... letztlich nicht nur unsere Weisheit, sondern der Widerschein von Gottes Lebensweisheit für uns."[29] Das alles benennt keine religiöse Sonderwirklichkeit, sondern verweist auf die Wirklichkeit des Lebens, in der mehr erfahren wird als das, ‚was der Fall ist'. Wie dies freilich zur Sprache kommen und in unserem Leben zur Geltung kommen kann, bleibt strittig nicht nur zwischen Glau-

---

[26] *Th. W. Adorno*, Ästhetische Theorie, Frankfurt a. M. ¹1973, 104.
[27] *D. Ritschl*, Die Erfahrung der Wahrheit. Die Steuerung von Denken und Handeln durch implizite Axiome, in: ders., Konzepte. Ökumene, Medizin, Ethik. Gesammelte Aufsätze, München 1986, 147–166, hier 164.
[28] Ebd.
[29] Ebd., 165.

benden und Nicht-Glaubenden. Zum Glauben gehört aber elementar, dass Leben nur dann ein gutes und wahrheitsfähiges sein kann, wenn es den Wegen entspricht, die auf ‚peace and happiness for every man‘ ausgerichtet sind.

Diese Überlegungen müssen spekulativ bleiben, weil das in der Gegenwart der semantischen Differenzen nicht anders aussagbar ist. So würde jedenfalls zur Geltung kommen, dass Menschsein in seiner Leiblichkeit Teil der Welt des Physischen ist, darin aber nicht aufgeht. Und es entspricht dem, dass das Leben allemal auf Zukunft ausgerichtet ist. Als Gegenüber Gottes erfahren Menschen, dass diese unerforschliche Zukunft aus Gott kommt und zu Gott führt.

Der Australopithecus als Ebenbild Gottes?

Theologische Anthropologie vor dem Hintergrund der
menschlichen Evolution

Christina Aus der Au

Die meisten Christinnen und Christen haben keine Probleme damit,
einerseits an „Gott den Vater, den Allmächtigen, den Schöpfer des
Himmels und der Erde" zu glauben, wie es im Apostolischen Glaubensbekenntnis heißt, und es andererseits plausibel zu finden, dass
gemäß der Evolutionstheorie die Erde mit ihren Lebewesen im Zusammenspiel von Zufall und naturgesetzlicher Notwendigkeit im
Laufe von viereinhalb Milliarden Jahren entstanden ist. Die Schöpfungsgeschichte in Genesis 1 erzählt die Erschaffung der Erde in
sechs Tagen vor dem Hintergrund der Frage: „Woraufhin ist der
Mensch erschaffen? Welche Stellung hat er vor Gott und in der
Welt?" Die Evolutionstheorie dagegen versucht die Frage zu beantworten: „Wie ist der Mensch entstanden? Welche Ursachen und Bedingungen sind dafür verantwortlich, dass es zur Entwicklung des
Homo sapiens sapiens kam?"

Das sind zwei ganz unterschiedliche Fragestellungen. Die erste
nimmt den Menschen als denkendes, glaubendes, strebendes und
liebendes Subjekt in den Blick, die zweite betrachtet ihn als biologischen Organismus. In Anlehnung an Martin Buber könnte man sagen, in der Schöpfungsgeschichte geht es um das Ich Gottes und das
Du des Menschen, in der Evolutionstheorie dagegen um das Ich des
Forschenden und das Es seines Objekts. Zwei unterschiedliche Fragestellungen, zwei Sprachspiele, die sich nicht überlappen und nicht
in die Quere kommen. So kann die Kirche entspannt und getrost
feststellen: „Glaube und Naturwissenschaft schließen einander nicht
aus. Die evangelische Kirche ermutigt zu einem Dialog mit Vertre-
tern der Naturwissenschaften, um die Weltwirklichkeit in ihrer
Ganzheit besser verstehen zu können."[1]

---

[1] Schöpfergott und Evolution, in: https://ekhn.de/glaube/glaube-leben/gott/
schoepfung/schoepfergott-und-evolution.html.

Wenn dann allerdings in dieser Schöpfungsgeschichte steht, „Gott schuf den Menschen als sein Bild, als Bild Gottes schuf er ihn" (Gen 1,27), dann könnte eine aufgeweckte Jugendliche und angehende Biologiestudentin schon auf die Frage kommen: Welcher Mensch ist denn damit gemeint? Ist erst der heutige Homo sapiens sapiens als Ebenbild Gottes erschaffen? Oder galt das auch schon für den Neanderthaler? Oder vielleicht sogar schon für den Australopithecus? Aber dieser ist wahrscheinlich vor ungefähr 2 Millionen Jahren ausgestorben, also vielleicht doch nicht Ebenbild Gottes? Was ist mit den anderen ausgestorbenen Linien, nicht nur dem Australopithecus, sondern auch dem Paranthropus aethiopicus, dem Homo habilis und dem Homo neanderthalensis? In welchem Entwicklungsstadium manifestiert sich die Gottebenbildlichkeit, und seit wann kommt dem Menschen die darin verankerte unveräußerliche Würde zu? Oder kurz gesagt: Hat sich die Gottebenbildlichkeit zusammen mit den Hominiden entwickelt oder wurde sie erst dem Endprodukt zuteil?

Die folgenden Überlegungen haben keinerlei exegetischen Anspruch. Mir liegt nichts ferner, als die Historizität der biblischen Schöpfungsgeschichte oder gar die Irrtumslosigkeit der biblischen Texte zu behaupten. Ausgangspunkt meiner mäandrierenden Gedanken war zum einen die Einladung zu einer Tagung mit dem provokanten Titel „(K)ein sinnvoller Plan Gottes?" und zum anderen meine Faszination für die Prozesstheologie. Beides zusammen verleitete mich dazu, mir zu überlegen, ob der Zuspruch der Gottebenbildlichkeit erst einer bestimmten Entwicklungsstufe des Menschen gilt. So ist es ein systematisch-theologisches Ausloten dessen, was mit einer prozessual verstandenen Gottebenbildlichkeit möglich wäre – für den heutigen Menschen, für seine Vorformen und damit auch für die gesamte nicht-menschliche Schöpfung. Wer dann versucht ist, daraus Konsequenzen für eine Tier- und Umweltethik zu ziehen, dem/der sei dies unbenommen.

1. Geschichte des Menschen

Das (vorläufige) Endprodukt Homo sapiens sapiens, dem der göttliche Zuspruch der Gottebenbildlichkeit gilt, hat eine sehr lange Vorgeschichte. Vor ungefähr 35 Mio. Jahren spaltete sich die Linie der Schmalnasenaffen (Catarrhini) in die Überfamilien der geschwänzten Meerkatzenartigen (Cercopithecoidea) und diejenige der schwanzlosen Menschenartigen (Hominoidea). Aus letzteren entwickelten sich vor rund 18 Mio. Jahren einerseits die Familie der Gibbons (Hylobatidae), andererseits diejenige der Menschenaffen (Hominidae). Diese wiederum spaltete sich kurz darauf in die Unterfamilien Ponginae (Orang Utans) und die Homininae, zu der die Vorfahren sowohl der Gorillas und Schimpansen als auch des Menschen gehören. Ungefähr vor 8 Mio. Jahren teilten sich dann daraus die Entwicklungslinien der Gorillas und der Hominini, aus denen dann vor ca. 6 Mio. Jahren die Gattungen der Schimpansen (Pan) und der Menschen (Homo) hervorgingen. Es ist nicht ganz unumstritten, ob es gerechtfertigt ist, Pan und Homo zwei unterschiedlichen Gattungen zuzurechnen. So schlägt der Anthropologe Volker Sommer aufgrund der nahen genetischen Ähnlichkeit vor, die beiden Schimpansenarten in Homo troglodytes (Schimpanse) bzw. Homo paniscus (Bonobo) umzubenennen,[2] während der Evolutionsbiologe Jared Diamond den Menschen umgekehrt als „dritten Schimpansen" sehen will.[3] Tatsächlich hat diese Diskussion aber mehr kulturelle und ethische als paläobiologische oder genetische Gründe.

Traditionellerweise wird aufgrund von Fossilienfunden und molekularbiologischen Datierungen hier, bei der Trennung von Pan und Homo, der Beginn der Hominisation datiert. Aus der Linie der Hominia sind die Vormenschen (Australopithecus, Paranthropus) und die Ur- (Homo habilis, Homo rudolfensis) und Frühmenschen (Homo erectus, Homo neanderthalensis) hervorgegangen, bis sich schließlich vor etwa 250.000 Jahren aus dem Homo sapiens der Vorfahre des sogenannten Jetztmenschen, Homo sapiens sapiens, entwickelte.

Dies geschah nicht in einer einzigen Linie und auch nicht auf einer stetig hochsteigenden Entwicklungsleiter; es war kein Stammbaum, sondern eher ein Stammbusch mit Seitenlinien, die ausstarben, anderen, die sich parallel dazu weiterentwickelten, sich vermischten oder auch nicht, und weshalb nun nur noch der moderne Mensch Homo sapiens sapiens als Vertreter der Gattung Homo übriggeblieben ist, wissen die Forscherinnen und Forscher bis heute noch nicht so richtig.

---

[2] Vgl. V. *Sommer*, Plädoyer für eine radikale evolutionäre Anthropologie. Menschenaffen wie wir, in: Biologie in unserer Zeit 30 (3/2009), 196–204, hier 200.

[3] J. *Diamond*, Der Dritte Schimpanse. Evolution und Zukunft des Menschen, Berlin 1994.

2. Gottebenbildlichkeit

Jedenfalls ist es dieser Mensch, dem nun vor ca. 2,5 Jahrtausenden im priesterschriftlichen Schöpfungsbericht (Gen 1,26.27 und im Rückblick darauf Gen 5,1) die Gottebenbildlichkeit zugesprochen wird. In Gen 9,6b wird diese zudem nach der Sintflut als Begründung dafür angegeben, dass das Blut des Menschen nicht ungestraft vergossen werden darf. Darauf gründete sich der Gedanke der unveräußerlichen Menschenwürde.

Im Hebräischen werden für diese Bildlichkeit zwei unterschiedliche Begriffe gebraucht, *saelaem* und *demut*, was in der Septuaginta mit *eikon* und *homoiosis*, in der lateinischen Bibel mit *imago* und *similitudo* übersetzt wurde. In der Tradition wurde deswegen lange unterschieden zwischen der bleibenden geschöpflichen Ausstattung des Menschen mit Vernunft und Willen einerseits und der durch die Sünde verlorenen Entsprechung des Menschen zu Gottes Willen im Zustand der ursprünglichen Vollkommenheit andererseits.[4] Heute wird diese Unterscheidung von den Exegetinnen und Exegeten nicht mehr in dieser Alternativität vertreten. Dennoch sind zwei grundsätzlich unterschiedene Deutungen geblieben, zum einen die Gottebenbildlichkeit als wesensmäßige Eigenschaft des Menschen, zum anderen als relationale Bestimmung des Menschen als in ein Gottes- und Weltverhältnis hineingestellt. Michael Welker fächert die Interpretationen noch konkreter auf:[5]

Ist der Mensch als Bild Gottes bestimmt

– zum personalen und dialogischen Gegenüber Gottes und des Mitmenschen,[6]

– zum im weitesten Sinne „sozialen" Mitgeschöpf,[7]

---

[4] Vgl. *W. Härle*, Dogmatik, Berlin [3]2007, 435.

[5] Vgl. *M. Welker*, Person, Menschenwürde und Gottebenbildlichkeit, Jahrbuch für Biblische Theologie 15 (2001), 247–262, hier 247, Welker selber verweist in der nachfolgenden Aufzählung auf die entsprechenden Autoren.

[6] So z. B. *K. Barth*, Die Kirchliche Dogmatik III/1, Zürich 1980, v. a. 206ff. und daran anschließend *I. Dalferth, E. Jüngel*, Person und Gottebenbildlichkeit, in: Christlicher Glaube in moderner Gesellschaft, Bd. 24, Freiburg i. Br. 1981, 85f.

[7] Vgl. *J. Moltmann*, Gott in der Schöpfung. Ökologische Schöpfungslehre, München 1985, 222ff.

– zum Adressaten und Erfüller des göttlichen Auftrags, über die Schöpfung zu herrschen[8]
– oder zum Träger der Offenbarung Gottes in einem noch umfassenderen Sinn?[9]

Welker selber situiert sein Verständnis der Gottebenbildlichkeit dabei nicht unprovokativ im Horizont des Dominium Terrae, des Herrschaftsauftrages über die Erde, der ja im Schöpfungsbericht auch damit verbunden ist. Aber gerade mit der Bestimmung des Menschen, den Mitgeschöpfen imago Dei zu sein, geht dieser Herrschaftsauftrag einher mit dem Auftrag, königliche Gerechtigkeit und Schutz der Schwachen auszuüben. Damit biete sie ein religiöses Orientierungspotential, das durchaus auch außerreligiös übersetzbar sei.

Außerreligiös vielleicht schon – aber nicht dann, wenn man den Menschen als ein Lebewesen im Blick hat, das sich über Jahrmillionen in und mit der außermenschlichen Natur entwickelt hat. Wann – und vor allem: warum – öffnet sich die Kluft zwischen dem Menschen und dem Rest der Schöpfung? Ist man dann nicht doch wieder bei der Vernunft bzw. der Fähigkeit zur Selbstreflexion und damit zur Selbstsituierung außerhalb der Erde und dessen, was darauf ist? Und muss man nicht damit den Menschen aus seiner Geschichtlichkeit heraus isolieren, damit ihm die Gottebenbildlichkeit, in welcher Deutung auch immer, zukommen kann? Auch dort, wo Barth den Menschen nicht aufgrund seines Herrschaftsauftrags, sondern kraft seiner Dialogfähigkeit als ein Gott gegenüber nicht nur Verschiedenes, sondern ein Zweites, ein selbstständig Anderes,[10] sieht, muss dieser ein auch der Erde gegenüber qualitativ Verschiedenes sein. Und auch dort, wo sich Moltmann dagegen wendet, die Gottebenbildlichkeit am spezifisch Menschlichen festzumachen, das den Menschen vom Tier unterscheidet,[11] bleibt es der Mensch, mit dem Gott ein Verhältnis eingeht, und das menschliche Gesicht, in dem sich die Herrlichkeit Gottes spiegelt.[12] Im Gesicht des Homo sapiens sapiens? Oder schon in demjenigen des Australopithecus?

---

[8] Vgl. *M. Welker*, Schöpfung und Wirklichkeit, Neukirchen-Vluyn 1995.
[9] So z. B. *P. Saladin*, Verantwortung als Staatsprinzip, Bern 1984, 198ff.
[10] Vgl. *K. Barth*, Dogmatik (s. Anm. 6), 206.
[11] Vgl. *J. Moltmann*, Gott (s. Anm. 7), 226.
[12] Ebd., 227.

Alle diese Ansätze ignorieren die Geschichtlichkeit – und damit die geschichtlich gewachsene Leiblichkeit und Konkretheit – des Menschen und setzen ein Idealbild des vernünftigen, beziehungsfähigen, aufrecht gehenden, heterosexuellen[13] Jetztmenschen voraus, der allein das Abbild des genauso ungeschichtlichen, immerseienden Gottes sein kann.

Was wäre, wenn diese Eingefrorenheit im Jetzt aufgebrochen würde? Im Bewusstsein dessen, dass, ebenso wenig wie die Aussagen in Genesis 1 deskriptiv gemeint sind, die Auslegungen dieser Gottebenbildlichkeit auch dogmatische und nicht anthropologische – schon gar nicht evolutionsbiologische – Aussagen sein können. Aber auch dogmatische Aussagen prägen ein Weltbild. Und die Fokussierung der Gottebenbildlichkeit auf den Homo sapiens sapiens ist – ebenso wie sie es auf den weisen, gebildeten Mann war – eine Engführung, welche eine dynamischere Sicht auf Gott, den Menschen und die Schöpfung verhindert.

Was also, wenn wir nach der Gottebenbildlichkeit des Australophithecus fragen, der vor 4 Mio. Jahren auf dieser Erde herumstreifte und zwar den Homini, aber noch nicht der Gattung Homo zugerechnet wird? Schon mit aufrechtem Gang, aber mit um einiges kleinerem Gehirn. Und ausgestorben. War auch er Ebenbild Gottes?

Im Folgenden also augenzwinkernd am Anfang, im weiteren Verlauf aber durchaus auch ernst gemeint, das Weiterdenken dieser Fragen: Was passiert mit dem Theologumenon der Gottebenbildlichkeit, wenn wir vor dem Hintergrund der Evolutionsbiologie den Menschen (und die Welt) als ein radikal geschichtliches Wesen denken müssen? Ist ein nicht nur relationales, sondern ein in sich selber prozessuales Verständnis von Gottebenbildlichkeit vorstellbar, das nicht nur den Jetztmenschen, sondern auch den Ur-, Früh- und Vormenschen umfasst? Ein theologisches Denken, das ernst macht mit der Geschichtlichkeit nicht nur des Menschen, sondern auch Gottes, und mit der damit verbundenen Relationalität nicht nur Gottes, sondern auch der gesamten belebten und unbelebten Natur, findet in der Prozessphilosophie Whiteheads fruchtbare Grundlagen und Denkanstöße.

---

[13] Vgl. sowohl *K. Barth*, Dogmatik (s. Anm. 6), 209 als auch *J. Moltmann*, Gott (s. Anm. 7), 228. Und auch Welker spricht vom „königlichen Paar", das Gottes Bild in Gerechtigkeit und Barmherzigkeit spiegeln soll (*M. Welker*, Schöpfung (s. Anm. 8), 260).

3. Prozesstheologie

Die Prozessphilosophie ist die philosophische Antwort des britischen Mathematikers und Philosophen Alfred North Whitehead (1861–1947) auf die damaligen Umwälzungen in Physik und Biologie unter dem Einfluss von Relativitätstheorie, Quantentheorie und eben auch Evolutionstheorie. Mit der Krise der Newton'schen Physik ist, so Whitehead, der mechanistische Materialismus der Aufklärung an sein Ende gekommen. Es ist auch in der Naturwissenschaft unmöglich geworden, sich die Welt als nach dem Baukastenprinzip aus substantiellen, „festen" Materieteilchen zusammengesetzt vorzustellen. So werden die Dualismen „hier Geist und da Materie" oder die klassische Subjekt-Objekt-Trennung von der modernen Naturwissenschaft nicht mehr gestützt. Dies müsste nun auch zu einem philosophischen Umdenken führen. Whitehead will bisherige mechanistische Grundannahmen von voneinander unabhängigen und passiven Materie-Klötzchen, die in nur äußerlichen Beziehungen zueinander stehen (und prinzipiell auch „für sich" denkbar sind, wie wenn sie jeweils die einzigen Dinge im Universum wären), ersetzen durch ein Wirklichkeitsverständnis, in dem Aktivität und Beziehungen konstitutiv sind für das Wesen der Dinge.[14]

So denkt Whitehead das traditionell als substanzhaft Vorausgesetzte, diese letzten Bauklötzchen der Wirklichkeit, als Interaktionsprozesse, die miteinander verwoben sind, durchlässig sind füreinander und nicht unveränderlich bestehen bleiben, sondern sich aufbauen und dann wieder vergehen. Diese Elemente, oder wie sie Whitehead nennt, *actual entities*, aktuale, sich hier und jetzt ereignende Einzelmomente, sind „the final real things of which the world is made up"[15] und hinter die man nicht zurückgehen kann. *Actual* heisst hierbei nicht nur, dass diese Momente real sind, unabhängig von unserer Wahrnehmung bestehen, sondern will vor allem auch betonen, dass Wirklichkeit etwas mit Wirken, Handeln und Aktivität (*to act*) zu tun hat.

---

[14] Begriffe wie „Ding" oder „Element" sind in der Prozessphilosophie Hilfskonstruktionen, die unglücklicherweise nicht befreit werden können von substantiellen Assoziationen und Vorstellungen.

[15] *A. N. Whitehead*, Process and Reality. An Essay in Cosmology (corr. Ed.), New York 1978, 18.

Diese *actual entities* und ihre Werdeprozesse liegen aller Realität zugrunde. Sie sind verantwortlich für die Struktur der Prozessualität und Relationalität alles Seienden. Und sie verbinden die Aufnahme des Vorhandenen (die schon konkret gewordenen Einzelmomente) mit der Verwirklichung bestimmter Möglichkeiten der Selbstwerdung (*eternal objects*). *Actual entities* sind Erfahrungseinheiten, „drops of experience, complex and interdependent".[16] Die Vorstellung von „Tropfen von Erfahrungen" illustriert dabei einen wesentlichen Aspekt des Whitehead'schen Prozesses, wenn man sich dabei z. B. Wassertröpfchen auf einer leicht schrägen Ebene vorstellt. Ein solcher Tropfen wird gespeist von Tröpfchen, die von oben herabrinnen und sich in ihm vereinigen – dies im Rahmen ihrer geometrischen, chemischen, biologischen und physikalischen Möglichkeiten. Wenn der Tropfen eine bestimmte Fülle dieser ihm vorangegangenen Tröpfchen erreicht hat, löst er sich seinerseits von seiner „Geburtsstätte", um weiter unten in einen nächsten Tropfen einzugehen. So wird eine *actual entity*, indem sie vorgängige *entities* in sich aufnimmt, erfasst und diese Erfahrungen (*prehensions*) auf ihre ureigene Art in ihre Selbstwerdung integriert. Dabei gelangt sie zu ihrer „Vollheit" und wird anschließend ihrerseits zu einem Element in den Erfahrungen nachfolgender Erfahrungströpfchen.

Eine *actual entity* konstituiert sich nun nicht nur aus der Erfahrung vergangener Ereignisse, sondern auch aus der Realisierung dieser Erfahrungen innerhalb bestimmter Möglichkeiten, der *eternal objects*. Diese sind abstrakte Potentialitäten, bestimmte „Wie" sozusagen: die Art und Weise, *wie* etwas überhaupt sein kann. Sie erinnern nicht zufällig an die platonischen Ideen, aber anders als diese haben *eternal objects* keine Realität, sondern sind zunächst reine Möglichkeiten, die von unterschiedlichen *entities* realisiert werden können, in ihrer spezifischen Zusammensetzung aber dann immer nur von je einer konkreten *entity* verwirklicht werden: Farben oder Formen, aber auch Stimmungen oder Charakterzüge. Sie kommen allerdings nicht additiv hinzu, im Sinne von „und dann ist der Ball auch noch rot", sondern gehen genauso in die Selbstwerdung der *entity* ein wie die vergangenen Daten. Indem jede einzelne *actual entity* Rot (und dazu Ball, Gummi, und

---

[16] Ebd.

„bouncing") verwirklicht, ergibt das Gesamte einen roten Ball – konkret: diesen roten Ball.

Die *eternal objects* sind zunächst nur eine Fülle von rein abstrakten, logischen Potentialitäten. Damit diese als reale Möglichkeiten von werdenden *actual entities* auch konkret verwirklicht werden können, werden sie von Gott[17] für jede *entity* in einer für diese spezifischen Zusammenstellung initialisiert. Nicht alle Möglichkeiten sind für alle *entities* möglich. So kann ein Baum z. B. Höhe realisieren, nicht aber Schwerelosigkeit. Was der *actual entity* tatsächlich möglich ist, ist ihr von Gott her als *initial aim* gegeben, als ein sozusagen abgepacktes Set von Möglichkeiten der Selbstwerdung, das ureigene Potential einer *actual entity*, innerhalb dessen sie sich konkretisieren und dabei maximale Intensität und Fülle erreichen kann. Dies geht allerdings nicht automatisch, denn kraft der schon in ihr wirkenden Kreativität transformiert die *actual entity* dieses ursprüngliche Ziel zu ihrem je subjektiven Ziel, dem *subjective aim*, dessen Erfüllung sie in ihrem Werdeprozess verwirklicht und die dann mehr oder weniger dem ursprünglichen Ziel entspricht.

Die vorgegebenen Bedingungen der *actual entity*, vergangene Ereignisse und *initial aim*, werden also von dem werdenden Subjekt als Daten auf je subjektive Art und Weise erfasst, transformiert und aufgenommen. Damit tragen alle diese Erfahrungen zum Werdeprozess der *actual entity* bei, durch welchen das Noch-nicht-Subjekt zum einmaligen und einzigartigen Subjekt wird. Subjektivität ist bei Whitehead eine Tätigkeit, ist Synthetisierung *von* einer Menge von Daten in ein aufnehmendes und erfahrendes Subjekt.[18]

Wenn der Werdeprozess einer *actual entity* sein Ziel erreicht, hat sich das Subjekt endgültig konkretisiert. Whitehead nennt dies die Erfüllung (*satisfaction*) des Prozesses. Im günstigsten Fall[19] hat das

---

[17] Gott ist notwendig in Whiteheads Philosophie, insofern er einerseits Ordnung und Stabilität garantiert, andererseits immer wieder Neues einfließen lässt. Er wird von Whitehead als genauso gegeben postuliert wie *eternal objects, actual entities* und *prehensions*.

[18] „The novel entity is at once the togetherness of the ‚many' which it finds, and also it is one among the disjunctive ‚many' which it leaves, it is a novel entity, disjunctively among the many entities which it synthesizes" (ebd., 21).

[19] Dies impliziert natürlich eine Wertung bzw. eine Zielvorstellung für das werdende Subjekt. Diese ist von Gott durch dessen *initial aim* gegeben und hat zu tun mit Intensität und Harmonie.

Subjekt eine größtmögliche Fülle von Erfahrungen (*prehensions* anderer *entities*) zu einer kreativen, einzigartigen und bunten Synthese zusammengefasst. Wenn wir die Zeit anhalten könnten, wäre hier der Moment, wo das wirkliche Ereignis „ist". Aber mit seiner Erfüllung vergeht das wirkliche Ereignis, und es wird damit selbst zum objektiven Datum in neuen Konkretisierungsprozessen anderer Ereignisse.

Die Grundgedanken der Prozessphilosophie sind also folgende:

– Alles Seiende, sowohl Lebewesen als auch „tote" Materie, ist zusammengesetzt[20] aus *actual entities*, Interaktionsprozessen, die sich aus dem Erfassen (*prehensions*) von Vorhandenem konstituieren, dieses in einem kreativen und je eigenen, subjektiv eingefärbten Synthetisierungsakt zu einer Erfahrungseinheit verschmelzen und dann wieder vergehen, um ihrerseits Objekte für nachfolgende Prozesse zu werden.

– Als solchermaßen Vorhandenes dienen einerseits alle vorgängigen *entities* (die als vorgängige nun eben nicht mehr *actual* sind), andererseits der Bereich der zeitlosen Möglichkeiten (*eternal objects*), welche, ähnlich den platonischen Ideen, Realisierungsweisen eröffnen und strukturieren und ihrerseits von Gott für die jeweilige *entity* als *initial aim* strukturiert und hierarchisiert werden. Dieses *initial aim* ist die Vorlage für das Maximum an Fülle und Intensität, die dann von der werdenden Entität als *subjective aim* individuell angepasst und ausgefüllt wird.

– Ein solcher Prozess ist also dreifach relational: Er geschieht „von anderen her" (nämlich den vorhergegangenen *entities* und den *eternal objects*), „auf sich hin" (mit dem Ziel der Selbstkonkretisierung in diesem Prozess) und „auf andere hin" (um als vergangene entity ein zu erfassendes Objekt neu werdender *actual entities* zu werden).

– Alles, was ist, besteht aus einer je bestimmten zeitlichen und räumlichen Anordnung (*nexus*) von *actual entities* und bildet in

---

[20] Whitehead nennt solchermaßen zusammengesetztes Seiendes einen *nexus*, der in einer bestimmten Organisationsstruktur aus einander abfolgenden *actual entities* besteht. Hier im Detail darauf einzugehen würde den Rahmen sprengen. Wesentlich ist für die hier angestellten Überlegungen nur, dass das Seiende in seiner gesamten Lebensdauer diese dynamische, vergangene Vielfalt erfassende und in eine subjektive Einheit integrierende Struktur hat.

der gemeinsamen Ausrichtung auf ein Konglomerat von *eternal objects* (dem *initial aim*) ein beständiges und erkennbares Ding oder Lebewesen. Lebende und nicht-lebende Materie unterscheiden sich durch den unterschiedlichen Grad an Kreativität im Umgang mit der Vergangenheit und in der Verwirklichung ihrer Möglichkeiten. Und was hat das jetzt mit Gottebenbildlichkeit zu tun? Gott ist hier nicht nur die Quelle der Kreativität, sondern hat mit dem *initial aim* auch ein Ziel für alle *entities* und die aus ihnen konstituierten Organismen und Lebewesen. Und so wie in der Prozessphilosophie alles Seiende radikal relational und prozessual gedacht wird, so gilt dies auch für dasjenige, was für das Seiende überhaupt möglich ist, nämlich – so die These, die im Folgenden skizziert werden soll – seine jeweilige Gottebenbildlichkeit.

4. Gottebenbildlichkeit als initial aim

„Und siehe, es war sehr gut", sagt Gott, nachdem er die Welt erschaffen hat. Himmel und Erde, Kraut und Bäume, Wasser- und Landwesen und auch der Mensch sind genau dasjenige, was sie sein sollen. Sie realisieren alle ihre Möglichkeiten in Fülle, ihr *subjective aim* entspricht dem *initial aim,* das Gott jeweils für sie vorgesehen hat, seiner Vision für die Welt in Fülle, Intensität und komplexer Harmonie. Mit dem Sündenfall zerbricht die reale Möglichkeit, diese gottgewollte Fülle im konkreten Leben zu verwirklichen. Das Bestreben der Subjekte aufzunehmen, zu integrieren und zu ihrer eigenen *satisfaction* zu gelangen, gerät untereinander in Konflikt und versagt in der größtmöglichen Realisierung des *initial aim.* Und dies gilt für die gesamte Schöpfung. Die Schlange kriecht im Staub, die Frau gebiert ihre Kinder unter Schmerzen und der Mann ringt dem Acker im Schweiß seines Angesichts das Brot ab. Nichts davon gehörte zur Vision Gottes für die Schlange, die Frau, den Mann und den Acker. Im Gegenteil – und der Fluch besteht nun in der Unfähigkeit, diese Vision Gottes in der jeweiligen konkreten Existenz zu verwirklichen.

Das *initial aim* ist die Schöpfung, wie sie Gott ursprünglich erschaffen hat: Gottes Urbild für die Schöpfung. Die einzelnen Geschöpfe sind nicht dazu bestimmt, Gott zu spiegeln, sondern so sich selbst zu werden, wie sie in Gottes Augen sein sollen.

Zum Bilde Gottes zu werden in diesem Sinne bedeutet, Gott spielt seine Rolle gerade nicht als Genitivus objektivus. Es geht nicht um Gottes *Eben*bildlichkeit, sondern um die Angleichung an das Bild, das Gott als Genitivus subjectivus dem werdenden Wesen als seine Vision der Schönheit und Fülle eröffnet. Bild Gottes zu sein, heißt, die Fähigkeit zu haben, sein *subjective aim* diesem *initial aim* Gottes anzugleichen, seine Möglichkeiten auszuschöpfen, dasjenige, was ist, kontrastreich, komplex und intensiv zu erfassen und in das eigene Selbstsein hinein zu integrieren. Das gilt für die gesamte Schöpfung. Diese Fähigkeit zur Angleichung unterliegt allerdings dem Fluch, dem die gesamte Schöpfung anheimgefallen ist, und kann deswegen immer nur sehr fragmentarisch wahrgenommen werden. Tiere, Pflanzen, Landschaften erinnern zwar oft mit ihrer Schönheit an dieses ursprüngliche Bild Gottes, aber derjenige, der hinter die Romantik blickt, sieht auch deren dunkle Seite. Die Natur ist weit davon entfernt, Gottes Liebe zu verwirklichen, wie es der britische Dichter Alfred Lord Tennyson in unsterbliche Worte gefasst hat: „Who trusted God was love indeed, and love Creation's final law, tho' Nature, red in tooth and claw, with ravine, shriek'd against his creed".[21]

Paulus dreht diese Argumentation um. Nicht der Mensch, der auf Gottes Liebe vertraut hatte, ist der Getäuschte, weil ihn die grausame Natur eines Besseren belehrt. Sondern es ist die Schöpfung selber, die in sehnsüchtigem Verlangen darauf wartet, dass die Söhne und Töchter offenbar werden als dasjenige, was ihnen als herrliche Freiheit verheißen ist, und die dann ebenfalls von der Knechtschaft der Vergänglichkeit befreit werden (vgl. Röm 8,19ff.).

Aber bei beiden scheint die Diskrepanz auf zwischen dem, was die Schöpfung sein könnte, und dem, was sie tatsächlich ist. Zwischen Gottes *initial aim* und dem verstümmelten, ja im wahrsten Sinne des Wortes pervertierten *subjective aim*. Zwischen dem Urbild und dem Abbild.

Das Bild Gottes zu sein, radikal relational und prozessual gedacht, ist grundsätzlicher als Eigenschaft und Herrschaftsauftrag, fundamentaler als Vernunft und Dialogfähigkeit. Es bedeutet die Fähigkeit, sich am *initial aim* Gottes auszurichten, das für jedes Geschöpf eine herrliche Vision seiner selbst inmitten einer herrlichen

---

[21] *A. Tennyson*, In Memoriam A. H. H., Good Press 2020, LVI.

Vision der gesamten Schöpfung darstellt. Wenn Tennyson und Paulus den postlapsarischen Seinszustand beschreiben, dann zeichnet Jesaja 11 das *initial aim*: das Friedensreich, geprägt von Gottesfurcht, Recht und Gerechtigkeit, wo Kalb, junger Löwe und Mastvieh beieinanderliegen und ein junger Knabe sie leitet (vgl. Jes 11,6). Hier sind die Gottebenbildlichkeiten – im Plural, nicht im Singular! – von Tier und Mensch in je ihrer Individualität und Originalität endgültig verwirklicht.

Und damit wäre auch der Australopithecus mit eingeschlossen. Die Evolution ist aus dieser Perspektive ein fortwährendes Streben der *actual entities* bzw. der *nexus*, in Interaktion mit den ökologischen und demografischen Sachzwängen ihr *subjective aim* zu realisieren. Getrieben vom Streben nach ihren *initial aims*, die Gott mit der Schöpfung in sie hineingelegt hat, beschränkt durch ihre Endlichkeit und den Zwang zum Überleben auf Kosten der anderen, werden die Geschöpfe zu demjenigen, was sie zu dieser Zeit und als sie selber sein können. Dies gilt für den Australopithecus und den Neanderthaler ebenso wie für den Säbelzahntiger und den Brontosaurus, für den heutigen sibirischen Tiger ebenso wie für Homo sapiens sapiens in all ihren konkreten individuellen Realisierungen.[22]

Dieses Bild Gottes wird nicht einem Geschöpf zu einer bestimmten Zeit und zu einer bestimmten Komplexitätsstufe der Entwicklung zugesprochen, sondern beseelt und treibt die Schöpfung seit dem ersten Machtwort Gottes als seine Vision mit Ausstrahlung, welche seine Geschöpfe dazu lockt, ihr Potential auch in einer gefallenen Welt aufs Vollste auszuschöpfen.

5. Das Bild Gottes als Christusähnlichkeit – damals, heute und morgen

Nun hat der Mensch in den von Menschen tradierten Erfahrungen und Erzählungen naturgemäß eine Sonderstellung inne. So ist es nicht erstaunlich, dass das *initial aim* des Menschen in allen Tradi-

---

[22] Dies gilt hier zunächst für das Individuum, aber prozessphilosophisch lässt sich das ebenso für die Arten und Familien von Lebewesen aussagen. Dieser Gedanke wäre eine weitere Schleife wert, hier nur die Anmerkung, dass Arten ebenso *nexus* von *actual entities* sind wie Individuen, sie sind lediglich in anderer Zusammensetzung und auf andere Weise auf je ihr Set von *eternal objects* bezogen.

tionen ausgelotet und reflektiert wurde. Was macht einen guten, einen gottgefälligen Menschen aus? Eine Grundüberzeugung des Christentums ist es, dass sich Gott in Jesus von Nazareth als dem Christus offenbart, und dabei auch das wahre Menschsein exemplifiziert hat. In Christus ist die Bestimmung des Menschen verwirklicht, hier ist das *subjective aim* eines Menschen ganz und gar zur Übereinstimmung mit seinem *initial aim* gekommen. In Christi Leben und Sterben offenbart sich aber nicht nur die wahre Menschlichkeit und damit das wahre Bild Gottes für den Menschen, sondern auch dessen Not und die Unfähigkeit, diese Übereinstimmung nachzuvollziehen. In der Erkenntnis des unverzerrten Bildes in Christus wird der Mensch seiner Verzerrung gewahr und der Verkrümmtheit und Gefangenschaft seines *subjective aims* in sich selbst.

Dies gilt natürlich zunächst für seine Zeitgenossen und -genossinnen. Da Jesus von Nazareth zu einer bestimmten Zeit gelebt und seine Nachfolgerinnen und Nachfolger in den anschließenden Jahrzehnten und Jahrhunderten ihre Erfahrungen niedergeschrieben und tradiert haben, bezieht sich das von Christus gelebte Bild Gottes auf diejenigen Menschen, die diese Erfahrungen lesen und hören. Michael Welker betont in diesem Zusammenhang zu Recht, dass die in Christus offenbare Gottebenbildlichkeit aber durchaus in andere Kontexte übersetzbar und damit begründungsoffen sei, nämlich als Berufung und Beauftragung der Menschen zur Nächstenliebe, Fremdenliebe und sogar Feindesliebe, deren Erfahrung den Christen in Christus zugesagt und verdeutlicht werde.[23] Dies gilt nicht nur über die Kontextgrenze, sondern auch über die Zeitengrenze hinweg.

Was Christus für seine Existenz vorgelebt hat, als junger, jüdischer Mann im römisch besetzten Galiläa des ersten Jahrhunderts, in der Auseinandersetzung mit den Traditionen und Gebräuchen seiner Zeit und in der Offenheit für die Nöte und Bedürfnisse der Menschen gegenüber, ist ebenso begründungsoffen für die Menschen in der heutigen Zeit und Vielfalt.

Das prozesstheologisch gedachte Bild Gottes für das Geschöpf ist nicht auf ein bestimmtes Bild hin verengt, sondern besteht in der Offenheit jedes Geschöpfes, sein eigenes *subjective aim* auf das *initial aim* Gottes hin auszurichten. Jesus Christus hat mit seinem konkre-

---

[23] *M. Welker*, Schöpfung (s. Anm. 8), 261.

ten Leben, Lehren und Sterben sein *initial aim* konkretisiert und damit den Menschen Möglichkeiten vorgelebt, die auch in ihrem Leben relevant, heißt: Teil ihres *initial aims* sind.

Damit ist er aber nicht nur Vorbild geworden, sondern er hat damit auch eine Sphäre der Wirksamkeit initiiert, welche Menschen darin unterstützt, ihr eigenes *initial aim* ebenso verwirklichen zu wollen. Die vergangenen Elemente von Leben, Sterben und Auferstehung Christi sind in der Geschichte zu realen Elementen geworden, die von nachfolgenden *actual entities* erfasst und weitergegeben werden können. Damit eröffnet sich ein Kraftfeld, innerhalb dessen intensivere Muster und Diversität sowie größere Schönheit und damit mehr *initial aim* realisiert werden können. Der Prozesstheologe John B. Cobb nennt dies eine schöpferische Transformation und eine Horizonterweiterung, in der die engen Interessen des Subjekts in einen weiteren Kontext gestellt werden, indem sie umgeformt und damit befreit werden.[24] Christus ist diese schöpferische Transformation und dort, „wo Menschen an schöpferische Transformation glauben, sie richtig verstehen, ihr vertrauen und sich ihr öffnen",[25] kann Christus gegenwärtig und wirkungsvoll sein und dort leben diese Menschen ihre Entsprechung zum Bild Gottes.

Ziel dabei ist der eschatologische Friede von Jesaja 11, aber dieses Friedensreich ist auch immer wieder „mitten unter uns" (Lk 17,21) dann nämlich, wenn sich die Menschen von Christus transformieren lassen. Dafür hat der Prozesstheologe Bernard Loomer wunderbar poetische Worte gefunden: „I mean the volume of life you can take into your being and still maintain your integrity and individuality, the intensity and variety of outlook you can entertain in the unity of your being without feeling defensive or insecure. I mean the strength of your spirit to encourage others to become freer in the development of their diversity and uniqueness I mean the power to sustain more complex and enriching tensions. I mean the magnanimity of concern to provide conditions that enable others to increase in stature."[26]

---

[24] Vgl. *J. B. Cobb Jr, D. R. Griffin*, Prozesstheologie, Göttingen 1976, 99f.

[25] Ebd., 100.

[26] *B. Loomer*, S-I-Z-E is the Measure, in: H. J. Cargas/B. Lee (Hg.), Religious Experience and Process Theology, New York 1976, 69–76, hier 70.

Insofern hat die Menschwerdung Gottes in Jesus von Nazareth, sein Leben, Lehren, Sterben und Auferstehen, ein Neues in die Geschichte der Menschheit gebracht. Der Australopithecus konnte nicht christusähnlich werden, und er konnte sich auch nicht in das Kraftfeld seiner schöpferischen Transformation hineinziehen lassen. Wohl aber konnte er in seinem Kontext und im Rahmen seiner Möglichkeiten danach streben, sein *subjective aim* an das *initial aim* anzugleichen, wofür der Schöpfer ihm Raum gegeben hat.

Gegen Gott über den Menschen hinaus?
Zur theologischen Relevanz trans- und posthumanistischer Ideen

Reinhold Esterbauer

1. Problemstellung

Macht man sich Gedanken über „Die Zukunft der Menschheit" und sucht für diese Frage Antworten bei Theoretikerinnen und Theoretikern kommender biologischer und technologischer Entwicklung, stößt man beispielsweise bei Nick Bostrom auf die Feststellung, dass für die Zukunft früher die Theologie zuständig gewesen sei, zudem partiell auch die Philosophie, dass es nun aber höchst an der Zeit sei, „sachlich richtige Überzeugungen" über sie auszubilden, die „tatsächliche Plausibilität beanspruchen" könnten.[1] Gemeint ist damit eine natur- bzw. technikwissenschaftlich untermauerte Theorie, wie es mit dem Menschen weitergehen bzw. was nach ihm kommen könnte oder sollte. Vertreterinnen und Vertreter des *Transhumanismus* möchten mit der Hilfe von chemischem, medizinischem und technischem *Enhancement* die Lebensbedingungen des Menschen, seine moralische Integrität, seine Leistungsfähigkeit sowie seine Lebensdauer und sein allgemeines Wohlbefinden entscheidend verbessern.[2] Doch ist es nicht vorrangiges Ziel, die Grenze der menschlichen Gattung – trotz allgemeiner Steigerungen unterschiedlicher Fähigkeiten und des biologischen Zustandes – so weit zu überschreiten, dass man angesichts eines solchen „getunten" Wesens nicht mehr von einem Menschen sprechen könnte. Während der Transhumanismus also vom humanen Fundament des Menschen ausgeht und dieses wei-

---

[1] *N. Bostrom*, Die Zukunft der Menschheit, in: ders.: Die Zukunft der Menschheit. Aufsätze. Aus dem Engl. v. J.-E. Strasser (stw 2245), Berlin 2018, 7–47, hier 10.

[2] Zu den unterschiedlichen Bereichen von Enhancement siehe beispielsweise *J. Savulescu/R. ter Meulen/G. Kahane*, (Hg.), Enhancing Human Capacities, New York 2011.

terentwickeln möchte, setzt der *Posthumanismus* voraus, dass es in
Zukunft gelingen wird, eine Spezies zu schaffen, die den Menschen
hinter sich lässt und ihm nicht nur in Sachen Intelligenz, sondern
auch in Fragen des Gedächtnisses sowie in Fertigkeiten der Welt-
aneignung und der Weltgestaltung überlegen sein wird. Das Ziel
des Posthumanismus besteht nicht bloß darin, den verlorenen Pa-
radies-Zustand wiederherzustellen und damit neuerlich Unsterblichkeit zu erringen, wie Francis Bacon es im *Valerius Terminus* erhofft hatte,[3] sondern vielmehr in einer Steigerung des Urzustandes
selbst. Der Posthumanismus wird zu einem „Transhumanismus,
der den Menschen neu erfindet – bis hin dazu, seine konstitutive
Leiblichkeit überhaupt abzustreifen und den Geist zu digitalisieren,
um ihn die Zeit überdauern zu lassen" – und der den „Rücktritt
des Menschen gegenüber der Kreatur und aus der Welt" überhaupt
anzeigt.[4]

Geht es dem Posthumanismus generell darum, den Menschen,
auch den optimierten, zu überwinden und eine neue Spezies zu
schaffen, so zielt seine „kritische" Variante darauf ab, humane Gegensätze wie etwa Materie – Geist, Tier – Mensch, Natur – Kultur,
Mann – Frau oder Sterblichkeit – Unsterblichkeit und die damit ein-
hergehenden Probleme zu überwinden, die Orientierung am Menschen aufzugeben und eine neue nachmenschliche Ära einzuleiten.[5]
Die „technische" Sichtweise auf den Posthumanismus hingegen legt
ihr Augenmerk besonders auf die Konstruktion von Maschinen, die
nicht nur unsterblich sein sollen, sondern auch als artifizielle Superintelligenzen zu neuen Singularitäten führen, also durch Intelligenz-

---

[3] Vgl. *F. Bacon*, Valerius Terminus, in: ders., The Works. Edited by J. Spedding, R.
L. Ellis, D. D. Heath, Bd. 6. Philosophical Works. Part 3, Boston o. J., 25–76, hier
34: „[…] it is a restitution and reinvesting (in great part) of man to the sover-
eignty and power (for whensoever he shall be able to call the creatures by their
true names he shall again command them) which he had in his first state of creation. And to speak plainly and clearly, it is a discovery of all operations and pos-
sibilities of operations from immortality (if it were possible) to the meanest me-
chanical practice."
[4] *D. Mersch*, Humanismus, Antihumanismus und Posthumanismus, in: M. Heß-
ler/K. Liggieri (Hg.), Technikanthropologie. Handbuch für Wissenschaft und
Studium, Baden-Baden 2020, 56–68, hier 57.
[5] *A. Puzio*, Über-Menschen. Philosophische Auseinandersetzung mit der Anthropologie des Transhumanismus (Edition Moderne Postmoderne), Bielefeld
2022, 331.

explosion ein kommendes Zeitalter begründen, das nicht mehr vom Menschen bestimmt ist.[6] Es wird folglich eine Eschatologie ausgebreitet, die nicht die Erlösung des Menschen als Wiederherstellung von dessen prälapsarischer Natur ins Auge fasst, sondern Erlösung durch Transformation über das Menschsein hinaus propagiert – hinein in eine andere Spezies, die mit der menschlichen Kontingenz nichts mehr zu schaffen hat. Der Zweck der naturwissenschaftlich-technischen Entwicklung übertrifft nach dieser Vorstellung also das Erlösungshandeln Gottes am Menschen und an der Natur in der Weise, dass einerseits Gottes Zielsetzungen mit dem Menschen als überholt erscheinen müssen, weil der Mensch verschwindet, und dass andererseits Gott als Heilsbringer gleichsam ausgedient hat. Mit der Überwindung des Menschen würde auch Gottes Vorsehung obsolet werden, insofern posthumane Wesen praktisch schuldfrei lebten.

In Bezug auf Trans- und Posthumanismus sind freilich viele Fragen offen, scheinen sie doch eher eine spekulative Futurologie als der von Nick Bostrom geforderte faktenbasierte Blick in die Zukunft zu sein. Freilich geben Entwicklungen schwacher künstlicher Intelligenz oder die Fähigkeiten aktueller humanoider Roboter Anlass, über die Zukunft technischer Möglichkeiten erstaunt zu sein. Ich möchte mich im Folgenden aber nicht auf die Debatte einlassen, inwieweit derartige Entwicklungen überhaupt realistisch oder sinnvoll sind, sondern werde mich auf die Vorstellungen konzentrieren, die mit solchen Theorien transportiert werden, sowie fragen, was sie über das von ihnen implizierte Menschenbild verraten und wie sie herkömmliche theologische Denkweisen möglicherweise beeinflussen können. Folgende Punkte scheinen mir für die mehr oder minder impliziten Voraussetzungen besonders wichtig zu sein, auch wenn sie auf den ersten Blick teilweise unglaubwürdig oder sogar paradox erscheinen.

---

[6] Vgl. J. Loh, Transhumanismus und technologischer Posthumanismus, in: M. Heßler/K. Liggieri (Hg.), Technikanthropologie (s. Anm. 4), 277–282, hier 277, 280–282. Freilich ist darauf hinzuweisen, dass die Terminologie nicht immer einheitlich ist und die Begriffe „Transhumanismus" und „Posthumanismus" oft nicht klar voneinander geschieden werden können.

2. Technische Finalität

Finale Strukturen wurden seit Aristoteles über Jahrhunderte hinweg als zentral zumindest für das Verständnis belebter Natur angesehen.[7] Man vergleiche nur die aristotelische Lehre über Kausalität, in der die Teleologie einen festen Platz einnimmt, oder seinen Begriff der ἐντελέχεια, der das spezifische Werden in der Natur beschreiben soll.[8] Seit Pierre-Simon de Laplace (1749–1827) Gott im Hinblick auf seine astronomisch gefasste Himmelslehre als eingreifenden Korrektor für entbehrlich erachtet[9] und Charles Darwin (1809–1882) Gott in seiner Evolutionstheorie im Grunde genommen nur als ers-

---

[7] Vgl. *R. Spaemann, R. Löw, Die Frage Wozu?* Geschichte und Wiederentdeckung des teleologischen Denkens, München ³1991.

[8] Vgl. *Aristoteles*, Metaphysik. Erster Halbband. Bücher I (A) – VI (E). Griech.-Dt. In der Übers. v. H. Bonitz. Neu bearbeitet, mit Einl. u. Kommentar hg. v. H. Seidl. Griech. Text in der Edition v. W. Christ (Philosophische Bibliothek 307), Hamburg 1978, A, 3, 983 a 24 – 983 b 6 und *Aristoteles*, Physik. Vorlesung über die Natur. Erster Halbband. Bücher I (A) – IV (Δ). Griech.-dt. Übers., mit einer Einleitung u. mit Anm. hg. v. H. Günter Zekl (Philosophische Bibliothek 380), Hamburg 1987, B, 3, 194 b 16 – 195 a 26.

[9] Hervé Faye erzählt in seinem Buch „Sur l'origine du monde. Théories cosmogoniques des anciens et des modernes" von 1884 folgende Anekdote, nach der de Laplace General Bonaparte die erste Edition seines Buches „Exposition du système du monde" präsentiert habe und dieser nach der Lektüre dem Autor geantwortet habe, dass Newton noch von Gott gesprochen habe, dass er aber in de Laplaces Werk diesen Namen nicht ein einziges Mal gefunden habe. Darauf soll de Laplace geantwortet haben: „Citoyen premier Consul, je n'ai pas eu besoin de cette hypothèse" (*H. Faye*, Sur l'origine du monde. Théories cosmogoniques des anciens et des modernes, Paris 1884 https://gallica.bnf.fr/ark:/12148/bpt6k94881t/f113.item (25.05.2022), 110). Doch Faye bezweifelt, dass die Antwort genau in diesem Wortlaut gegeben worden sei, weil Napoleon seinem Gegenüber sonst wohl den Rücken zugekehrt hätte. Vielmehr sei es seiner Meinung nach so gewesen, dass de Laplace nicht Gott selbst als Hypothese bezeichnet, sondern sich auf Newtons Annahme bezogen habe, der gemeint hatte, dass Gott von Zeit zu Zeit ins Sonnensystem eingreifen müsse, um dessen Abweichungen wieder in eine rechte Ordnung zu bringen. De Laplace habe wegen seiner tieferen kosmologischen Einsichten eine solche Intervention Gottes im Unterschied zu Newton nicht mehr annehmen müssen und dies zum Ausdruck bringen wollen. So vermutet Faye: „[…] Laplace n'avait pas eu besoin d'une telle supposition" (ebd.) und meint, dass nicht Gott selbst die Hypothese gewesen sei, die de Laplace abgelehnt habe, sondern nur die Hypothese, dass Gott gezwungen sei, in die Weltmaschine einzugreifen: „Ce n'était pas Dieu qu'il [Laplace; R. E.] traitait d'hypothèse, mais son intervention directe en un point déterminé" (ebd., 111).

ten Initiator für das Leben in der Natur für notwendig erklärt hatten,[10] beschränkte man Teleologie großteils auf die menschliche Praxis, die ohne die Möglichkeit, für sich oder für andere Ziele zu setzen, kaum denkbar ist. Finalität oder Teleologie aber hatten einer theistisch orientierten Naturtheorie die Möglichkeit gegeben, eine transzendente Instanz anzunehmen, die lenkend in den Ablauf oder die Entwicklung der Natur eingreift. Mit der Eliminierung von Finalursächlichkeit aus der Naturerklärung schien hingegen nicht nur Gott kein Faktor in der Natur mehr zu sein, sondern sich auch die Natur ohne nachvollziehbare Richtung zu entwickeln.

Allein das *anthropische Prinzip*[11], das in seiner schwachen Form als ein heuristisches Prinzip *ex post* verstanden werden kann, in seiner starken Form aber wirkliche Naturfinalität bedeutet, und die erkenntnistheoretisch problematische *intelligent-design*-Theorie[12] ließen die Frage nach einer Naturteleologie zumindest in der Theologie wieder aufkeimen. Während nach dem *anthropischen Prinzip* der Mensch als das Ziel der Evolution angesetzt wird, ist innerhalb von trans- oder posthumanistischen Theorien nicht bloß die Naturteleologie bedeutungslos geworden, sondern überraschenderweise auch eine neue Vorstellung von Zweck oder Ziel aufgetaucht. Zum

---

[10] Wie in der ersten von 1859 führt Charles Darwin auch in der maßgeblichen sechsten Auflage seines Hauptwerkes „The Origin of Species by Means of Natural Selection" von 1876 in der Schlusspartie an, dass der Schöpfer das Leben nur ganz am Anfang wenigen oder gar nur einer einzigen Form eingehaucht habe, dann hätte sich die Evolution von selbst entfaltet. Die Stelle lautet: „There is grandeur in this view of life, with its several powers, having been originally breathed by the Creator into a few forms or into one; and that, whilst this planet has gone circling on according to the fixed law of gravity, from so simple a beginning endless forms most beautiful and most wonderful have been, and are being evolved" (*Ch. Darwin*, On the Origin of Species by Means of Natural Selection, or The Preservation of Favoured Races in the Struggle for Life. With additions and corrections to 1872, London ⁶1876 http://darwin-online.org.uk/converted/pdf/1876_Origin_F401.pdf (01.02.2023), 429). Gott kommt also nur noch als erster Anstoß in der Entwicklung alles Lebendigen vor.
[11] Zu den verschiedenen Formen des anthropischen Prinzips vgl. *M. Schleiff*, Schöpfung, Zufall oder viele Universen? Ein teleologisches Argument aus der Feinabstimmung der Naturkonstanten (Collegium Metaphysicum 21), Tübingen 2019, 164–176.
[12] Vgl. *Ch. Tapp*, Intelligent Design – Renewed science or old Creationism in new Design?, in: K. Müller/N. Sachser (Hg.), Theology meets Biology. Anthropological Perspectives on Animals and Human Beings, Regensburg 2008, 105–122.

einen wird dem Menschen mit der Ansicht, er könne mit der Hilfe
von eigener technischer Expertise die Entwicklung nicht nur der Natur, sondern auch der Welt als ganzer in die Hand nehmen und dadurch steuern, eine Schlüsselrolle für eine heilbringende Zukunft zugeschrieben. Zum anderen konzediert man darüber hinaus dem
technischen Fortschritt, dass er eine finale Eigendynamik enthalte,
die auf ein gutes Ende hinauslaufe. In diesem Sinn formuliert Bostrom eine *„Hypothese der technologischen Vollendung"* aus, die lautet: „Wenn wissenschaftliche und technologische Entwicklungs-
bemühungen nicht völlig zum Erliegen kommen, dann werden alle
wichtigen grundlegenden Fähigkeiten, die sich durch irgendeine
Technologie erlangen lassen, auch erlangt werden."[13]

Es liegt nach dieser Auffassung in der Technik also nicht nur ein
Vollendungspotential. Vielmehr werde sie sich gleichsam wie von
selbst auf Vollendung hin fortbewegen. Man ist an die aristotelische
Vorstellung erinnert, dass Lebendiges eine Entelechie sei, also sein
Ziel in sich trage. Allerdings wird diese Ansicht nun von der Natur
auf die Technik im Ganzen übertragen, und zwar so, dass individuelle Zwecksetzung aufgehoben ist in eine allgemeine Drift technologischer Entwicklung hin zur Entfaltung aller konstruktiven Vermögen. Für die „Entwicklung grundlegender Fähigkeiten" kommt
es demnach also nicht darauf an, „welche kurzfristigen Pfade die
wissenschaftliche und technologische Forschung einschlägt",[14] sondern dass bei aufrechter technischer Forschung sich früher oder später das technische Potential auch verwirklichen werde.

Folgt man dieser Ansicht, ist es nicht länger notwendig, von einer
Naturteleologie zu sprechen, wohl aber muss man von einer Technikfinalität reden, die nicht mehr von der Planung Einzelner abhängt, sondern sich überindividuell vollzieht. Zu fragen bleibt freilich, woher diese Finalität stammen könnte und auf welchen
Endzweck sie sich zubewegt. Anders als im fünften Gottesbeweis
von Thomas von Aquin ist nicht an einen Gott gedacht,[15] der die
Natur geordnet hat, sondern an eine Form von Selbstorganisation
im Fortgang der Technik selbst. Diese wäre nicht vom Zufall geleitet,
wie es Darwin für die Evolution konstatierte, sondern zielgerichtet,

---

[13] *N. Bostrom*, Die Zukunft (s. Anm. 1), 15.
[14] Ebd.
[15] Vgl. *Thomas v. Aquin*, S.Th. I, q. 2, a. 3. resp.

allerdings ohne dass man eine finale Ursache angeben könnte oder dass man wüsste, wie das Ende der Welt zu denken wäre. Es scheint eher so zu sein, dass nach posthumanistischen Vorstellungen mit der Herstellbarkeit von fast allem auch ein nicht mehr zu überbietender Gipfelpunkt erreicht sei.

3. Selbsterlösung

Insofern dem Menschen und seinen technischen Fähigkeiten sowie der Technik selbst und der in ihr enthaltenen finalen Bewegung hin zu technologischer Optimierung zugetraut wird, nicht bloß moralisch verbesserte Wesen hervorzubringen, sondern auch den Tod durch *mind-uploading*[16] zu überwinden, stellt sich die Frage, was Gott nach einer theologisch gedachten Eschatologie überhaupt noch an Heil zu wirken bliebe. Denn offenbar soll sich der transhumane Mensch oder noch eher das ihm nachfolgende Wesen gleichsam aus Schuld und Tod selbst erlösen können. Die theologische Soteriologie bliebe demnach an den moralisch anfälligen und noch sterblichen Menschen gebunden, verlöre für posthumane Wesen aber ihre Gültigkeit.

Zunächst könnte man meinen, dass gemäß dem Wort von Gregor von Nazianz über die Menschwerdung Gottes, wonach alles, was nicht angenommen worden sei, auch nicht geheilt sei, hingegen alles, was mit Gott vereint sei, auch gerettet werde,[17] die Inkarnation für das Heilswirken Gottes nicht ausreichen würde. Da posthumane Wesen nach dem herkömmlichen Verständnis von Leib als leiblos

---

[16] Siehe M. *Coeckelbergh*, Transzendenzmaschinen. Der Transhumanismus und seine (technisch-)religiösen Quellen, in: B. P. Göcke/F. Meier-Hamidi (Hg.), Designobjekt Mensch. Die Agenda des Transhumanismus auf dem Prüfstand, Freiburg i. Br. 2018, 81–93, hier 88: „Mind-Uploading ist folglich eine Methode, einen transzendenten Zustand zu erlangen. In ähnlicher Weise können das Internet und die virtuelle Realität Mittel sein, Unsterblichkeit zu erlangen."
[17] *Gregor v. Nazianz*, Ep. 101, 32 (SC 208, 50): „Τὸ γὰρ ἀπρόσληπτον, ἀθεράπευτον· ὃ δὲ ἥνωται τῷ Θεῷ, τοῦτο καὶ σῴζεται." Vgl. ein Brieffragment von Papst Damasus I. an Bischöfe des Ostens um 374: „Quod si utique inperfectus homo susceptus est, inperfectum Dei munus est, inperfecta nostra salus, quia non est totus homo salvatus" (DH 146). Für die Hinweise auf die Originalstellen danke ich Anneliese Felber.

anzusehen wären – wenn sie auch nicht ohne materielles Substrat
existieren könnten –, müsste Gott nach der Inkarnation zusätzlich
gleichsam so etwas wie eine „Immachination" vollziehen, sprich:
Der Sohn müsste ein leibfreies Maschinen-Wesen mit übermensch-
licher Intelligenz werden. Nur auf diese Weise scheint Gott im Erlö-
sungsgeschehen der Welt überhaupt noch eine Aufgabe zukommen
zu können. Genauer besehen, wäre für den Posthumanismus ein solches neuerliches Engagement Gottes für die Welt aber ohnehin hinfällig, weil die Welt schon generell erlöst wäre. Denn es gäbe angesichts moralisch schuldfreier und unsterblicher Wesen gar keinen
Bedarf an Erlösung mehr. Für den Posthumanismus scheint die Er-
lösungslogik nicht mehr die der Wiederherstellung des sündigen
Menschen zu neuer Integrität zu sein, sondern die der Überwindung
des kontingenten und fehlerhaften Wesens Mensch überhaupt. Dieses wäre dann nur ein Zwischenstadium in einer Evolution gewesen,
die biologisch begonnen hat, aber technologisch fortzusetzen ist
bzw. sich in Hinkunft wie von selbst technisch vollziehen wird. Der
Mensch könnte nicht nur als Arnold Gehlens biologisches „Mängel-
wesen",[18] sondern auch als Species mit moralischen Defiziten und
dem Manko der Sterblichkeit überwunden werden. Mit einem Wort:
Die Kontingenz irdischer Existenz wäre aufgehoben.

Posthumanistische Vorstellungen sind oft verknüpft mit der Auffassung, dass es im Laufe dieser Entwicklung hin zu einer teilweise
von Menschen gesteuerten, teilweise durch Eigenfinalität ablaufen-
den Evolution zur Bildung einer „Singularität" kommen werde.
Das bedeutet, dass sich ein radikaler Umbruch im Vergleich zur gegenwärtigen Situation des Lebens ereignet, der in seiner genauen
Gestalt nicht vorhergesehen werden kann. Theoretiker wie Vernor
Vinge oder Ray Kurzweil gehen in der Folge davon aus, dass die

---

[18] Vgl. A. Gehlen, Der Mensch. Seine Natur und seine Stellung in der Welt (Ge-
samtausgabe 3.1), Frankfurt a. M. 1993, 31: „Nur von dem Gedanken eines handelnden, nicht festgestellten Wesens her bekommt man die Physis des Menschen
überhaupt in den Blick, und niemals läßt die Definition als ‚Geistwesen' allein
einen Zusammenhang gerade dieser Leibesbeschaffenheit mit dem, was man unter Vernunft oder Geist zu verstehen pflegt, sichtbar werden. Morphologisch ist
nämlich der Mensch im Gegensatz zu allen höheren Säugern hauptsächlich
durch Mängel bestimmt, die jeweils im exakt biologischen Sinne als Unangepaßt-
heiten, Unspezialisiertheiten, als Primitivismen, d. h. als Unentwickeltes zu bezeichnen sind: also wesentlich negativ."

Überwindung des Gegenwärtigen nur mit der Verschmelzung zwischen Menschen und Computersystemen zu erreichen sei.[19] Dadurch würden „Superintelligenzen" entstehen, die selbst schon die Zusammenschlüsse riesiger Subsysteme wären und dadurch noch nie Dagewesenes entstehen ließen, das unabsehbar bliebe, doch als positiv zu beschreiben wäre.

Eine solche „technologische Singularität" wird gedanklich oft mit „kosmologischer Singularität" verknüpft. Es sollten durch technische Verwirklichung nicht nur ungeahnte Möglichkeiten wahr werden, sondern es würde sich zugleich auch eine kosmologische Dynamik ergeben, die eschatologisch anmutet. So geht etwa der Physiker Frank Tipler schon 1994 davon aus, dass man mittlerweile von einer „Physik der Unsterblichkeit" sprechen müsse, nach der das ganze Universum bevölkert werde und sich ewiges Leben einstelle, weil es gelingen werde, intelligente Maschinen zu bauen und den zweiten Hauptsatz der Wärmelehre, also das Entropie-Gesetz, zu umgehen. Daher solle sich Theologie, wie Tipler meint, als ein Zweig zeitgenössischer Physik neu definieren.[20] Verknüpfen sich solche Vorstellungen mit posthumanistischem Gedankengut, ist die Theorie der erwarteten *kosmologischen* Singularität wesentlich gestützt durch die Theorie der *technologischen* Singularität. Immer wieder beziehen sich Denkerinnen und Denker, die solchen Prognosen auch eine christliche Bedeutung abgewinnen wollen, auf Pierre Teilhard de Chardin (1881–1955),[21] der zwar der technischen Entwicklung noch nicht diese Bedeutung verlieh, wie dies im Posthumanismus geschieht, doch schon davon ausging, dass die „Biosphäre" in einer „Noosphäre" aufgehoben sei und dass Komplexitätssteigerung zunehmende geistige Integration mit sich bringe. Der in Kol 1,16 bezeugte kosmische Christus bildet für ihn den Ursprung derjenigen Triebkräfte, die zu einer Konvergenzbewegung führen, an deren Ende die Menschheit im Punkt Omega „ihre Glieder durch einen

---

[19] Zum Begriff der Singularität in technischem und kosmologischem Zusammenhang siehe: *O. Krüger*, Technologische Singularität, in: M. Heßler/K. Liggieri (Hg.), Technikanthropologie (s. Anm. 4), hier 281f. Vgl. auch *J. Loh*, Transhumanismus (s. Anm. 6), 281f.

[20] *F. J. Tipler*, Die Physik der Unsterblichkeit. Moderne Kosmologien, Gott und die Auferstehung der Toten. Aus d. Amerik. v. I. Leipold, B. Schaden u. M. Lavelle, München 1994, 407.

[21] *O. Krüger*, Technologische Singularität (s. Anm. 19), 271.

letzten, allumfassenden Denkakt zu einer gemeinsamen Idee und einer gemeinsamen Liebe bekehrt haben wird".[22] An solchen Konzepten, sofern sie nicht wie bei Teilhard de Chardin christologisch eingeholt werden, zeigt sich, wie heute pelagianische Gedanken neuerlich Kontur gewinnen. Freilich geht es nicht um die Frage nach der Notwendigkeit seligmachender Gnade, wohl aber um die Möglichkeit, sich selbst zu erlösen, und um die Frage, ob man dafür auf eine andere Instanz wie Gott überhaupt angewiesen sei. Schließlich werden im Posthumanismus ja nicht bloß die Freiheit von Schuld, sondern auch die Überwindung des Todes versprochen. Ohne Gott wird der Mensch auf ein Wesen hin überwunden, das eines erlösenden Gottes nicht mehr bedürftig ist. Natur bzw. Technik brauchen Gnade nicht mehr, sondern können sich selbst vollenden.

4. Individualität und Leiblichkeit

Eng mit der Vorstellung eines technischen Posthumanismus ist das Konzept von „Superintelligenz" verbunden. Es besagt, dass sich im Laufe des technischen Fortschritts nicht bloß eine quantitative Intelligenzsteigerung einzelner Individuen einstellen werde, sondern dass es Systeme geben dürfte, die sich selbst steuern und kaum mehr etwas mit dem Menschen gemein haben. Menschliche Intelligenz werde von solchen Systemen durch sehr hohe Geschwindigkeit übertroffen. Dazu komme, dass es sich um eine kollektive Intelligenz handle, die schließlich eine neue Qualitätsstufe erreichen werde.[23] Damit könnten schließlich Maschinen weitere Maschinen entwickeln, die sie selbst übertreffen. Sie wären nicht bloß singulär, sondern auch von Körper und Leib unabhängig. Denn wie schon die Vorstellung des *mind-uploading* auf künstliche Intelligenz nahelegt, bieten solche Maschinen die Möglichkeit, einen Menschen, verstanden als Ansammlung von Information, auf Artefakte hochzuladen, etwaige Hardware-Defekte zu reparieren und auf diese Weise Unsterblichkeit zu erlangen.

---

[22] *P. Teilhard de Chardin*, Die Entstehung des Menschen. Aus d. Franz. v. G. Scheel (dtv 1755), München 1982, 121.
[23] Vgl. *N. Bostrom*, Superintelligenz. Szenarien einer kommenden Revolution. Aus dem Engl. von Jan-Erik Strasser, Berlin 2014, 80–92.

Wegen der Unabhängigkeit von leiblichen Einschränkungen kann Schwarmintelligenz entstehen, die überindividuell und zugleich übergeschlechtlich ist. Daher wird für sie wie schon für weniger entwickelte Formen – etwa für humanoide Roboter – eine neue Freiheit konstatiert, die darin bestehen soll, dass man sich das eigene Geschlecht aussuchen oder es nach Belieben wechseln kann. Einerseits werde durch das Ablegen des Körpers „morphologische Freiheit" gewonnen und andererseits gelinge es endlich, eine „postgender-posthumane Gesellschaft" zu etablieren.[24]

Man bekommt den Eindruck, dass posthumane Wesen Engeln gleichen, die jenseits aller Leiblichkeit angesiedelt sind. Zugleich fällt aber auch auf, dass das Abstreifen von Leib und Körper mit der gnostischen Auffassung einhergeht, nach der der Leib dem Geist gegenüber als minderwertig anzusehen und daher zu überwinden sei. Solange Sterblichkeit bloß mit der Hinfälligkeit des Leibes verbunden ist und solange zudem der Mensch nur als Bündel von Informationen aufgefasst wird, gilt der Leib als zu überwindendes Hindernis auf dem Weg zur menschlichen Unsterblichkeit und werden andere Trägermedien für den Geist zu denkbaren Alternativen.

Doch eröffnet das Konzept der Superintelligenz, wonach man den fehleranfälligen Leib technisch substituieren kann, nicht nur die Aussicht auf Unsterblichkeit. Man zahlt auch einen hohen Preis: Nicht von ungefähr galt die *materia quantitate signata* lange als das *principium individuationis*.[25] In der heutigen Anthropologie steht jenseits solcher ontologischer Überlegungen und jenseits des biologisch gefassten Körpers gerade der Leib als das Medium des individuellen Selbstausdrucks im Blick.[26] Mit dem Konzept der künst-

---

[24] C. *Helmus*, Transhumanismus – der neue (Unter-)Gang des Menschen? Das Menschenbild des Transhumanismus und seine Herausforderung für die Theologische Anthropologie (ratio fidei 72), Regensburg 2020, 57.

[25] Vgl. J. *Hüllen*, Individuation, Individuationsprinzip, in: J. Ritter/K. Gründer/G. Gabriel (Hg.), Historisches Wörterbuch der Philosophie, Bd. 4, Basel 1976, 295–299.

[26] Zum Unterschied von Körper und Leib siehe beispielsweise die begriffliche Unterscheidung bei Helmuth Plessner. Er hat, um die Unterschiede der Verhältnisse, die man zum eigenen Körper und zum eigenen Leib hat, hervorzuheben, festgehalten, dass man seinen Körper habe, sein Leib aber sei. So schreibt er: „Ein Mensch ist immer zugleich Leib (Kopf, Rumpf, Extremitäten mit allem, was darin ist) […] und *hat* diesen Leib als diesen Körper" (H. *Plessner*, Lachen

lichen Superintelligenz ist zudem die Vorstellung von der Integration einzelner Individuen in ein großes System verbunden. Verknüpft man aber Unsterblichkeit mit Körperlosigkeit, so verliert man damit die *individuelle* Unsterblichkeit. Ohne Leib kann sich niemand selbst in die Welt einbringen, außer die Hardware, auf die man ihn aufgesetzt hätte, wäre in der Lage, als Leib zu fungieren, was aber als wenig wahrscheinlich gilt, weil man dann nicht bloß diese Maschine als seinen materiellen Träger hätte, sondern man zugleich auch mit diesem Träger identisch wäre. Ein solches Uploading könnte zudem mehrfach geschehen, sodass viele technische Klone derselben Person entstünden. Der Verlust der eigenen Individualität und Einzigartigkeit wäre die Folge und daher auch das Ende der individuellen Unsterblichkeit. Man würde nämlich – kybernetisch gesehen – im übergeordneten System aufgehen und als individuelles Selbst verschwinden. Zugleich läge genau darin die eigene Unsterblichkeit, die nun bloß noch bedeutete, dass die Information, die man selbst ist, in ein komplexeres System eingespeist wird und auf diese Weise weiteren Bestand hat. Nicht von ungefähr beharrt das Christentum, da es von individueller Unsterblichkeit ausgeht, auch auf der leiblichen und nicht bloß auf der seelischen Auferstehung, abgesehen von der Frage nach dem Verhältnis von Leib und Seele in Bezug auf Unsterblichkeit.[27] Was den posthumanistischen Begriff der Superintelligenz betrifft, so müsste ein so riesiger Maschinenkörper zugleich ein Leib sein können, der aber schon deshalb kaum noch Individualität zuließe, weil der Sog nach Einheit alles Externe integrieren würde. Man bekommt den Eindruck, als sei mit einer Superintelligenz – durchaus mit Parallelen zum kosmischen Christus bei Teilhard de Chardin, aber ohne explizite religiöse Konnotation – ein gottähnliches Wesen konzipiert, das gleichsam „alles in allem" (1 Kor 15,28) ist.

---

und Weinen. Eine Untersuchung der Grenzen menschlichen Verhaltens (1941), in: ders., Gesammelte Schriften, Bd. 7. Ausdruck und menschliche Natur, Frankfurt a. M. 1982, 201–387, hier 238 (Hervorh. im Original).

[27] Vgl. die diesbezüglichen Überlegungen Georg Gassers vom Standpunkt analytischer Philosophie aus: G. *Gasser*, Personale Identität und leibliche Auferstehung, in: ders./L. Jaskolla/Th. Schärtl (Hg.), Handbuch für Analytische Theologie. Unter konzeptioneller und redaktioneller Mitarbeit v. A. Tkatschenko u. M. Datterl, Münster 2017, 611–640.

5. Konsequenzen

Gehen also Trans- und Posthumanismus gegen Gott über den Menschen hinaus? Freilich kann man ein Wissen über den Willen Gottes nicht für sich beanspruchen. Aber man kann die in Trans- und Posthumanismus intendierte Zukunftsvorstellung daraufhin untersuchen, ob bzw. auf welche Weise sie mit traditionellen christlichen Vorstellungen übereinstimmt bzw. ihnen widerspricht. Mir scheint, dass im Transhumanismus der Wunsch nach Optimierung noch keine eklatanten Widersprüche zu christlicher Eschatologie und Anthropologie erkennen lässt, obwohl die Tendenz hin zur Überwindung des Menschen bereits erkennbar ist, die in posthumanistischen Konzeptionen vollends zum Durchbruch kommt. Bemerkenswert ist aus meiner Sicht, dass dort bekannte Theologumena auftauchen, die offenbar zugleich allgemeine Sehnsüchte des Menschen bedienen, dass sie aber oft in einen völlig neuen Rahmen gestellt werden, wodurch theologische zu anthropologischen Ansätzen transformiert werden. Aus den erwähnten Gesichtspunkten lassen sich einige Konsequenzen ziehen, die für die Frage nach einem Plan Gottes relevant sind.

a) Finale Strukturen ohne Plan

Moderne *Naturwissenschaften* erachten seit Laplace und Darwin die *causa finalis,* verstanden als mögliche Form der Begründung von Vorgängen in der Natur, gewöhnlich als nicht mehr maßgeblich. Hingegen implizieren *technische Vorhaben* evidentermaßen Ziele, die man im Vorhinein setzt und die es in der Folge umzusetzen bzw. zu realisieren gilt. Seltsamerweise werden in posthumanistischen Überlegungen technische Ziele aber nicht vor allem als Vorgaben, die von außen an Projekte herangetragen werden, in den Blick genommen, sondern als Strukturen, die technischem Fortschritt selbst wesenhaft innewohnen. Zwar scheint es notwendig zu sein, transhumanistische Entwicklungen bewusst anzustoßen, doch sollen sich diese in der Folge gleichsam wie von selbst über den Menschen hinaus entwickeln.

Im Unterschied zum fast vollständigen Fehlen von Zieldimensionen in naturwissenschaftlichen Zusammenhängen tritt durch die Fortführung des Evolutionsgedankens in technischen Kontexten Teleologie in den Vordergrund, zunächst, weil man meint, dass es

vor allem der Mensch sei, der es in der Hand habe, den Fortgang der
Entwicklung zu gestalten. Über partikulare zielgerichtete Anstrengungen hinaus wird analog zu einer Naturfinalität beispielsweise
bei Bostrom sogar eine Zielgerichtetheit der Technik als ganzer konstatiert, die sich unabhängig von Plänen einzelner Individuen vollzieht. Technik steuert demnach über lange Zeiträume hinweg von
selbst auf ein gutes Ziel zu. Möglichkeiten eines fatalen Endes werden hingegen kaum erwogen oder als unwahrscheinliche Szenarien
abgetan.[28]

Auch wenn Gott als Designer nicht mehr infrage kommt, bleibt
dennoch das Problem bestehen, woher Technik ihre Richtung erhält.
Die Behauptung einer impliziten Finalität löst nämlich die Frage
aus, woher die konstatierte Absicht stamme oder wer den Zweck gesetzt habe, den man annimmt. Übersteigt die bestehende Ordnung,
die den Weg zum Ziel anzeigt, menschliches Verständnis und die
Etablierung des Zweckes menschliche Fähigkeiten, ist der Schluss
naheliegend, auf ein oder mehrere transzendente Wesen zu schließen, wie dies im Finalitätsargument in der philosophischen Gotteslehre der Fall ist. Allerdings behauptet der Posthumanismus, dass
trotz anfänglicher menschlicher Intervention für das Entstehen von
Nach-Menschlichem der Mensch nicht einfach eine neue technische
Spezies erzeugen oder herstellen könne, die ihn ablöst bzw. an seine
Stelle tritt. Dafür sei schließlich die teleologische Struktur der Technik selbst verantwortlich, die nach Bostrom – wie erwähnt – zu
„technologische[r] Vollendung" führe.[29]

Freilich wäre dann, wenn man eine theologische Erklärung für
eine solche These suchen wollte, denkbar, dass Gott selbst nicht nur
die finale Bestimmung in die Natur gelegt hat, die zum Menschen
führte, sondern darüber hinaus die Technik auch noch zur Verlänge-
rung der biologischen Evolution bestimmt hat. Technische Evolution würde dann ihrerseits eine transzendente finale Bestimmung
in sich tragen, die nicht vom Menschen stammt, sondern gleichsam
mit der Schöpfung in die Welt gelegt worden ist und so Gottes Plan
entspricht. Dann hätte Gott nicht vor allem den Menschen gewollt,
sondern auf posthumane Wesen abgezielt, also auf Maschinen, die
den Menschen transzendieren.

---

[28] *N. Bostrom*, Die Zukunft (s. Anm. 1), 22–38.
[29] *Ders.*, Superintelligenz (s. Anm. 23), 15.

Allerdings ist der Ausdruck „Transzendenzmaschinen"[30] für solche Wesen doppeldeutig. Denn einerseits kann damit angezeigt sein, dass – vor allem über die Methode des *mind-uploading* – die Grenze der Sterblichkeit überwunden sei, und dadurch für solche Maschinen behauptet werden, sie hätten insofern einen transzendenten Status erreicht, als sie den Menschen ontologisch hinter sich gelassen haben. Andererseits geht man im Posthumanismus auch davon aus, solche Maschinen würden sich beispielsweise als leiblose Schwarm-Superintelligenz zu einer Einheit formen, die nicht nur unsterblich ist, sondern selbst göttliche Züge aufweist, weil sie als allwissend und allmächtig gelten müsste. Gott käme dann im Umweg über die Welt, die aus sich Göttliches entstehen lässt, wieder zu sich selbst zurück. Denkt man nicht hegelianisch, könnte man in Weiterentwicklung der Gedanken von Pierre Teilhard de Chardin annehmen, die Welt entwickle sich in nicht bloß biologischer, sondern auch technischer Weise zum kosmischen Christus fort.

Wenn man nicht wie Coeckelbergh für eine Sichtweise plädiert, nach der mit Technik eine „immanente Spiritualität" verbunden wird,[31] gelangt man zu einer der Materie intrinsischen Finalität, die Maschinen zu Gott oder Göttern werden lässt, ohne dass einsichtig würde, woher diese teleologische Struktur in der Weltentwicklung stammt. Sie hat keine Ursache jenseits der Technik, wohl aber das Potential, evolutionäre Entwicklungen in der Welt eschatologisch zu vollenden. Ein solcher Plan ohne Planer oder Planerin würde nicht aus Gott stammen, allerdings zielgerichtet zu einem oder zu mehreren göttlichen Wesen führen.

b) Selbsterlösung

Der Begriff der Erlösung nimmt in solchen Auffassungen nach wie vor eine wichtige Position ein, allerdings ist die Heilsinitiative von Gott in die Hand des Menschen übergegangen. Das sogenannte *Enhancement* von Mensch und Maschine erhält zwei weitere Dimensionen, stellt man es in den Zusammenhang von Erlösung. Zum einen soll der Mensch moralisch optimiert werden, ohne dass man wüsste, wer die Richtung vorgibt oder welche konkrete Moral in die-

---

[30] *M. Coeckelbergh*, Transzendenzmaschinen (s. Anm. 16), 81.
[31] Beispielsweise ebd., 88 und 90.

sem Prozess im Vordergrund steht. Zum anderen drängt die Sehnsucht nach der Überwindung von Krankheit und Tod ins Zentrum der Überlegungen.

Stellt man im Zusammenhang von Erlösungsvorstellungen moralphilosophische Überlegungen an, ist allerdings zunächst die Frage zu klären, ob die Menschheit den Posthumanismus überhaupt anstreben soll oder nicht, bevor man einen Blick auf die ethischen Implikationen von Trans- und Posthumanismus selbst werfen kann. Freilich bedingen sich beide Perspektiven wechselseitig. Denn befürworten wird man im Fall einer Güterabwägung nur eine Entwicklung, die eine bessere Zukunft verheißt. So kommt etwa Benedikt Paul Göcke zu dem Schluss, dass der Transhumanismus „eine vernünftige moralische Forderung" sei, da er den einzelnen Menschen und die Gesellschaft in eine Zukunft führen könne, „in der wir frei von Krankheit und Leid das jeweils zu erreichende Maximum unseres Potentials als autonome und freie Erfahrungssubjekte erreichen".[32] Bezeichnenderweise geht Göcke von einem Utilitarismus aus, den er transhumanistisch fortdenkt, ohne von der Menschenoptimierung auf eine Spezies jenseits des Menschen zu reflektieren. Geht man wie Peter G. Kirchschläger hingegen von einem biblisch begründeten „Kernprinzip Menschenwürde" aus und spricht man Maschinen prinzipiell Moralfähigkeit ab,[33] so bleibt die Verantwortung für das Agieren von Maschinen immer beim Menschen. Zudem würde die Entwicklung posthumaner Superintelligenz nach Kirchschläger möglicherweise zu einer „Verwässerung der ethischen Prinzipien" führen, was dem Menschen schadete. Auf ähnliche Weise sieht Michael Fuchs zwar Pflichten des Menschen gegenüber anderen Menschen und gegenüber sich selbst gegeben, nicht aber Pflichten gegenüber Robotern.[34]

Wie man sieht, hat die Zustimmung zu trans- oder posthumanistischen Anstrengungen mindestens zwei Voraussetzungen. Nach der

---

[32] *B. P. Göcke*, Designobjekt Mensch?! Ein Diskursbeitrag über die Probleme und Chancen transhumanistischer Menschenoptimierung, in: ders./F. Meier-Hamidi (Hg.), Designobjekt (s. Anm. 16), 117–151, hier 149.

[33] *P. G. Kirchschläger*, Superintelligente Systeme und das theologisch-ethische Kernprinzip der Menschenwürde, in: S. J. Lederhilger (Hg.), Gott und die digitale Revolution, Regensburg 2019, 132–154, hier 135–150.

[34] Vgl. *M. Fuchs*, Selbstlernende Systeme – ethische Fragen, in: ebd., 114–131, hier 125.

einen muss ein solches technisches Unterfangen so eingeschätzt werden können, dass es Erfolg verheißt. Nach der anderen muss die Erwartung berechtigt sein, dass sich die Grundsituation wesentlich bessert, man der menschlichen Erlösung also näherkommt. Ist eine solche Entwicklung zu erwarten, scheint es vielen ethisch zumindest erlaubt, wenn nicht gar geboten zu sein, Trans- und Posthumanismus anzustreben.

Fragt man nach den ethischen Implikationen trans- und posthumanistischer Entwicklungen, gehört dazu auch die moralische Weiterentwicklung des Menschen, die in Aussicht gestellt wird, was die Erlösungsbedürftigkeit im Hinblick auf persönliche Schuld minimieren würde. Ein weiterer wichtiger Ansatzpunkt ist die Bestimmung des Verhältnisses zwischen Schuld und Tod. Nach den vorgestellten Zukunftsszenarien sind nicht mehr jene ursächlich miteinander verknüpft, sondern Leiblichkeit und Vergänglichkeit. In der Folge tritt die Frage nach der Schuld, die getilgt werden muss, in den Hintergrund und drängt die Sehnsucht nach der Überwindung der eigenen Leiblichkeit ins Zentrum der Überlegungen. Kontingenz und Sterblichkeit sollen durch das Abstreifen bisheriger leiblicher Existenzformen zum Verschwinden gebracht werden. Das werde, so die Ankündigung, durch den Menschen selbst geschehen, ohne dass dafür noch auf Transzendenz gehofft werden muss. Es sei nicht mehr nötig, Gott mit der Funktion des Erlösers zu verbinden, weil Selbsterlösung machbar geworden und Schuld weitestgehend verschwunden sei. Damit wird nicht nur eine göttliche Zielvorstellung davon obsolet, wohin sich die Welt weiterentwickeln soll, sondern auch ein göttlicher Erlösungsplan für Mensch und Welt, der im Eschaton seinen Abschluss findet.

Was das ewige Leben betrifft, wird nach solchen Zukunftsszenarien auf der einen Seite die Vorstellung von der Befreiung aus dem Tod als unendliche Fortexistenz verstanden und auf der anderen Seite offengelassen, ob mit der Verwandlung in eine neue Existenzform die eigene Identität erhalten bleibt. Biblisch gesprochen, erinnert das Fortleben als Avatar nach *mind-uploading* eher an das Zurückholen von Lazarus in dieses Leben nach Joh 11 denn an die Auferweckung Jesu Christi durch den Vater. *Mind-uploading* soll das Sterben zwar hinauszögern und das Leben möglichst in eine nicht endende Fortdauer im Hier umwandeln, kennt aber keinen Begriff von Ewigkeit im Sinne der Überwindung der Zeit überhaupt, sondern nur deren

endlose Fortsetzung.[35] Auf ein besseres Leben in dieser Existenzform
lässt höchstens die Erwartung schließen, dass posthumane Wesen
selbst moralisch höher stehen werden als gegenwärtige Menschen,
aber nicht die Hoffnung auf einen externen Erlösungsakt, der Zeitlichkeit beendet und von Schuld befreit. In der Folge muss die moralische Kategorie des Bösen abgewertet werden, damit das irdische
Leben über die erhoffte unendliche Dauer nicht bloß zum Fortbeste-
hen von Bekanntem wird, sondern auch einen Gewinn darstellt, insofern das Leid und die Einschränkungen des eigenen Lebens verschwinden. Geht man – wie schon angedeutet – noch einen Schritt
weiter, wie ihn die Vorstellung einer Superintelligenz insinuiert, und
nimmt man an, dass einzelne posthumane Wesen in den Verbund
einer einzigen großen Intelligenz aufgehen werden, muss man zudem von einer *kollektiven* Unsterblichkeit sprechen, kann aber nicht
mehr mit einer *individuellen* Unsterblichkeit rechnen, nach der eine
Person als sie selbst den Tod überdauert.

Angesichts der angekündigten auch moralischen Optimierung
des Menschen erübrigt sich die Vorstellung von einem Erlösungsplan Gottes für den Menschen, weil Schuld umso mehr abnehmen
wird, je weiter der Transhumanismus fortschreitet – so die Erwartung. Eine Erlösung des Menschen aus dem Tod hingegen wäre nicht
mehr notwendig, weil spätestens in einer posthumanen Situation
mit der Überwindung des Leibes auch das Vergängliche abgeschüt-
telt wäre. Schließlich wäre damit auch der Konnex zwischen Schuld
und Tod aufgelöst, zumal es weder die eine noch den anderen weiterhin gäbe. Mit einem Wort: Die Optimierung des Menschen im
Transhumanismus und seine Überwindung im Posthumanismus

---

[35] Vgl. B. *Waters*, Whose Salvation? Which Eschatology? Transhumanism and
Christianity as Contending Salvific Religions, in: R. Cole-Turner (Hg.), Transhumanism and Transcendence. Christian Hope in an Age of Technological Enhancement, Washington D. C. 2011, 163–175, hier 164: „Both [transhumanists
and Christians; R. E.] agree that death is the final enemy; transhumanists con-
quer this foe by achieving the immortality of endless time, whereas Christians
are resurrected into eternity, where there is no time." Die angestrebte Unsterblichkeit, die ohne Gott erreicht werden kann, ist nach Waters biologisch (biotech-
nologische Hinauszögerung des Todes), bionisch (allmähliche Ersetzung von
Körperteilen durch technische Substitute) oder virtuell möglich (Scannen des
Gehirns als *mind-uploading*) (ebd., 166f.).

sollen in einen paradiesähnlichen Zustand führen, den zu erreichen es des Eingreifens Gottes nicht mehr bedarf.

Mit einer solchen Auffassung von Schuldbefreiung ist aber auch ein bestimmtes Verständnis von Freiheit verknüpft, das sich bei näherem Hinsehen als defizitär erweist. Wie Caroline Helmus gezeigt hat, gehen sowohl Trans- als auch Posthumanismus von einem Naturalismus aus, der den Menschen als Maschine versteht. Zugleich soll jedoch der Mensch von allen materiellen Begrenzungen unabhängig gemacht werden, um dadurch seine Freiheit zu vermehren, indem er sich gegenüber Krankheit, geschlechtlicher Einschränkung oder physischem Leid emanzipieren kann. Schaut man beide Ansprüche zusammen, ergibt sich eine paradoxe Situation: Ein Determinismus legt den Willen zur Überwindung der eigenen Grenzen fest, widerspricht also der ebenfalls angenommenen Willensfreiheit.[36] Umgekehrt führt die transhumanistische Betonung der Steigerung der Freiheit des Willens nicht nur zur Frage, wie sich Willensfreiheit überhaupt steigern lasse, sondern auch zur Auflösung des behaupteten Determinismus. Folglich kann die angebliche „Vermehrung" der Freiheit im Trans- oder Posthumanismus eigentlich bloß „eine Vermehrung der Handlungsoptionen"[37] bedeuten. Selbsterlösungsversuche durch *Enhancement* sind dann nicht mehr als die Erschließung neuer Selbstentfaltungsmöglichkeiten. Sie können also weder eine Steigerung der moralischen Integrität bedeuten, weil „Intelligenz nicht zwingend mit Moral korrelieren muss"[38] – auch nicht gesteigerte Intelligenz mit gesteigerter Moralität. Noch können sie ein höheres Freiheitsniveau erreichen, das man eigentlich gar nicht beschreiben könnte, weil es von den derzeitigen menschlichen Erkenntnismöglichkeiten nicht zu fassen wäre.

c) Blindheit gegenüber der Leiblichkeit

Eine zentrale Überzeugung sowohl im Trans- als auch im Posthumanismus scheint die Skepsis gegenüber dem Leib zu sein. Er wird in abwertender Weise oft generell als Ursache für Vergänglich-

---

[36] *C. Helmus*, Transhumanismus (s. Anm. 24), 343.

[37] Ebd., 347.

[38] *Ch. Blasge*, Der Mensch als Rohstoff. Zwischen Künstlicher Intelligenz und persönlicher Optimierung, Wien 2021, 239.

keit angesetzt. An die Stelle der Dichotomie von Leib und Seele tritt deshalb jene von Hard- und Software, weil man im Unterschied zum Leib erwartet, Hardware reparieren oder austauschen zu können. Die Vertreterinnen und Vertreter des Posthumanismus reinterpretieren den Menschen demgemäß als Maschine und behaupten eine Homologie zwischen Leib und Artefakt, in der Hoffnung, dass die „modernen Technologien […] eine Chance sein [können], neu zu verhandeln, was Körper bedeutet"[39], aber auch selbst zu bestimmen, was es heißt, selbst Leib zu sein. Mehr noch: Leiblichkeit im Unterschied zu Körperlichkeit soll generell überwunden werden, weil man sich verspricht, auf diese Weise das Ende der Vergänglichkeit erreichen zu können. Entwickelt sich solche Hardware schließlich zur Superintelligenz, ist sie mit Superlativen zu beschreiben, die aus der philosophischen Gotteslehre zu stammen scheinen. Leibfeindlichkeit wird auf diese Weise zum Motor für die Apotheose technischer Artefakte.

Die Abwertung des Leibes kommt darüber hinaus auch im Ausdruck des *mind-uploading* zum Ausdruck. Denn es wird von vornherein angenommen, dass der Mensch, der über sich selbst hinaus fortentwickelt werden soll, nicht mehr als eine Dichotomie von materiellem und geistigem Substrat anzusehen ist, als die das bisherige Verständnis der Leib-Seele-Beziehung interpretiert wird. Da es sich um zwei getrennte Bestandteile handle, die ohne besondere Verbindung nebeneinander bestehen, könnten sie nicht bloß ausgewechselt, sondern auch ersetzt werden. Die materielle Seite soll sich durch eine Maschine substituieren, die geistige als Datensatz kopieren lassen. Hier zeigt sich eine weitere Engführung, in die eine solche reduktionistische Anthropologie gelangt. Das Charakteristikum des Geistes besteht demgemäß bloß darin, ablesbare und speicherbare Information zu sein. Das Materielle hingegen gilt nur als der Speicherort für diese Information, die die Identität eines Individuums ausmachen soll, während der zum materiellen Träger von Eigenschaften degradierte Leib zur Individualität des Menschen kaum mehr etwas beiträgt. Deshalb ist es schließlich einerlei, ob die verwendete Speicherform biochemisch oder elektronisch angesetzt wird. Was den einzelnen Menschen ausmacht, ist bloß die besondere

---

[39] A. *Puzio*, Über-Menschen (s. Anm. 5), 342.

Konstellation einer Datenansammlung, die ihn hinreichend bestimmen soll.

Nur vor diesem Hintergrund kann angenommen werden, dass sich ein Individuum auf neue Träger „aufsetzen" lasse, ohne dabei seine Personalität und sein Leben zu verlieren. Daraus ergibt sich die paradoxe Situation, dass man einerseits meint, die Individualität bestehe darin, dass eine bestimmte Disposition von Daten vorliegt, und man andererseits von Austauschbarkeit spricht. Die Bedingung für eine solche Auffassung besteht darin, dass der Leib eines Menschen nicht mehr als besonderes Konstituens einer Person angesehen wird, ohne das man seine Einzigartigkeit verliert, und man es andererseits Informationseinheiten allein zutraut, die personale Unverwechselbarkeit hinreichend zu erklären. Was Leiblichkeit im Unterschied zu biochemischen und physiologischen Gegebenheiten ist, wird ausgeblendet und nicht ernst genommen.

Als abschließendes Fazit auf die Frage, ob es für den Trans- und Posthumanismus sinnvoll oder sinnlos sei, einen Plan Gottes anzunehmen, ist also zu sagen: weder – noch. Es gibt in der dargestellten Perspektive nämlich keinen expliziten Plan Gottes mehr, der für eine so gedachte Zukunft Relevanz besäße.

Im Plan Gottes: Eine Krone der Schöpfung?

Ulrich Lüke

1. Kenntnis von einem Plan Gottes?

Mit Gewissheit ist festzuhalten: Wir kennen den Plan Gottes nicht und wissen daher auch nicht, ob in ihm so etwas wie eine „Krone der Schöpfung" vorgesehen ist. Wir können aber vielleicht ausgehen von biblischen Aussagen, denen wir eine besondere Bedeutung zuschreiben, z. B. vom Priesterschriftlichen Schöpfungshymnus, dem Sieben-Tage-Werk Gottes (Gen 1,1–2,4a), dem zufolge der Mensch Abbild Gottes (Gen 1, 26) ist. Von diesem Topos „Abbild Gottes" ausgehend können wir Vermutungen über eine gottgewollte Sonderstellung des Menschen äußern und Argumente dagegen oder dafür diskutieren. Wir können vom Jahwistischen Schöpfungsmythos, der sogenannten Adam-und-Eva-Erzählung (Gen 2,4b–24), ausgehend die dem Menschen zugewiesene ethische Verantwortlichkeit und die mit dem Benennungsrecht zugewiesene Deutungshoheit herausgreifen und auch daraus eine gottgewollte Sonderstellung ableiten. Eine prominente Stelle ist auch Psalm 8,6 – 9:

„Du hast ihn nur wenig geringer gemacht als Gott,/
hast ihn mit Herrlichkeit und Ehre gekrönt.
Du hast ihn als Herrscher eingesetzt über das Werk deiner Hände,/
hast ihm alles zu Füßen gelegt:
All die Schafe, Ziegen und Rinder/
und auch die wilden Tiere,
die Vögel des Himmels und die Fische im Meer,/
alles, was auf den Pfaden der Meere dahinzieht."

Wir können auch auf andere uns bedeutsam erscheinende alt- und neutestamentliche Aussagen gestützt von einem allgemeinen Heilswillen Gottes für seine Schöpfung, ja sogar von einem Heilsplan Gottes für den Menschen sprechen, aber über seine konkreten Inhalte ist damit noch nichts entschieden.

Wir können das zentrale christliche Dogma der Inkarnation aufgreifen und gläubig von einem menschlichen Entgegenkommen

Gottes, einem Entgegenkommen Gottes im Menschen Jesus Christus sprechen. Und daraus könnten wir eine im religiösen Kontext durchaus plausible Sonderstellung des Menschen ableiten. Neuere lehramtliche Texte finden sich z. B. in „Gaudium et spes", wo von einer Ähnlichkeit zwischen der Einheit der göttlichen Personen und der Einheit der Kinder Gottes in der Wahrheit und der Liebe die Rede ist. Dort heißt es dann vom Menschen: *„Diese Ähnlichkeit macht offenbar, dass der Mensch, der auf Erden das einzige Geschöpf ist, das Gott um seiner selbst willen gewollt hat, sich selbst nur durch die aufrichtige Hingabe seiner selbst vollkommen finden kann."*[1] Aber ein solches Entgegenkommen Gottes ist wohl nur dem auch in solchen theologischen Dimensionen mitdenkenden Menschen vorstellbar und sagbar. Für den biologischen Verständnis- und Deutungshorizont, der diese Wertschätzung religiöser Texte als Deutungsgrundlage nicht kennt, wäre damit noch nichts gewonnen.

Auch der „Katechismus der Katholischen Kirche", der sogenannte Weltkatechismus Johannes Pauls II., spricht nicht vom Menschen als der Krone der Schöpfung, formuliert aber in Hinblick auf die angedeuteten biblischen Textbefunde: *„Die Rangordnung der Geschöpfe wird durch die Abfolge der ‚sechs Tage' zum Ausdruck gebracht, die vom weniger Vollkommenen zum Vollkommeneren fortschreitet. [...] Der Mensch ist der Gipfel des Schöpfungswerkes."*[2] Er hebt allerdings auch die allgemeine und bleibende geschöpfliche Verbundenheit und wechselseitige Verwiesenheit alles Geschaffenen hervor und sieht das Ziel der Schöpfung nicht im Menschen, dem Geschöpf des „sechsten Tages", sondern im „siebten Tag", dem Sabbat, gegeben.[3]

All diese durch religiöse Heilshoffnungen und Heilserwartungen aufgeladenen Texte sind im Sinne eines Plans Gottes deutbar und aussagekräftig in einem religiösen Deutungshorizont und plausibel für religiös geprägte oder zumindest religiös ansprechbare und auch theologisch denkfähige Menschen. Aus all dem größere, z. B. auch die Biologie inkludierende Gewissheiten zu behaupten, entspricht aber eher einer anthropomorphen Fehlsichtigkeit oder einer

---

[1] GS 24,3 zitiert nach DH Nr. 4324.
[2] KKK Nr. 342f. Vom Menschen als „Mitte und Krone der Schöpfung" spricht allerdings der: Katholische Erwachsenen-Katechismus – Das Glaubensbekenntnis der Kirche, hg. v. Deutsche Bischofskonferenz, Bonn ³1985, 113–119.
[3] KKK Nr. 345–348.

als unbegründet bis wahrheitswidrig anmutenden Allwissenheits-
behauptung.

Andererseits hatte schon Aristoteles eine „scala naturae" erstellt
und mit ihr dem Menschen unter allen Lebewesen eine Spitzenstellung eingeräumt. Diesen Gedanken greifen, allem wachsenden Wissen um evolutionäre Herkunftsszenarien zum Trotz, auch Darwin
und der Darwinismus wieder auf. Und so zeigen die im 19. und bis
weit ins 20. Jahrhundert angefertigten Stammbäume zur Evolution
des Menschen, dass auch die Biologie über lange Zeit hin eine Art
„Inthronisation" des Menschen vorgenommen und den Menschen
zur „Krone der Schöpfung" respektive der Natur hinaufstilisiert hat.

Der Philosoph Otfried Höffe sieht im Menschen ein Naturwesen,
ein Kulturwesen und ein Moralwesen. Seines Erachtens ist nur der
Mensch moralfähig und daher mit einer Sonderstellung zu belegen.[4]
Ein Naturwesen zu sein, das eint Tier und Mensch unstrittig. Aber es
ist auch eine reichhaltige und erstaunliche Kulturevolution unter Tieren inzwischen vielfach verhaltensbiologisch dokumentiert; demnach
wären auch zumindest einige Tiere, wenn auch verglichen mit dem
Menschen graduell abgestuft, als Kulturwesen anzusehen. Aber vielleicht ist auch der Titel Moralwesen nicht einzig und ausschließlich
dem Menschen zuzuordnen und damit ebenfalls nicht trennscharf;
denn es gibt doch auch ein zumindest moralanaloges Verhalten bei
Säugetieren und ein wenn auch unreflektiertes Moralverhalten bei höheren Primaten.[5]

Es scheint fast so, dass der Titel „Krone der Schöpfung" dem
Menschen nicht primär oder ausschließlich in den Dikasterien
christlicher oder gar vatikanischer Theologie, sondern wenn auch
mit anderen Motiven in den Dikasterien profaner biologischer und
philosophischer Anthropologie verliehen worden ist.

Eine nicht von einem religiös-theologischen Vorverständnis ausgehende, aber doch einen Schöpfungsplan Gottes prinzipiell für
möglich haltende Überlegung setzt an bei naturwissenschaftlichen

---

[4] *O. Höffe* am 6.12.2011 im Deutschlandfunk im Gespräch mit Hans-Joachim
Neubauer.

[5] Über die zumindest philosophische Aussichtslosigkeit, trennscharfe Tier-
Mensch-Abgrenzungskriterien zu finden, siehe G. *Keil*, Was ist der Mensch? Ein
Streifzug durch die philosophische Anthropologie, in: U. Lüke, G. Souvignier,
Der Mensch – ein Tier. Und sonst? Freiburg i. Br. 2020, 19–44.

Fakten. Sie analysiert die Werte der vier aus dem Urknall entstandenen Grundkräfte, der schwachen Kernkraft, der starken Kernkraft, der elektromagnetischen und der gravitativen Kraft, und entwickelt daraus das Anthropische Prinzip in seiner starken Version.[6] Diese Kräfte sind demnach nicht nur so, dass Leben, bewusstes Leben und menschliches Leben entstehen konnte, sondern sie sind so, damit es entstehen konnte oder gar sollte. Damit wird den naturwissenschaftlichen Fakten eine Intentionalität, wenn nicht gar eine religiöse Deutung beigelegt. Es lässt sich darüber hinaus zeigen, dass auch das schwache Anthropische Prinzip in seiner Vermeidungsstrategie im weitesten Sinne metaphysisch aufgeladen ist.[7]

2. Gegenargumente zur Nobilitierung des Menschen

Man kann sich nun fragen, von welcher Qualität die Gegenargumente einer solchen Nobilitierung des Menschen sind und ob diese die mit dem Epitheton „Krone der Schöpfung" behauptete Auszeichnung des Menschen hinfällig oder zumindest unglaubwürdig machen.

Da heißt es beispielsweise naturwissenschaftlicherseits: Der Mensch als Bewohner einer astrophysikalisch gesehen höchst durchschnittlichen Milchstraße, in einem überdies abseitigen Sonnensystem mittleren Alters, noch dazu auf einem kleinen, wenig bedeutsamen, nur zufällig Leben ermöglichenden Planeten – dieser Mensch könne keinesfalls als Krone der Schöpfung angesehen werden, so lautet die Behauptung. Und auf diesem abseitigen Planeten Erde sei der Mensch auch erst gewissermaßen am Silvestertag des Lebensjahres dieser Erde, also nur wenige Sekunden, bevor die Sil-

---

[6] Der Genetiker Carsten Bresch ist einer der frühen Vertreter dieser Position. Vgl. *C. Bresch*, Das ALPH-Prinzip der Natur, in: ders./S. Daecke/H. Riedlinger (Hg.), Kann man Gott aus der Natur erkennen? Evolution als Offenbarung, Freiburg i. Br. 1990, 77–79.

[7] Hier ist der Physiker Stephen Hawking als einer der frühen Vertreter zu nennen. *St. Hawking*, Eine kurze Geschichte der Zeit. Die Suche nach der Urkraft des Universums, Reinbek 1992, 158–161. Grundsätzlich ablehnend gegen das Anthropische Prinzip votiert der Philosoph *B. Kanitscheider*, Naturphilosophie, Kosmologie, Anthropisches Prinzip, in: J. Audretsch/K. Mainzer (Hg.), Vom Anfang der Welt. Wissenschaft, Philosophie, Religion, Mythos, München [2]1990, 167.

vesterraketen gezündet werden, aufgetreten. Nun könnte der Mensch durch selbstinitiierte thermonukleare Reaktionen vielleicht das Erdenjahr des höheren Lebens mit solch einem biosphärischen Silvesterfeuerwerk auf diesem Planeten beenden; dann käme ihm trotz all seiner zeitlichen und räumlichen Abseitigkeit eine wenn auch unschöne, so doch höchst gewichtige Bedeutung zu. Das Ende der Erde oder gar des Kosmos wäre das aber nicht, schlimmstenfalls das anthropogen-suizidale Ende des höheren Lebens auf dieser Erde.

Hier werden für die Bedeutungszumessung des Menschen die vielleicht 80 Jahre seines Menschenlebens in Beziehung gestellt zum Erdalter von ca. 4,8 Mrd. und zum Kosmosalter von ca. 13,8 Mrd. Jahren. Und aus diesen für den Menschen außerordentlich misslichen Zeitverhältnissen wird ein Bedeutungsverhältnis konstruiert oder konstituiert. Und dann wird gefolgert: Den Individuen einer solchen räumlich abseitigen wie zeitlich kurzlebigen Spezies könne keine Sonder- und schon ganz und gar keine Spitzenstellung zugeordnet werden. Was ist von diesen Argumenten zu halten?

Hier werden die puren quantitativen Dimensionen einerseits des Raumes und andererseits der Zeit zum Totschlagargument gegen eine das Qualitative meinende Positionierung und Nobilitierung des Menschen erhoben. Diese räumliche wie zeitliche Quantitäten monopolisierenden Argumente haben allenfalls das argumentative Gewicht der biblisch bezeugten Frage „Was kann aus Nazareth schon Gutes kommen?" (Joh 1,46).

Auch das Argument, das gemeinhin von Stephen Hawking und anderen gegen das starke Anthropische Prinzip ins Feld geführt wird, das Postulat nämlich, es gebe unendlich viele Welten, so dass es nicht verwunderlich sei, dass in einer dieser Welten, eben der unseren, die zugegebenermaßen höchst ungewöhnliche lebensermöglichende Dimensionierung der vier Grundkräfte gegeben sei, fällt in diese Kategorie. Hinter dem Versuch, die Einzigartigkeit der als faktisch erfahrenen Welt durch die Annahme einer Vielfalt definitiv bloß hypothetisch bleibender Welten zu verwässern, steckt das sich einem bestimmten Weltbild verdankende Banalisierungsinteresse, das hinreichend gut mit Christian Morgensterns Vers charakterisiert werden kann: „Darum, so schloss er messerscharf, dass nicht sein kann, was nicht sein darf." Die Behauptung wie auch die Bestreitung der auf göttliches Schöpferwirken hinweisenden Einzigartigkeit dieser Welt und des Menschen auf ihr verdanken sich beide nicht einer naturwissenschaftlich-zwingenden Physikalisierung, sondern einer deutenden und fakultativen Metaphysikalisierung dieser Welt.[8]

Auch in der Literatur, also geisteswissenschaftlich, wird vor allem in pejorativer Weise Bezug genommen auf den Menschen als „Krone der Schöpfung". Gottfried Benn, Lyriker und selbst Mediziner, widmete etliche seiner Gedichte einer ausschließlich der anthropologischen Defizit-Perspektive entstammenden Bewertung des Menschen und seiner Ansprüche bzw. Behauptungen, die Krone der Schöpfung zu sein.

„Die Krone der Schöpfung, das Schwein, der Mensch –:
geht doch mit anderen Tieren um!
Mit siebzehn Jahren Filzläuse,
zwischen üblen Schnauzen hin und her,
Darmkrankheiten und Alimente,
Weiber und Infusorien,
mit vierzig fängt die Blase an zu laufen –:
meint ihr, um solch Geknolle wuchs die Erde
von Sonne bis zum Mond –? Was kläfft ihr denn?
Ihr sprecht von Seele – Was ist eure Seele?
Verkackt die Greisin Nacht für Nacht ihr Bett –
schmiert sich der Greis die mürben Schenkel zu,
und ihr reicht Fraß, es in den Darm zu lümmeln,
meint ihr, die Sterne samten ab vor Glück ...?
Äh! – Aus erkaltetem Gedärm
spie Erde wie aus andern Löchern Feuer,
eine Schnauze Blut empor –:
das torkelt
den Abwärtsbogen
selbstgefällig in den Schatten."[9]

Abfälliger lässt sich die Verabschiedung des Menschen als Krone der Schöpfung kaum formulieren. Es gibt hier Ähnlichkeiten in Stil und Qualität der Argumentation zwischen der naturwissenschaftlich vorgetragenen und kosmologisch begründeten und der literarisch

---

[8] Zusammenfasssende Deutung in *U. Lüke*, Das Säugetier von Gottes Gnaden. Evolution, Bewusstsein, Freiheit, Freiburg i. Br. [3]2016, 128–144.
[9] *G. Benn*, Gesammelte Werke III, Gedichte, hg. v. D. Wellershoff, Stuttgart [7]1989, 12.

vorgetragenen anthropologisch begründeten Ablehnung einer Nobilitierung des Menschen. Das niedrige Argumentationsniveau bleibt
leider dasselbe.

Noch knapper ist es in einem Stanislaw Jerzy Lec zugeschriebenen
Wort formuliert: *„Der Mensch ist die Krone der Schöpfung. Nur scha-
de, dass es eine Dornenkrone ist.“*

3. Plan versus evolutiver Zufall?

Kann es überhaupt einen theologischerseits behaupteten Plan geben,
wenn im evolutiven Prozedere Zufall in Rechnung zu stellen ist?
Hier stellt sich zunächst die Frage, was Zufall ist. Der objektive Zufall findet sich, wenn man die Physik zurate zieht, z. B. bei den nur
noch stochastisch, aber eben nicht mehr kausalanalytisch zu beschrei-
benden Vorgängen, wie wir sie z. B. bei radioaktiven Zerfallsprozessen
erleben. Hier kann man angeben, wann die Hälfte des radioaktiven
Materials, z. B. von Uran zu Blei und anderen Zerfallsprodukten, ab-
gebaut wurde, aber nicht, wann welches Atom dem Zerfall unterliegt.
Der subjektive Zufall beschreibt eher die angesichts komplexer Prozesse auftretende Prognoseunfähigkeit des Prozessbeobachters, bestreitet aber nicht wie beim objektiven Zufall prinzipiell eine kausal-
analytische Rekonstruktionsmöglichkeit. Der Zufall, von dem die
biologische Evolutionstheorie redet, ist eher der subjektive, also prinzipiell kausalanalytisch zu rekonstruierende Zufall. Dass dem noch
eine von der Evolutionsbiologie nicht betrachtete atomare und sub-
atomare Ebene subsistiert, ist damit allerdings unbestritten.

Aber wie könnten Zufall und Plan konsistent zusammengedacht
werden? Zufall oder genauer das, was wir als Zufall innerhalb der
Evolution deklarieren, könnte einerseits ein der evolutiven Prozess-
optimierung dienender, ein gewollter Explorationsmodus sein. Ähnliches kennen wir im kognitiven Bereich von zufallsgetränkten
Brainstorming-Prozessen. Es werden dabei dem selektierenden Milieu diverse zufallsgenerierte Angebote offeriert. Das in diesem Se-
lektionsprozess resistenteste Modell markiert dann den nächsten
Weiterentwicklungsschritt und liegt damit möglicherweise voll in einem umfassenderen Plan oder schreibt diesen Plan weiter.

Zufall oder das, was wir als Zufall innerhalb der Evolution deklarieren, könnte andererseits – wie beim Lotto – der Distributions-

modus in einem planvollen Prozess sein. Per Zufall wird ein Gewinner der Lotterie ermittelt. Die Lottogesellschaft, die diesen oder jenen als Gewinner zu gratifizieren hat, ist trotz Zufall auch stets und planvoll selbst einer der Gewinner. Entgegen der landläufigen Meinung ist also festzustellen: Plan und Zufall schließen sich nicht zwangsläufig aus, denn der Zufall kann als Explorations- oder als Distributionsmodus der Teil eines von uns nicht oder zumindest nicht vollends durchschauten Plans sein.[10]

In ähnlicher Weise kommt auch der Bioinformatiker Schreiner zu dem Ergebnis: *„Die allgemeine Einschätzung, dass Zufall und Planbarkeit einander widersprächen, ist nur scheinbar korrekt; [...]. Es scheint also, dass Christen sehr wohl an ein Schöpfungswerk glauben können, das gleichzeitig vom Zufall abhängig und dennoch mit einem Ziel versehen ist. Der angebliche Widerspruch zwischen einem planenden Schöpfergott und einer vom Zufall beeinflussten Evolution könnte ein scheinbarer sein."*[11]

Wer den Zufall als gleichwertige Alternative zum Plan Gottes erhebt, denkt theologisch von Gott und seiner auch den Zufall inkludierenden, ja sogar instrumentalisierenden Planungskompetenz zu klein.

4. Krone der Schöpfung versus biologische Evolution

Die hier zu behandelnde Frage lautet: Kann es eine Krone der Schöpfung geben, wenn die Entfaltung der Schöpfung aus gut begründeter biologischer Perspektive evolutiv verläuft?

Der Begriff Krone suggeriert irgendwie etwas Statisches. Man wird gekrönt und ist fortan ein gekröntes Haupt. Und diese Krone überreicht man, jedenfalls in einer anständigen Erbmonarchie, selber an seinen Thronfolger respektive seine Thronfolgerin weiter. Nun ist, die Geschichte ist voll davon, auch in historischen Prozessen die Verleihung oder Übertragung der Krone nichts Unrevidierbares, sondern immer auch auf Probe gestellt. Und die Deklaration eines Königtums als von Gottes Gnaden gestiftet ist ja gerade der Versuch, es gegen diese beängstigende Revidierbarkeit zu perpetuieren.

---

[10] Näheres vgl. *U. Lüke*, Säugetier (s. Anm. 8), 128–144.
[11] *W. Schreiner*, Schöpfung via Evolution – und mögliche Implikationen: Evolutionstheologie, in: Jahrbuch der Karl-Heim-Gesellschaft 27 (2014), 153–179, hier 160f.

Vielleicht, wenn eine die Spitzenposition meinende Besonderheit für den Menschen schon behauptet werden soll, wäre ein Begriff aus dem Motorsport besser geeignet: Die momentane „Pole-Position". Diese Pole-Position kann errungen, aber auch wieder verloren werden. Sie kann, einmal errungen, auch bis zum Ende des Rennens, hier des Rennens im Modus der Evolution, verteidigt werden. Es ist eine wieder verlierbare, eine vielleicht nur auf Widerruf zugeteilte, eine gestundete, eine wieder aberkennbare Spitzenposition. Aber es erscheint immerhin möglich jenseits der ideologisch hoch aufgeladenen Evolutionismus-Kreationismus-Debatte des 19. und beginnenden 20. Jahrhunderts[12] auf theologisch wie biologisch reputationsfähige Weise Kreation als Evolution und Evolution als Kreation zu denken.

Evolution und das ihr inhärente subjektive Zufallsmoment sind der derzeit gültige biologische Beschreibungsmodus dessen, was die Theologie creatio nennt. Evolution und Kreation sind damit, ähnlich wie Zufall und Plan, keine einander ausschließenden Gegensätze, sondern eher komplementäre Betrachtungsweisen, deren Vereinbarkeit intellektuell redlich aufzeigbar ist. Bei der Kreation sind Creatio ex nihilo und Creatio continua nicht als zwei aufeinanderfolgende, für sich selber insuffiziente und einander erst noch komplettierende Initiativen Gottes, sondern als Einheit zu denken.[13]

Als „derzeit gültig" zu charakterisieren ist die Evolutionstheorie nicht deshalb, weil prinzipiell an Evolution zu zweifeln wäre. Sie ist eine „derzeit gültige", weil uns schon die Wissenschaftsgeschichte selbst bei einer nur überblicksartigen Betrachtung auch eine Evolution der Evolutionstheorien zeigt. Diese reicht vom Lamarckismus über den Darwinismus, den Neodarwinismus, die Synthetische Theorie oder die Systemtheorie der Evolution bis zu einer Evoluti-

---

[12] Näheres dazu eher unter einem Vereinbarkeitsaspekt vgl. *W. Bröker*, Der Sinn der Evolution, Düsseldorf 1967. Und *ders.*, Politische Motive naturwissenschaftlicher Argumentation gegen Religion und Kirche im 19. Jahrhundert, Münster 1973. Näheres dazu eher unter dem Konfliktaspekt vgl. *H. J. Dörpinghaus*, Darwins Theorie und der deutsche Vulgärmaterialismus im Urteil deutscher katholischer Zeitschriften zwischen 1854 und 1914. Inaugural-Dissertation der Philosophischen Fakultät der Albert-Ludwigs-Universität Freiburg i. Br. 1969.

[13] Ein Modell, Evolution mit Kreation zu vereinbaren und dabei Creatio ex nihilo und Creatio continua als Einheit zu verstehen, findet sich in *U. Lüke*, Das Glaubensbekenntnis vor den Anfragen der Gegenwart, Freiburg i. Br. 2019, 60–80.

onstheorie, die durch Einbeziehung der Erkenntnisse zur Epigenetik
wieder lamarckistische Züge zu tragen scheint.

5. Interdisziplinäre Kriterien zur Sonderstellung des Menschen?

Mit welchen nicht nur theologisch, sondern interdisziplinär nutz-
baren Kriterien kann eine Sonderstellung des Menschen behauptet
werden?

Der Jesuit und Paläoanthropologe Teilhard de Chardin
(1881–1955) hatte die neuscholastisch ausgerichtete Schöpfungstheologie seiner Zeit mit dem Evolutionsparadigma verbinden wollen. Er sah über seinen großen Landsmann Blaise Pascal hinaus-
gehend den Menschen nicht nur von zwei für ihn unfasslichen
Unendlichkeiten eingefasst, als *„ein Nichts vor dem Unendlichen, ein
All gegenüber dem Nichts, eine Mitte zwischen Nichts und All.“*[14] Teilhard sah den Menschen in persona selbst als ein drittes Unendliches,
als ein unendlich komplexes Wesen. Er holte den Menschen damit
aus seiner kosmischen Verlorenheit zwischen den Dimensionen des
Makro- und des Mikrokosmos heraus und zurück in den Mittelpunkt. Denn allein schon die neuronale Komplexität seines Gehirns
mit ca. 10 hoch 12 Neuronen und ca. 10 hoch 5 Synapsen je Neuron
katapultiert ihn bei somit 10 hoch 17 Kombinationsmöglichkeiten in
die numerische Größenordnung der Galaxien. Ausgehend von dieser
neurophysiologischen Komplexitätsbasis erhebt sich die noch ungleich gewaltigere mit anderen Parametern zu messende kognitiv-
kulturelle Komplexität, in der der Mensch wie ein einzelnes Neuron
im wissenschaftlich-kulturellen Gehirn dieser Welt gedeutet werden
kann. In Teilhards Diktion entwickelt sich über der Biosphäre, der
Sphäre des Lebens, eine Noosphäre, eine Sphäre des Denkens. Er
postulierte, noch bevor die ersten Von-Neumann-Maschinen als
Morgendämmerung des Computerzeitalters auftauchten, ein *„Denken, das kunstreich das Organ vervollkommnet, auf dem es beruht“*[15].

---

[14] *B. Pascal*, Pensées. Über die Religion und über einige andere Gegenstände,
Heidelberg 1978, Fragment 72 insgesamt, speziell 43.
[15] *P. Teilhard de Chardin*, Der Mensch im Kosmos. München [7]1964, 243. Begonnen wurde dieses Werk 1938.

Teilhard sah den phylogenetischen Rubikon zwischen Tier und Mensch im Auftreten eines Ichbewusstseins beim Menschen. Dieses Kriterium kann nach heutigem Kenntnisstand allenfalls als notwendige, aber nicht als hinreichende Bedingung angesehen werden. Denn ein Ichbewusstsein ist inzwischen in unterschiedlichen Selbsterhellungsgraden bei etlichen Säugetierarten auf haptische, optische, olfaktorische, akustische Weise belegt.

Seit Längerem wird auch von naturwissenschaftlicher Seite ein speziell den Menschen auszeichnendes Transzendenzbewusstsein in Rechnung gestellt.[16] Die philosophisch-theologische Reichweite und Deutungstiefe dieses Transzendenzbewusstseins scheint je nach betrachteter Kultur sehr unterschiedlich und variabel gewesen zu sein. Es könnte z. B. als Kontingenzbewältigungspraxis aus der Not des Wissens um die eigene Endlichkeit, Verletzlichkeit, Zeitlichkeit, Sterblichkeit entstanden sein. Es könnte schon beim Homo erectus oder Homo sapiens Neanderthalensis aus der Notwendigkeit einer Deutung des ganzen Welt- und Lebenstheaters entstanden sein, und zwar sowohl aus der Deutung chaotischer unüberschaubarer Prozesse als auch aus der Deutung regelhafter Prozesse wie Tag-Nacht-Wechsel, Gezeitenwechsel, Jahreszeitenwechsel, Sternbildkonstellationen, Geburt, Wachstum, Altern und Tod etc. Ein solches Transzendenzbewusstsein schafft ggf. das sinnstiftende und das sozialformierende Narrativ, aus dem Chaotisches und Regelhaftes, Leidvolles und Freudvolles im menschlichen Leben und das Leben als Ganzes gedeutet und soziale Zugehörigkeiten festgelegt werden können.[17] Damit wäre wohl ein vielleicht auch für die biologische und evolutionstheoretische Perspektive akzeptabler Vorschlag zur religiösen und schöpfungstheologischen Nobilitierung des Menschen unterbreitet.

---

[16] Vgl. *G. C. Weniger*, Projekt Menschwerdung. Streifzüge durch die Entwicklungsgeschichte des Menschen, Heidelberg/Berlin 2003, 82–125.

[17] Näheres vgl. *H. Wagner*, Der Mensch als Tier – die biologische Perspektive, in: U. Lüke/G. Souvignier, Der Mensch (s. Anm. 5), 45–65; *U. Lüke*, Aspekte der Differenz von Tier und Mensch: Transzendenzfähigkeit, in: ebd., 124–151.

6. Evolution des Menschen über den Menschen hinaus?

Die hier anstehende Frage lautet: Kann es mit dem Menschen über den rezenten Menschen hinaus weitergehen? Die Antwort ist eindeutig: Ja, denn es ist auch im von uns überschaubaren bisherigen Verlauf der Hominisation und der Humanisation schon mit dem Menschen über den Menschen hinaus weitergegangen. Man könnte auf die kulturtechnisch durchaus respektablen Zwischenstufen der Hominisation verweisen, auf die Australopithecinen, den Homo habilis, die diversen Homo-erectus-Typen. Und selbst, wenn wir nur den Homo sapiens in Betracht ziehen und die unter Australopithecus oder Homo habilis oder Homo erectus zu subsumierenden Hominidentypen außer Acht lassen, so ist zu sagen, dass der Homo sapiens neanderthalensis – von den ca. 4–8 Prozent genetischen Relikten in unserem Erbgut abgesehen – ein solcher überwundener Homo-sapiens-Menschentyp ist. Welcher unter Homo sapiens firmierende Menschentyp soll denn dann der gekrönte sein und wie lange soll er es bis zu seiner immerhin möglichen Abberufung bleiben? Und man wird ja nicht nur die biologischen Kriterien der Hominisation, sondern auch die kulturellen Kriterien der Humanisation zu Rate ziehen dürfen und müssen; denn es gibt auf der Basis desselben biologisch-genetischen Niveaus immense qualitative Unterschiede in der humanen und kulturellen Ausprägung.

Der derzeitige ökologische Fußabdruck des Menschen ist katastrophal oder desaströs, und zwar zu seinen eigenen und zulasten der übrigen Schöpfung. Dieser derzeitige Kronprätendent der Schöpfung ist unreif, er optimiert nur die arteigenen kurzfristigen Vorteile und ist derzeit im wohl verstandenen Interesse der Mitgeschöpfe nicht regierungsfähig. Er hat die bio-theologische Reifeprüfung sowohl auf seine ökologische als auch auf seine schöpfungstheologische Zurechnungsfähigkeit noch nicht bestanden. Wenn er nur bleibt, was er gegenwärtig ist, die ausbeuterisch von sich selbst berauschte „Krone der Schöpfung", dann bleibt er gewiss nicht, was er auch in Zukunft zu sein hofft, die „Krone der Schöpfung".

Über das grundlegende Ich-Bewusstsein und das daraus resultierende Transzendenzbewusstsein hinaus bedarf es drittens eines umfassenderen Schöpfungsbewusstseins und einer Schöpfungsverantwortung, wie sie uns die jahrtausendealte mythologisch-archaische Geschichte von der Sintflut und der Arche Noach erzählt (vgl. Gen 6,1–9,29).

Die Arche Noach ist keine Luxusyacht nur für die Menschheit als die selbsternannte High-Society dieser Schöpfung. Noach baut die Arche auftragsgemäß auch für die Mitgeschöpfe und wird so einbezogen in Gottes Fürsorge für die ganze Schöpfung. Man darf das wohl auch so deuten: Er wird vom Schöpfer nicht anders gerettet, als indem er die ihm anvertraute Schöpfung mitrettet. Nicht nur der übrigen Schöpfung, sondern auch dem schöpferischen Menschen selbst steht das Wasser des menschlichen Unverstandes und der menschlichen Bosheit bis zum Halse. Noach wird vom Schöpfer nur als Bewahrer der Mitgeschöpfe bewahrt. Auch das ist eine uralte biblische Tradition, aber erst die Ökologie musste heutige Theologen wieder mit der Nase darauf stoßen. Der Mensch ist von Gott her nur als Bewahrer ein Bewahrter, nur als Retter ein Geretteter. Die dem Menschen abverlangte Ehrfurcht vor dem nicht-menschlichen Mitgeschöpf und erst recht die vor dem Mitmenschen gründet letztlich in der Ehrfurcht vor dem Schöpfer.

Der dem Menschen erteilte Herrschaftsauftrag über die Schöpfung verlangt eine treuhänderische, liebevolle Herrschaftsausübung, die an der Herrschaftsausübung Gottes seiner Gesamtschöpfung gegenüber orientiert ist. Im Übrigen kann die Herrschaft des Menschen nur analog zur Herrschaft Gottes verstanden werden; denn er ist und bleibt bei allem Mitschöpfersein und Herrschen ein endliches, vom Schöpfer abhängiges Geschöpf. Auch als „Krone der Schöpfung" bliebe er noch immer Teil der Schöpfung.

7. Evolution außerhalb der menschlichen Phylogenese

Kann es jenseits und außerhalb der menschlichen Phylogenie über den Menschen hinaus weitergehen? Könnte es sein, dass, anthropomorph gesprochen, die Evolution nach der u. U. selbstverschuldeten Abdankung des Menschen als gekröntes Haupt der Schöpfung auf einen anderen tierischen oder auch pflanzlichen Träger des Lebens als Kronprätendent setzt? Oder ist es, beim Blick in die andere Richtung denkbar, dass der Mensch, der Homo sapiens sapiens, die „Krone der Schöpfung", selbststeuernd in seine Phylogenese eingreift? Darf er das, kann er das oder muss er das sogar, weil er es besser kann als Gott? Hier scheint sich der Mythos oder die Hybris

(?) von einem selbstbekundeten Schöpfersein fortzusetzen, das Craig Venter, einem der ersten Sequenzierer der menschlichen DNA, aber auch schon James Watson, dem Mitentdecker der DNA-Doppelhelix vorschwebt, wenn er darüber räsoniert, *„warum wir Gott nicht mehr die Zukunft des Menschen überlassen dürfen.“*[18] Wie soll man das z. B. durch das Crispr-Cas-System biotechnologisch bisher Erreichte benennen? Es ist ganz ohne Frage und im strengen Sinne bisher (noch) nicht die Konstituierung synthetischen Lebens. Was bisher erreicht wurde, gehört noch immer in den Bereich der Gentechnologie.

Man könnte diese Veränderung des Erbguts mit teilweise künstlichen Substanzen und teilweise künstlichen Sequenzen als eine Art molekulargenetische Prothetik auf zellulärem und subzellulärem Niveau, als eine Art Zytoprothetik ansehen und bezeichnen. Sie hilft – wie die Prothetik allgemein – gegebene Lebensvollzüge trotz eines partiellen biologischen Funktionsausfalls zu realisieren, ist aber nicht selbst die Quelle dieser Lebensvollzüge. Auch das Kunstherz macht den Patienten nicht lebendig, es erhält ihn lebendig; es schafft nicht sein Leben, sondern bewahrt ihn im Leben. Wie weit eine Prothetik gehen, wie vielgestaltig sie sein, wie perfekt sie werden kann, ist noch nicht abzusehen. Prinzipielle Grenzen sind nicht in Sicht. Aber mit ihrer Perfektionierung einer Zytoprothetik stellt sich, an Bakterien und Viren schon jetzt, an höheren Lebewesen vielleicht schon bald, die Frage neu: Was ist Leben im Unterschied zum Unbelebten, wo ist im Komplexifikationsprozess der Materie der Rubikon der Bionisation?

Zumindest einige Vertreter der Synthetischen Biologie[19] sind von der Hoffnung beseelt, dass die weitgehend perfektionierte und um-

---

[18] *J. D. Watson*, Die Ethik des Genoms. Warum wir Gott nicht mehr die Zukunft des Menschen überlassen dürfen, in: Frankfurter Allgemeine Zeitung (26.09.2000). Hier plädiert er im Feuilleton für die auf eine Gendiagnostik gestützte Selektion erbkranker Embryonen, bestreitet deren Lebensrecht und plädiert dafür, in die Rolle hineinzuwachsen, „die wir in der Vergangenheit den Göttern zugedacht haben. Damals konnten nur die Götter die Zukunft vorhersagen und unserem künftigen Schicksal eine gute oder schlechte Wendung geben. Heute liegt dies zum Teil in unseren eigenen Händen.“
[19] Die Schweizerische Akademie der technischen Wissenschaften sieht drei Verfahrensweisen zur Veränderung oder gar Herstellung biologischer Systeme: das „Chassis-Modell“, das „Lego-Modell“ und die künstliche Sequenzierung von DNA, die insbesondere durch die Crispr-Cas-Methode perfektioniert wurde.

fassende Prothetik nicht nur Leben bewahrt, sondern Leben generiert, ja selbst Leben ist. Hier verrichtet der Goethesche Prometheus seine ersten Übungen an Bakterien, und das Ziel ist ebenfalls mit Goethe so zu benennen:

> *„Hier sitz ich, forme Menschen*
> *Nach meinem Bilde,*
> *Ein Geschlecht, das mir gleich sei,*
> *Zu leiden, zu weinen,*
> *Genießen und zu freuen sich,*
> *Und dein nicht zu achten,*
> *Wie ich.“*[20]

So schafft der Menschen machende Prometheus der griechischen Mythologie auf dem gegenwärtigen Niveau seiner gen- und biotechnologischen Kompetenzentwicklung einen Protheteus, und so wird in der selbstbezüglichen Anwendung dieser Kompetenz aus dem sich bereits als Prometheus des 21. Jahrhunderts dünkenden Menschen der sich selbst optimierende Protheteus.

Die entscheidenden Fragen bei der schon von Nietzsche angestrebten „Überwindung des Menschen durch den Menschen" im Zuge eines Selbstoptimierungsprozesses sind aber die nach dem Wer, also dem Subjekt der Veränderung, die nach dem Wie, also dem Modus der Veränderung, und die nach dem Woraufhin, also dem Ziel dieses Selbstoptimierungsprozesses.

Zur Beantwortung der Frage, ob uns Menschen das auf verantwortliche Weise möglich ist, lohnt ein Blick in die Vergangenheit. Auf dem Ciba Symposion 1962 hatte die damalige biowissenschaftlich-medizinische „High-Society" die abenteuerlichsten, uns heute wie ein Horrorszenario vorkommenden Projekte und Prognosen zur Verbesserung des Menschen vorgestellt. Den mit nicht selten zweifelhafter Moral und Intention damals und heute tätigen Bastlern kann die Conditio humana nicht zu Versuchszwecken überlassen werden. Dazu hatte Donald MacKay, der Physiker und Kom-

---

Alle drei wären im Prinzip auch auf den Menschen anwendbar. Näheres *U. Lüke,* Das Säugetier (s. Anm. 8), 154–173.

[20] *J. W. Goethe,* Prometheus. Zitiert nach Th. Echtermeyer, B. v. Wiese, Deutsche Gedichte. Von den Anfängen bis zur Gegenwart. Neubearbeitung, Düsseldorf 1966, 186f.

munikationswissenschaftler, 1962 einen bis heute zeitübergreifend gültigen Kommentar abgegeben: „*Es ist, kurz gesagt, absolut unmöglich, nach einer Orientierungsmarke zu segeln, die wir an den Bug unseres eigenen Schiffes genagelt haben. Wenn wir unsere wachsende eugenische Macht je richtig anwenden wollen, brauchen wir eine größere Weisheit als unsere eigene.*"[21]

Die Festlegung einer übergreifenden Zielvorgabe für jede selbstreferentiell auf den agierenden Menschen selbst und über ihn hinaus zielende Biologie kann kein Akt der rein naturwissenschaftlichen Rationalität sein. Sie muss immer der Akt einer philosophischen, ethischen oder theologischen Einsichtsfähigkeit, ja wird im Letzten der Akt eines reflektierten theistischen, agnostischen oder atheistischen Glaubens sein, der uns sagt, was die Stunde geschlagen hat.

Auch die selbsternannte „Krone der Schöpfung" bleibt ein Geschöpf und dem Schöpferwillen unterworfen. Wo sie das Wer, das Wie und das Woraufhin ihrer Evolution monopolistisch und nach jeweiligem Gutdünken in die eigene Hand nimmt, liefert sie sich ihren eigenen wirtschaftlichen, politischen, militärischen, wissenschaftlichen Partial-Interessen aus und gibt sich u. U. selbst dem Untergang preis.

Es mag sein, dass dieser reflektierte theistische Glaube nur die Präzision einer Sonnenuhr hat und unserer nach Präzision hungernden Zeit entschieden zu gering erscheint. Aber ohne einen offengelegten, reflektierten Glauben, ohne einen metaphysischen Referenzrahmen wird alle wissenschaftliche Präzision ziel-, zweck- und sinnlos. Die nur unserer wirtschaftlichen, politischen, militärischen oder naturwissenschaftlichen Intentionalität verpflichtete Rationalität wird zum Ablesen der Sonnenuhr mit der Taschenlampe der jeweiligen Interessiertheit, sie ist hoch präzis und völlig beliebig, allem und jedem zu Diensten.

---

[21] *D. MacKay*, Diskussionsbeitrag, in: R. Jungk/H. J. Mundt, Das umstrittene Experiment: Der Mensch. Elemente einer biologischen Revolution, München/ Wien/Basel 1966, 313.

8. Fazit der Überlegungen

Der Blick in die menschliche Hominisation und Humanisation zeigt, dass es sich bei der „Krone der Schöpfung" nicht um eine ein für alle Mal erreichte und bis zum Jüngsten Tag bleibende Nobilitierung des Menschen handeln kann, sondern stets um eine Übergangs- bzw. Bewährungsauszeichnung handeln muss. Dem rezenten Menschen wird damit keine ewige Krone aufs Haupt gesetzt, sondern evolutionsbiologisch und schöpfungstheologisch allenfalls eine auf Widerruf und auf Bewährung ausgesetzte Pole-Position anvertraut. In dieser Hinsicht gibt es nicht selten naturwissenschaftlicher- und philosophisch-theologischerseits gleichsinnige Bewertungen der Conditio humana.

Die meisten Argumente zur Bestreitung der Sonderstellung des Menschen entstammen einem zeitlich-räumlichen Dimensionsvergleich des Menschen und seiner kosmologischen Umgebung oder einer klar defizitorientierten Betrachtung des Menschen, und bleiben damit ohne einen sonderlich hohen oder gar argumentativ durchschlagenden Stellenwert. Die schon neurobiologisch unübersehbare Komplexität des Individuums und die noch ungleich größere kulturelle Komplexität der gesamten Menschheit werden als Qualitätskriterien bei der „Entzauberung" des Menschen und seiner Besonderheiten häufig unterbewertet oder gar unterschlagen. Aber gerade sie wären zur Beurteilung der Conditio humana wichtig und also mit hinzuzuziehen.

In den hier vorgelegten Überlegungen werden zur Nobilitierung des Menschen gegenüber anderem Leben drei insbesondere oder allein den Menschen auszeichnende Unterscheidungsmerkmale ins Feld geführt: Erstens das auf der Basis der neurobiologischen Komplexität emergierende Ich-Bewusstsein, das Erkenntnis und Selbsterkenntnis möglich macht, zweitens das auf der Basis sozial- und kultur-anthropologischer Komplexität emergierende Transzendenz-Bewusstsein, das den menschlichen Selbst- und Weltdeutungsrahmen erstellt, und drittens das aus (natur-)wissenschaftlicher, politischer und philosophisch-theologischer Einsicht nach und nach erwachsende Schöpfungs-Verantwortungsbewusstsein.

Auch die theologische Ziel- und Vollendungsvorstellung für die Schöpfung insgesamt und für den Menschen insbesondere, also die unter der offenen Chiffre „Reich Gottes" versammelte umfassende

Heilsperspektive, so sehr sie auch primär als Gabe erhofft werden darf, muss ebenso auch als sich mehr und mehr erschließende Aufgabe getan werden. Ein Plan Gottes und das Ziel für die Schöpfung und in ihr für die Menschheit ist nicht in der vielfach erwünschten oder gar behaupteten Konkretion erkennbar. Aber die Annahme eines Plans und einer Sonderstellung des Menschen darin ist unter Voraussetzung eines reflektierten christlichen Deutungsrahmens gleichwohl auch im Blick auf empirische Daten und Fakten intellektuell redlich vertretbar.

Das evolutionsbiologisch beschreibbare Prozedere kann problemlos im Sinne einer creatio originalis als schöpfungstheologisch von Gott ausgehend gedacht und über das Anthropische Prinzip sogar in Grenzen naturwissenschaftlich plausibilisiert werden. In diesem Prozedere kann man auch evolutionsbiologisch den zunehmend wachsenden und schon jetzt gravierenden bis beängstigenden Einfluss des Menschen ausmachen. Diesen Einfluss des Menschen kann man schöpfungstheologisch deuten als die prekäre, das Schöpfungs-Verantwortungsbewusstsein einfordernde und darum nur auf Bewährung erfolgende und die bei aller Gefährdung zugleich wertschätzende Einbeziehung des Menschen durch Gott in den uns allenfalls erahnbaren göttlichen Plan. Die Nobilitierung des Menschen in der Schöpfung ist und bleibt Gabe und Aufgabe.

III.
Ethik

Der eine Plan und die Diversität der Welt
Philosophiehistorische Überlegungen

Matthias Perkams

1. Der „Plan Gottes" – Umrisse einer christlichen Konzeption

Die Worte „göttlicher Plan" oder „Plan Gottes" sind in der Geschichte des christlichen Denkens nicht besonders verbreitet. Zumeist wird die damit offensichtlich gemeinte Idee, dass Gott den Weltlauf so vorgeordnet hat, dass er im Ganzen oder für möglichst viele Einzelne möglichst gut ausfällt, durch andere Begriffe ausgedrückt, die leicht unterschiedliche Konnotationen haben, aber der Sache nach doch eng verbunden sind: Während „Vorsehung" (πρόνοια, *providentia*) primär hervorhebt, dass für die Welt und vor allem jedes einzelne (rationale) Wesen in ihr gut vorgesorgt ist, scheint die allgemeine Perspektive eines umfassenden Plans eher durch Wendungen wie „Verwaltung der Dinge" (*administratio, dispositio* oder *gubernatio rerum*, syrisch *mdabbranūṯā*) ausgedrückt zu werden.[1] Thomas von Aquin gebraucht hierfür auch den Begriff „ewiges Gesetz" (*lex aeterna*). Die Bezeichnung als Gesetz weist darauf hin, dass die Annahme eines Weltplans keineswegs nur deskriptive Implikationen hat, im Sinne einer Beschreibung dessen, was Gott geplant hat und was dann auch zwangsläufig so geschieht.[2] Vielmehr besitzt das Konzept eine häufig eher implizit bleibende normative Dimension: Denn der göttliche Plan besteht offenbar darin, dass Menschen das tun, was Gott vorgeplant hat, was also im Ganzen des Plans das Gute ist. Dies muss keineswegs mit dem zusammenfallen, was der

---

[1] Zu diesen terminologischen Unterschieden vgl. bereits *Thomas de Aquino*, De veritate 5, 1, ad 6, sowie S. Thomae Aquinatis Summa Theologica, diligenter emendata de Rubeis, Billuart et aliorum. Prima secundae. Tomus Secundus, Turin [16]1917, 517 Anm. 1.

[2] Vgl. hierzu schon die gelehrte Anmerkung Billuarts: Das ewige „Gesetz hat Verpflichtungskraft, die Vorsehung nicht" (lex habet vim obligandi, providentia non), in: S. Thomae Aquinatis Summa Theologica 526 Anm. 4.

einzelne Mensch nach Gottes Befehl als moralische Handlung tun muss. Schon Peter Abaelard (1079–1142) betont daher, dass das Geschehen von Judas' Verrat in einem größeren Kontext gut und von Gott aus gutem Grund gewollt war, obwohl es als Handlung des Judas eine schlechte, keineswegs gottgefällige Tat war.[3] Hier zeigt sich die Komplexität der in der Scholastik üblichen Frage, ob Menschen das tun müssen, was Gott will.[4] In jedem Fall wird von christlichen Autoren regelmäßig eine Mitwirkung des Menschen am göttlichen Plan erwartet, die vielleicht das Wichtigste am Plan selbst ist: Bereits im 2. Jahrhundert wird herausgestellt, dass die freie Zuwendung des Menschen zu Gott das eigentlich Gewollte in der Schöpfung darstelle.[5] Irenaeus von Lyon formuliert die Erfordernisse dieser Ansicht bereits um 180 n. Chr. so aus, dass der Mensch auch unter den Bedingungen einer göttlichen Vorsehung oder eines göttlichen Plans in der Lage sein muss, zwischen verschiedenen Alternativen zu wählen.[6]

Durch die letztere Annahme, die sich philosophisch als „Freiheit der alternativen Möglichkeiten" beschreiben lässt, unterscheidet sich das christliche Verständnis eines göttlichen Plans von seinem bedeutendsten historischen Vorläufer, der stoischen Idee einer Welt, die so gut geordnet ist „wie eine vollkommene Stadt", in der das Glücklichwerden von Menschen so erreichbar ist wie möglich:[7] Die Stoiker verbinden diesen Gedanken mit der Annahme, dass es innerhalb des

---

[3] *Abaelardus*, Collationes II (Abaelard, Gespräch eines Philosophen, eines Juden und eines Christen. Lat.-dt., hg. u. übert. v. H.-W. Krautz, Frankfurt a. M./Leipzig 1995, 274f.). Zu Abaelard vgl. einführend *St. Ernst*, Petrus Abaelardus (Zugänge zum Denken des Mittelalters 2), Münster 2003.

[4] Zur Verbreitung der Fragestellung vgl. *R. Schönberger*, in: Th. von Aquin. Über sittliches Handeln. Summa theologiae I–II q. 18–21. Lat.-dt., übers., komm. u. hg. v. R. Schönberger, Stuttgart 2001, 139.

[5] Vgl. die Sammlung entsprechender Texte bei *A. Camplani*, Traces de controverse religieuse dans la littérature syriaque des origines: Peut-on parler d'une hérésiologie des hérétiques? in: F. Ruani (Hg.), Les controverses religieuses en syriaque, Paris 2016, 9–66, hier 15–30, sowie die Analyse bei *A. Fürst*, Wege zur Freiheit. Menschliche Selbstbestimmung von Homer bis Origenes, Tübingen 2022, 139–186.

[6] *Irenaeus v. Lyon*, Gegen die Häresien (Adversus haereses) 4, 37, 1 und 4 (perkams-zitatenschatz.de/zitate/603). – Soweit die hier zitierten Texte auf der Website perkams-zitatenschatz.de in Deutsch und dem Originaltext zugänglich sind, gebe ich den entsprechenden Link mit an.

[7] Vgl. dazu *Aristokles v. Messene*, Fragment 3 (Aristocles of Messene, Testimonies

Kosmos ein aktives Prinzip gebe, das sie wahlweise als Schicksal (*fatum*, εἱμαρμένη), als Gesetz, als Zeus, als Logos und mit einer ganzen Reihe anderer Bezeichnungen benennen können.[8] Dabei besitzt das stoische Fatum mindestens drei Dimensionen, die zumindest extensional zusammenfallen: Erstens ist das Fatum ein natürliches Element, das Feuer, das den Weltlauf in Gang hält; zweitens ist es die ununterbrechbare Verkettung aller Ursachen, welche die Stoiker grundsätzlich körperlich bzw. materiell denken; drittens ist das Fatum der Logos selbst, die Weltvernunft.[9] Besonders die zwei letztgenannten Dimensionen sind für das menschliche Leben bedeutend: Denn einerseits gehen die Stoiker davon aus, dass die Vernunft jedes einzelnen Menschen ein Teil des kosmischen Logos ist, diesen nachvollziehen und, als direkte Folge daraus, entsprechend handeln kann. Daher sind Menschen aufgefordert, sich zu entwickeln, indem sie ihren Logos, die Vernunft, so üben, dass sie schließlich aus Einsicht in den Logos des Kosmos heraus weiß, was für sie richtig zu tun ist.[10] Andererseits interpretieren die Stoiker die Verkettung der Ursachen, die das Fatum auch darstellt, so, dass die jeweils gleiche Kombination von Ursachen in jedem Fall dieselbe Wirkung hervorbringt oder nicht hervorbringt.[11]

Die Stoiker erkennen ferner als erste das grundsätzliche Problem, das sich aus der kausalen Geschlossenheit der Welt ergibt:[12] Unter dieser Annahme scheint es ein selbstbestimmtes menschliches Handeln nicht mehr geben zu können. Diese Konsequenz weisen die

---

and Fragments. Edited with Translation and Commentary by Maria Lorenza Chiesara, Oxford 2002, p. 18f.).

[8] Ebd.

[9] Ebd.

[10] *Diogenes Laertius*, Lebensbeschreibungen der Philosophen (Vitae philosophorum) VII 85–88 = Stoicorum veterum fragmenta III 178 (perkams-zitatenschatz.de/zitate/161).

[11] *Alexander v. Aphrodisias*, Über das Schicksal (De fato) 21 (Alexander v. Aphrodisias, Über das Schicksal, übers. u. komm. v. A. Zierl, Berlin 1995, 94–97; perkams-zitatenschatz.de/zitate/159).

[12] Zur stoischen Position und der Kritik daran vgl. M. *Forschner*, Die stoische Ethik. Über den Zusammenhang von Natur-, Sprach- und Moralphilosophie im altstoischen System, Darmstadt [2]1995, 104–114; M. L. *Colish*, The Stoic Tradition from Antiquity to the Early Middle Ages, Leiden u. a. 1985, vol. I, v. a. 35, 123–126 (zu Cicero); S. *Bobzien*, Determinism and Freedom in Stoic Philosophy, Oxford 1998, v. a. 2–5.

Stoiker selbst zwar zurück, indem sie betonen, dass Menschen das
vom Schicksal Vorgesehene keineswegs unfreiwillig erleiden müssen,
sondern daran mitwirken können bzw. müssen.[13] Im Ergebnis scheinen sie, ähnlich wie Harry Frankfurts freiwilliger Drogensüchtiger,[14]
aus eigener Entscheidung das zu tun, was sie sowieso tun müssen.
Aus Sicht ihrer aristotelischen und platonischen Gegner, deren Meinung uns z. B. bei Cicero und vor allem in Alexander von Aphrodisias' Schrift „Über das Schicksal" erhalten ist, reicht diese Annahme jedoch nicht aus, um die menschliche Selbstbestimmung zu
sichern. Ganz ähnlich wie Irenaeus ca. 20 Jahre zuvor vertritt Alexander die Position, dass eine Wahlmöglichkeit zwischen zwei Alternativen eine notwendige Bedingung für selbstbestimmtes, freies
Handeln darstellt.[15] Unter der Annahme einer solchen, unter heutigen Vorzeichen wohl am besten als „libertaristisch" oder „inkom-
patibilistisch" zu bezeichnenden Freiheitstheorie[16] sehen sich die
christlichen Theoretiker eines göttlichen Planes vor analoge Probleme gestellt wie ihre aristotelischen und platonischen Kollegen:
Es gilt zu erklären, wie eine menschliche Handlung zugleich Teil
des Plans und daher vorgesehen bzw. kausal determiniert sowie
eine freie Entscheidung sein kann, die in die zwei Richtungen gehen
kann, der Norm des Plans entweder zu entsprechen oder nicht.

Der Vergleich zur Stoa verdeutlicht auch ein weiteres Proprium
christlicher Positionen der Annahme eines göttlichen Plans: Während die Stoiker von einem innerweltlichen bzw. immanenten göttlichen Prinzip ausgehen,[17] folgen christliche Denker üblicherweise
der ursprünglich platonischen Annahme, dass Gott transzendent
ist, d. h. nicht identisch mit der Welt oder mit einem Teil von ihr.
Diese Annahme bedeutet auch, dass keine absolute Identität zwischen Gott und seinem Plan bestehen kann, insofern dieser Plan etwas ist, was in der Welt abläuft. Bereits der Jude Philon von Alexan-

---

[13] *Cicero*, Über das Schicksal (De fato), 39 u. 43 (perkams-zitatenschatz.de/zita-
te/213).

[14] *H. G. Frankfurt*, The Importance of what we Care About, Cambridge 1988,
17–19.

[15] *Alexander v. Aphrodisias*, Über das Schicksal, 12 (62f. Zierl).

[16] Zur Struktur der aktuellen Debatte vgl. z. B. *G. Keil*, Willensfreiheit, Berlin/
Boston ³2017.

[17] *Aristokles v. Messene*, Fragment 3 (18f. Chiesara).

dria liest in diesem Sinne den biblischen Schöpfungsbericht so, dass im Geiste Gottes der Plan entwickelt ist, der sich in der geschaffenen Welt abspielt.[18] Hierbei kann diskutiert werden, ob der Plan in der Welt mehr ist als das jeweilige Wirken der einzelnen Ursachen, die Teil des Plans sind, ob er also z. B. eine Art innerweltliche Matrix, eine hypostasierte Natur ist, die die Welt vorangehen lässt.

Ich lasse diese wohl eher theoretische Frage mit ihren komplexen ontologischen Implikationen außen vor und konzentriere mich darauf, welche Schwierigkeiten und Chancen die Annahme eines göttlichen Plans im genannten Sinne für unser Verständnis von Mensch und Gott besitzt. Dabei zeigt sich, dass insbesondere Positionen, welche die göttliche Transzendenz im (neu-)platonischen Sinne zu denken versuchen, der Unverfügbarkeit des göttlichen und menschlichen Urteils am besten gerecht werden können.

2. Kernfragen der Idee eines göttlichen Plans und mögliche Antworten

a) Hat Gott die Wahl, welche Welt er schaffen will?

Ein erstes Problem ergibt sich aus der Voraussetzung, dass ein göttlicher Plan möglichst gut sein soll: Wenn Gott selbst allmächtig, weise und gut ist, scheint man von ihm erwarten zu dürfen, den bestmöglichen Plan zu wählen. Dass dies erhebliche Konsequenzen für das Gottesbild hat, ist wiederum von Abaelard auf den Punkt gebracht worden: „Ich denke es ist zu fragen, ob Gott mehr oder Besseres tun kann, als er tut, oder ob er auch mit dem, was er tut, auf irgendeine Weise aufhören könnte, so dass er es nämlich niemals täte. […] Wenn es also

a) ‚weil es gut ist, *dass* etwas getan wird, nicht gut ist, dass es unterlassen wird,
und wenn
b) Gott nichts tun oder unterlassen kann außer dem, von dem es gut ist, dass er es tut oder unterlässt,
dann scheint er gewiss nur das tun oder unterlassen zu können, was er tut oder unterlässt, weil es nur bei diesem allein gut ist, dass er es

---

[18] *Philon v. Alexandria*, Über die Herstellung der Welt Moses zufolge (De opificio mundi), § 7–9, 16 u. 20 (perkams-zitatenschatz.de/zitate/403 und 404).

tut oder unterlässt. […] Oder wer würde ihn nicht, wenn er das unterlässt, von dem gut ist, dass er es tut, und sich von einigem, was zu tun wäre, zurückzieht, als feindlich und ungerecht anklagen?"[19] Diese Behauptung setzt offensichtlich voraus, dass es tatsächlich genau einen Plan gibt, der besser ist als alle anderen, so dass Gott eben diesen offenbar wählen muss. Von einer Freiheit Gottes, die ebenfalls eine typische Annahme des christlichen Denkens ist, scheint man dann nicht unbedingt sprechen zu können. Abaelards Voraussetzung überrascht allerdings insofern, als sie anscheinend einfach durch die Annahme aufgelöst werden könne, dass es mehrere gleich gute Pläne aus Gottes Sicht geben könne. Abaelard ist allerdings der Meinung, dass unter dieser Voraussetzung die Güte Gottes nicht gewahrt werden kann: Denn dann wäre impliziert, dass Gott einen ebenso guten Plan wie den, den er ausführt, nicht ausführen würde. So viel Gutes würde von Gott demnach unterlassen, dass es Abaelard inadäquat scheint, die absolute Güte Gottes, die den Ausgangspunkt des Arguments bildet, auf diese Weise zu beschreiben.[20]

Zwar wird dieses Argument in der Folgezeit keineswegs Gemeingut christlicher Autoren. Es bleibt aber, da es in das wichtigste theologische Lehrbuch des Mittelalters – die „Sentenzen" des Petrus Lombardus – aufgenommen wird,[21] jahrhundertelang Gegenstand der Diskussion und trägt somit zur Konturierung mittelalterlicher und frühneuzeitlicher Gottesbilder bei. Hierbei scheinen mir zwei alternative Argumentationen zur Vermeidung des Problems wesentlich zu sein, die auch für das Folgende von Interesse sind:

---

[19] Quaerendum arbitror, utrum plura facere possit deus vel meliora quam faciat, aut ab his etiam quae facit ullo modo cessare posset, ne ea umquam videlicet faceret. […] Si ergo, cum bonum sit aliquid fieri, non est bonum ipsum dimitti, nec deus facere vel dimittere potest nisi quod bonum est eum facere vel dimittere, profecto id solum videtur posse facere vel dimittere quod facit vel dimittit, quia id solum bonum est eum facere vel dimittere. […] Aut si quod bonum est eum facere dimittit, et ab aliquibus quae facienda essent se retrahat, quis eum tamquam aemulum vel iniquum non arguat? Petrus Abaelardus, Theologia ‚Scholarium' III 27f. (*Abaelard*, Theologia ‚Scholarium'. Lat.-dt., hg., übers. u. eingel. v. M. Perkams (HBPhMA 24), Freiburg i. Br. 2010, 434f.).
[20] *Abaelard*, Theologia ‚Scholarium' III 36 (p. 440–443 Perkams).
[21] *Petrus Lombardus*, Sententiae 1, Distinctio 43 (Magistri Petri Lombardi Sententiae in IV libris distinctae. Editio tertia ad fidem codicum antiquiorum restituta Tomus 1–2 [Spicilegium Bonaventurianum 4–5], Grottaferrata 1971–1981, t. 1, p. 298–303).

– Neuplatonisch denkende Autoren, wie es z. B. die meisten mittelalterlichen Aristoteliker sind, weisen das Argument zurück, indem sie die dem menschlichen Denken ganz inkommensurable
Natur der göttlichen Erkenntnis betonen: Eine Beschreibung wie
die Abaelards gehe davon aus, dass Gottes Handeln auf die gleiche
Weise beschrieben werden kann wie menschliche Wahlakte. Die
Güte Gottes übersteige aber, wie alle göttlichen Attribute, die
menschliche Einsichtsfähigkeit so sehr, dass ein solcher Vergleich
die göttliche Natur verfehle, wie Thomas von Aquin betont.[22]
Gleichwohl hält Thomas daran fest, dass die Welt inklusive der
Unterschiedlichkeiten in ihr auf bestmögliche Weise geordnet ist,
selbst wenn auch Böses bzw. Mängel Teil dieser guten Ordnung
sind.[23]

– Demgegenüber entwickeln Autoren, die eine grundsätzliche wissenschaftliche Zugänglichkeit Gottes annehmen, alternative Beschreibungen des göttlichen Handelns. Einflussreich ist der Fran-
ziskaner Johannes Duns Scotus (ca. 1265–1308), der bei Gott, wie
beim Menschen, zwischen Verstand und Wille unterscheidet:
Kontingenz könne es überhaupt nur geben, so sein Argument,
wenn Kontingenz bereits in der ersten Ursache, also in Gott vorhanden sei.[24] Der göttliche Wille könne in kontingenter Weise
zwischen verschiedenen in sich schlüssigen Weltläufen wählen,
die der göttliche Verstand vorher erkennen und vergleichen könne.[25] Für die spontane Willenswahl könne aber selbst kein Grund
angegeben werden.

---

[22] *Thomas v. Aquin*, S.th., I, 25, 5 resp. (perkams-zitatenschatz.de/zitate/109)

[23] Vgl. z. B. ebd., 47, 1f.

[24] *J. Duns Scotus*, Autorisierte Mitschrift der Pariser Vorlesung (Reportatio Parisiensis examinata) Buch I, 39/40. Distinktion, 31/44 (*ders.*, Reportatio Parisiensis
examinata I 38–44, Pariser Vorlesungen über Wissen und Kontingenz, Lat.-dt.,
hg., übers. u. eingel. v. *J. R. Söder* (HBPhMA 4), Freiburg i. Br. 2005, 80–91);
ders., Über das erste Prinzip (De primo principio) IV, § 55–57 (ders., Abhandlung über das erste Prinzip, hg. u. übers. v. W. Kluxen (Texte zur Forschung 20),
Darmstadt 1974, 66–73).

[25] *J. Duns Scotus*, Autorisierte Mitschrift der Pariser Vorlesung (Reportatio Parisiensis examinata), Buch I, 38. Distinktion, 37 (50–53 Söder; gekürzt: perkams-
zitatenschatz/zitate/110).

b) Die Frage nach der Freiheit des Menschen

Scotus weist in diesem Zusammenhang darauf hin, dass die Frage nach der göttlichen Freiheit mit derjenigen nach der Möglichkeit eines freien menschlichen Handelns eng verbunden ist: Wenn ich einerseits die Wahlmöglichkeiten Gottes bestreite und andererseits, mit einem von Avicenna stark gemachten Axiom, annehme, dass eine notwendige Ursache nur notwendige Wirkungen hervorbringen kann,[26] dann scheinen auch unter der Annahme einer Transzendenz Gottes keine kontingenten Ereignisse in der Welt, und somit keine menschlichen Wahlakte möglich zu sein.[27]

Interessanterweise werden diese deterministischen Implikationen in der Zeit vor Scotus meist nicht als besonderes kausaltheoretisches Problem verstanden. Dies erklärt sich daraus, dass die christlichen Autoren bis Albertus Magnus und Thomas von Aquin meist an platonische Erklärungen der Weltentstehung anknüpfen. Deren Kausaltheorie setzt – entsprechend der allgemeinen Struktur der (neu-)platonischen Ontologie – voraus, dass sich die Wirkung transzendenter Ursachen abschwächt, wenn sie sich auf materielle und vereinzelte Entitäten richtet.[28] Eine notwendige Ursache im göttlichen Bereich kann daher zwangsläufig eine weniger notwendige oder letztlich sogar kontingente Ursache im Bereich der sinnlichen Wirklichkeit hervorbringen. Das gilt umso mehr, wenn sie, wie bei Thomas von Aquin, als ein Gott gedacht wird, der direkt jede Ursache schaffen kann, sei

---

[26] Dies wird insbesondere aus Kapitel I, 5–7 von Avicennas Metaphysik geschlossen, wie bereits vor 1280 Siger von Brabant bezeugt: *Siger v. Brabant*, Quaestio 1 zu Metaphysik VII (*W. Dunphy*, Siger de Brabant, Quaestiones in Metaphysicam. Édition revue de la réportation de Munich. Texte inédit de la reportation de Vienne, Louvain-la-Neuve 1981, 380, l. 19–22). Zu vergleichen ist vor allem p. 46 der Kairener Edition: Avicenna, Grundlagen der Metaphysik. Eine Auswahl aus den Büchern I–V der Metaphysik. Arab.-lat.-dt., übers., eingel. u. mit Anm. versehen v. J.-O. Schmitt (HBPhMA 32), Freiburg i. Br. 2016, 144f.

[27] So *J. Duns Scotus* an den in Anm. 24 zitierten Stellen.

[28] Eine recht klare Beschreibung der im Neuplatonismus vorhandenen kausalen Dynamik ist *St. Gersh*, Kinēsis akinētos. A Study of Spiritual Motion in the Philosophy of Proclus (Philosophia antiqua 26), Leiden 1973, 106–110; *A. C. Lloyd*, The Anatomy of Neoplatonism, Oxford 1990, 111–117. Vgl. auch *M. Perkams*, Proklos, in: Ch. Riedweg/Ch. Horn/D. Wyrwa (Hg.), Die Philosophie der Antike 5. Philosophie der Kaiserzeit und Spätantike 3, Basel 2018, 1909–1971, hier 1937–1940.

sie nun notwendig oder kontingent.[29] Daher scheint hier gar kein aus der Kausalitätsthematik resultierendes Problem vorzuliegen.

Trotzdem sind die deterministischen Implikationen der Annahme eines göttlichen Plans antiken christlichen Autoren durchaus bewusst und werden vielfach diskutiert: Denn schon die Annahme, dass Gott bereits jetzt weiß, was nach seinem Plan in Zukunft geschehen wird, scheint zu implizieren, dass dies auch tatsächlich geschieht – denn ansonsten gäbe es bei Gott kein „Wissen", sondern allenfalls eine falsche Meinung. Boethius (ca. 480–524) bringt das Problem in seinem „Trost der Philosophie" auf den Punkt:
„Boethius: Wieder werde ich durch eine noch schwierigere Zweideutigkeit verwirrt. Philosophie: Welche […] ist das denn?

Boethius: Es scheint sich allzu sehr zu widersprechen und einander entgegenzustehen, dass Gott alles vorherweiß und dass es irgendein Urteil in Freiheit gibt. Denn wenn Gott alles vorhersieht und sich auf keine Weise irren kann, dann ist das notwendig, was er durch die Vorsehung als zukünftig vorhergesehen hat. Wenn er daher seit ewigen Zeiten nicht nur die Taten der Menschen, sondern auch ihre Überlegungen und Willenstendenzen vorhersieht, dann gibt es folglich keine Freiheit. […]

Philosophie: Das ist die alte und von Marcus Tullius Cicero […] heftig betriebene Frage nach der Vorsehung."[30]

Die Diskussion, wie Boethius sie hier referiert, schließt sich insbesondere an eine berühmte Erörterung in Aristoteles' ‚Hermeneutik' an, der zufolge Aussagen über die Zukunft nicht wahr sein könnten, wenn die zukünftigen Ereignisse noch nicht festlägen.[31] Im Umkehrschluss bedeutet dies, dass dann, wenn jemand Zukünf-

---

[29] *Thomas v. Aquin*, S.th., I 47, 1 resp. Vgl. *J. F. Wippel*, Metaphysical Themes in Thomas Aquinas (Studies in Philosophy and the History of Philosophy 10), Washington 1984, 255–263.

[30] En […] difficiliore rursus ambiguitate confundor. – Quaenam […] ista est? […] Nimium […] adversaria repugnare videtur praenoscere universa deum et esse ullum libertatis arbitrium. Nam si cuncta prospicit deus neque falli ullo modo potest, evenire necesse est quod providentia futurum esse praeviderit. Quare si ab aeterno non facta hominum modo, sed etiam consilia voluntatesque praenoscit, nulla erit arbitrii libertas. […]. – Vetus haec est de providentia querela Marcoque Tullio […] vehementer agitata. Boethius: Der Trost der Philosophie / Consolatio philosophiae (cons.) V, Prosa 3, 1–3. Prosa 4, 1 (perkams-zitatenschatz.de/zitate/687).

[31] *Aristoteles*, Hermeneutik (De interpretatione) 9, 19a 29–19b 4.

tiges vorherweiß, dies bereits feststehen muss und nicht kontingenterweise passieren kann. Es geht hier also nicht um ein privilegiertes Wissen Gottes, sondern um die Tatsache, dass jegliches Wissen schon von seinem Begriff her die Wahrheit des Gewussten voraussetzt – also auch ein Wissen über die Zukunft, wie es Gott dann haben muss, wenn er seinen eigenen Plan kennt. Auf diese Herausforderung gibt es im christlichen Denken der Spätantike und des Frühmittelalters mehrere Antworten, die durchaus auch kombiniert werden können:

– Boethius stellt heraus, dass gerade die Ewigkeit Gottes letztlich eine Lösung für die Frage impliziert: Gottes Wissen sei eben keine prae-videntia, bei der etwas gewusst wird, bevor es geschieht. Denn die Ewigkeit sei nicht eine unendliche, fortlaufende Abfolge von Zeitpunkten, sondern die unveränderliche Gegenwart, in der sich Gott befindet: Jeder Zeitpunkt der Weltentwicklung ist aus dieser ewigen Perspektive quasi gleichzeitig zum göttlichen Blick auf die Welt, während die Aufteilung in Vergangenheit, Gegenwart und Zukunft die typisch menschliche Perspektive darstellt.[32]

– Abaelard argumentiert hingegen primär von der Logik von Aussagesätzen her: Aus dem Satz „Wenn Gott etwas vorherweiß, ist es notwendigerweise wahr" folgt keineswegs die Aussage „Etwas ist notwendigerweise wahr". Der erste Satz drückt eine konditionale, der zweite eine absolute Notwendigkeit aus.[33] Anders ausgedrückt: Wenn Gott freie Wahlentscheidungen von Menschen vorherweiß, dann finden diese notwendig statt – das heißt aber nicht, dass sie aus notwendigen und nicht aus frei wählenden Ursachen zustande kommen.

– Einen anderen Weg schlägt Augustinus im 5. Buch des „Gottesstaats" (De civitate dei) ein: Für ihn kann die Bedingung, dass das göttliche Wissen wahr sein muss, nur erfüllt sein, wenn die Ereignisse der Welt tatsächlich auf die von Gott vorhergewusste Weise eintreten, das heißt entweder durch freie Entscheidungen einzelner Akteure oder durch andere Ursachen.[34] Mit anderen

---

[32] *Boethius*, Trost der Philosophie (Consolatio philosophiae) 5, prosa 6 (Boethius, Trost der Philosophie. Consolatio philosophiae. Lat.-dt., hg. u. über. v. E. Gegenschatz u. O. Gigon, Düsseldorf/Zürich 1949, 270–273).

[33] *Abaelard*, Theologia ,Scholarium' III 96–111 (488–503 Perkams).

[34] *Augustinus*, De civitate dei 5, 9f. Matthias Perkams, Augustinus' Auseinander-

Worten: Ohne dass es real freie Handlungen gäbe, könnte es auch kein göttliches Vorwissen von ihnen geben.

Während Boethius' Argument, das wiederum der neuplatonischen Tradition entlehnt ist,[35] durch die Reflexion der göttlichen Transzendenz eine sehr elegante Lösung der Frage bietet, kann man sich fragen, ob die beiden anderen Antworten nicht eine *petitio principii* beinhalten: Setzen sie nicht eigentlich das voraus, was zu beweisen wäre? Zumindest bei Abaelards Lösung dürfte das nicht zu befürchten sein: Denn tatsächlich adressiert sie genau das Ausgangsproblem mit Mitteln der Modallogik, indem sie auf der Aussageebene zeigt, dass aus konditionalen Bedingungen keine schlechthinnigen Konsequenzen gezogen werden können. Damit verfolgt Abaelard eine Strategie, die auch gegenwärtig gerne herangezogen wird, um die widerspruchsfreie Denkmöglichkeit des Gottesbegriffs zu diskutieren.

3. Die Frage nach der Norm in der einzelnen Handlung nach Thomas von Aquin

a) Die Legitimität individueller Urteile im thomasischen Denken

Auch wenn man die Herausforderungen, die die Idee eines göttlichen Plans stellt, auf den gerade gezeichneten Linien für lösbar hält, stellt sich die Frage, welche systematischen Vorteile eine solche Annahme bringt. Ich möchte zu diesem Punkt dafür argumentieren, dass das Postulat eines göttlichen Plans einen hypothetischen normativen Rahmen für Einzelhandlungen anbieten kann: Die Güte oder Schlechtigkeit einer Handlung hängt demzufolge letztlich davon ab, ob sie der jeweiligen Situation mithilfe eines adäquaten Urteils aus der eigenen, individuellen Perspektive so gerecht wird, wie Gott es vom jeweiligen Akteur wollen würde.[36] Dies möchte ich nun

---

setzung mit der stoischen Schicksalslehre in De civitate Dei 5, in: Gymnasium 115 (2008), 347–359.

[35] Ein relevanter Vergleichstext ist Ammonius, In De interpretatione 9 (Ammonii In Aristotelis De interpretatione commentarius. Edidit Adolf Busse (Commentaria in Aristotelesm Graeca 4, 5), Berlin 1897, 135, 7–136, 15).

[36] Die folgenden Überlegungen setzen meine früheren Arbeiten zu Thomas fort. Vgl. vor allem *M. Perkams*, Naturgesetz, Selbstbestimmung und Moralität. Thomas von Aquin und die Begründung einer zeitgemäßen Ethik, in: Studia Neoaristotelica 5 (2008), 109–131; *ders.*, Aquinas on Choice, Will, and Voluntary Acti-

anhand von Thomas von Aquins bereits erwähntem Lehrstück vom „ewigen Gesetz" darlegen.[37]

Den Ansatzpunkt können die Ausführungen des Thomas zu der Frage bilden, ob wir immer dem göttlichen Willen folgen müssen. Der Aquinate verweist hierzu auf die individuelle Vernunft als die höchste uns zugängliche Instanz über die Gutheit einer Handlung,[38] die zu legitimen unterschiedlichen Einschätzungen einer bestimmten Situation folgen kann:

„[1] Es kommt vor, dass etwas von der Vernunft in unterschiedlicher Weise betrachtet wird, so dass es in einer Hinsicht gut und in einer anderen Hinsicht nicht gut ist. […] Zum Beispiel hat ein Richter einen guten Willen, wenn er die Tötung eines Verbrechers will, weil sie gerecht ist, der Wille von jemand anderem, zum Beispiel der Ehefrau oder des Sohnes, der nicht will, dass er getötet wird, insofern die Tötung von Natur aus schlecht ist, ist aber ebenfalls gut.

[2] Das Gut des gesamten Universums ist aber das, was von Gott aufgefasst wird, der der Schöpfer und Verwalter des Universums ist. […] Die Auffassung des Geschöpfes aber bezieht sich seiner Natur entsprechend auf ein konkretes Gut, das seiner Natur angemessen ist. […]

[3] Und daran liegt es auch, dass unterschiedliche Willenstendenzen unterschiedlicher Menschen in Bezug auf Gegenteiliges beide gut sein können, insofern sie unter unterschiedlichen Blickwinkeln wollen, dass dies geschieht oder nicht geschieht.

[4] Aber der Wille irgendeines Menschen ist nicht richtig, wenn er irgendetwas Konkretes will, wenn er es nicht auf das Gemeinwohl als auf das Ziel richtet".[39]

---

on (NE 3.1–5), in: T. Hoffmann/J. Müller/M. Perkams (Hg.), Aquinas and the Nicomachean Ethics, Cambridge 2013, 72–90; ders., Practical Reason and Normativity, in: J. Hause (Hg.), The Cambridge Critical Guide to the Summa theologiae, Cambridge 2018, 151–169.

[37] In diesem Sinne ist das ewige Gesetz (lex aeterna) auch vom göttlichen Gesetz (lex divina) zu unterscheiden, womit die göttlichen Vorschriften für ein gutes Leben gemeint sind. Vgl. *Thomas v. Aquin*, S.th., I–II, 91, 4 resp. und ad 1.

[38] Ebd., 18, 5 resp.; 19, 4 resp.

[39] [1] Contingit autem aliquid a ratione considerari diversimode, ita quod sub una ratione est bonum, et secundum aliam rationem non bonum. […] Sicut iudex habet bonam voluntatem, dum vult occisionem latronis, quia iusta est, voluntas autem alterius, puta uxoris vel filii, qui non vult occidi ipsum, inquantum est secundum naturam mala occisio, est etiam bona. […]

[2] Bonum autem totius universi est id quod est apprehensum a Deo, qui est uni-

Der Tenor dieser Aussage, dass die umfassende Perspektive des göttlichen Willens keineswegs direkte Schlussfolgerungen darauf erlaubt, was einzelne Menschen in bestimmten Situationen tun sollen, steht nicht im Widerspruch zu weiteren Grundannahmen der thomasischen Ethik: Zum einen stehen einer solchen Einschätzung nicht die universalen Regeln entgegen, die Thomas unter dem Namen „Naturgesetz" (*lex naturae* oder *lex naturalis*) zusammenfasst. Bei ihnen handelt es sich ihm zufolge um Normen, die jeder Mensch aufgrund seiner Vernunftnatur unmittelbar erkennen kann und zu kennen hat.[40] Sie bilden die allgemeine Grundlage, vor deren Hintergrund individuelle moralische Urteile gefällt werden können.[41] Verbotsregeln wie „Du sollst nicht töten" oder „Du sollst nicht stehlen" sind näherhin deswegen Teil des Naturgesetzes, weil sie einem oder mehreren der natürlicherweise von Menschen angestrebten Inhalte eines guten Lebens zuwiderlaufen, z. B. dem Ziel eines Lebens in Gemeinschaft.[42] Einen Gottesbezug haben diese Regeln, weil sie in der Schöpfung der menschlichen Vernunft eingegeben und in der Heiligen Schrift noch einmal ausdrücklich proklamiert worden sind.[43] Die Schrift bringt also im Wesentlichen das zum deutlichen Ausdruck, was in der menschlichen Vernunft angelegt, aber nicht immer in vollem Maße klar ist.

Die hohe Bedeutung, die allgemeinen moralischen Regeln demnach zukommt, bedeutet jedoch nicht, dass sie auf deduktive Weise eins zu eins in konkrete Handlungen umgesetzt werden können. Vielmehr erfordern die ganz allgemeine Natur solcher Regeln sowie die nicht abschließend beschreib- und regelbare Komplexität der Handlungswelt eine Konkretisierung der naturgesetzlichen Normen:

---

versi factor et gubernator [...]. Apprehensio autem creaturae, secundum suam naturam, est alicuius boni particularis proportionati suae naturae. [...] [3] Et inde est etiam quod possunt diversae voluntates diversorum hominum circa opposita esse bonae, prout sub diversis rationibus particularibus volunt hoc esse vel non esse. [4] Non est autem recta voluntas alicuius hominis volentis aliquod bonum particulare, nisi referat illud in bonum commune sicut in finem. *Thomas v. Aquin*, S.th., I–II, 19, 10 resp. (perkams-zitatenschatz.de/zitate/369 und 370).

[40]　*Thomas v. Aquin*, S.th., I–II, 94, 2 resp. (perkams-zitatenschatz.de/zitate/359).
[41]　Ebd., II–II, 47, 15 resp.
[42]　Ebd., I–II, 94, 2 resp. (perkams-zitatenschatz.de/zitate/359).
[43]　Vgl. ebd., 100, 1 und 3 (zum Dekalog).

„Aus den Vorschriften des Naturgesetzes, gleichsam wie aus allgemeinen und nicht beweisbaren Prinzipien, muss die menschliche Vernunft dazu fortschreiten, einiges Konkretere anzuordnen. Und diese
konkreten Anordnungen, die gemäß der menschlichen Vernunft hinzu erfunden werden, werden menschliche Gesetze genannt."[44]
Diese Anordnung erfolgt insbesondere, indem Staaten (und evtl.
andere gesellschaftliche Akteure wie religiöse Gemeinschaften) in ihrer Gesetzgebung konkrete dem Naturgesetz entsprechende Regeln
festlegen.[45] Hierzu können spezielle Regeln gehören, die für bestimmte Menschengruppen ihrer Funktion entsprechende Rechte
vorsehen.[46] Als Beispiele kann man an Fälle denken, in denen das
Tötungsverbot nicht gilt, zum Beispiel für Soldaten und Richter,
die in bestimmten Kontexten hiervon ausgenommen sind. Analoge
Fallbeschreibungen, etwa im Hinblick auf Abtreibung oder Sterbe-
hilfe, werden von Thomas nicht erörtert, können aber im Rahmen
seiner Theorie diskutiert werden. Außerdem sind die Sanktionen
für Übertritte für Gebote festzulegen.[47] Die auf diese Weise entste-
henden Regeln, die Thomas „positive Gesetze" nennt, werden aber
immer noch der Vielzahl der Einzelfälle nicht wirklich gerecht:

„Die praktische Vernunft bezieht sich auf mögliche Handlungen,
welche einzelne und kontingent sind, aber nicht auf Notwendiges,
wie die theoretische Vernunft. Und daher könnten die menschlichen
Gesetze nicht die Unfehlbarkeit haben, welche die beweiskräftigen
Folgerungen der Wissenschaften haben. Aber es ist nicht nötig, dass
jedes Maß in jeder Hinsicht unfehlbar und sicher ist, sondern soweit
es in seiner Art möglich ist."[48]

---

[44] Ex praeceptis legis naturalis, quasi ex quibusdam principiis communibus et
indemonstrabilibus, necesse est quod ratio humana procedat ad aliqua magis
particulariter disponenda. Et istae particulares dispositiones adinventae secundum rationem humanam, dicuntur leges humanae. *Thomas v. Aquin*, S.th., I–II,
91, 3 resp.

[45] Ebd., 95, 1f.

[46] Erwähnt in S.th., I–II, 95, 4; 96, 1 resp. und ad 1.

[47] Das wird von Thomas mehrmals betont: S.th., I–II, 95, 2 resp.

[48] Ratio practica est circa operabilia, quae sunt singularia et contingentia, non
autem circa necessaria, sicut ratio speculativa. Et ideo leges humanae non possunt illam infallibilitatem habere quam habent conclusiones demonstrativae
scientiarum. Nec oportet quod omnis mensura sit omni modo infallibilis et cer-

Diese Anerkennung der Vielfalt moralisch relevanter, von der praktischen Vernunft zu beachtender Tatbestände bedeutet für Thomas, dass die einzelnen Akteure die geltenden Regeln nicht einfach deduktiv anwenden können. Vielmehr müssen sie rational prüfen, welche Handlungsoption im Einzelfall die richtige ist, selbst wenn sie den staatlichen Gesetzen widersprechen sollte.[49] Diese Überlegung, die in mehrfacher Hinsicht von Aristoteles' Behandlung der Klugheit als letzter Handlungsnorm abhängig ist,[50] hängt für Thomas auf das Engste mit der Rolle des Gewissens als einer persönlichen, rationalen Leitungs- und Beurteilungsinstanz zusammen.

Um zu verstehen, wie unterschiedliche Urteile einzelner Akteure zur selben Situation gerecht sein können, ist ferner Thomas' Handlungstheorie zu beachten: Ihr zufolge können nur solche Taten gut sein, in denen sowohl der beschreibbare Tatablauf, den Thomas „Gegenstand (*obiectum*) der Handlung" nennt, als auch das mit der Handlung verfolgte Ziel sowie deren Umstände gut sind.[51] Andernfalls ist die ganze Handlung schlecht, z. B. ein Diebstahl zum Zwecke sozialer Umverteilung oder Almosen, die primär zur eigenen Selbstdarstellung dienen.[52] Beispiele für einem Umstand nach schlechte Handlungen[53] können solche sein, die erkennbarerweise kontraproduktiv sind, z. B. die Gabe einer Flasche Schnaps an einen Alkoholabhängigen. Nicht entschuldbar ist auch eine Unwissenheit über wesentliche Aspekte der Handlung, die man hätte wissen können.[54] Mögliche Beispiele könnten z. B. die Alkoholabhängigkeit der beschriebenen Person oder auch die kulturellen Voraussetzungen sein,

---

ta, sed secundum quod est possibile in genere suo. *Thomas v. Aquin*, S.th., I–II, 91, 3, ad 3.

[49] Vgl. Thomas' Aussagen zur Gewissensbindung durch staatliche Vorschriften (S.th., I–II, 96, 4 resp. (perkams-zitatenschatz.de/zitate/366) und zum Widerstand gegen eine Tyranis: Summa theologiae II–II 42, 2 ad 3.

[50] Zu Aristoteles' Lehre von der Klugheit und ihren Einfluss auf Thomas vgl. *M. Rhonheimer*, Praktische Vernunft und Vernünftigkeit der Praxis. Handlungstheorie bei Thomas von Aquin in ihrer Entstehung aus dem Problemkontext der aristotelischen Ethik, Berlin 1994; *D. Westberg*, Right Practical Reason. Aristotle, Action, and Prudence in Aquinas, Oxford 1994.

[51] *Thomas v. Aquin*, S.th., I–II, 18, 1 resp.; 18, 4 resp. und ad 4.

[52] Ebd., 18, 6 resp.

[53] Ebd., 18, 3, wo allerdings keine Beispiele genannt werden.

[54] Ebd., 19, 6 resp. (perkams-zitatenschatz.de/zitate/368); vgl. I–II 6, 8 resp.

unter denen eine Handlung abläuft oder eine Meinung geäußert
wird. Die Fülle und Wandelbarkeit von moralischen Tatbeständen,
welche die individuelle Vernunft zu beurteilen hat, bilden daher
ein zentrales Charakteristerikum einer guten Handlung. Das zeigt
Thomas besonders anhand des komplexen Begriffs „Umstände (*circumstantiae*) der Handlung": „Weil die Natur auf eines festgelegt ist
und ihr Prozess nicht ins Unendliche gehen kann, muss sie zu irgendeiner letzten Form gelangen, der die spezifische Differenz entnommen wird. [...] Aber der Prozess der Vernunft ist nicht auf irgendetwas festgelegt, sondern kann, wenn irgendetwas gegeben ist,
weiter voranschreiten. Und daher kann das, was in einer Handlung
als Umstand begriffen wird, der zum Gegenstand der Handlung
hinzukommt [...], von der ordnenden Vernunft als Hauptbedingung für das Objekt genommen werden, das die Art der Handlung
festlegt. Zum Beispiel wird ‚etwas Fremdes Wegnehmen' [...] unter
die Art ‚Diebstahl' eingeordnet. [...] Aber weil die Vernunft auch
im Hinblick auf den Ort, die Zeit und anderes Derartiges ordnen
kann, kommt es vor, dass eine Bedingung des Ortes im Hinblick
auf ein Objekt als der Vernunftordnung entgegengesetzt begriffen
wird. [...] Deswegen fügt ‚etwas Fremdes von einem heiligen Ort
Wegnehmen' einen besonderen Widerspruch zur Vernunftordnung
hinzu".[55]
Thomas geht also so weit, die rationale Sphäre als einen eigenen,
von der menschlichen Vernunft konstituierten Seinsbereich zu beschreiben, der nicht einfach mit einer als relativ stabilen und eindeutig klassifizierbaren Natur identisch ist. Letzten Endes ist dieser Bereich für jede Handlung von der individuellen Vernunft, unter

---

[55] Quia [...] natura determinata est ad unum nec potest esse processus naturae
in infinitum, necesse est peruenire ad aliquam ultimam formam, ex qua sumatur
differentia specifica. [...] Sed processus rationis non est determinatus ad aliquid
unum, sed, quolibet dato, potest ulterius procedere. Et ideo quod in uno actu
accipitur ut circumstantia superaddita obiecto [...] potest iterum accipi a ratione
ordinante ut principalis conditio obiecti determinantis speciem actus. Sicut tollere alienum [...] constituitur in specie furti [...]. Sed quia ratio etiam de loco vel
de tempore, et aliis huiusmodi, ordinare potest; contingit conditionem loci circa
obiectum accipi ut contrariam ordini rationis [...]. Unde tollere aliquid alienum
de loco sacro addit specialem repugnantiam ad ordinem rationis. Ebd., I–II, 18,
10 resp. (perkams-zitatenschatz.de/zitate/788).

kritischer Abwägung allgemeiner und spezifischer Handlungsaspekte, neu zu beschreiben und zu beurteilen.

Vor diesem Hintergrund kann die oben zitierte Möglichkeit konträrer, aber gleichwohl guter individueller Urteile in derselben Situation adäquat verstanden werden: Thomas geht es keineswegs darum, dass die verschiedenen Personen einfach tun, wozu sie Lust haben. Entscheidend ist vielmehr die Qualität ihrer individuellen Urteile, welche die Gesamtsituation mit ihren Umständen ebenso berücksichtigen müssen wie ihre eigene Rolle in der jeweiligen Konstellation im konkreten Fall, z. B. als Ehefrau oder als Richter in einem bestimmten Rechtssystem. Derartige individuelle Situationen stellen zweifelsohne einen wichtigen Faktor dar, der in eine angemessene Handlungsbeurteilung eingehen muss. Grundlage für eine richtige und eine gute Handlung sind sie aber nur, wenn sie im Sinne der Grundsätze guten Urteilens gegen allgemeine moralische Erwägungen abgewogen und in eine angemessene, gut durchdachte Einschätzung der einzelnen Situation eingebettet werden.

Für die Fragestellung nach dem göttlichen Plan ist daran insbesondere wichtig, dass auf diese Weise gegensätzliche Einschätzungen und Handlungen, die aus individueller Perspektive getroffen werden, mit dem Willen Gottes für die jeweilige Situation prinzipiell vereinbar sind: Das liegt nicht nur daran, dass menschliche Akteure den göttlichen Plan schlichtweg nicht kennen können und daher auf ihr jeweils eigenes Urteil angewiesen sind.[56] Entscheidend ist vielmehr die Natur des göttlichen Willens selbst, der in seiner unendlichen Komplexität letztlich nicht vollständig durch die Perspektiven einholbar ist, die Menschen einnehmen können. Daher können auch Widersprüche, die aus menschlicher Sicht ganz unvereinbar scheinen, in der umfassenden Perspektive Gottes wichtige und richtige Elemente eines guten Gesamtbildes darstellen, auch wenn diese Güte für Menschen nicht mehr nachvollziehbar ist.

---

[56] Vgl. ebd., I–II, 19, 4 resp.

b) Das ewige Gesetz: Der göttliche Plan als Norm individueller Handlungen

Thomas ist diese Beobachtung wichtig genug, den göttlichen Willen bzw. den aus ihm resultierenden Plan einer eigenen Erörterung zu unterziehen. Das zeigt sich markant daran, dass er gerade für die normative Diskussion dieses Plans einen eigenen Begriff einführt, nämlich den des „ewigen Gesetzes". Das Wort selbst ist zwar vor Thomas schon gelegentlich von Augustinus (354–430) und den franziskanischen Autoren der *Summa Halensis* (um 1240–1245) benutzt worden,[57] bezeichnet dort aber im Wesentlichen dasselbe, was auch mit „Naturgesetz" gemeint ist.[58] Für Thomas ist das ewige Gesetz hingegen „die Vernunft der göttlichen Weisheit, insofern sie alle Handlungen und Bewegungen leitet" (*ratio divinae sapientiae, secundum quod est directiva omnium actuum et motionum*), welche in Gott als dem Verwalter (*gubernator*) der Welt vorhanden ist.[59] Thomas betont insbesondere die Einheit, welche die Vielfalt der Welt dadurch besitzt, dass sie als göttliches Gesetz in diesem Sinne verstanden wird: „Was in sich selbst divers ist, wird als Eines betrachtet, insofern es auf etwas Gemeinsames hingeordnet ist".[60] Der neuplatonische Grundgedanke des komplexen Zusammenspiels von Einheit und Vielheit[61] wird auf diese Weise als Begriff eines Weltgesetzes ausgestaltet, das eine eigene Ebene von Komplexität in Thomas' Gesetzestheorie einführt. Entsprechend deutlich unterscheidet Thomas zwischen ewigem Gesetz und Naturgesetz: „Die menschliche Ver-

---

[57] *Augustinus*, De libero arbitrio 1, 48–51 (Augustinus, De libero arbitrio. Der freie Wille. Zweisprachige Ausgabe. Eingeleitet, übers. u. hg. v. J. Brachtendorf, Paderborn u. a. 2006, 92–95); Summa Halensis III 2, 1–2 (Alexandri de Halis Summa theologica […] iussu et auctoritate Pacifici M. Perantoni […] ad fidem codicum edita, Quaracchi 1948, 311–364).

[58] Vgl. *M. Perkams*, Lex naturalis vel ius naturale. Philosophisch-theologische Traditionen des Naturrechtsdenkens im 12. und 13. Jahrhundert, in: A. Fidora/M. Lutz-Bachmann/A. Wagner (Hg.), Lex und Ius – Beiträge zur Grundlegung des Rechts in der politischen Philosophie des Mittelalters und der Frühen Neuzeit (Politische Philosophie und Rechtstheorie des Mittelalters und der Neuzeit 2/1), Stuttgart 2009, 89–119.

[59] *Thomas v. Aquin*, S.th., I–II, 93, 1 resp.

[60] Quae sunt in seipsis diversa, considerantur ut unum, secundum quod ordinantur ad aliquod commune. Ebd., 93, 1 ad 1.

[61] Vgl. dazu *Ch. Tornau*, Einleitung, in: Plotin, Ausgewählte Schriften, hg., übers. u. komm. v. Ch. Tornau, Stuttgart 2001, 7–46, hier 20–35.

nunft kann nicht vollständig Anteil haben an der Regelungsmacht der göttlichen Vernunft, sondern auf ihre Weise und unvollkommen. [...] Von seiten der praktischen Vernunft hat der Mensch am ewigen Gesetz gemäß bestimmten allgemeinen Prinzipien teil, nicht aber gemäß konkreten Anweisungen für Einzelnes, die jedoch im ewigen Gesetz enthalten sind".[62]

Der systematische Zusammenhang macht klar, dass die hier erwähnten allgemeinen Prinzipien nichts anderes sind als die naturgesetzlichen Normen der Vernunft, die, wie bereits erörtert, zur Regelung aller einzelnen Fälle und Situationen in sich nicht ausreichen. Die Norm für diese einzelnen Fälle ist daher letztlich weder das Naturgesetz noch überhaupt irgendeine allgemeine Regel, sondern der einzige objektive Maßstab für menschliche Urteile in Einzelsituationen ist nichts anders als das ewige Gesetz selbst: „Dass die menschliche Vernunft die Regel für den menschlichen Willen ist, an der dessen Güte gemessen wird, verdankt sie dem ewigen Gesetz, welches die göttliche Vernunft ist."[63] Die Auslassung des Naturgesetzes mit seinen allgemeinen Regeln in dieser kategorischen Aussage kann nur auf den ersten Blick überraschen: Tatsächlich kann nach dem Gesagten das Naturgesetz nur ein Hilfsmittel sein, mit dem menschliche Akteure das erschließen können, was im ewigen, auf einzelne Personen und Situationen bezogenen Gesetz von ihnen erwartet wird.

In der Tat betont Thomas auch an anderen Stellen, namentlich bei der Erörterung der aristotelischen Untertugenden der *gnome* und der Epieikie, dass die korrekte Beurteilung von Einzelsituationen die letztlich entscheidende moralische Perspektive ist, ohne welche eine Anwendung von Regeln keine angemessene Einschätzung von Einzelsituationen ermöglicht.[64] Gerade die *gnome* komme in Fällen, „welche

---

[62] Ratio humana non potest participare ad plenum dictamen rationis divinae, sed suo modo et imperfecte.[...] Ex parte rationis practicae naturaliter homo participat legem aeternam secundum quaedam communia principia, non autem secundum particulares directiones singulorum, quae tamen in aeterna lege continentur. *Thomas v. Aquin*, S.th., I–II, 91, 3, ad 1.

[63] Quod [...] ratio humana sit regula voluntatis humanae, ex qua eius bonitas mensuretur, habet ex lege aeterna, quae est ratio divina. Ebd., 19, 4 resp.

[64] Ebd., I–II, 58, 5 ad 3; II–II, 51, 4 resp.; II–II 120, 1 resp. Zur Interpretation dieser Stellen vgl. M. *Perkams*, Der moralische Partikularismus bei Thomas und die kognitive Rolle der Tugenden, in: K. Beier (Hg.), Tugendethik bei Thomas von Aquin und Meister Eckhart, im Druck.

außerhalb des üblichen Ablaufs vorkommen können" (*quae praeter communem cursum contingere possunt*), der göttlichen Vorsehung, die alleine zu ihrer Beurteilung fähig ist, besonders nahe.[65] Insofern bedeutet die Annahme, das niemals von Menschen abschließend zu beschreibende ewige Gesetz sei die höchste Norm menschlichen Handelns, dass die thomasische Ethik letztlich nicht universalistisch, sondern partikularistisch verstanden werden muss:[66] Es gibt keine mehr oder weniger allgemeine Regel, welche alleine, ohne ein individuelles Urteil, die Güte einer Handlung beschreiben kann. Die einzige auf jede Einzelhandlung voll zutreffende Regel, das ewige Gesetz oder der göttliche Plan, ist gar nicht mehr in dem Sinne in der Form allgemein, dass man aus ihr etwas deduzieren könnte. Vielmehr kann seine Komplexität nur durch Einzelurteile konkreter Akteure für ihre Situation näherungsweise erfasst werden, und nur sie können letztlich gute Handlungen begründen bzw. Irrtümer ausschließen.

4. Konklusion

Der Versuch, die systematischen Schwierigkeiten und Stärken der Idee eines göttlichen Plans überblickshaft zu ermessen, führt zu einem komplexen Ergebnis:

– Einerseits lässt sich anhand von Thomas von Aquins Theorie eines solchen Planes eine verblüffende Aktualität für ethische Fragen erkennen: Da das „ewige Gesetz" des Aquinaten eine letztgültige Normierung sittlichen Handeln darstellt, welche jegliche menschlich erfassbaren allgemeinen Regeln transzendiert, begründet es die Unhintergehbarkeit individueller und situativer moralischer Handlungsurteile: Die allgemeinen, uns durch die natürliche Vernunft zugänglichen Regeln guten Handelns können nur zur adäquaten Norm für Einzelsituation werden, wenn ihre Gültigkeit durch ein individuelles Urteil für die jeweiligen Handlungsumstände entweder bestätigt, variiert oder gar aufgehoben wird: In bestimmten „Fällen ist es schlecht, dem erlassenen Gesetz zu folgen. Gut ist es aber, unter Beiseitelassung der Worte des Ge-

---

[65] *Thomas v. Aquin*, S.th., II–II, 51, 4 ad 3.
[66] Zum Folgenden vgl. *M. Perkams*, Partikularismus (s. Anm. 54).

setzes, dem zu folgen, was der Gehalt der Gerechtigkeit und der allgemeine Nutzen erfordern".[67]

– Die Tragweite dieser Ansicht, in der letztlich eine partikuläre Perspektive wichtiger ist als die allgemeine, kann für eine so diverse Gesellschaft, wie es die unsere mittlerweile ist, kaum genug betont werden: So zeigt sich im Hinblick auf die Vielfalt sexueller Orientierungen und Identitäten zunehmend deutlich, dass die Mannigfaltigkeit dieses Bereichs nur durch Beachtung des Einzelfalls angemessen gewürdigt werden kann. Im Kampf gegen den Klimawandel müssen anscheinend manche Praktiken, die vordergründig indifferent sind, etwa Autofahren oder der Verzehr von Fleisch, unter der Perspektive des Nutzens für die Allgemeinheit auf einmal als moralisch fragwürdig betrachtet werden. Die Stärke von Thomas' Theorie liegt aber nicht nur darin, dass sie eine Offenheit für das Beurteilen solch ambivalenter Einzelfälle erlaubt. Vielmehr findet, da er ebenfalls betont, dass solche Fälle nur als Ausnahme oder Konkretisierung von den naturgesetzlichen Regeln adäquat beurteilt werden können, auch die gegenteilige Perspektive Berechtigung: In Bereichen, wo Rahmenbedingungen guten Handelns stetig verletzt werden, können nur klare Verhaltensregeln der Situation gerecht werden, und das individuelle Urteil kann hier leicht falsch liegen: Dies ist etwa in Bezug auf Pädophilie und Missbrauch eine Notwendigkeit, aber auch dort, wo es um die gemeinsame Anstrengung für Naturschutz, Frieden und Gerechtigkeit geht. Die Möglichkeit, die unterschiedliche Tragweite allgemeiner Regeln in solchen Fällen durch eine Rahmentheorie zu beschreiben, erreicht die thomasische Theorie durch die komplexe Annahme eines ewigen Gesetzes, das sich in naturgesetzlichen und positiven Regeln konkretisiert, die aber selbst vom ewigen Gesetz her immer wieder hinterfragt werden können.

– Andererseits weisen die Überlegungen im ersten Teil dieses Beitrags auf nicht unerhebliche systematische Schwierigkeiten der Annahme eines göttlichen Plans hin. Dabei zeigt sich eine Parallelität zu der Konstellation, unter der eine naturwissenschaftliche

---

[67] In his ergo et similibus casibus malum est sequi legem positam. Bonum autem est praetermissis verbis legis sequi id, quod poscit iustitiae ratio et communis utilitas. *Thomas v. Aquin*, S.th., II–II, 120, 1 resp.

Perspektive ein freies menschliches Handelns infrage zu stellen scheint: Denn wenn man die Idee eines göttlichen Plans mit der Annahme verbindet, das göttlich geordnete Universum sei kausal durchgehend geschlossen, so dass die gleiche Ursachenkonstellation notwendigerweise die gleiche Wirkung hervorbringt, scheint auch hier ein Determinismus die Folge zu sein: Wenn jedes Ereignis x aus einer bestimmten Ursachenkonstellation notwendig erfolgt, kann x nicht aus einer Wahl erfolgen, in der auch nicht-x gewählt werden könnte. Wäre Letzteres möglich, gäbe es eine spontane Wahlmöglichkeit einzelner Wesen. Dann wäre die Grundannahme der kausalen Geschlossenheit falsch.

Tatsächlich ergibt sich eine solche Problemkonstellation jedoch nur unter den Voraussetzungen, dass a) die kausale Wirksamkeit der göttlichen Erstursache notwendig erfolgt und dass sich b) diese Notwendigkeit auch in der geschaffenen Welt fortsetzt. Beide Bedingungen sind zwar nicht unplausibel, wenn man daran festhalten will, dass das Handeln des allmächtigen und allwissenden Gottes möglichst gut und verlässlich sowie zugleich einer wissenschaftlichen Reflexion zugänglich ist. Es ist daher nicht überraschend, dass das Determinismusproblem unter theistischer Perspektive sowohl in der (post-)stoischen sowie in der (nach-)avicennischen Debatte intensiv diskutiert worden ist. Aber man kann in klassischen Texten bereits die beiden Hauptantwortstrategien finden, mit denen man dem Problem begegnen kann:

– Entweder man formuliert den Freiheitsbegriff so, dass er mit der Annahme eines kausal geschlossenen Universums kompatibel ist, z. B. indem man Freiheit unabhängig von Wahlmöglichkeiten definiert. Das ist die Tendenz der Stoiker, Abaelards und Spinozas.

– Oder man entwickelt gute Argumente dafür, dass sich die göttliche Vorsehung und Planung ohne die Annahme einer kausalen Geschlossenheit der Welt formulieren lässt. Diese Strategie verfolgt unter avicennischen Vorzeichen Johannes Duns Scotus.

– Man kann jedoch auch daran erinnern, dass die Annahme eines göttlichen Plans keineswegs vor die genannte Alternative zwischen absoluter Notwendigkeit und Kontingenz gestellt ist: (Neu-)platonisch geprägte Denkansätze unterscheiden vielmehr grundlegend zwischen der Transzendenz der göttlichen Perspektive und der Kausalität in der sichtbaren Welt. So kann die thomasische Lehre von der *analogia entis*, von der analogen Struktur der göttlichen und der innerweltlichen Wirklichkeit beide Sphären getrennt halten, ohne ihren Zusammenhang zu bestreiten. Die von Gott ausgehende Wirkung verändert sich in dieser Optik grundlegend, wenn sie sich in die Schöpfung hinein entfaltet: Aus der göttlichen Einfachheit entsteht Vielfalt, aus Ewigkeit entsteht Zeitlichkeit und aus Notwendigkeit entsteht Kontingenz. Damit erweist sich, dass genau die Perspektive ein Determinismusproblem bei der Annahme eines göttlichen Plans vermeiden kann, die auch den Spielraum eröffnet, die Legitimität vielfältiger menschlicher Handlungen unter der Annahme eines solchen Plans zu erklären. Nur eine tendenziell negative Theologie, die davon absieht, göttliche Kausalität und Weltregierung im gleichen Sinne erklären zu wollen wie innerweltliche Kausalität und staatliche Regeln, scheint geeignet zu sein, ein theistisches Weltbild zu entwickeln, das der Weite menschlicher Lebenswirklichkeiten den nötigen Raum lässt.

Interne und externe Teleologie
Was kann die Meta-Ethik zur Debatte über Vorsehung beitragen?

Henning Tegtmeyer

Einleitung

Das Nachdenken über teleologische, d. h., zielursächliche Zusammenhänge gehört zu den begrifflichen Erfordernissen jeder rationalen Debatte über den theologischen Begriff der Vorsehung. Denn wenn man es zumindest für möglich hält, dass ein weiser, gütiger und mächtiger Schöpfer die Welt nicht allein geschaffen hat, sondern damit auch eine bestimmte gute Absicht verfolgt, dann muss dieser Gedanke sich auf Tatsachen in dieser Welt beziehen lassen; diese müssen sich als vom Schöpfer gewollt und bewirkt verstehen lassen, kurz, als Ziele schöpferischer Kausalität. Anders ausgedrückt: Der Vorsehungsgedanke ist der Gedanke, dass manches in dieser Welt Teil der Schöpfungsabsicht und damit (Teil-)Ziel schöpferischen Handelns ist. Nimmt man ferner an, wie es die traditionelle christliche Theologie tut, dass dieser Schöpfer ein allmächtiger und allwissender Gott ist, dann kommt man nicht umhin zu schließen, dass *alles* in der Welt von diesem Gott gewollt oder zumindest zugelassen ist. Ein solcher *starker* Vorsehungsbegriff muss sich dem Theodizeeproblem stellen, d. h., der Frage, wie ein allwissender, allmächtiger und allgütiger Gott auch das Schlechte und Böse, das sinnlose Leid und die brutale Gewalt wollen oder zulassen kann, die es in der uns bekannten Welt unbestreitbar gibt. Ein *schwacher* Vorsehungsbegriff, dem zufolge der Schöpfer nur manches in der Welt will, scheint deshalb einigen Theologinnen und Religionsphilosophen besser geeignet, dem Theodizeeproblem zu begegnen.[1] Allerdings fordert ein derart abgeschwächtes Vorsehungskonzept auch eine Abschwächung der Gottesattribute. Denn es muss doch einen

---

[1] Vgl. etwa *P. Rohs*, Der Platz zum Glauben, Münster 2013.

Grund geben, warum ein Schöpfergott das Schlechte und Böse in der Welt, das er nicht will, auch nicht verhindert. Also ist er entweder nicht vollkommen gütig, oder er hat nicht die Macht oder das Wissen, um dem Schlechten und Bösen entgegenzutreten. Wählte man die erste Alternative, dann hörte dieser Gott auf, ein Gegenstand der Liebe und religiösen Verehrung zu sein. Ein böser oder moralisch indifferenter Gott könnte Angst und Schrecken verbreiten, verdiente aber keine liebende Gefolgschaft und Hingabe. Wählte man die zweite Alternative, dann geriete der Vorsehungsgedanke unter Druck. Ein schwacher Gott verdiente nicht das Vertrauen, dass seine Schöpfungsabsicht aufgehen wird. Auf einen schwachen Gott können sich weder Hoffnung noch religiöse Zuversicht richten.[2]

Im Folgenden soll das Theodizeeproblem nicht näher erörtert werden. Stattdessen soll der Begriff der Teleologie selbst in den Fokus gerückt werden. Eine solche begriffliche Reflektion kann nämlich dazu beitragen, den Begriffen der Schöpfung und des Schöpfungshandelns mehr begriffliche Präzision zu verleihen. Mittelbar wird so auch eine stärker nuancierte Theodizee-Debatte möglich, wie ich zeigen will. Denn eines sollte man beachten: Der Begriff der Teleologie gehört zur logischen Infrastruktur jeder rationalen Konzeption von Schöpfung und Vorsehung. Umgekehrt jedoch setzt Teleologie, anders als es ein verbreitetes Vorurteil unterstellt, weder Schöpfung noch Vorsehung voraus. Gerade das macht diesen Begriff so wichtig und die Korrektur einschlägiger Missverständnisse so notwendig.

Es ist bemerkenswert, dass sich die wirkmächtigste Rehabilitierung teleologischen Denkens in Teilen der Meta-Ethik der vergangenen sechzig Jahre vollzogen hat. Die Gründe für diesen philosophischen Gesinnungswandel im Hinblick auf Zielursachen sollen genauer untersucht werden. Die Rekonstruktion dieser Debatte wird uns zu der wichtigen begrifflichen Unterscheidung von interner und externer Teleologie führen. Die Bedeutsamkeit dieser Unterscheidung für den Vorsehungsbegriff wird abschließend zu erörtern sein.

---

[2] Man könnte einwenden, dass ein schwacher Gott dennoch stark genug sein könnte, um die in ihn gesetzten Hoffnungen zu rechtfertigen. Das Problem ist allerdings, dass eine Theologie des schwachen Gottes keine begrifflichen Mittel bereitstellt, um die Vorstellung einer berechtigten religiösen Hoffnung zu stützen. So argumentiert auch K. *Kilby*, „Evil and the Limits of Theology", in: New Blackfriars 84 (2003), 13–29.

1. Zur Ablehnung von Teleologie in der modernen Philosophie

Es wird häufig gesagt, dass die moderne Philosophie den Begriff der Zielursachen überwunden habe, und manchmal wird diese vermeintliche Überwindung sogar als Anfang der Überwindung von Metaphysik angesehen.[3] Tatsächlich sah sich die Philosophie im 17. Jahrhundert, welche zu dieser Zeit noch die Physik umfasste, zum Verzicht auf die Annahme von Finalursachen genötigt, weil diese dem Projekt einer Mathematisierung der Physik im Wege standen. In diesem Sinne verwarf Galileo Galilei den Gedanken, dass sich Körper im Raum zielgerichtet bewegten,[4] und auch Spinoza hielt Finalursachen für eine anthropomorphe Projektion.[5] Vor ihm regte schon René Descartes die Ausarbeitung einer rein geometrischen Physik an, welche die Annahme von Finalursachen überflüssig machen würde, weil alle Körperbewegungen aus den strukturellen Eigenschaften von Ausdehnung und Gestalt der bewegten Körper heraus erklärt werden könnten.[6] Allerdings lehrte derselbe Descartes einen metaphysischen Körper-Geist-Dualismus, der die vollkommene Immaterialität des Geistes impliziert. Der Körper sei „seiner Natur nach stets teilbar, der Geist hingegen durchaus unteilbar".[7]

---

[3] Vgl. z. B. J. *Habermas*, Auch eine Geschichte der Philosophie. Band 2: Vernünftige Freiheit. Spuren des Diskurses über Glauben und Wissen, Berlin 2019, 113–136. Allerdings glaubt Habermas, dass der entscheidende Übergang zu einem nachmetaphysischen Weltverständnis nicht schon durch den Wechsel zu einem nicht-aristotelischen, teleologiefreien Paradigma naturwissenschaftlichen Denkens herbeigeführt wurde, sondern erst durch die subjektphilosophische Reflexion dieses Paradigmenwechsels bei Bacon, Descartes, Spinoza und Pascal.

[4] Vgl. *G. Galilei*, Discorsi. Unterredungen und mathematische Beweisführungen zu zwei neuen Wissensgebieten, übers. v. E. Dellian, Hamburg 2015.

[5] Vgl. *Baruch Spinoza*, Die Ethik, übers. v. J. Stern, Stuttgart 1977, Buch I, Appendix, 91–109.

[6] Vgl. *R. Descartes*, Abhandlung über die Methode des richtigen Vernunftgebrauchs, übers. v. K. Fischer, Stuttgart 1961; *ders.*, Prinzipien der Philosophie, übers. v. Ch. Wohlers, Hamburg 2005, Teil 1, § 28. Descartes macht hier allerdings deutlich, dass vor allem der Rekurs auf Schöpfungsabsichten bei der Erforschung der Natur nicht weiterhilft und dass sich die Naturwissenschaften auf die Erforschung effizienter Ursachen beschränken sollten. Dass Descartes' mechanistisches Körperverständnis keinen Raum für Naturteleologie lässt, dürfte aber dennoch kaum zu bestreiten sein.

[7] Vgl. *ders.*, Meditationen über die Grundlagen der Philosophie mit sämtlichen Einwänden und Erwiderungen, übers. v. A. Buchenau, Leipzig 1915, 74.

Damit sind geistige Prozesse, namentlich solche des Wahrnehmens, Vorstellens, Denkens und Wollens aus dem Gegenstandsbereich der Physik entfernt, und Descartes konnte so die unplausible Annahme vermeiden, dass es Willensakte gar nicht gebe, weil Willensakte Körperbewegungen finalkausal ausrichten, was den Rahmen einer mathematisierten universalen Physik sprengen würde. Willensakte sind für Descartes rein geistig und daher kein Gegenstand der Physik,[8] auch wenn damit der kausale Nexus zwischen einem Willensakt und einer Körperbewegung zu einem Folgeproblem wird, das der Cartesianismus nicht ohne willkürliche Annahmen lösen kann. Leibniz schlug dann vor, effiziente Kausalität als alleiniges Prinzip der Körperwelt anzusehen und Finalkausalität als alleiniges Prinzip der Seelen- oder Monadenwelt.[9] Zwischen beiden soll eine von Gott gestiftete prästabilierte Harmonie herrschen, die weder auf das eine noch auf das andere der beiden Kausalprinzipien reduziert werden kann, sondern allein auf die Weisheit und Güte des Schöpfers zurückgeht.

Als Leibnizianer ging auch Kant ohne Weiteres davon aus, dass die praktische Vernunft ein teleologisches Prinzip ist, welches das menschliche Handeln auf erstrebte Zwecke ausrichtet und nach Mitteln suchen lässt, um diese Zwecke zu erreichen. In der *Kritik der Urteilskraft* erwog er dann, ob Teleologie nicht doch zumindest als heuristisches Prinzip bei der naturwissenschaftlichen Erforschung lebendiger Organismen dienlich sein kann.[10] Der Grund für diese Erwägung ist die Tatsache, dass sich teleologisches Denken in der Biologie bis weit ins 19. Jahrhundert hinein, ja bis in die Gegenwart weit hartnäckiger gehalten hat als in Physik und Chemie. Dass es dafür gute systematische Gründe gibt, wird sich später zeigen. Kant schlug allerdings vor, die Analyse des Lebendigen in Begriffen von Zwecken und Mitteln, Zielen und Wegen letztlich durch eine konsequent mechanistische Analyse in Begriffen von mechanischen Ursachen und Wirkungen zu ersetzen, und blieb damit der physikalistischen Orthodoxie seiner Zeit treu. Dass die menschliche Vernunft als immaterielle Entität nicht den mechanischen Gesetzen der Natur unter-

---

[8] Vgl. ebd., 67.
[9] Vgl. *G. W. Leibniz*, „Monadologie", § 79, in: ders., Monadologie und andere metaphysische Schriften, übers. v. U. J. Schneider, Hamburg 2014.
[10] Vgl. *I. Kant*, Kritik der Urteilskraft, Berlin ²1793, §§ 70–78.

worfen und damit frei für die Verfolgung von Zwecken ist, schien ihm aber ebenso unstrittig, ungeachtet einer gewissen Unsicherheit hinsichtlich der Frage, ob das sinnliche Streben des Menschen als eines Angehörigen des Tierreichs durch effiziente Ursachen vollständig determiniert oder doch finalursächlich ausgerichtet ist.[11] Der Versuch, auch menschliche Intentionalität konsequent auf effiziente Kausalmechanismen zu reduzieren, kennzeichnet dann erst den eliminativen Materialismus des 19. und 20. Jahrhunderts, der allerdings Vorläufer im Aufklärungsmaterialismus Diderots, La Mettries und d'Holbachs hat. Von einer pauschalen Ablehnung teleologischen Denkens in der modernen Philosophie kann also keine Rede sein, aber es gibt eine starke Tendenz zur Einschränkung der Finalursachen auf den Bereich menschlichen Wollens und Handelns. Anders ausgedrückt: Gemäß einem breiten Konsens in der modernen Philosophie gilt intentionale, also im Bewusstsein gegründete Teleologie als unproblematisch, nicht-intentionale Teleologie dagegen als problematisch oder allenfalls als nützliche Fiktion, um organische Prozesse wie den Blutkreislauf genauer beschreiben zu können. Extrempositionen wie ein teleologiefreier reduktiver Materialismus oder ein durch und durch teleologischer Panpsychismus sind umstrittene Minderheitenpositionen.

2. Interne versus externe Teleologie

Auffällig ist, dass der Begriff der Teleologie von seinen Gegnern häufig pauschal sowohl mit theologischem als auch mit anthropozentrischem Denken assoziiert wird. Ersteres konnten wir schon bei Descartes sehen, der die Nutzlosigkeit der Kategorie der Finalkausalität auf die Unerforschlichkeit des göttlichen Schöpfungsplans zurückführt. Seitdem wird häufig angenommen, dass eine Berufung auf Fi-

---

[11] Das zeigt sich unter anderem in der sogenannten Antinomie der praktischen Vernunft (Kritik der praktischen Vernunft, Riga 1788, 2. Buch, zweites Hauptstück), welche auf einem Widerstreit zwischen dem menschlichen Glücksstreben und der menschlichen Moralität beruht. Das menschliche Streben nach Glück sieht Kant als naturnotwendig gegeben an, aber es handelt sich dabei gerade um eine zielgerichtete Naturkraft, die sich nicht ohne Mühe auf eine ungerichtet effiziente Naturkraft wie Gravitation oder Elektromagnetismus reduzieren lässt.

nalursachen den Kreationismus voraussetze.[12] Das ist insofern erstaunlich, als Aristoteles, der meist als Entdecker der Teleologie angesehen wird und der Ziele als vierte Art von Ursachen neben Formen, Stoffen und effizienten Ursachen setzt, das Universum ausdrücklich als nicht von Gott geschaffen ansieht.[13] Nicht ganz so häufig wird suggeriert, dass Teleologie eine anthropozentrische Kategorie sei, wodurch alles, was existiert, auf das Glück und Wohlergehen der Menschheit ausgerichtet werde. Auch von diesem Motiv lässt sich im aristotelischen Denken keine Spur nachweisen. Deutlich ist, dass solche Unterstellungen darauf beruhen, dass eine bestimmte Schöpfungstheologie, der zufolge der Mensch von Gott dazu bestimmt ist, sich die Natur gefügig zu machen, in die Kategorie der Finalkausalität hineingelesen wird. Insgesamt leidet die pauschale Ablehnung von Teleologie an einem Mangel an begrifflicher Differenzierung.

Zu unterscheiden wären nämlich zunächst einmal interne von externer Teleologie.[14] *Interne Teleologie* beschreibt die Funktionszusammenhänge innerhalb eines Organismus oder, per Analogie, zwischen den Einzelteilen einer Maschine. In höheren Lebewesen sorgt z. B. die Blutzirkulation für den Energiezufuhr und die Schadstoffabfuhr der übrigen Organe und ermöglicht es Lebewesen so, ihre Vitaloperationen auszuführen, wozu auch die Tätigkeit des vegetativen Nervensystems gehört, welches u. a. die Blutzirkulation verursacht. In einem mechanischen Uhrwerk setzt der Antrieb ein Gehwerk in Gang, das seinerseits das Zeigerwerk in Bewegung hält. Die Wirkungsweise der Teile einer Maschine lässt sich effizient-kausal beschreiben, der Funktionszusammenhang insgesamt, also z. B. die Zeitanzeige, nur finalkausal. Das gilt analog auch für das Zusam-

---

[12] Besonders prominent in *R. Dawkins*, The Blind Watchmaker. Why the Evidence of Evolution Reveals a Universe without Design, New York 1986.

[13] Franz Brentano vertritt die als extravagant geltende These, dass es auch bei Aristoteles eine Schöpfungstheologie gebe. Selbst Brentano schränkt diese Behauptung aber insofern ein, als er argumentiert, dass auch die Ordnung und Erhaltung der Welt eine schöpferische Tätigkeit sei, die Aristoteles Gott zuschreibe. Ebenso sehe Aristoteles Gott als den Schöpfer der menschlichen Vernunftseele an. Eine Schöpfung der Welt aus dem Nichts oder aus dem Chaos will selbst Brentano dem Aristoteles nicht unterstellen. Vgl. *F. Brentano*, Aristoteles und seine Weltanschauung, Hamburg 1977, 76ff.

[14] Vgl. dazu schon *I. Kant*, Kritik der Urteilskraft, §§ 66–67.

menwirken der Organe in einem Organismus. Die Aktivität der einzelnen Organe löst effizient-kausal die Tätigkeit anderer Organe aus (und kann entsprechend effizient-kausal beschleunigt oder gehemmt werden, z. B. durch die Einnahme von Arzneien). Die Begriffe, mit denen man die Funktionsweise des Organismus als geordnet oder gestört, gesund oder krank, etc., beschreibt, sind aber unweigerlich teleologisch.

Externe Teleologie ist dagegen eine Kategorie, welche das mehr oder weniger geordnete Mit- oder Gegeneinander selbstständiger Akteure in einem geteilten Lebensraum bezeichnet, z. B. Räuber-Beute-Beziehungen oder Wirt-Parasit-Beziehungen. Solche Beziehungen befördern tendenziell ein ökologisches Gleichgewicht, das dem Arterhalt der beteiligten Spezies und dem Gedeihen der zugehörigen Individuen zuträglich ist. So dezimieren Räuberpopulationen in einem gegebenen Biotop die Beutepopulationen, die sie bejagen, ohne sie ganz zu eliminieren. Dadurch verhindern sie ein zu starkes Wachstum der Beutepopulation, welches längerfristig zu einem übergroßen Ressourcenverbrauch und damit zum Aussterben dieser Population führen würde. Eine zu starke Dezimierung wäre aber für den Erhalt der Räuberpopulation ebenso fatal wie für ihre Opfer. Auch Wirt-Parasit-Beziehungen sind nur dann stabil, wenn der Parasit den Wirt nicht zu stark und tendenziell lebensgefährlich schädigt, da das Ableben des Wirts auch das Überleben des Parasiten gefährdet. Günstigenfalls kommt es zu symbiotischen Beziehungen, in denen Wirt und Parasit voneinander profitieren, so dass beide besser miteinander als ohne einander gedeihen. ,Arterhalt' und ,Gedeihen' sind teleologische Termini. Externe Teleologie lässt sich auch in zwischenmenschlichen Beziehungen ohne Schwierigkeiten wiederfinden, etwa in individuellen Geschäftsbeziehungen, in den Handelsbeziehungen zwischen verschiedenen Volkswirtschaften oder im Zusammenspiel verschiedener Institutionen. Obwohl es sich in solchen Fällen um intentionale, vernunftgesteuerte Beziehungen handelt, sind die teleologischen Zusammenhänge doch analog. Stabile Beziehungen sind zum Vorteil der beteiligten Akteure, und sie sind nur dann stabil, wenn es eine Seite nicht auf den Nachteil oder gar die Vernichtung der anderen Seite abgesehen hat. Andernfalls spricht man von gestörten oder dysfunktionalen Beziehungen. Externe und interne Teleologie lassen sich nicht aufeinander reduzieren. Beide beschreiben jeweils unterschiedliche Facetten des Lebendigen.

Beide Spielarten von Teleologie können aber jeweils sowohl immanent als auch transzendent betrachtet werden. In einer *immanenten* Betrachtung interner Teleologie geht es allein um das Zusammenspiel der Teile eines Lebewesens bei der Erhaltung von dessen Lebensfunktionen und Vitaloperationen, die Identifikation eventueller Störungen und Gefährdungen, etc. In *transzendenter* Perspektive wird die teleologische Rolle der leiblichen Organisation und der Vitalvermögen eines Lebewesens im Hinblick auf seine Interaktionen mit der Umwelt, also z. B. mit Artgenossen, Sexualpartnern, potentiellen Feinden und potentieller Beute, in den Blick genommen. Inwiefern befähigt die physiologische Verfassung eines bestimmten Lebewesens es dazu, eine bestimmte Rolle in einem Ökosystem zu spielen, und welche physiologischen Defekte können es behindern? Extern-teleologische Strukturen sind ebenfalls sowohl immanent als auch transzendent analysierbar. Die obige allgemeine Skizze charakteristischer Muster externer Teleologie war rein immanent, da sie allein die Wechselbeziehungen zwischen Räuber und Beute, Wirt und Parasit in den Fokus nahm. Eine transzendente Betrachtung berücksichtigt dagegen auch die Voraussetzungen und Folgen solcher teleologischer Interaktionen. Denn solche Beziehungen beruhen auf Bedingungen, die sich der Kontrolle der Akteure entziehen, z. B. ausreichende Nahrungsquellen für Beute- und Wirtspopulationen, ein Klima, in dem beide Populationen gedeihen können, geologische Bedingungen, welche die Vitaloperationen der beteiligten Lebewesen begünstigen oder zumindest nicht zu stark behindern, etc. Solche Beziehungen können aber auch auf ihre ökologischen Folgen hin betrachtet werden, z. B. auf den Beitrag bestimmter Formen des Mit- und Gegeneinander-Lebens für das Biotop und den zugehörigen Lebensraum oder auch für das Entstehen vorübergehender oder dauerhafter ökologischer Ungleichgewichte.

Alle vier Betrachtungsweisen sind im biologischen Diskurs der Gegenwart bekannt und unverzichtbar. Die pauschale Auskunft, dass die Biologie seit Darwin ohne Teleologie auskomme, stellt sich so betrachtet als ideologisch motiviert und sachlich unbegründet dar.

3. Die Wiederentdeckung der Teleologie in der modernen Meta-Ethik

Die Meta-Ethik des 20. Jahrhunderts scheint nicht zu den philosophischen Disziplinen zu gehören, von denen man ursprünglich eine Erneuerung der Debatte über die Rolle von Finalursachen in Lebensprozessen erwartet hätte. Und doch ist genau dies geschehen. Anders als die normative Ethik versteht sich die Meta-Ethik anfänglich vor allem als eine Theorie der Sprache der Moral und damit als Teil der modernen Sprachphilosophie. Seit George Edward Moores bahnbrechendem meta-ethischen Hauptwerk *Principia Ethica* beschäftigt sich diese Teildisziplin der praktischen Philosophie mit Fragen wie der nach dem Status evaluativer Begriffe und präskriptiver Äußerungen und Sätze, nach der motivationalen Kraft moralischer Vorschriften und, ganz allgemein, nach dem Verhältnis zwischen Tatsachen, Normen und Werten.[15] Dabei soll es nicht darum gehen zu bestimmen, an welchen verbindlichen Normen und Werten Handelnde sich orientieren sollten; die meta-ethischen Fragen werden als Vorfragen der genuin normativen Ethik angesehen, welche beantwortet werden sollten, bevor Kants Frage „Was soll ich tun?" eine philosophisch begründete Antwort finden kann. Denn um zu wissen, was ich tun soll, muss ich schon begriffen haben, was es heißt zu sollen.

Die Trennlinie zwischen normativer Ethik und Meta-Ethik ist allerdings nicht scharf. Moore, der in der Meta-Ethik einen moralischen Intuitionismus vertrat, neigte in der normativen Ethik dem Utilitarismus zu. Richard Mervyn Hare, einer der Hauptvertreter der Meta-Ethik in der Mitte des 20. Jahrhunderts, strebte in der normativen Ethik eine Synthese aus Kantianismus und Utilitarismus an, indem er Kants Begriff des Sittengesetzes regelutilitaristisch interpretierte.[16] Die Meta-Ethik diente ihm der Vorbereitung dieser Synthese im Bereich der normativen Ethik. Weitere Beispiele ließen sich anführen.

---

[15] Vgl. *G. E. Moore*, Principia Ethica, Cambridge 1903.
[16] Vgl. *R. M. Hare*, The Language of Morals, Oxford 1952 (dt.: Die Sprache der Moral, übers. v. P. v. Morstein, Frankfurt a. M. 1972); Freedom and Reason, Oxford 1962 (dt.: Freiheit und Vernunft, übers. v. G. Meggle, Frankfurt a. M. 1983); Moral Thinking. Its Levels, Method, and Point, Oxford 1981 (dt.: Moralisches Denken. Seine Ebenen, seine Methode, sein Witz, übers. v. Ch. Fehige u. G. Meggle, Frankfurt a. M. 1992).

Das Grundthema jeder Ethik und Meta-Ethik ist das menschliche Handeln, und so greift auch die Meta-Ethik ohne Skrupel auf handlungsbezogene Begriffe wie Intention, Wunsch, Wille, Interesse, Präferenz oder Glück zurück. Meta-Ethiker wie Hare sprechen nahezu durchgehend davon, dass Handelnde bestimmte Ziele und Zwecke verfolgen, dass sie dabei gewisse Güter erstreben und gewisse Übel zu vermeiden suchen und dass dieses Streben die Grundlage für praktische Ratschläge und moralische Vorschriften ist. Dass diese Begriffe allesamt teleologisch sind, d. h. auf handlungsmotivierende Ziele verweisen, wird dabei aber meist nicht eigens betont oder auf seine begrifflichen Voraussetzungen hin befragt.[17]

Eine Ausnahme stellt in dieser Hinsicht die moderne Tugendethik dar. Die Tugendethik des 20. Jahrhunderts wird oft als eine Alternative zu deontologischen und konsequentialistischen Ansätzen in der normativen Ethik angesehen, aber das verdeckt die Tatsache, dass sich das Revival des Tugendbegriffs zunächst im Rahmen meta-ethischer Debatten über die Natur moralischer Motivationen vollzog. Was den tugendethischen Zugang zur Meta-Ethik auszeichnet, ist der Gedanke, dass die Meta-Ethik ein Teilgebiet der Metaphysik sein sollte,[18] derjenigen philosophischen Disziplin also, die nach den universalen Prinzipien des Seienden und nach der Natur der Dinge fragt. Gegen eine verbreitete meta-ethische Annahme konsequentialistischer Theorien argumentieren Tugendethiker, dass nicht die faktischen, sondern allenfalls die intendierten und antizipierten Konsequenzen einer Handlung moralisch relevant sein können und dass demnach eine Handlung nicht ohne Kenntnis der leitenden Intention moralisch bewertet werden kann.[19] Was macht nun eine solche Intention moralisch gut? Aus Sicht der Tugendethik markieren weder Kants Unterwerfung unter ein selbstgegebenes Sittengesetz noch Benthams und Mills Ausrichtung auf das größte Glück der größten Zahl von Betroffenen die Demarkationslinie zwischen moralischen und unmora-

---

[17] In vielen Standardeinführungen in die Ethik wird der Utilitarismus als ‚teleologische' Ethik bezeichnet, im Kontrast zu Kants vermeintlich rein ‚deontologischer' Ethik. ‚Teleologisch' heißt in diesem Kontext aber einfach so viel wie ‚konsequentialistisch'. Eine Anleihe beim Teleologiebegriff der klassischen Metaphysik ist keineswegs intendiert.

[18] Vgl. *I. Murdoch*, Metaphysics as a Guide to Morals, London 1992.

[19] Vgl. *G. E. M. Anscombe*, Intention, Oxford 1957 (dt.: Absicht, übers. v. J. Schulte, Berlin 2010).

lischen Intentionen (selbstgegebene Gesetze können sinnlos und ty-
rannisch sein, und das Streben nach Glücksmaximierung kann der
Rechtfertigung intrinsisch böser Handlungen dienen). Was aus Sicht
der Tugendethik eine Intention moralisch macht, ist vielmehr die
Denk- und Handlungsweise einer Akteurin oder eines Akteurs. Moralisch denkt und handelt, wer sein praktisches Denken und sein Handeln zuverlässig auf das tatsächlich Gute ausrichtet oder, anders gesagt, wer eine verlässliche Disposition zu gutem Handeln hat. Eine
solche verlässliche Disposition wird aber als Tugend bezeichnet.[20] Damit wird die Moralpsychologie zu einem Forschungsgebiet der Meta-
Ethik.[21] Doch aus Sicht der Tugendethik muss die Moralpsychologie
eingebettet sein in eine breitere Untersuchung der menschlichen Natur und des menschlichen Strebens. Streben ist allerdings ein teleologischer Begriff. Teleologie wird damit zu einem für die Methodik der
Tugendethik relevanten Begriff.

4. Aristotelischer Naturalismus

Viele moderne Tugendethiker verstehen sich als Naturalisten, unterscheiden aber einen nicht-reduktiven aristotelischen Naturalismus
(dem sich eine große Zahl von Tugendethikern verpflichtet fühlt)
von einem reduktiven, materialistischen Naturalismus, für den der
Tugendbegriff nichts als Teil einer zu überwindenden vorwissen-
schaftlichen Psychologie (*folk psychology*) ist.[22] Aristotelische Naturalisten gehen davon aus, dass sich das Spezifikum menschlichen
Strebens nur durch ein Studium der menschlichen Natur bestimmen
lässt. In welchem Ausmaß die menschliche Natur unveränderlich
oder aber kulturellen Variablen unterworfen ist, ist unter Tugendethikern allerdings umstritten.[23] Schon bei Peter Geach findet sich

---

[20] Ob damit das okkasionell gute Handeln eines lasterhaften Menschen und das
okkasionell schlechte Handeln eines tugendhaften Menschen ausgeschlossen
sind, ist eine Anschlussfrage, die hier nicht weiter erörtert werden kann.
[21] Vgl. *G. E. M. Anscombe*, „Modern Moral Philosophy", in: Philosophy vol. 33,
no. 124 (1958), 1–19.
[22] Vgl. *J. McDowell*, „Two Sorts of Naturalism", in: R. Hursthouse/G. Lawren-
ce/W. Quinn (Hg.), Virtues and Reasons. Philippa Foot and Moral Theory, Oxford 1996, 149–179.
[23] So vertrat Alasdair MacIntyre zunächst eine kulturalistische Theorie der Tu-

aber der Gedanke, dass menschliches Leben und Streben durch eine vergleichende Analyse menschlicher und nichtmenschlicher Lebensformen besser begriffen werden kann. Geach geht davon aus, dass sich menschliches Leben, genauso wie nichtmenschliches Leben, in einer zum Teil feindseligen Umwelt entfaltet und dass es bei seinem Streben nach Gedeihen (*flourishing*) auch darum gehen muss, mit den Hindernissen umzugehen, die menschliches Leben und Gedeihen bedrohen. Dazu müssen wir schützende Dispositionen erwerben, und das sind für Geach die Tugenden. Sie befähigen uns, das für uns Gute auch in schwierigen Umständen nicht aus dem Blick zu verlieren. Sie ähneln damit den Schutzmechanismen nichtmenschlicher Lebewesen. Wie diese dienen sie nicht so sehr dem Erhalt und Gedeihen eines Individuums, sondern dem Erhalt und Gedeihen der Art. „Menschen brauchen Tugenden wie Bienen Stachel. Eine einzelne Biene mag durch ihr Stechen zugrunde gehen, und dennoch benötigen Bienen Stachel; ein einzelner Mensch mag daran zugrunde gehen, dass er tapfer oder gerecht ist, und dennoch benötigen Menschen Tapferkeit und Gerechtigkeit."[24]

Und doch sind die Tugenden insofern anders als die natürlichen Schutzmechanismen nichtmenschlicher Lebewesen, als sie durch einen Prozess des moralischen Lernens, der Einübung und der entsprechenden Ausrichtung des Willens erworben werden müssen, anstatt einfach als ein naturgegebenes Vermögen verfügbar zu sein.

Von diesem Gedanken aus haben sich für die Tugendethik verschiedenartige Möglichkeiten der Weiterführung ergeben. Für die normative Ethik fruchtbar erwies sich der Gedanke, menschliches Gedeihen und gutes (gemeinsames) Leben nicht wie der klassische

---

gend, derzufolge die Ausbildung von Tugenden kulturelle Voraussetzungen hat und ihr Erwerb wesentlich dazu befähigt, zum Erhalt der jeweiligen Kultur beizutragen. Vgl. A. *MacIntyre*, After Virtue. A Study in Moral Theory, Notre Dame 1981. Daraus ergab sich ein gewisser Kulturrelativismus, den MacIntyre selbst später zugunsten einer stärker naturalistischen Fundierung der Tugenden aufgab. Vgl. *ders.*, Dependent Rational Animals. Why Human Beings Need the Virtues, London 1999.

[24] „Men need virtues as bees need stings. An individual bee may perish by stinging, all the same bees need stings; an individual man may perish by being brave or just, all the same men need courage and justice." (*P. Geach*, The Virtues. The Stanton Lectures 1973–74, Cambridge 1977) Diese Passage wird häufig zitiert, u. a. bei *Ph. Foot*, Natural Goodness, Oxford 2001, 35.

Hedonismus an Umfang und Qualität der verfügbaren Güter und der Intensität von Freud und Leid zu bemessen, sondern die für ein gutes Leben erforderlichen intellektuellen und sozialen Fähigkeiten in den Mittelpunkt der Betrachtung zu rücken und dann die Güter zu bestimmen, die für Erwerb und Erhalt dieser Fähigkeiten benötigt werden. Dieser sogenannte Fähigkeitsansatz (*capability approach*) wurde erstmals kohärent und umfassend von John Finnis formuliert.[25] Martha Nussbaum und Amartya Sen haben diesen Ansatz übernommen und weitergeführt.[26]

Innerhalb der Meta-Ethik wird das Projekt einer vergleichenden Betrachtung von Lebensformen in den einschlägigen Arbeiten von Philippa Foot und Michael Thompson durchgeführt, wobei sich Foot z. T. auf Thompson stützt.[27] Thompson argumentiert, dass biologische Lebensformen mithilfe einer Reihe naturgeschichtlicher Urteile beschrieben werden können, die zusammengenommen das Leben von Angehörigen einer jeweiligen Spezies kennzeichnen. Ausgewachsene Angehörige einer Spezies S haben z. B. eine charakteristische Körpergröße, leben solitär oder sozial, erwerben und verzehren für sie geeignete Nahrung auf eine bestimmte Weise, pflanzen sich auf bestimmte Weise fort, etc. Diese Urteile sind insgesamt teleologisch verfasst, insofern sie beschreiben, welche physiologischen Merkmale und welche Verhaltensweisen das Überleben und Gedeihen der jeweiligen Spezies sichern. Eine solche Beschreibung ist ganz und gar deskriptiv, weil jeder der einzelnen Sätze, aus denen sie besteht, rein deskriptiv ist. Zugleich aber implizieren solche naturgeschichtlichen Beschreibungen – wenn sie denn zutreffend sind – die *natürlichen Normen* eines artgemäßen und gedeihlichen Lebens für jeden Angehörigen *s* von S, die von manchen Angehörigen aber verfehlt werden. Physiologische Abweichungen vom Normalstandard der Art sind häufig körperliche Defekte, die ein artgemäßes Le-

---

[25] Vgl. *J. Finnis*, Natural Law and Natural Rights, Oxford 1980.
[26] Vgl. zu Nussbaum *A. Kallhoff*, „Realistic Humanism. Martha Nussbaum on Human Nature", in: M. Hähnel (Hg.), Aristotelian Naturalism. A Research Companion, Cham 2020, 237–245.
[27] Vgl. *Ph. Foot*, Natural Goodness (s. Anm. 24); *M. Thompson*, „The Representation of Life", in: R. Hursthouse/G. Lawrence/W. Quinn (Hg.), Virtues (s. Anm. 22), 247–297; *ders.*, Life and Action, Cambridge, MA: Harvard University Press 2008. Zu Thompson vgl. auch *M. Haase*, „Life and Recognition. Michael Thompson's Practical Naturalism", in: M. Hähnel (Hg.), Aristotelian (s. Anm. 26), 247–263.

ben erschweren oder unmöglich machen (das Lebewesen verendet), und abweichende Verhaltensweisen können das Überleben und Gedeihen ernsthaft gefährden. Solche biologischen Privationen sind nicht normativ neutral, sondern natürliche Defizite. Für Thompson zeigt diese Argumentation, dass es möglich ist, normative Propositionen aus deskriptiven abzuleiten, Normen aus Tatsachen. Deswegen weist er Humes und Moores These zurück, dass jede solche Ableitung ein naturalistischer Fehlschluss sein müsse.[28]

Foot wendet dieses Modell auf die Meta-Ethik an, wobei sie menschliche Rationalität als die spezifische Differenz zwischen Menschen und nichtmenschlichen Tieren annimmt. Die menschliche Lebensform ist ebenso eine Lebensform wie die Lebensform der Korkeiche oder des Europäischen Bibers, aber nur die menschliche Lebensform ist durch Rationalität gekennzeichnet. Gleichzeitig darf Rationalität nicht *in abstracto* betrachtet werden, sondern muss, gerade im Bereich des menschlichen Handelns, als eingebettet in menschliche Lebensvollzüge verstanden werden. Thompsons Modell anwendend, gelangt Foot zu dem Schluss, dass irrationales und unmoralisches Verhalten als defizient verstanden werden sollte und damit als seiner Natur nach schlecht (weil es den Standards menschlichen natürlichen Gutseins nicht entspricht). Gleichzeitig macht Foot deutlich, dass sich aus Thompsons Ansatz aus ihrer Sicht keine radikalen Konsequenzen für die normative Ethik ergeben. Gerade weil wir rationale Tiere sind, hat die Suche nach gültigen moralischen Normen und nach Kriterien des moralisch Guten immer schon eine existenzielle Bedeutsamkeit für uns, und wir wissen im Prinzip, was von uns moralisch gefordert ist. Die normative Ethik ist Ausdruck dieses existentiellen Strebens.[29]

---

[28] Vgl. dazu K. *Beier*, „Gut-Sein. Über das Sein-Sollen-Problem im Aristotelischen Naturalismus", in: G. Karageorgoudis/J. Noller (Hg.), Sein und Sollen. Perspektiven in Philosophie, Logik und Rechtswissenschaft, Leiden/Münster 2021, 87–114.

[29] Thompson schlägt in neueren Arbeiten eine etwas andere Richtung ein als Foot, aber das kann hier nicht weiter verfolgt werden.

5. Interne und externe Teleologie im Aristotelischen Naturalismus

Betrachtet man die hier skizzierten meta-ethischen und metaphysischen Positionen des Aristotelischen Naturalismus im Lichte der obigen Unterscheidung zwischen interner und externer Teleologie in immanenter und transzendenter Betrachtung, so fällt auf, dass diese Dimensionen von Teleologie nicht vollständig oder zumindest nicht in gleicher Analysetiefe behandelt werden. Der Fokus der Betrachtung liegt auf der internen Teleologie von Lebewesen. Das ist schon bei Geach der Fall, und Foot und Thompson übernehmen diesen Fokus. Die Frage ist für sie vorrangig, welche physiologischen Voraussetzungen und welche Verhaltensdispositionen Lebewesen besitzen oder erwerben müssen, um sich in einem vorgegebenen Milieu zu behaupten und gut zu gedeihen. Für Menschen als rationale Lebewesen sind dies wesentlich die Tugenden, deren Erwerb und Gebrauch sie befähigen, ein menschenwürdiges Leben zu führen. Da Menschen ferner soziale Tiere sind, sind die Tugenden aus Geachs und Foots Sicht vorrangig altruistische Handlungsdispositionen. Dass *A* ein tugendhafter Akteur ist, ist nicht immer zu *A*s eigenem Vorteil, wohl aber vorteilig für *B*. Anders gesagt: Durch den Erwerb und Gebrauch machen Menschen einander das gemeinsame Leben leichter und humaner. In diesem Gedanken ist externe Teleologie angedeutet, aber nicht schon als solche thematisch. Was kaum behandelt wird, ist die gesamte Ökologie menschlichen Zusammenlebens, die Rolle von Institutionen, zwischenmenschlichen Konflikten, aber auch das uns heute so beunruhigende weite Feld der Interaktionen zwischen Menschen und der nichtmenschlichen Natur. Nicht adressiert wird ferner die transzendente Dimension der Ökologie menschlichen Lebens, die Bedingungen eines nachhaltigen menschlichen Lebens und Gedeihens in einer auf bestimmte Weise geordneten Natur und die Rolle des Menschen als Stifter von (Un-)Ordnung. Der Begriff der natürlichen Ordnung ist ebenfalls ein teleologischer Begriff. In dem Maße, wie diese Dimensionen von Teleologie in der aristotelisch-naturalistischen Analyse der Teleologie des Lebendigen nicht vorkommen, kann man diese Analyse als unvollständig bezeichnen.

6. Konklusion: Teleologie und Vorsehung

Die hier dargestellten Positionen zeigen, dass der Begriff der Naturteleologie keineswegs den Begriff der Schöpfung voraussetzt und damit auch nicht den Gedanken einer die Schöpfung leitenden göttlichen Vorsehung. Religiöse und theologische Fragen spielen weder
in der Meta-Ethik im Allgemeinen noch in Tugendethik und Aristo-
telischem Naturalismus im Besonderen eine zentrale Rolle. Anscombe und Geach vertreten dezidiert christliche Positionen in bestimmten Kontexten, setzen diese in ihren meta-ethischen Überlegungen
aber nicht voraus. Foot und Thompson dagegen zeigen nur geringes
Interesse an religiösen und theologischen Fragen, und insbesondere
Stellungnahmen zu Fragen des Schöpfungs- und Vorsehungsglau-
bens wird man in ihren Schriften vergeblich suchen.

Gerade das aber macht ihre Analysen potentiell wertvoll für heutige Debatten über Schöpfung und Vorsehung. Denn vielleicht steckt
die heutige Theodizee-Debatte auch deswegen fest, weil man sich
einseitig auf ein quasi-utilitaristisches Verrechnen von Freud- und
Leiderfahrungen von Lebewesen in dieser Welt verlegt hat und sich
vom Ergebnis die Antwort auf die Frage nach der Gerechtigkeit des
Schöpfergottes erwartet. Man nimmt an, dass Gott nur dann gerecht
sein kann, wenn die innerweltliche Freude das Leid überwiegt. Angesichts dieser häufig implizit bleibenden, aber die Debatte enorm
verengenden Vorannahme ist es befreiend, die Perspektive des
Aristotelischen Naturalismus auf Naturteleologie in die Diskussion
einzubringen. Das zu tun heißt herauszustellen, dass jede Theodizee-Debatte ihr Ziel verfehlt, wenn sie nicht ausgeht von der dynamischen Ordnung des Lebendigen als einer ökologischen Ordnung,
welche theologisch als göttlich geschaffen interpretiert wird und in
welcher für die Menschheit, abermals theologisch gesprochen, eine
bestimmte Rolle vorgesehen ist. Biblisch gesprochen wäre dies wohl
die Rolle einer weisen und gerechten Regierung, welche diese Ordnung hütet und bewahrt, eine Rolle, der die gegenwärtige Menschheit allerdings nicht gerecht wird.

Leider ist die teleologische Analyse des Aristotelischen Naturalismus bisher wesentlich unvollständig, und deswegen lässt sich ihr
volles schöpfungs- und vorsehungstheologisches Potential nur
schwer abschätzen. Einen wichtigen Dienst hat der Aristotelische
Naturalismus aber der modernen Philosophie in jedem Fall geleistet:

Er hat ihr geholfen, das unbegründete Vorurteil gegen den Begriff der Teleologie zu überwinden. Denn dabei handelt es sich nicht allein um einen Grundbegriff der Handlungstheorie, sondern um einen unverzichtbaren Kernbegriff der Biologie.

Der Plan Gottes und die Begründung moralischer Normen
Anfragen an eine Argumentationsfigur in der Morallehre des katholischen Lehramts

Stephan Ernst

> *Denn welcher Mensch kann Gottes Plan erkennen*
> *oder wer begreift, was der Herr will?*
> *(Weish 9,13)*

1. Beispiele für die lehramtliche Begründung von Normaussagen mit dem Plan Gottes

In der Moralverkündigung des Lehramts der katholischen Kirche wird immer wieder auf den Plan Gottes zurückgegriffen, um die Gültigkeit einzelner konkreter moralischer Normaussagen sowie der entsprechenden Verbote zu begründen. Bestimmte Verhaltensweisen oder Handlungen seien moralisch richtig und gut, weil sie dem Plan Gottes entsprechen. Umgekehrt seien bestimmte Handlungsweisen deshalb moralisch unerlaubt, verboten oder verwerflich, weil sie dem Plan Gottes widersprechen. Drei Beispiele für diese Art der Begründung seien genannt:

1. So wird in der von Paul VI. verfassten Enzyklika *Humanae vitae* (1968) die moralische Verwerflichkeit der willentlichen Verhinderung der Fruchtbarkeit des ehelichen Akts durch die Verwendung künstlicher Kontrazeptiva mit der von Gott bestimmten unlösbaren Verknüpfung der beiden Sinngehalte, nämlich liebende Vereinigung und Fortpflanzung, begründet, die der Mensch nicht eigenmächtig auflösen dürfe.[1] Weiter heißt es: „Ein Akt gegenseitiger Liebe widerspricht dem göttlichen Plan, nach dem die Ehe entworfen ist, und dem Willen des ersten Urhebers mensch-

---

[1] Vgl. *Paul VI.*, Enzyklika „Humanae vitae" über die rechte Ordnung der Weitergabe menschlichen Lebens, Nr. 12, lat.-dt. (Nachkonziliare Dokumentation, Bd. 14), Trier 1968, 23–25.

lichen Lebens, wenn er der vom Schöpfergott in ihn nach besonderen Gesetzen hineingelegten Eignung, zur Weckung neuen Lebens beizutragen, abträglich ist. Wenn jemand daher einerseits
Gottes Gabe genießt und andererseits […] Sinn und Ziel dieser
Gabe ausschließt, handelt er somit im Widerspruch zur Natur
des Mannes und der Frau, und deren inniger Verbundenheit; er
stellt sich damit gegen Gottes Plan und heiligen Willen. Wer das
Geschenk ehelicher Liebe genießt und sich dabei an die Zeu-
gungsgesetze hält, der verhält sich nicht, als wäre er Herr über
die Quellen des Lebens, sondern er stellt sich vielmehr in den
Dienst des auf den Schöpfer zurückgehenden Planes."[2]
Dreimal ist in diesem Abschnitt vom *Plan* Gottes die Rede, dem
der Mensch durch die Einhaltung der genannten Norm entspricht und dem er durch die Übertretung der Norm widerspricht und sich entgegenstellt. Zugleich wird der Plan Gottes,
nach dem die Ehe entworfen ist, mit dem *Willen* des Schöpfers
und ersten Urhebers des menschlichen Lebens gleichgesetzt, der
sich in besonderen, in die *Natur* des Mannes und der Frau hineingelegten *Gesetzen*, zur Weckung neuen Lebens beizutragen,
manifestiert. Diese der Natur eingeschriebenen Gesetze bestehen
zum einen in der Verbindung von liebender Vereinigung und Offenheit auf Zeugung, die man nicht eigenmächtig auflösen darf,
zum anderen in dem von der Natur vorgegebenen Zyklus der
fruchtbaren und unfruchtbaren Zeiten der Frau. Wer sich – so
die Enzyklika – an diese natürlichen Gesetze hält, stellt sich in
den Dienst des göttlichen Plans. Wer sich nicht daran hält, widerspricht der Natur des Mannes und der Frau und stellt sich als
Herr über den Plan Gottes.

2. Aber auch in dem von Johannes Paul II. stammenden Apostolischen Schreiben *Familiaris consortio* über die Aufgaben der
christlichen Familie in der Welt von heute (1981) wird, wenn
auch in einer etwas gegenüber *Humanae vitae* variierten Form –
auf den Plan Gottes zurückgegriffen, um einzelne Ehe und Familie betreffende moralische Normen zu begründen. Paradigmatisch ist dabei die Argumentationsweise im Zweiten Teil des
Schreibens, der mit „Ehe und Familie im Plane Gottes" über-

---

[2] Ebd., Nr. 13, S. 25.

schrieben ist. Hier wird zunächst in einem ersten Schritt auf die Liebe abgehoben, die Gott selbst ist und zu der Gott den Menschen berufen hat, indem er der Menschennatur des Mannes und der Frau die Berufung und daher auch die Fähigkeit und die Verantwortung zu Liebe und Gemeinschaft eingeprägt hat. Die Liebe sei daher die „grundlegende und naturgemäße Berufung jedes Menschen"[3]. In einem zweiten Schritt der Argumentation wird dann – im Sinne des für Karol Wojtyla charakteristischen Personalismus – davon ausgegangen, dass die Liebe auch den menschlichen Leib einschließt und der Leib an der geistigen Liebe teilnimmt.[4] Daraus wird dann in einem dritten Schritt die normative Aussage abgeleitet, dass die leibliche Ganzhingabe (gemeint ist der Geschlechtsverkehr) eine *Lüge* wäre, wenn sie nicht Zeichen und Frucht personaler Ganzhingabe wäre, welche die ganze Person, auch in ihrer zeitlichen Dimension, einschließt.[5] In variierter Form lautet das Argument, dass eine vorbehaltlose leibliche Hingabe nur bei vorbehaltloser personaler Hingabe menschlich vollzogen und damit moralisch erlaubt sein kann. Da aber bereits durch den Vorbehalt, in Zukunft etwa anders zu entscheiden, die Hingabe nicht umfassend wäre, genügt allein die eheliche Liebe, manifestiert in der Ehe, der normativen Anforderung. Sie allein verwirklicht die Treue zum „Plan des Schöpfergottes".[6] Alle vor- und außereheliche Sexualität wird dagegen als nicht wahrhaft menschlich und damit als unerlaubt verworfen, so wie auch die Polygamie, die „in direkter Weise den Plan Gottes, wie er am Anfang offenbart wurde"[7], leugne. Im Folgenden[8] werden diese Überlegungen auch mit dem Kreuzestod Christi in Verbindung gebracht. Die Offenbarung gelange zu ihrer endgültigen Vollendung in der Liebesgabe im Opfer, mit dem Jesus Christus sich am Kreuz für seine Braut, die Kirche, darbringt. In diesem

---

[3] *Johannes Paul II.*, Apostolisches Schreiben Familiaris consortio (22. November 1981), VApSt, Nr. 33, hg. v. Sekretariat der Deutschen Bischofskonferenz, Bonn 1981, Nr. 11.
[4] Vgl. ebd.
[5] Vgl. ebd.
[6] Vgl. ebd.
[7] Vgl. ebd., Nr. 19.
[8] Vgl. ebd., Nr. 13.

Opfer werde der Plan vollständig enthüllt, den Gott dem
Menschsein des Mannes und der Frau seit ihrer Schöpfung eingeprägt hat. Die eheliche Liebe erreiche hier jene Fülle, auf die sie
von innen her ausgerichtet sei, nämlich die übernatürliche Gat-
tenliebe, in der die Vermählten an der sich am Kreuz schenken-
den Liebe Christi teilnehmen.

Mit einem ähnlichen Argument, mit dem in *Familiaris consortio*
das Verbot vor- und außerehelichen Geschlechtsverkehrs begründet wird, wird ebendort aber auch – in einer *Humanae vitae* per-
sonalistisch weiterführenden Form – das Verbot künstlicher Empfängnisverhütung begründet. Jede künstliche Trennung der beiden
Sinngehalte des ehelichen Aktes, der liebenden Vereinigung und
der prokreativen Dimension, wie dies etwa bei der künstlichen
Empfängnisverhütung der Fall ist, führe nämlich dazu, dass die geschlechtliche Vereinigung objektiv nicht mehr Ausdruck der Ganzhingabe sei, sondern zu einer widersprüchlichen Gebärde werde
und damit dem Plan Gottes widerspreche. Entsprechend heißt es:
„Wenn die Ehegatten durch Empfängnisverhütung diese beiden
Sinngehalte, die der Schöpfergott dem Wesen von Mann und
Frau und der Dynamik ihrer sexuellen Vereinigung eingeschrieben
hat, auseinanderreißen, liefern sie den Plan Gottes ihrer Willkür
aus; sie ‚manipulieren‘ und erniedrigen die menschliche Sexualität – und damit sich und den Ehepartner –, weil sie ihr den Charakter der *Ganz*hingabe nehmen. Während die geschlechtliche Vereinigung ihrer ganzen Natur nach ein vorbehaltloses gegenseitiges
Sichschenken der Gatten zum Ausdruck bringt, wird sie durch
Empfängnisverhütung zu einer objektiv widersprüchlichen Gebärde, zu einem Sich-nicht-ganz-Schenken. So kommt zur aktiven
Zurückweisung der Offenbarung für das Leben auch eine Verfälschung der inneren Wahrheit ehelicher Liebe, die ja zur Hingabe
in personaler Ganzheit berufen ist. Wenn dagegen die Ehegatten
durch die Zeitwahl den untrennbaren Zusammenhang von Begegnung und Zeugung in der menschlichen Sexualität respektieren,
stellen sie sich unter den Plan Gottes und vollziehen die Sexualität
in ihrer ursprünglichen Dynamik der Ganzhingabe, ohne Manipu-
lation und Verfälschung.“[9]

---

[9] Ebd., Nr. 32.

3. Ein drittes Beispiel für die Argumentation unter Rückgriff auf den Plan Gottes findet sich in dem am 22. Februar 2021 erschienenen „*Responsum ad dubium* der Kongregation für die Glaubenslehre über die Segnung von Verbindungen von Personen gleichen Geschlechts"[10], das – wie es im Text selbst heißt – von Papst Franziskus gutgeheißen wurde. Hier wird die Segnung von homosexuellen Paaren abgelehnt, weil dies – abgesehen von der rechten Absicht der Teilnehmenden – die zu segnende Wirklichkeit objektiv und positiv darauf hingeordnet sein muss, die Gnade zu empfangen und auszudrücken, „und zwar im Dienst der Pläne Gottes, die in die Schöpfung eingeschrieben und von Christus dem Herrn vollständig offenbart sind". Auffällig ist, dass hier nicht mehr nur von *einem* Plan Gottes im Singular, sondern sogar von den Plänen Gottes im Plural die Rede ist. Mit dem Wesen der Segnung sei nur vereinbar, „was an sich darauf hingeordnet ist, diesen Plänen zu dienen". Blickt man in diesem Zusammenhang auf die Argumentation für das Verbot homosexueller Praxis, wie sie im Katechismus der Katholischen Kirche angeführt wird, so wird deutlich, dass die fehlende Möglichkeit zur Zeugung von Nachkommenschaft der entscheidende Aspekt ist, der den in die Schöpfung eingeschriebenen Plänen Gottes widerspricht.[11] Auch das Vorhandensein positiver Elemente an solchen homosexuellen Beziehungen – gemeint sind offenbar das Zusammenleben in personaler Liebe, Treue und Verantwortung füreinander – sei nicht in der Lage, eine Segnung zu rechtfertigen, „weil diese Elemente im Dienst einer Verbindung stehen, die nicht auf den Plan des Schöpfers hingeordnet ist". Es gebe keinerlei Fundament dafür, „zwischen den homosexuellen Lebensgemeinschaften und dem Plan Gottes über Ehe und Familie Analogien herzustellen, auch nicht in einem weiteren Sinne"[12]. Nur dann könne homosexuellen Personen ein Segen gespendet werden, wenn sie „den Willen bekunden, in Treue zu den geoffenbar-

---

[10] Einsehbar unter: https://www.vatican.va/roman_curia/congregatons/cfaith/documents/rc_con_cfaith_doc_20210222_responsum-dubium-unioni_ge.html.
[11] Vgl. KKK, Nr. 2357.
[12] Hier wird verwiesen auf: *Papst Franziskus*, Nachsynodales Apostolisches Schreiben Amoris laetitia (19. März 2016), VApSt, Nr. 204, hg. v. Sekretariat der Deutschen Bischofskonferenz, Bonn 2016, Nr. 251.

ten Plänen Gottes zu leben, wie sie in der kirchlichen Lehre vor-
gelegt werden", d. h. enthaltsam[13] zu leben. Soweit diese drei Beispiele, denen sich noch weitere hinzufügen ließen.[14] Analysiert man nun die hier jeweils verwendete Argumentati-
onsweise, so lassen sich drei Aspekte oder Schritte in der Begründung
erkennen. Zunächst wird (a) darauf abgehoben, dass bestimmte
Handlungsweisen deshalb moralisch unerlaubt und verboten sind,
weil sie den Gesetzen der Natur bzw. der Schöpfung widersprechen.
Diese Gesetze werden deshalb als moralisch maßgeblich und verpflichtend angesehen, weil sie (b) der Schöpfergott gemäß seinem
Plan der Welt als seiner Schöpfung und dem Menschen eingeschrieben hat. Weiterhin wird angeführt, dass dieser Plan Gottes (c) durch
Christus vollständig geoffenbart worden sei.

2. Anfragen an die Begründung moralischer Normen mit dem Plan Gottes

Nun lassen sich freilich im Blick auf die wissenschaftliche Tragfähigkeit dieser Argumentationsweise verschiedene Einwände und Anfragen vorbringen. Und dies nicht nur deshalb, weil die moralischen
Normaussagen, um die es in den Beispielen geht – nämlich das Verbot künstlicher Kontrazeptiva, das Verbot vor- und außerehelicher
Sexualität sowie das Verbot homosexueller Praxis und damit auch
der Segnung homosexueller Paare –, in einer säkularen und pluralen
Gesellschaft, aber auch in der katholischen Kirche selbst, mindestens
umstritten, wenn nicht sogar völlig obsolet geworden sind[15], son-

---

[13] Vgl. dazu KKK, Nr. 2359.

[14] Verwiesen sei etwa auf die grundsätzliche Aussage, die sich in dem von der
päpstlichen Bibelkommission am 11. Mai 2008 herausgegebenen Dokument „Bibel und Moral. Biblische Wurzeln des christlichen Handelns" findet, nämlich
dass die Moral nicht in erster Linie eine eigenständige Antwort des Menschen
sei, sondern Offenbarung des Planes und des Geschenks Gottes. Vgl. Päpstliche
Bibelkommission, Bibel und Moral. Biblische Wurzeln des christlichen Handelns, VApSt, Nr. 184, hg. v. Sekretariat der Deutschen Bischofskonferenz, Bonn
2008, Nr. 4. – Verwiesen sei auch auf die Aussage, dass nach christlicher Lehre
„der Schmerz … zumal in der Sterbestunde, eine besondere Bedeutung im Heilsplan Gottes" erhält. So in: Erklärung der Kongregation für die Glaubenslehre zur
Euthanasie Iura et bona (20. Mai 1980), VApSt, Nr. 20, hg. v. Sekretariat der
Deutschen Bischofskonferenz, Bonn 1980, 9.

[15] Einen guten Einblick in den unüberbrückbar erscheinenden Graben zwischen

dern vor allem deshalb, weil die Logik des Arguments selbst erhebliche Probleme bietet. Im Folgenden sollen einige Argumente vorgestellt werden, die die wissenschaftliche Tragfähigkeit der Begründung moralischer Normen unter Rückgriff auf den Plan bzw. die Pläne Gottes infrage stellen.

a) Argumente säkularer Vernunft

Eine erste Reihe von Einwänden oder Gegenargumenten gegen die Berufung auf den Plan Gottes ergibt sich, wenn man sich dieser Begründungsart von außerhalb des christlichen Glaubens, nämlich ausgehend von der säkularen Vernunft, nähert.[16]

So lässt sich vonseiten säkularer Vernunft ein erster Einwand bereits dahingehend erheben, dass eine solche Begründung nur von denjenigen akzeptiert werden könne, die einen bestimmten Glauben und bestimmte religiöse Grundüberzeugungen teilen. Zu diesen religiösen Grundüberzeugungen gehört, dass es (a) überhaupt einen Gott gibt, dass (b) dieser Gott ein personales Wesen ist, das einen Willen hat und einen Plan fassen kann, und dass (c) dieses Wesen zugleich moralisch gut ist. Ohne dass alle drei Grundüberzeugungen geteilt und akzeptiert werden, könnte der Wille und Plan Gottes nicht für unser moralisches Handeln maßgeblich und bindend sein. Für diejenigen aber, die diese nicht allgemein rational beweisbaren religiösen Überzeugungen nicht teilen, bleibt die Begründung konkreter Handlungsnormen mit Verweis auf den Plan und Willen Gottes gänzlich irrelevant und nicht nachvollziehbar. In einer pluralen

---

der lehramtlichen Morallehre hinsichtlich von Sexualität, Ehe und Familie einerseits und dem tatsächlichen Leben der Gläubigen in der Katholischen Kirche andererseits gibt die „Zusammenfassung der Antworten aus den deutschen (Erz-)Diözesen auf die Frage im Vorbereitungsdokument für die Dritte Außerordentliche Vollversammlung der Bischofssynode 2014" vom 3. Februar 2014, in: Die pastoralen Herausforderungen der Familie im Kontext der Evangelisierung. Texte zur Bischofssynode 2014 und Dokumente der Deutschen Bischofskonferenz, Arbeitshilfen Nr. 273, hg. v. Sekretariat der Deutschen Bischofskonferenz, Bonn 2014, 7–41.

[16] Zu den folgenden beiden ersten Einwänden vgl. etwa *N. Hoerster*, Die Frage nach Gott, München 2005, 54f; *P. Singer*, Praktische Ethik, Stuttgart 1984, 12; *B. Williams*, Der Begriff der Moral. Eine Einführung in die Ethik, Stuttgart 1978, 73f.

Gesellschaft ist sie nicht konsensfähig und daher – etwa in einer Ethik-Kommission oder in einem Ethik-Rat – für die Entscheidungsfindung in moralischen Fragen unbrauchbar.

Aber auch dann, wenn man die Existenz eines personalen Gottes, der seinen Willen geäußert hat, annimmt, scheint dennoch – so ein zweiter Einwand – die Begründung moralischer Normen unter Rekurs auf den Plan und Willen Gottes einen Zirkelschluss darzustellen. Sie setzt nämlich voraus, dass Gott ein moralisch vollkommenes Wesen ist. Nur dann nämlich können seine mitgeteilten Gebote und Weisungen wirklich gut und für den Menschen verpflichtend sein. Die Annahme aber, dass Gott moralisch vollkommen ist, setzt ihrerseits bereits klare Vorstellungen von moralischer Vollkommenheit und damit von dem voraus, worin moralisches Handeln besteht. Dass der Plan und Wille Gottes tatsächlich moralisch leitend sein kann, setzt ein Kriterium für moralisches Handeln voraus, nach dem man die moralische Qualität des mitgeteilten Plans und Willens Gottes beurteilen kann.

Ein weiterer, dritter Einwand säkularer Vernunft betrifft die Aussage lehramtlicher Moralverkündigung, dass sich der Plan und Wille Gottes in bestimmten Gesetzen der Natur eingeschrieben hat und dass deshalb die Entsprechung gegenüber diesen natürlichen Gesetzen eine Entsprechung gegenüber dem Plan Gottes bedeutet, während ein Handeln gegen diese Gesetze ein Handeln gegen den Plan Gottes bedeutet und deshalb moralisch verwerflich ist. Im ersten und dritten oben genannten Beispiel werden solche natürlichen Gesetze etwa in der Zielausrichtung der menschlichen Sexualität auf Zeugung hin gesehen, die nicht willentlich ausgeschlossen werden darf.

Diese Art der Argumentation erweist sich allerdings aus der Sicht säkularer Vernunft als nicht stichhaltig.[17] Denn (1) kann infrage gestellt werden, dass überhaupt eine Naturteleologie, die für moralisches Handeln maßgeblich sein könnte, existiert oder zumindest zweifelsfrei und auf wissenschaftliche Weise erkannt werden kann. Zumindest lässt sich in einem modernen Wissenschaftsverständnis im Sinne der Naturwissenschaften, nach dem vom Anspruch strikter

---

[17] Zu den beiden folgenden Argumenten vgl. *N. Hoerster*, Ethik und Interesse, Stuttgart 2003, 86–90; ebenso *D. Birnbacher*, Analytische Einführung in die Ethik, Berlin 2003, 374–381.

Beweisbarkeit durch experimentelle Beobachtung, Messung und wiederholbare experimentelle Erprobung ausgegangen wird, eine Zielgerichtetheit des Naturprozesses nicht eindeutig nachweisen. Im Blick auf die menschliche Sexualität lässt sich jedenfalls nicht nur *eine* Zielausrichtung und Sinndimension, sondern eine Pluralität legitimer Ziele und Werterfahrungen erkennen (Polyvalenz).[18] Aber auch dann, wenn eine Naturteleologie bestünde und eindeutig erkannt werden könnte, lässt sich (2) bestreiten, dass eine solche natürliche Zielausrichtung für das moralische Handeln maßgeblich ist, dass also eine Handlung schon allein deswegen als moralisch falsch und unerlaubt angesehen werden kann, weil sie dieser Zielausrichtung widerspricht. Ihre Ausformulierung findet diese Einsicht, dass sich aus Aussagen über natürliche Fakten und Tatsachen keine Sollens-Aussagen und aus deskriptiven keine präskriptiven Aussagen unmittelbar ableiten lassen, bereits bei David Hume.[19] Im Rahmen der Analytischen Ethik des 20. Jahrhunderts wurden solche Verstöße

---

[18] Die Vorstellung von natürlichen Zielausrichtungen der menschlichen Natur hat ihre Wurzel letztlich in der Lehre von den natürlichen Neigungen bei Thomas von Aquin. Aber auch für Thomas sind diese natürlichen Neigungen nicht etwas, was apriori festgelegt ist, sondern was letztlich aus der Erfahrung mit dem Menschen gewonnen worden ist. Dem würde heute entsprechen, dass mögliche Zielausrichtungen menschlicher Sexualität im Rahmen einer humanwissenschaftlichen Anthropologie erhoben werden. – Seit Sigmund Freud ist über die Ausrichtung der Sexualität auf Zeugung aber auch – durch die Beobachtung frühkindlicher Sexualität – der Lustaspekt als eigenständige Sinndimension erkannt worden. Auch die Dokumente der Würzburger Synode und der Deutschen Bischöfe im Anschluss an die Synode gehen von mindestens vier eigenständigen Sinndimensionen menschlicher Sexualität aus. Vgl. dazu: Arbeitspapier „Sinn und Gestaltung menschlicher Sexualität", in: Gemeinsame Synode der Bistümer in der Bundesrepublik Deutschland, Ergänzungsband: Arbeitspapiere der Sachkommissionen, Freiburg i. Br. 1977, 163–183. Ausdrücklich wird hier in Nr. 2 Bezug genommen auf biologische und sozio-kulturelle Aspekte. – Vgl. auch: Beschluss „Christliche gelebte Ehe und Familie", in: Gemeinsame Synode der Bistümer in der Bundesrepublik Deutschland, Beschlüsse der Vollversammlung, Freiburg i. Br. 1976, Nr. 2.2.1.1. – Die vier Sinndimensionen werden auch genannt in der Erklärung der deutschen Bischöfe „Zur Sexualerziehung in Elternhaus und Schule" (30. April 1979), hg. v. Sekretariat der Deutschen Bischofskonferenz, Bonn 1979 (Die Deutschen Bischöfe, Hirtenschreiben, Erklärungen 23), 8.
[19] Vgl. *D. Hume*, Ein Traktat über die menschliche Natur, III. Buch, 1. Abschnitt, hg. v. R. Brandt, Hamburg 1973, 211.

gegen das Hume'sche Gesetz von G. E. Moore als naturalistischer
Fehlschluss (*naturalistic fallacy*) bezeichnet.[20]

In den Beispielen aus *Familiaris consortio* wird zwar nicht ausdrücklich von einer natürlichen Zielausrichtung der Sexualität gesprochen, sondern davon, dass die Berufung und daher auch die Fähigkeit zu Verantwortung und Liebe nach dem Vorbild göttlicher
Liebe in die Menschennatur eingeprägt ist. Dann aber wird – aus
der personalistischen Sicht der innigen Verbindung von Person und
Leib – abgeleitet, dass erst eine vorbehaltlose personale Liebe auch
die vorbehaltlose leibliche Hingabe rechtfertigen könne. Und umgekehrt wird im Blick auf die Empfängnisverhütung argumentiert, dass
die Verwendung künstlicher Kontrazeptiva und damit die Manipula-
tion der natürlichen, dem Plan Gottes entsprechenden Gesetze objektiv einen Vorbehalt setze, der eine personale Hingabe nicht mehr
möglich mache. Dazu lässt sich freilich sagen, dass eine solche Anthropologie höchst voraussetzungsvoll und im Rahmen philosophischer Anthropologie alles andere als selbstverständlich ist. Sicher
lässt sich im Rahmen einer phänomenologischen Anthropologie davon ausgehen, dass der Mensch nicht nur seinen Leib *hat*, sondern
auch wesentlich im Leib in der Welt und für andere da *ist* und sich
darin ausdrückt. Aber das entbindet nicht davon, dass sich der
Mensch zu seinem leiblichen Vollzügen verhalten kann und verhalten
muss und Verantwortung für sie trägt.[21] Dann aber leuchtet eine solche ein-eindeutige Beziehung zwischen leiblichen Vollzügen und
dem, was sich auf personaler Ebene zwischenmenschlich ereignet
oder ereignen muss, kaum ein. Die Schlussfolgerung, vorbehaltlose
leiblich Hingabe sei nur auf der Grundlage vorbehaltloser personaler
Hingabe legitim, lässt sich jedenfalls nicht weiter begründen und
leuchtet über die sprachliche Parallelität hinaus nicht ein. Warum
sollte es nicht verantwortlich sein, dass leibliche Hingabe auch bereits

---

[20] Vgl. *G. E. Moore*, Principia Ethica, Stuttgart 1970, 74–101.

[21] Vgl. dazu *H. Plessner*, Die Stufen des Organischen und der Mensch. Einleitung
in die philosophische Anthropologie, Berlin/New York [3]1975, 309–321. Plessner
zeigt hier, dass der Mensch von Natur aus künstlich ist, dass es zu seiner Natur
gehört, darauf angewiesen zu sein, Werkzeuge herzustellen und dadurch Kultu-
ren zu bilden. Das Phänomen der Kultur ist deshalb auch kein Gegensatz zur Natur des Menschen, sondern geht aus dieser hervor. Aber dies bedeutet auch die
Möglichkeit einer Gestaltung der Natur, die ihrerseits entsprechend auch eine
Plastizität und Bildbarkeit aufweisen muss.

angemessener Ausdruck für eine bestehende personale Liebe ist, auch wenn sie noch nicht vorbehaltlos ist? Und auch die Vorstellung, dass ein Eingriff in natürliche Gesetzmäßigkeiten objektiv einen Vorbehalt auf personaler Ebene setze, macht die personale Beziehungsqualität letztlich von biologischen Gegebenheiten abhängig.[22]

b) Fundamentale theologische Argumente

Doch nicht nur vonseiten der säkularen Vernunft lassen sich Einwände gegen eine Begründung moralischer Normaussagen durch den Rückgriff auf den Plan und Willen Gottes vorbringen. Auch aus fundamentalen theologischen Überlegungen zum verantwortlichen Sprechen von „Gott" und von einem „Plan und Willen Gottes" sowie zum Gott-Welt-Verhältnis ist eine solche Begründung von moralischen Normaussagen äußerst problematisch. Dazu sind einige grundsätzliche hermeneutische Überlegungen kurz zu skizzieren.[23]

Grundlegend für ein angemessenes und verantwortliches Reden von Gott und seinem Plan und Willen ist es, dass mit dem Wort „Gott" – sowohl nach dem Zeugnis der Hl. Schrift[24] als auch nach der theologischen Tradition[25] – eine Wirklichkeit gemeint ist, die als

---

[22] Vgl. dazu *F. Böckle*, „Humanae vitae" und die philosophische Anthropologie Karol Wojtylas in: ders., Ja zum Menschen. Bausteine einer Konkreten Moral, München 1995, 166; ebenso: *St. Goertz*, Naturrecht und Menschenrecht. Viele Aspekte der kirchlichen Sexualmoral werden nicht mehr verstanden, in: HerKorr 68 (2014) 512: „Wer vom Primat der Person ausgeht, dem wird häufig vorgeworfen, er denke dualistisch vom Menschen. Als ob die Natur keine sittliche Bedeutung habe. Dieser Vorwurf wiegt schwer. Aber er ist anthropologisch nicht haltbar. Der Mensch ist als das Wesen der Natur zu begreifen, das ein Verhältnis gewinnen muss zu sich selbst als Wesen, das in natürlicher Künstlichkeit (Helmuth Plessner) sein Leben zu führen hat. Kein Dualismus also zwischen Natur und Freiheit, sondern die reflexe Gestaltung eines Verhältnisses."

[23] Die folgenden fundamentaltheologischen Überlegungen orientieren sich im Wesentlichen an: *P. Knauer*, Der Glaube kommt vom Hören. Ökumenische Fundamentaltheologie, Norderstedt [7]2015.

[24] Vgl. 1 Tim 6,16: „der in unzugänglichem Licht wohnt, den kein Mensch gesehen hat noch je zu sehen vermag". Ebenso Sir 43,28: „Wir können ihn nur loben, aber nie erfassen, ist er doch größer als alle seine Werke."

[25] So formuliert das IV. Laterankonzil (1215), „dass es eine höchste Wirklichkeit gibt, und zwar eine unbegreifbare (incomprehensibilis) und nicht aussagbare (ineffabilis), die wahrhaftig Vater, Sohn und Heiliger Geist ist" (DH 804). Und in der Dogmatischen Konstitution „Dei Filius" des I. Vatikanischen Konzils

unbegreifbar und nicht aussagbar bezeichnet und gedacht werden
muss. Die Wirklichkeit, die mit dem Wort „Gott" gemeint ist, fällt damit prinzipiell aus dem Gesamtzusammenhang dessen heraus, was
Menschen aufgrund von Erfahrung erfassen und aufgrund ihrer Vernunft erkennen können. Sie fällt aus dem Gesamtzusammenhang
weltlicher Wirklichkeit überhaupt heraus. Bereits für Anselm von
Canterbury ist Gott nicht nur derjenige, „über den hinaus Größeres
nicht gedacht werden kann" (*id quo maius cogitari nequit*), sondern
derjenige, der „größer ist als alles, was gedacht werden kann" (*maius
quam cogitari possit*).[26] Gott ist also weder ein Teil der weltlichen
Wirklichkeit, so dass er in der Welt als innerweltliche Größe neben
allem anderen begegnen könnte, noch ist er einfachhin mit der Welt
identisch. Ebenso wenig ist er als eine Wirklichkeit zu verstehen, die
„außerhalb" der Welt und damit „neben" der Welt besteht und von
dieser wie von einem Gegenüber begrenzt wäre. Denn auch dann
würde er immer noch mit der Welt zusammen unter einen gemeinsamen Horizont des Seins und des Denkens fallen, unter dem es überhaupt ein „neben" oder „gegenüber" geben kann. Das Verhältnis von
Welt und Gott ist nur dann angemessen gedacht, wenn Gott als der
verstanden wird, der von der Welt restlos verschieden ist und nicht
mehr unter den Seins- und Denkhorizont fällt.

Doch wie lässt sich dann überhaupt angemessen von Gott sprechen? Die einzige Möglichkeit scheint darin zu bestehen, dass man
über die Welt spricht, diese aber als geschaffene und damit im Ganzen von Gott abhängige und über sich hinausweisende Wirklichkeit
zur Sprache bringt. Geschaffensein der Welt durch Gott ist nach
christlicher Auffassung weder – wie im Mythos – als Gestaltung vor-
gegebener chaotischer Materie noch – wie im Deismus – als Setzung
der Welt durch Gott, der sie dann sich selbst überlässt, zu verstehen,
sondern als fortwährende Schöpfung aus nichts (*creatio ex nihilo*,
creatio continua)[27]: Die Wirklichkeit der Welt im Ganzen, in allem

---

(1869/70) heißt es, „dass ein wahrer und lebendiger Gott ist, Schöpfer und Herr
des Himmels und der Erde, allmächtig, ewig, unermesslich, unbegreifbar, an Vernunft und Wille sowie jeglicher Vollkommenheit unendlich" (DH 3001).

[26] Vgl. *Anselm v. Canterbury*, Proslogion 2 und 15, lat.-dt. Ausgabe v. F. S.
Schmitt, Stuttgart-Bad Cannstatt 1962, 85 und 111.

[27] Zur „creatio ex nihilo" vgl. 2 Makk 7,28; IV Laterankonzil (DH 800); I. Vatika-
nisches Konzil, Dogmatische Konstitution „Dei Filius" (DH 3015); zur „creatio
continua" vgl. Katechismus der Katholischen Kirche, Nr. 297 und 301.

also, was sie von nichts unterscheidet, wird in jedem einzelnen Moment ihrer Existenz von Gott im Sein gehalten und ist ohne ihn nicht. Das Geschaffensein der Welt durch Gott ist deshalb auch nicht in Konkurrenz zu anderen, immanenten Ursachen innerweltlicher Entwicklungen und Ereignisse (etwa der Evolution oder dem „Urknall") zu sehen.[28] Die präzise begriffliche Fassung dessen lautet, dass das Verhältnis der Welt zu Gott, der Schöpfung zum Schöpfer, als *einseitiges Bezogensein* oder als *einseitige reale Relation der Welt auf Gott* zu bestimmen ist.[29] Geschaffensein der Welt bedeutet, dass sie in allem, was sie von nichts unterscheidet, also restlos, in ihrem Bezogensein auf den unbegreifbaren, also von ihr restlos verschiedenen Gott aufgeht und durch dieses Bezogensein in jedem Moment im Sein gehalten wird.[30]

Ausgehend von dieser fundamentalen theologisch-hermeneutischen Bestimmung des Gott-Welt-Verhältnisses ergibt sich für die Rede von Gott zunächst, dass man zwar ausgehend von der Welt im Sinne der Analogie (*via affirmationis, via negationis* und *via eminentiae*) hinweisend von Gott sprechen kann, dass sich aber aus den so getroffenen Aussagen über Gott nicht wieder Weiteres ableiten lässt. Die Aussagen über Gott sind „logische Endbegriffe".[31] Weiterhin lässt sich nicht von einem besonderen Eingreifen Gottes in diese Welt sprechen. Dies ist zum einen dadurch ausgeschlossen, dass Gott und Welt nicht nebeneinander unter einem gemeinsamen Seins- oder Denk-Horizont stehen und damit die Welt kein Gegenüber für Gott ist, auf das er sich beziehen kann, zum anderen aber auch dadurch, dass bereits alle weltliche Wirklichkeit restlos und damit unüberbietbar von Gott abhängig und ohne ihn nicht ist.[32] Dass Gott nicht in diese Welt eingreifen kann, ist dabei auch kein Widerspruch zu seiner Allmacht. Die Rede von Gottes Allmacht kann ge-

---

[28] Bereits in der scholastischen Theologie des Mittelalters ist dies durch die Unterscheidung von causa prima und causae secundae erläutert worden. Während mit den causae secundae alle Ursachen des gesamten Kausalzusammenhangs der weltlichen Wirklichkeit (einschließlich des Urknalls) gemeint sind, ist mit der prima causa der Grund dafür gemeint, dass dieser gesamte Zusammenhang des Weltgeschehens überhaupt ist und nicht nicht ist.

[29] Vgl. dazu *P. Knauer*, Glaube (s. Anm. 52), 28–42.

[30] Vgl. ebd., 30.

[31] Vgl. ebd., 64–71; zum Ausdruck „logische Endbegriffe" vgl. ebd., 70.

[32] Vgl. ebd., 76f.

rade nicht bedeuten, dass Gott Beliebiges oder sogar Widersprüchliches tun könnte. Gemeint ist vielmehr, dass die Wirklichkeit der
Welt restlos von Gott abhängig und ohne ihn nicht ist. Gottes Allmacht besagt, dass Gott „in allem, was geschieht, der Mächtige"[33]
ist. Im Blick auf die Rede von einem Plan Gottes" oder vom „Willen
Gottes" bedeutet dies schließlich, dass alles, was überhaupt in der
Welt existiert und geschieht, unterschiedslos auf den Plan und Willen Gottes zurückgeführt werden muss. Alle innerweltlichen Vorgänge und Gesetzmäßigkeiten, alles Gute und Schlechte, Heil und Unheil, Freude und Leid, auch alle Vollzüge der Vernunft und des freien
Willens des Menschen, sind ohne ihn nicht (vgl. dazu auch Jes 45,7).
Dann aber können einzelne innerweltliche Ereignisse oder Sachverhalte (etwa bestimmte natürliche Gesetzmäßigkeiten oder Zielausrichtungen) nicht noch einmal „in besonderer Weise" auf den Plan
und Willen Gottes zurückgeführt und als besonderer Ausdruck seines Plans und Willens qualifiziert werden.

Folgt man diesen Überlegungen zum theologisch angemessenen
Reden von Gott und vom Plan Gottes, ergibt sich für die Erkenntnis
und Begründung moralisch guten und schlechten Handelns Folgendes: Wenn ohnehin alles, was überhaupt ist und geschieht, unterschiedslos auf die Schöpfermacht, den Plan und den Willen Gottes
zurückzuführen ist, ist eine Begründung einzelner moralischer Normaussagen und Entscheidungen durch Verweis auf bestimmte einzelne Fakten und Ereignisse innerhalb der Wirklichkeit der Welt,
die ihrerseits als unmittelbarer Ausdruck eines besonderen Plans
und Willens Gottes ausgegeben werden, nicht zulässig. Bereits Bruno Schüller hat diese Einsicht in aller Klarheit formuliert:

„Aussagen über den Willen des allwirkenden Gottes, zu denen
auch viele Aussagen über den Willen des Schöpfers gehören, sind
für die inhaltliche Bestimmung der sittlichen Forderung logisch völlig belanglos, und zwar deswegen, weil alles und jedes, indem es der
Fall ist, notwendigerweise auf den Willen des allwirkenden Gottes
zurückführbar ist. Den Willen des allwirkendes Gottes mit dem Willen des sittlich gebietenden Gottes gleichzusetzen, das führt bei äu
ßerster Konsequenz, wenn nicht zur Zerstörung der Moralität, so

---

[33] Vgl. ebd., 77.

doch wenigstens zu einem Ethos des Fatalismus, bei geringerer Konsequenz zu einem konservativen Ethos."[34] Aber auch der grundsätzliche moralische Anspruch, verantwortlich und nicht unverantwortlich handeln zu sollen, den wir als einen uns vorgegebenen und nicht von uns selbst gesetzten Anspruch erfahren, lässt sich nicht als Manifestation einer besonderen Willensäußerung Gottes verstehen. Auch er ist vielmehr als Teil der Gesamtwirklichkeit der Welt bereits erkennbar und mit dieser Wirklichkeit selbst gegeben. Er kann zwar wie die gesamte Wirklichkeit der Welt auf Gottes Willen und Plan *zurückgeführt* werden, nicht aber aus dem Plan und Willen Gottes *abgeleitet* und nicht erst dadurch in seiner Gültigkeit erwiesen werden. Die unbedingte Gültigkeit des moralischen Anspruchs lässt sich mithilfe der Vernunft und mit weltlichen Gründen aufweisen. Insgesamt ergibt sich damit für die theologische Ethik: Statt moralische Normaussagen aus dem Plan und Willen Gottes ableiten und unter Berufung auf den Plan Gottes legitimieren zu wollen, sind sie rein innerweltlich unter Bezugnahme auf die Wirklichkeit der Welt unter Rückgriff auf die menschliche Vernunft und Erfahrung zu begründen. Als gut und richtig erkannte Normaussagen können dann zwar auf den Plan und Willen Gottes *zurückgeführt* werden, sie werden aber nicht als gut und richtig aus dem zuvor erkannten Willen Gottes *abgeleitet*. Entsprechend ist auch mit der Aussage, eine Handlung entspreche oder widerspreche dem Plan Gottes, nichts anderes gemeint, als dass sie moralisch richtig oder moralisch falsch ist.[35] Sie kann deshalb auch keine Begründung liefern, warum etwas moralisch richtig oder falsch ist. Zu sagen, dass eine Handlung deshalb moralisch falsch und unerlaubt ist, weil sie dem Plan Gottes widerspricht, läuft auf eine Tautologie hinaus, nämlich darauf zu sagen, eine Handlung sei deswegen uner-

---

[34] *B. Schüller*, Die Begründung sittlicher Urteile. Typen ethischer Argumentation in der Moraltheologie, Düsseldorf ²1980, 235; vgl. auch ebd., 231.

[35] Vgl. dazu *R. Ginters*, Werte und Normen. Einführung in die philosophische und theologische Ethik, Göttingen/Düsseldorf 1982, 57: „Der Christ muss logisch vorgängig zur göttlichen Offenbarung wissen, was richtig ist, erst dann kann er auch sagen, dies entspreche dem Willen Gottes. Das heißt dann: Die Ausdrucksweise ‚Gott fordert, gebietet oder will es‘ und ihre Varianten stellen nur theologische Umschreibungen dessen dar, was wir in nicht-theologischer Sprache als ‚sittlich gefordert, geboten oder richtig‘ bezeichnen. Die bloße Berufung auf den Willen Gottes in sittlichen Fragen ist kein akzeptables Argument."

laubt, weil sie unerlaubt ist.[36] Die Frage, *warum* sie unerlaubt ist,
wird so aber gerade nicht beantwortet.

Aber – so ließe sich einwenden – ist in der Hl. Schrift nicht
durchgängig vom Heil stiftenden Willen und vom Heilsplan Gottes
die Rede? Greift Gott nicht immer wieder an einzelnen Stellen in
den Ablauf der Geschichte ein, um seinen Heilswillen und Heilsplan
zu bekunden und zu verwirklichen? Ist es nicht die Not der Menschen, die Jahwe dazu veranlasst, zu Hilfe zu kommen (vgl. etwa Ex
3,7f; Ps 145,19)? Ist nicht auch davon die Rede, dass Gott seinen
Willen und seine Pläne aufgrund dessen, was in der Welt geschieht,
ändern kann (etwa Gen 6,6; Am 7,3.6)? Wird der Wille und Plan
Gottes im eben erläuterten Sinne verstanden, scheint von den biblischen Erzählungen von Gottes Vorsehung und leitendem Dabeisein
in der Geschichte seines Volkes nichts mehr übrig zu bleiben. Andererseits sind mit dem Verweis auf die biblische Überlieferung die Bedenken gegen eine allzu selbstverständliche und naive Rede von Gottes Willen und Plan sowie von seinem Eingreifen in diese Welt nicht
einfach ausgeräumt. Auch das Glaubenszeugnis der Bibel kann nur
dann wahrhaft glaubwürdig sein, wenn es so ausgelegt wird, dass es
der Kritik säkularer Vernunft standhält. Deshalb ist zu fragen, wie
sich die biblische Rede vom Willen und Plan Gottes, von seinem
Eingreifen in die Geschichte so verstehen lässt, dass sie nicht hinter
die dargestellte Bestimmung des Gott-Welt-Verhältnisses zurückfällt
und Gott nicht doch wieder als Teil der Wirklichkeit unter einen gemeinsamen Seins- und Denkhorizont subsumiert.

Weiterführend ist hier der Gedanke, dass eine reale Beziehung Gottes auf die Welt, in der sich über den allgemeinen Plan und Willen
Gottes hinaus – ein besonderer Plan und Wille Gottes im Sinne des
biblisch erzählten Heilsplans äußert, nur so denkbar ist, dass die
Welt und damit auch wir Menschen immer schon in eine Beziehung
Gottes zu Gott, nämlich des Vaters zum Sohn, hineingenommen
sind.[37] Eine entsprechende Textgrundlage findet sich etwa im Kolos-
ser- und im Epheserbrief (Kol 1,15–16; Eph 1,3–6). In diesen Texten
wird deutlich, dass in der Sicht des christlichen Glaubens die Welt „in
Christus geschaffen" und bereits von Anfang der Schöpfung an in die

---

[36] Vgl. dazu B. *Schüller*, Typen ethischer Argumentation in der katholischen Moraltheologie, in: ThPh 45 (1970) 526–550, bes. 548–550.
[37] Vgl. dazu und zum Folgenden: P. *Knauer*, Glaube (s. Anm. 52), 113

Liebe zwischen Vater und Sohn aufgenommen ist. Die Bedingung der Möglichkeit einer realen Beziehung Gottes auf die Welt, wie sie in einem besonderen Heilsplan Gottes vorausgesetzt wird, besteht darin, dass die Welt und die Menschen immer schon in die innertrinitarische Beziehung der gegenseitigen Zuwendung zwischen Vater und Sohn, die der Heilige Geist ist, hineingehören. Wir Menschen sind von Gott mit derselben Liebe und in derselben Verlässlichkeit angenommen, mit der er seinem eigenen Sohn zugewandt ist.

Im Blick auf diese die Welt im Ganzen übersteigende und umfassende Aussage über die Welt und den Menschen gilt jedoch, dass die Wirklichkeit dieser Zuwendung Gottes nicht an der Welt und unserem Wohlergehen selbst ablesbar ist. Sie kann nicht mithilfe der Vernunft oder Erfahrung aus der Wirklichkeit der Welt selbst abgeleitet werden, sondern ist das „Geheimnis der Welt" (Eberhard Jüngel), das erst durch ein eigentliches, nämlich von außen kommendes *Wort Gottes* für uns offenbar gemacht wird und das allein im *Glauben* – als dem festen, selbst wieder von Gottes Heiligem Geist gewirkten Vertrauen auf dieses Wort Gottes – in seiner Wahrheit erfasst und angenommen werden kann. Allein in einem solchen *Glauben* kann sich die Wahrheit dieser umfassenden, verborgenen Wirklichkeit der Liebe Gottes zeigen und ihre Tragfähigkeit für unser Leben bewähren. Der Glaube selbst ist dabei das Aufbrechen dieser Liebe Gottes in der Welt. Dort, wo Menschen im Glauben diese Liebe an andere Menschen weitergeben, wird das Geheimnis dieser Welt in ihr selbst erfahrbar und bricht das Reich Gottes in der Welt an. In *diesem* Sinne kann dann auch davon die Rede sein, dass Gott in das Geschehen der Welt eingreift.

Dieses Verständnis von Offenbarung und Glaube deckt sich auch mit dem Offenbarungsbegriff des Zweiten Vatikanums. Offenbarung wird hier in der Dogmatischen Konstitution über die göttliche Offenbarung *Dei Verbum*, Nr. 2 wesentlich als „Selbstmitteilung" bzw. „Selbstoffenbarung" Gottes verstanden. Sie besteht nach dem genannten Text darin, dass die Menschen durch Christus, das fleischgewordene Wort, im Heiligen Geist Zugang zum Vater haben und der göttlichen Natur teilhaftig werden. Gott spricht die Menschen aus überströmender Liebe an wie Freunde und verkehrt mit ihnen, um sie in seine Gemeinschaft einzuladen und aufzunehmen. Offenbarung besteht also nicht – wie in einem instruktionstheoretischen Offenbarungsmodell – in der direkten Mitteilung einzelner Satzwahrheiten, die der Mensch aus sich allein nicht erkennen und die er aufgrund der Autorität Gottes glauben muss, ebenso wenig wie in der direkten Mitteilung einzelner moralischer Normen, sondern im Sinne eines kommunikationstheoretischen Offenbarungsmodells darin, dass Gott den Menschen lebendige Gemeinschaft mit sich selbst eröffnet.[38] In seinem Wort, Jesus Christus, teilt Gott nicht etwas von ihm Verschiedenes mit, sondern *sich selbst*. Er lässt die Menschen teilhaben an der innergöttlichen Liebe zwischen Vater und Sohn, die der Heilige Geist ist. Offenbarung besteht so in der Zusage, dass wir von Gott mit derselben unbedingten und verlässlichen Liebe angenommen sind, mit der er von Ewigkeit her seinem eigenen Sohn zugewandt ist.

Doch welche Bedeutung hat dieser Glaube als Vertrauen auf die Zusage der unbedingten Zuwendung Gottes für das moralische Handeln des Menschen? Werden hier durch die Offenbarung der Liebe Gottes nicht doch auch neue moralische Maßstäbe gesetzt und neue, spezifisch christliche und die menschliche Vernunft übersteigende Weisungen vorgegeben? Weiterführend ist hier jedoch weniger die Frage, wie sich erkennen lässt, worin moralisch gutes und richtiges Handeln konkret besteht, als vielmehr die Frage, warum Menschen immer wieder unmenschlich und unmoralisch handeln und was es umgekehrt möglich macht, tatsächlich moralisch gut und nicht egoistisch zu handeln.[39] Der Grund, warum Menschen, obwohl sie eigentlich wissen, worin moralisch richtiges Handeln besteht, dennoch immer wieder unmoralisch handeln und unmenschlich werden, lässt sich letztlich in der grundlegenden Existenzangst des Menschen ausmachen.[40] Diese Angst des Menschen um sich selbst hat ihren Grund in der Verletzbarkeit, Endlichkeit und Tod-Verfallenheit des Menschen. Um diese Angst loszuwerden, versucht

---

[38] Zur Unterscheidung von instruktionstheoretischem und kommunikationstheoretischem Offenbarungsverständnis vgl. *M. Seckler*, Der Begriff der Offenbarung, in: Handbuch der Fundamentaltheologie, hg. v. W. Kern/H.-J. Pottmeyer/M. Seckler, Bd. 2: Traktat Offenbarung, Tübingen/Basel ²2000, 45–48; ebenso: *ders.*, Aufklärung und Offenbarung, in: Christlicher Glaube in moderner Gesellschaft, Bd. 21, Freiburg i. Br. 1980, 5–78, bes. 54–59.

[39] Zur Unterscheidung dieser beiden Fragen vgl. *St. Ernst*, Grundfragen theologischer Ethik. Eine Einführung, München 2009, 23–25.

[40] Vgl. dazu: *P. Knauer*, Glaube (s. Anm. 52), 21–23. Vgl. dazu auch die eingehendere Darstellung bei: *G. Gäde*, Viele Religionen – welche Wahrheit? Ein neuer Blick auf die nichtchristlichen Religionen, Freiburg i. Br. 2021, 119–122.

er sich gegen die Bedrohungen der eigenen Existenz zu sichern. Dies ist zunächst eine natürliche und auch überlebenswichtige Funktion der Angst. Die Sicherung der eigenen Existenz kann die Angst zwar beruhigen, aber sie kann die Angst nicht aus der Welt schaffen. Untergründig ist sie immer da und kann wieder aufbrechen, sobald die Sicherung der Existenz (etwa der Arbeitsplatz, die Beziehung, das Eigentum usw.) bedroht werden oder zerbrechen. Dann kommt es immer wieder dazu, dass Menschen sich gegen die Bedrohung auch *mit allen Mitteln* und *um jeden Preis* zu sichern versuchen, auch auf Kosten anderer und um den Preis, unmenschlich zu werden. Aus der Angst um die eigene Existenz werden Menschen dazu gebracht, nicht mehr so zu handeln, wie sie es selbst als moralisch richtig einsehen, sondern dem Egoismus zu folgen. So entstehen aus der Angst alle Unrechtstaten, die Menschen einander antun: Lüge, Verleumdung, Intrigen, Diebstahl, Mord und alle schlechten Grundhaltungen wie Neid, Missgunst, Eitelkeit, Habgier und Geiz.

Angesichts dieser anthropologischen Grundbefindlichkeit besteht die Bedeutung des Glaubens darin, die Angst des Menschen um sich selbst zu relativieren und zu entmachten und so wahrhaft moralisches und selbstloses Handeln zu ermöglichen. Denn der Glaube, der im festen Vertrauen darauf besteht, dass Gott uns Menschen mit derselben unbedingten Liebe angenommen hat, mit der er seinen eigenen Sohn liebt, führt – so Paulus (Röm 8,35–39) – in eine Gewissheit, die stärker ist als alle Macht der Welt, stärker als alles Geschaffene, stärker sogar als der Tod. Durch keine Macht der Welt kann uns diese Zuwendung Gottes genommen werden.

Der Heilsplan Gottes – so ließe sich demnach sagen – besteht nicht darin, dem Menschen weitere, über seine natürliche Einsicht hinausgehende moralische Weisungen zu eröffnen und zu begründen oder den moralischen Sollens-Anspruch noch zu verschärfen, sondern darin, dem Menschen seine unbedingte Liebe zu offenbaren und ihn so dazu zu befreien, wahrhaft menschlich handeln zu können. Offenbarung begründet nicht erst den ethischen Anspruch, sondern setzt ihn bereits als begründet voraus. Sie knüpft an diesem Anspruch an und eröffnet dem Menschen angesichts dieses Anspruchs einen Weg, wie er ihn auch wollen und erfüllen kann. Worin aber menschliches Handeln konkret besteht, ist nicht mehr Inhalt des Heilsplans, sondern mit Vernunft und Erfahrung im Zusammenleben mit den Menschen und in der Welt zu ermitteln.

Aber haben Glaube und Offenbarung nicht doch auch eine Bedeutung für die Erkenntnis moralischer Normen? Reichen menschliche Vernunft und Erfahrung allein tatsächlich aus, um eine sichere
Orientierung dafür abzugeben, was moralisch richtig und falsch,
verantwortlich oder unverantwortlich ist? Ist die Vernunft nicht
doch auf die Hilfe der Offenbarung angewiesen, um die volle Wahrheit im Bereich des ethischen Handelns zu erkennen?[41] Doch auch
im Blick auf diese Frage lässt sich auf die bereits angesprochene
Angst des Menschen um sich selbst und ihre Entmachtung durch
die Gewissheit der unbedingten Zuwendung Gottes verweisen. Diese
Angst hindert nämlich nicht nur daran, das als moralisch gut und
richtig Erkannte auch zu tun und wahrhaft moralisch und selbstlos
zu handeln, sondern ebenso daran, die Not anderer Menschen sehen
zu wollen. Das bedeutet aber umgekehrt, dass Offenbarung und
Glaube auch dazu befreien können, den Blick für den anderen und
für das, was verantwortliches Handeln beinhaltet, zu öffnen. Das bedeutet aber nicht, dass damit durch die Offenbarung Inhalte mitgeteilt werden, die die Vernunft selbst nicht erkennen könnte, sondern dass sie den Menschen dazu zu befreien kann, sich von der
Not anderer ansprechen zu lassen, sich der eigenen Vernunft zu öffnen und sich der Wirklichkeit im Ganzen zu stellen. Es ist wesentlich
zu unterscheiden zwischen dem *geschichtlich vermittelten Prozess der
realen Einsicht* in moralische Normen, für die der christliche Glaube
im Abendland sicher erschließende und inspirierende Bedeutung
hatte, einerseits und dem *Grund der Gültigkeit* dieser Normen andererseits, der aber durch Vernunfteinsicht allein zugänglich ist.

c) Bibeltheologische Argumente

Aber – so lässt sich weiter fragen – ist nicht die Hl. Schrift voll von
moralischen Weisungen, angefangen vom alttestamentlichen Dekalog bis hin zum Doppelgebot der Liebe sowie zum Gebot der Feindesliebe und des Gewaltverzichts in der Bergpredigt Jesu? Lässt sich

---

[41] Diese Fragen sind in der Zeit nach dem Zweiten Vatikanum in der innermoral-
theologischen Debatte um die Autonome Moral vonseiten der sog. Glaubensethik, als deren Vertreter Bernhard Stoeckle und Joseph Ratzinger zu nennen
sind, vorgebracht worden. Vgl. *B. Stoeckle*, Grenzen der Autonomen Moral,
München 1974, v. a. 86 u. 95.

aufgrund dessen nicht doch sagen, dass der Plan Gottes und die darin enthaltenen moralischen Weisungen, selbst wenn er für die menschliche Vernunft unzugänglich sein mag, durch Christus vollständig geoffenbart wurde? In diesem Sinne wird etwa in dem Dokument der päpstlichen Bibelkommission *Bibel und Moral* an zentraler Stelle der methodischen Überlegungen von der biblischen Moral als einer „geoffenbarten Moral" gesprochen und davon, dass die Moral „nicht in erster Linie Antwort des Menschen" sei, „sondern Offenbarung des Planes und des Geschenks Gottes"[42].

Andererseits lässt sich auch bibeltheologisch dafür argumentieren, dass die moralischen Weisungen in der Hl. Schrift nicht als Offenbarung im strikten Sinne, sondern als Resultat von menschlicher Erfahrung und Vernunft zu verstehen sind. Wenn man nämlich nicht – wie das Dokument *Bibel und Moral* – einen kanonischen Zugang zum biblischen Text bevorzugt[43], sondern die Texte mit moralischen Weisungen auch historisch-kritisch betrachtet, kann deutlich werden, dass die zentralen ethischen Weisungen des Alten Testaments ursprünglich auch unabhängig vom religiösen Kontext des Jahwe-Glaubens entstanden sind und erst dann in den Kontext des Jahwe-Glaubens einbezogen wurden und dass auch die Weisungen im Neuen Testament demgegenüber nichts grundsätzlich Neues bieten.

Beispielhaft lässt sich dies zunächst für das *Bundesbuch* zeigen.[44] Darin machen Sammlungen mit Rechtssätzen, die das zwischenmenschliche Verhalten regeln, einen großen Teil des Inhalts aus. Sie sind entweder als *kasuistische* Rechtssätze oder als *apodiktische* Gebote formuliert. Diese Rechtssammlungen bilden den ältesten Kern des Bundesbuchs und haben zunächst als eigenständige Texte exis-

---

[42] Päpstliche Bibelkommission, Bibel und Moral. Biblische Wurzeln des christlichen Handelns (11. Mai 2008), VApSt, Nr. 184, hg. v. Sekretariat der Deutschen Bischofskonferenz, Bonn 2008, Nr. 4.

[43] Vgl. ebd., Nr. 3 und Nr. 21.

[44] Zur Aufteilung und Entstehung des Bundesbuchs vgl. *L. Schwienhorst-Schönberger*, Das Bundesbuch (Ex 20,22–23,33), Berlin/New York 1990; *Ch. Dohmen*, Exodus 19–40 (HThKAT), Freiburg i. Br. 2004, 147–151; *E. Otto*, Theologische Ethik des Alten Testaments, Stuttgart/Berlin/Köln 1994, 19–24. – Vgl. auch den Hinweis bei *J. Schnocks*, Ethische Bibellektüre als Gratwanderung. Auf der Suche nach der theologischen Autorität des Alten Testaments, in: Ch. Breitsameter/St. Goertz (Hg.), Bibel und Moral – ethische und exegetische Zugänge (Jahrbuch für Moraltheologie 2), Freiburg i. Br. 2018, 19f.

tiert. Erst in einem zweiten Schritt wurden sie durch religiöse Weisungen umrahmt und ergänzt, die mit dem Jahwe-Kult zu tun hatten (Aussonderungsgebote, Opfervorschriften usw.). Durch diese
Einbettung wurden die ursprünglichen Rechtssammlungen, die zunächst ohne jeden Bezug zu Jahwe, allein aus der Rechtspraxis und
aus allgemein menschlicher Einsicht entstanden waren, neu gedeutet. Die Gebote, im Umgang mit den Mitmenschen Recht und Gerechtigkeit walten zu lassen, werden damit zusätzlich theologisch
begründet, indem an die Barmherzigkeit Jahwes und an sein befrei-
endes Handeln an Israel erinnert wird. Damit verändert sich nicht
das, was inhaltlich Recht und Gerechtigkeit ausmacht, wohl aber
die Motivation, warum man nach Recht und Gerechtigkeit handeln
soll.[45] Sicher werden – auch unter dem Einfluss des Jahwe-Glaubens – im Deuteronomistischen Gesetzbuch neue Akzente, etwa
durch das Bruderethos, gesetzt. Dass der Glaube mehr oder Neues
sehen lässt, bedeutet aber nicht, dass diese modifizierten Bestimmungen nicht eine vernünftige und erfahrungsbezogene Begründung hätten.

Auch die *Sozialkritik der Propheten* der Königszeit bringt keine
neuen, von Jahwe geoffenbarten moralischen Forderungen mit sich,
sondern ruft lediglich zur Einhaltung der rechtlichen Bestimmungen
und moralischen Weisungen auf, wie sie sich bereits im Bundesbuch
finden. Sie setzen das Recht als bekannt voraus und rufen dazu auf,
das Recht nicht egoistisch zum eigenen Vorteil zu beugen, sondern
im Sinne der in ihm selbst angezielten Gerechtigkeit und Mit-
menschlichkeit und zum Wohl aller anzuwenden.

Eine ähnliche Differenzierung wie im Bundesbuch lässt sich auch
am *Dekalog* nachvollziehen. Auch der Text des Dekalogs hat eine
längere Entstehungsgeschichte[46], in deren Verlauf ein ursprünglich
eigenständiger Grundtext, der die Verbote von Mord, Ehebruch,
Diebstahl, falschem Zeugnis und des Begehrens der Frau und des
Besitzes des anderen enthielt, mit den Weisungen für den Umgang
mit Gott, dem Fremdgötter- und dem Bilderverbot zu einem Text
verbunden wurde und erst dann noch um das Namens-Miss-

---

[45] Vgl. ebd., 19–22.
[46] Zur Entstehungsgeschichte des Dekalogs vgl. etwa *F.-L. Hossfeld*, Der Dekalog.
Seine späten Fassungen, die originale Komposition und seine Vorstufen, Freiburg
(Schweiz) 1982; ebenso: *E. Otto*, Theologische Ethik (s. Anm. 73), 208–219.

brauchsverbot, das Elterngebot und vor allem das lange Sabbatgebot in der Mitte ergänzt wurde. Durch diese integrierende Verbindung mit dem religiösen Kontext des Jahwe-Glaubens erhielten dabei die Weisungen für den zwischenmenschlichen Umgang, die ohne jeden religiösen Bezug zum Jahwe-Glauben formuliert und begründet waren, sondern Resultat von Vernunft und Erfahrung sind, eine neue Deutung. Für diese neue Deutung ist dabei der Vorspruch entscheidend, in dem – bevor die Gebote folgen – an die zentrale Glaubenserfahrung Israels erinnert wird, dass Jahwe sein Volk aus der Knechtschaft in Ägypten in die Freiheit geführt hat. Auch in der heilsgeschichtlichen Begründung des Sabbatgebots (Dtn 5,12–15) wird an diese Befreiungstat Jahwes erinnert. Hier liegt eine eigentliche Offenbarungsaussage vor. Ausgehend von dieser gläubigen Erinnerung lassen sich dann aber auch die Weisungen des Dekalogs neu lesen. Auf der Grundlage der Erfahrung, von Jahwe in die Freiheit geführt zu sein, werden diese Gebote als Weisungen verstanden, wie Israel in dieser von Jahwe geschenkten Freiheit bleiben und sie bewahren kann. Auch beim Dekalog lässt sich also zwischen den ethischen Weisungen selbst, deren Geltung auf allgemeiner Menschheitserfahrung beruht, und der eigentlichen *Offenbarungsaussage*, die sich allein im Glauben und im Vertrauen auf Jahwe erschließt, sich dann aber motivierend für die Befolgung der Gebote auswirkt, unterscheiden.

In der Weisheitsliteratur mit ihren zahlreichen moralischen Weisungen lässt sich eine ähnliche Entwicklung erkennen[47], dass ursprünglich aus menschlicher Erfahrung und empirischer Beobachtung von Ordnungsstrukturen gewonnene und deshalb auch in anderen Kulturzusammenhängen (Ägypten, Mesopotamien, Kanaan) verbreitete Verhaltensregeln – nicht zuletzt wegen der Problematik des Tun-Ergehen-Zusammenhangs – in den Kontext des Jahwe-Glaubens integriert werden und damit etwa unter dem Vorzeichen der Jahwe-Furcht ihre Befolgung und Verwirklichung eine neue Grundlage erhält.

Diese Unterscheidung und dieser Zusammenhang lassen sich aber auch für zentrale neutestamentliche ethische Weisungen zeigen. So bieten etwa die Antithesen der Bergpredigt keine gegenüber dem

---

[47] Vgl. ebd., 152–174.

alttestamentlichen Gesetz neuen, geoffenbarten Gebote, sondern
legen die Weisungen der Tora von den ihnen zugrunde liegenden
Werten her aus. Und auch die Haustafeln und Tugend- und Laster-
kataloge etwa in Gal 5,19–23 oder in Kol 3,18–4,1 und Eph
5,21–6,9 greifen im Wesentlichen auf Tugend- und Lastervorstellun-
gen zurück, in denen sich Einflüsse der stoischen Popularphiloso-
phie, aber auch jüdisches Traditionsgut ausmachen lassen. Das entscheidend und unterscheidend Christliche an diesen Texten besteht
also weniger darin, dass hier Normen und Werte zur Sprache kä-
men, deren Gültigkeit nur im Glauben eingesehen werden könnte,
sondern darin, dass diese Texte in den Zusammenhang des Evangeli-
ums von Jesus Christus und die durch ihn eröffnete Freiheit gestellt
werden.

Festhalten lässt sich durch diese Betrachtung historischer Entste-
hungsprozesse also, dass zu unterscheiden ist zwischen dem *Grund
der Geltung* einzelner moralischer Weisungen einerseits und der *Motivation zum ethischen Handeln* andererseits. Ebenso ist zu unterscheiden zwischen dem *geschichtlich vermittelten Prozess der realen
Einsicht* in moralische Normen und dem *Grund ihrer Gültigkeit*. Dabei ist jeweils der Grund der Geltung mit allgemeiner menschlicher
Vernunft und Erfahrung einsehbar, während die Motivation zum
ethischen Handeln und die geschichtlich vermittelte Einsicht als
Auswirkung der Offenbarung verstanden werden kann.

3. Zur Möglichkeit der Begründung moralischer Entscheidungen und Normaussagen

Wenn sich aber moralische Normaussagen in keiner Weise aus dem
Plan und Willen Gottes ableiten lassen und auch durch die Offenbarung nicht mitgeteilt werden, stellt sich abschließend die Frage,
wie dann moralische Normen im Rahmen einer theologischen Ethik
überhaupt begründet werden. Maßgeblich dafür kann – ausgehend
von der oben entfalteten Einsicht in die Geschöpflichkeit der Welt,
dass also die Welt als Gottes Schöpfung restlos von Gott verschieden
und dennoch restlos von ihm abhängig und ohne ihn nicht ist – die
Einsicht sein, dass moralisches und verantwortliches Handeln des
Menschen darin besteht, der Geschöpflichkeit der Welt zu entsprechen, indem man nichts in der Welt vergöttlicht und verabsolutiert,

sondern versucht, allem in seiner Relativität und Ambivalenz gerecht zu werden.

Ausgangspunkt für einen entsprechenden ethischen Ansatz ist die Einsicht in die Ambivalenz alles menschlichen Handelns. Einerseits geht es uns in unserem Wollen und Handeln immer um ein Gut oder einen Wert, den wir erreichen oder verwirklichen wollen. Niemand strebt letztlich ein Übel in sich selbst an. Andererseits werden – und dies hat seinen Grund in der Relativität alles Geschaffenen, wonach zwar alles ein *Gut*, aber immer nur *ein* Gut ist – durch eben diese Handlungen immer auch Schäden und Übel mitverursacht oder zumindest zugelassen. Es gibt immer auch *negative, unerwünschte Nebenwirkungen*. Ausgehend von dieser Ambivalenz menschlichen Handelns lautet die Frage verantwortlichen Handelns: Wie hoch dürfen die mitverursachten Übel und Schäden sein, so dass man jedem, der nachfragt, mit sachgemäßen und rational nachvollziehbaren Gründen Antwort und Rechenschaft darüber geben kann?

Im Blick auf diese Frage besagt das Verhältnismäßigkeitsprinzip zunächst, dass man die mit der Handlung mitentstehenden Übel und Schäden so gering wie möglich halten sollte. In der Medizin etwa ist dieses Prinzip für das Handeln von Ärztinnen und Ärzten immer schon leitend. Wenn neue Medikamente auf den Markt kommen, die bei gleicher Wirkung deutlich geringere Nebenwirkungen haben als frühere Heilmittel, wird eine verantwortungsvolle Ärztin unter sonst gleichen Bedingungen das neue Präparat verschreiben und nicht mehr das alte. Zugleich liegt hier auch der Antrieb für Forschung und Wissenschaft, nach immer milderen Mitteln zu suchen. Wir kennen das Verhältnismäßigkeitsprinzip aber auch aus der Rechtwissenschaft bzw. Rechtsprechung als *Prinzip des Übermaßverbots*. Es besagt, dass Eingriffe des Staates in die Grundrechte und Freiheiten der Bürgerinnen und Bürger nur dann zulässig sind, wenn ein legitimer Zweck vorliegt und die Eingriffe nicht nur geeignet, sondern auch erforderlich und angemessen bzw. verhältnismäßig im engeren Sinne sind. So war in der Corona-Pandemie die Verhältnismäßigkeit der Lockdown-Maßnahmen immer wieder zentrales Thema.[48]

---

[48] Die Einschränkungen hatten ihren Grund letztlich darin, dass so die Ansteckungsrate verringert, die Kurve der Ansteckungen abgeflacht und so eine Überlastung des Gesundheitswesens verhindert und die Zahl der Todesfälle möglichst

Verhältnismäßigkeit im Handeln besteht also darin, im Blick auf das jeweilige Gut, das man erreichen will, nicht mehr Übel und Schäden als erforderlich zu verursachen oder zuzulassen. Und Unverhältnismäßigkeit besteht darin, mehr Übel zu verursachen oder zuzulassen als erforderlich oder nötig sind. Weiterführend ließe sich dann auch sagen, dass es in bestimmten Situationen notwendig sein kann, gezielt ein Übel oder einen Schaden zu verursachen, weil nur so noch größere Übel vermieden oder verhindert werden können. So kann es etwa bei einer fortgeschrittenen Blutvergiftung notwendig sein, eine Amputation vorzunehmen und damit ein erhebliches Übel zu verursachen. Aber dieses Übel erweist sich als gerechtfertigt, wenn nur so das Leben des Patienten gerettet werden kann. Die Amputation muss also zur Lebensrettung tatsächlich notwendig und eine Behandlung mit Antibiotika nicht mehr aussichtsreich sein. Und auch dann muss die Amputation so begrenzt wie möglich gehalten werden. Schließlich kann eine Handlung auch dann als unverhältnismäßig gelten, wenn ihre negativen Nebenwirkungen derart sind, dass das in der Handlung erstrebte Gut gerade nicht erreicht, sondern eher gemindert oder gar zerstört wird. So kann die wahllose Einnahme von Antibiotika zur Bildung resistenter Keime führen. Kontraproduktivität ist also eine Form von Unverhältnismäßigkeit.

Mit den bisherigen Bestimmungen ist aber noch nicht alles gesagt, damit das Prinzip der Verhältnismäßigkeit als Grundkriterium verantwortlichen Handelns gelten kann. Es müssen noch zwei – für ethische Prinzipien charakteristische – Entgrenzungen hinzukommen.

Eine erste Entgrenzung betrifft die Zeit. So reicht es nicht, zwar kurzfristig gesehen Übel zu vermeiden, wenn auf lange Sicht gesehen umso größere Schäden entstehen. Es muss vielmehr darum gehen, die mitverursachten Schäden auch *auf lange Sicht* möglichst gering zu halten. Dies ist deswegen zu betonen, weil sich – etwa bei Schädigungen der Umwelt – in der Realität das Ausmaß der verursachten

---

geringgehalten werden konnte. Allerdings mussten diese Freiheitsbeschränkungen, die erhebliche ökonomische, soziale, kulturelle und seelische Schäden verursacht haben, auch tatsächlich erforderlich sein. Wenn das genannte Ziel – möglicherweise auch nur regional – mit geringeren Beschränkungen erreicht werden konnte, waren gravierendere Einschränkungen unzulässig. Genau darum drehte sich immer wieder die Diskussion.

Schäden oft nicht sofort, sondern erst nach längerer Zeit zeigt. Umgekehrt kann es ratsam sein, im Moment Unannehmlichkeiten oder Einschränkungen hinzunehmen, um langfristig noch größere Unannehmlichkeiten zu vermeiden. Verantwortliches Handeln muss *nachhaltig* sein.

Doch reicht auch diese Bestimmung noch nicht aus. Auch die Mafia handelt effektiv und dies durchaus langfristig. Deshalb ist eine weitere Entgrenzung notwendig, nämlich die *Universalisierung* desjenigen Wertes, um den es in der Handlung geht. Wenn es einem um Wohlstand geht, muss es einem so darum gehen, dass Wohlstand nicht nur für einen selbst, nicht nur für den eigenen Clan und auch nicht nur für die eigene Nation (im Sinne des „America first") gesucht wird, sondern so, dass dieser Wert im Ganzen gefördert wird und damit für alle – auch für kommende Generationen – zugänglich bleibt.

Dieses so als Grundprinzip zur Begründung verantwortlichen Handelns entwickelte Verhältnismäßigkeitsprinzip lässt sich nun in zwei Richtungen weiter charakterisieren.

Zum einen nämlich ist bei der Vorstellung deutlich geworden, dass es sich um ein Verfahrensprinzip handelt, bei dem die ethische Bewertung einer Handlung wesentlich von deren *Folgen* abhängt. Verhältnismäßigkeit besteht gerade darin, die negativen Nebenfolgen, die mit der Verwirklichung des angestrebten Wertes zugleich mitverursacht werden, möglichst gering zu halten. Ob die negativen Nebenfolgen aber möglichst gering sind, lässt sich nicht spekulativ beantworten, sondern nur durch Kenntnis der Wirklichkeit, um die es in der jeweiligen Handlung geht. *Erfahrung* – Lebenserfahrung, Menschheitserfahrung oder auch natur- und humanwissenschaftliche empirische Erkenntnis – muss deshalb konstitutiv in die Begründung verantwortlicher Entscheidungen einfließen, auch wenn – man denke an die Virologen – dadurch die abwägende Entscheidung selbst noch nicht getroffen ist. Dabei hängt die Frage, ob eine Handlung noch verhältnismäßig ist oder nicht, wesentlich von den konkreten, situationsbedingten *Umständen* des Handelns ab oder auch von der *Individualität* der jeweils von der Handlung betroffenen Personen. Welche medizinischen Maßnahmen etwa am Ende des Lebens noch verhältnismäßig sind und welche nicht, ist nicht nur eine medizinische Frage, sondern hängt entscheidend auch von den individuellen Bedürfnissen und Wünschen des Patienten ab. So ermöglicht die Anwendung des Verhältnismäßigkeitsprinzips, ethische Bewertungen und Entscheidungen wirklich kontextbezogen zu treffen und Menschen in ihrer Besonderheit gerecht zu werden. Auch können sich die konkreten Umstände und Bedingungen des Handelns ändern, so dass gegebenenfalls auch eine Revidierung der ursprünglichen Entscheidung notwendig wird. Entscheidungen sind *prozesshaft*. Wenn sich der Krankheitsverlauf ändert, müssen oft auch Therapieentscheidungen geändert werden. Ähnliches konnte man in Corona-Zeiten immer wieder hinsichtlich der jeweils erlassenen Einschränkungen erleben. Dabei mussten Änderungen der zunächst angeordneten Maßnahmen kein Zeichen für vorherige Entscheidungsfehler sein, sondern konnten ihren Grund in veränderten Bedingungen haben. Dann wäre es geradezu unverantwortlich gewesen, an der ursprünglichen Entscheidung festzuhalten, um Entschlossenheit und Klarheit zu zeigen. So lässt sich vom Verhältnismäßigkeitsprinzip her die Legitimität von *Entscheidungsänderungen* und eines *Normenwandels*, aber auch *moralischer Pluralität* einsichtig machen. Denn je nach natürlichen, sozialen und kulturellen Gegebenheiten, kann das, was verhältnismäßig und unverhältnismäßig ist, variieren.

So sehr aber das Prinzip der Verhältnismäßigkeit Situationsgerechtigkeit und Wandelbarkeit moralischer Bewertung zulässt, so sehr ermöglicht es zum anderen grundsätzlich auch, die Unverantwortlichkeit von Handlungen zu *objektivieren*. Ob die negativen Nebenwirkungen so gering wie möglich sind, hängt nicht von der guten Absicht des Handelnden ab, sondern von den realen Folgen der Handlung in der Wirklichkeit. Ob die Eindämmung von Flüssen am Unterlauf zu mehr Überschwemmungen führt, hängt von geophysikalischen Gegebenheiten und Naturgesetzen ab. Moralische Entscheidungen und Normen sind deshalb nicht beliebig, sondern haben ihre Grundlage *in der Natur der Sache*, um die es in der Handlung geht. Darin besteht der bleibende Wahrheitskern des *Naturrechts*. Auf dieser Grundlage lässt sich auch die vom Lehramt angemahnte Lehre vom *Handlungsobjekt* und den *in sich schlechten Handlungen* einholen. Greifen wir noch einmal das Standard-Beispiel der Amputation auf. Ist die Operation erforderlich, um das Leben zu retten, so ist das Objekt der Handlung als „Lebensrettung" zu bestimmen. Ist sie dagegen nicht erforderlich, weil eine Behandlung mit Antibiotika ausgereicht hätte, ist das Objekt als „Verstümmelung" zu bezeichnen. Daran ändert auch nichts, ob der Arzt subjektiv die besten Absichten hatte, dies ist allenfalls als mildernder Umstand relevant. Ist aber eine Handlung in diesem Sinne aufgrund ihrer Unverhältnismäßigkeit als „Verstümmelung" zu bezeichnen, kann sie nicht wieder durch einen noch so guten weiteren Zweck gerechtfertigt werden, dadurch also, dass sie als Voraussetzung für eine weitere, gute Handlung verwendet wird. Eine als „Verstümmelung" identifizierte Handlung kann nicht dadurch ethisch gerechtfertigt werden, dass durch die Durchführung unnötiger Operationen der marode Haushalt einer Klinik saniert werden kann und diese dann wieder in der Lage ist, vielen anderen Menschen zu helfen. Hier gilt: *Ein noch so guter Zweck heiligt nicht ein sittlich schlechtes Mittel.* Dadurch, dass dieses Prinzip gilt, dass Verhältnismäßigkeitsüberlegungen also bereits für jede einzelne Handlung selbst anzustellen sind, unterscheidet sich unser Ansatz sowohl vom Utilitarismus als auch vom Proportionalismus.

Mit dem Prinzip der Verhältnismäßigkeit ist ein Begründungsverfahren moralischer Entscheidungen und Normaussagen vorgestellt, das ausschließlich mithilfe menschlicher Vernunft und Erfahrung und ohne einen argumentativen Rückgriff auf den Plan oder die Pläne Gottes auskommt und keine moralischen Vorschriften oder Verbote aus dem Plan Gottes herleitet. Moralische Normen können erkannt werden, ohne einen der Natur eingeschriebenen Plan Gottes vorauszusetzen. Zugleich kann es dennoch die Anliegen des Naturrechts, der Objektivität der Moral und der Möglichkeit von in sich schlechten Handlungen wahren. Ist aber erst einmal das moralisch Richtige und Verantwortliche bzw. das moralisch Falsche und Unverantwortliche erkannt, kann es dann auch auf den Willen und Plan Gottes zurückgeführt werden.

Ist es sinnvoll, von einem normativ signifikanten Plan Gottes zu sprechen?

Christof Breitsameter

1. Ausgangsüberlegung

Ziel des Beitrags ist es, den Begriff vom Plan Gottes anhand einiger Beispiele auf normative Signifikanzen hin zu prüfen. Konkret soll überlegt werden, ob die Rede von einem Plan Gottes Einfluss auf normative Einstellungen bzw. normative Status haben kann. Unter normativen Einstellungen verstehen wir Bewusstseinszustände, die Vorstellungen davon entwickeln, wie die Wirklichkeit sein soll, unter normativen Status verstehen wir Regelzustände, die Verlässlichkeiten dafür liefern sollen, dass die Wirklichkeit, sofern sie durch Handlungen zu beeinflussen ist, entsprechend verändert wird.

Alltagsweltlich sprechen wir von einem Plan, wenn wir unser Handeln vernünftig strukturieren wollen, indem wir Ziele und Mittel aufeinander beziehen. Wir können dabei einmal die Kategorie des Mittels als variabel behandeln und von feststehenden Zielen ausgehen (wir sprechen dann von *instrumenteller* Rationalität), oder wir können die Kategorie des Ziels als variabel behandeln und von feststehenden Mitteln ausgehen (wir sprechen dann von *prudentieller* Rationalität). Die Überlegung könnte darin bestehen, die erforderlichen und geeigneten Mittel zu bestimmen, um ein Ziel zu verwirklichen, oder die wünschenswerten Ziele zu bestimmen, die angesichts zur Verfügung stehender Mittel realisierbar sind. Eine Diskussion vernünftiger Ziele ist in der Regel anspruchsvoller als eine Diskussion vernünftiger Mittel, weil wir die Bestimmung der Vernünftigkeit eines Ziels mit Zielalternativen konfrontieren können, weshalb ein zu planendes Ziel womöglich in das Licht weiterreichender Ziele zu tauchen ist – im Grunde ein unabschließbarer Prozess, der, je weiter er ins Auge gefasst wird, desto unbestimmter und unbestimmbarer wird. Wer möchte schon behaupten, er habe einen Plan für sein Leben, und zwar nicht nur angesichts der Unwägbarkeiten, mit denen wir konfrontiert sind, sondern auch angesichts der Schwierigkeiten, uns in der Bestimmung eines gelingenden Lebens festzulegen. Immerhin können wir versuchen, durch Pläne, gar Lebenspläne Struktur und Vernunft in unser Handeln hineinzutragen. Anspruchsvoll ist ein solches Vorhaben, wenn ein Plan in Zwischenziele, die als Mittel für das Letztziel dienen, zerlegt werden muss, also ein komplexer Vorgang abzuarbeiten ist, der unter Umständen auf Randbedingungen, die nicht vollständig erfasst werden können oder sich verändern mögen, zu reagieren hat (auch die eigene Motivationslage ist übrigens als eine solche kontingente Randbedingung zu verstehen). Noch anspruchsvoller wird ein solches Vorhaben, wenn andere Akteure und damit weitere unbekannte und unsichere Faktoren in die Planung einzubeziehen sind – was eher der Regel- als der Ausnahmefall sein dürfte.[1]

2. Lebenspläne

Schon diese wenigen Andeutungen zeigen, wie kühn es erscheint, von einem Plan Gottes zu sprechen, der für das Leben eines Menschen gelten soll. Zunächst stellen sich epistemische Schwierigkeiten ein (wir vernachlässigen den ontologischen Aspekt dieser Diskussion, weil ein Plan Gottes, der zwar existiert, aber für den Menschen unerkennbar ist, in normativer Hinsicht als belanglos zu gelten hat). Nicht nur ist zu klären, wie wir einen solchen Plan zweifelsfrei erkennen können, zumal er für jeden Menschen individuell zu gestalten ist, es ist auch zu klären, wie Gott wissen kann, was gut für einen Menschen ist, vor allem wenn wir die Freiheiten anderer Menschen (und nicht nur die Freiheit des Menschen, für den dieser Plan gelten soll) in Rechnung stellen. Individuell könnte sich ein Mensch zu einer solchen Vorgabe immerhin frei auch so verhalten, dass er sie detailgetreu umsetzt – was Interaktionen betrifft, müsste zumindest dann von einem fast lückenlosen Determinismus ausgegangen werden, wenn nicht vorausgesetzt werden kann, dass sich die übrigen

---

[1] Der Begriff der beschränkten Rationalität reflektiert genau diesen Sachverhalt und berücksichtigt dabei systematisch den Zusammenhang von psychischem System und Umwelt, wie er von Herbert Simon beschrieben wurde. Vgl. *G. Gigerenzer, R. Selten*, Rethinking Rationality, in: G. Gigerenzer, R. Selten, *Bounded Rationality: The Adaptive Toolbox*, Bd. 2, Cambridge 2001, 1–12.

Akteure diesem Plan Gottes ebenfalls lückenlos fügen, ihn durch ihre Handlungen also nicht durchkreuzen – ein solcher „universaler Determinismus" hätte somit eine einzige Lücke. So zeigte sich ein Plan Gottes für die gesamte Menschheit. Wäre das nicht der Fall, müsste sich der Mensch, für den der Plan Gottes gilt, auf alle möglichen Reaktionen einstellen, um das von ihm Geforderte zu realisieren, was individuelle, also wiederum instrumentelle und prudentielle Kalküle und damit eine situationsgerechte Applikation des göttlichen Plans herausfordern würde, der, will er Plan Gottes bleiben, auf alle situativen Eigenheiten seiner Entwicklung detailliert eingehen, sich also je und je an die variablen Randbedingungen des Handelns anpassen müsste – und somit erst recht unerkennbar wäre. Er muss zudem zweifelsfrei erkennbar sein, hätten göttlich legitimierte Handlungen sonst doch (womöglich gravierende) Auswirkungen auf andere Akteure. Eine solche Annahme ist absurd und deutet darauf hin, dass der Begriff von einem Plan Gottes, will er überhaupt mit normativer Signifikanz verbunden werden können, wesentlich abstrakter zu fassen ist. Eine epistemische Schwierigkeit entsteht freilich auch, wenn wir – etwas realistischer – von einem Plan Gottes nicht für das gesamte Leben eines Menschen in allen Details, sondern nur für wichtige Belange sprechen würden. Denn dann müssten die von Gott geplanten Situationen oder Entwicklungen von jenen, die Gott nicht determiniert, unterschieden werden können. Immerhin könnten wir auf diese Weise beträchtliche Freiheitsgrade für den Menschen reklamieren: Es wäre diesem Menschen aufgegeben, selbst und frei zu entscheiden (und zwar nicht nur formal, sondern auch material), wie er die vorgegebene Ausrichtung im Detail ausführen will. Freilich entsteht auch hier die Schwierigkeit, dass die Erfüllung solcher Forderungen, sollten sie zweifelsfrei erkennbar sein, angesichts der Unwägbarkeit, wie andere Akteure sich (dazu) verhalten werden, äußerst unwahrscheinlich, wenn nicht unmöglich wird.

Das motiviert – auch unabhängig vom Gedanken eines göttlichen Plans – die ethisch grundlegende Überlegung, wie wir erreichen können, dass Akteure zuverlässig so handeln werden, wie sie aus der Sicht ihrer Interaktionspartner handeln sollen. Zudem ist über das Verhältnis zwischen endlichen Wesen mit ihren je eigenen Freiheiten hinaus das Verhältnis zwischen einem unendlichen Wesen mit seiner Freiheit und endlichen Wesen mit ihren je eigenen Freiheiten zu bestimmen.[2] Haben wir es bei der Rede von einem Plan Gottes nicht mit einem höchst autoritären Gott zu tun, der kein wirklich freies Gegenüber zulassen will? Bemerkenswerterweise schaffen wir auch durch diese Überlegung einen realistischen und alltagstauglichen Zuschnitt. Wenn wir erreichen wollen, dass Akteure in zuverlässiger Weise handeln werden, wie sie handeln sollen, muss eine Autorität zugeschrieben werden, die sicherstellt, dass dieses für unseren Alltag so wichtige und nachvollziehbare Ziel erreicht wird. Deshalb ist zu klären: Wer ist diese Autorität bzw. wer sind diese Autoritäten, und in welchem Umfang oder Grad soll Autorität überhaupt instituiert werden, um dieses Ziel zu erreichen? Daneben ist darüber nachzudenken, wie sich Autorität und Freiheit zueinander verhalten. Das führt zu dem Gedanken zurück, wie Gott wissen kann, was für einen Menschen gut ist: Ist das objektiv (dann wäre nur Gott im Spiel) oder nur subjektiv (dann wäre nur der Mensch im Spiel) bestimmbar?

3. Naturgesetzliche Entwicklungen

Neben der Anwendung auf das Leben eines Menschen bzw. aller Menschen besteht eine weitere Möglichkeit der Rede von einem Plan Gottes darin, diesen Plan mit naturgesetzlich beschreibbaren Zusammenhängen in Kontakt zu bringen. Die Überlegung wäre dann zunächst, ob uns die Natur einen solchen Plan verrät (wenn es ihn zwar gäbe, er jedoch nicht erkennbar wäre, nützte es ja nichts). Allerdings muss uns die Natur einen solchen Plan Gottes nur verraten, wenn er Einfluss auf unser (individuelles oder kollektives) Handeln gewinnen kann und soll, vor allem müssen wir unser Leben diesem Plan entsprechend beeinflussen können, ohne den Plan Gottes selbst zu beeinträchtigen. Höchstens dürften wir Naturerscheinungen, hinter denen wir einen göttlichen Plan vermuten, durch ein von ihnen bzw. darin von Gott selbst gefordertes Handeln beeinflussen. Natürliche Erscheinungen dieses Plans dürften also nicht allein von unserem Handeln abhängig sein und nur in ihrem

---

[2] Wir setzen die Zuschreibung entsprechender Attribute auf der Seite Gottes freihändig voraus, ohne die damit verbundenen Schwierigkeiten diskutieren bzw. die Zuschreibung begründen zu können.

Eigensinn beeinflusst werden. Ist es von daher beispielsweise sinnvoll, die Klimakrise als einen Plan Gottes zu bezeichnen? Der
Mensch dürfte in diesem Fall die Klimakrise weder verursacht bzw.
mitverursacht haben noch sie gegen Gottes Intention beeinflussen
wollen, eine Vorstellung und Forderung, die von religiösen Stimmen
durchaus behauptet bzw. erhoben wird.[3] Streng genommen darf die
Klimakrise vom Menschen insofern nicht mitverursacht sein, als
sonst denkbar ist, dass die Krise ohne menschliche Beteiligung nicht
zustande gekommen und das heißt auch: vermeidbar gewesen wäre.
Eine Alternative dazu liefert die Vorstellung, dass Gott durch den

---

[3] Hinter dem Klimawandel stehe, so ein streng theozentrisches Weltbild, die Vorsehung Gottes. Die damit verbundenen Phänomene wie Unwetter, Dürren oder
Überschwemmungen seien Wegweiser in Richtung Endzeit. Alle Bemühungen,
die Umwelt zu schützen, hindern Gott an der Umsetzung seines Plans, sie leug-
nen die übernatürliche Bedeutung der natürlichen Erscheinungen. Der Mensch
habe sich nämlich nicht um die Erde, sondern um sein Heil zu sorgen. Die Zukunft der Erde liege ohnehin nicht in der Hand des Menschen, sondern in Gottes
Hand, seine Souveränität darf nicht bezweifelt werden. In der Hand des Menschen liege es, ob er vor Gott bestehen kann oder nicht. Zugespitzt wird dies in
dem Gedanken, eine neue Form von Heidentum stelle Mutter Erde über Gott
Vater. Deshalb wird die Klimadebatte von ihren Gegnern häufig als Religion bezeichnet und verächtlich gemacht: Entweder bekennt man sich zu Gott oder zum
Umweltschutz. Eine andere religiöse Strömung erkennt den Menschen als Ver-
ursacher des Klimawandels an, wobei es an ihm liege, wirksame Maßnahmen
für die Bewahrung der Schöpfung zu betreiben. Dieser Diskurs stützt sich mit
Blick auf den Klimawandel auf wissenschaftliche Modelle, wodurch der genuin
religiöse Zugang verlorengeht. In umweltethischer Sicht erhält das Kriterium
der Gerechtigkeit besondere Aufmerksamkeit, während das Streben nach dem
ewigen Heil in den Hintergrund tritt. Vgl. *H. Whitt Kilburn*, Religion and foundations of American public opinion towards global climate change, in: Environmental Politics 23 (2014), 473–489; *W. A. Carr*, The Faithful Skeptics: Conservative Christian Religious Beliefs and Perceptions of Climate Change, Montana
2010; *J. C. Nagle*, The Evangelical Debate Over Climate Change, University of
St. Thomas Law Journal 5 (2008), 52–86; *B. McCammack*, Hot Damned America: Evangelicalism and the Climate Change Policy Debate, in: American Quar-
terly 59 (2007), 645–668; *N. Smith, A. Leiserowitz*, American evangelicals and
global warming, in: Global Environmental Change 23 (2013), 1009–1017; *J. A.
Warcekker, A. C. Petersen, J. P. van der Sluijs*, Ethics and public perception of climate change: Exploring the Christian voices in the US public debate, in: Global
Environmental Change 19 (2009), 512–521; *W. Jenikins, E. Berry, L. B. Kreider*,
Religion and Climate Change, in: Annual Review of Environment and Resources
43 (2018), 85–108; *B. D. Zaleha, A. Szasz*, Why conservative Christians don't believe in climate change, in: Bulletin of the Atomic Scientists 71 (2015), 19–30.

Menschen handelt. Dann müssten wir allerdings von einem geschichtlich kontingenten, die Naturgesetze durchbrechenden Eingreifen Gottes ausgehen, könnte die Sonderstellung einer natürlichen Erscheinung, die einen Plan Gottes offenbaren soll, doch nur auf diese Weise gesichert werden. Im einen Fall ist es vollkommen abwegig, das Klima der Erde unabhängig von menschlichen Einflüssen zu betrachten. Im anderen Fall entstünde epistemisch die Schwierigkeit, natürliche Erscheinungen, die vom Plan Gottes sprechen, von Erscheinungen, die das nicht tun, zu unterscheiden.

Greifen wir trotz der vorgebrachten Bedenken diese Möglichkeit und insbesondere das Motiv der göttlichen Vorsehung dennoch auf, und nehmen wir für einen Augenblick an, Gott wirke durch den Klimawandel ein Zeichen für das nahende Ende der Welt, angesichts dessen der Mensch sich bekehren soll, um sein Heil nicht zu verwirken. Der Mensch würde den Klimawandel (im Sinn absichtsvollen Handelns) weder verursacht oder mitverursacht haben noch ihn eindämmen oder beseitigen sollen. Es ist die in der Neuzeit weit und breit diskutierte Lehre von der Spezialprovidenz, die in solchen Diskursen noch von ferne wirkt. Ab dem 16. Jahrhundert hatten sich zahlreiche grundsätzliche Auseinandersetzungen über Zufall und Wahrscheinlichkeit entwickelt. Die Theologen sahen die Gefahr, der innerweltliche Zufall könnte dazu angetan sein, den heilsgeschichtlichen Eingriff Gottes zu begrenzen. Deutete man Naturphänomene grundsätzlich als zufällige Ereignisse, brächte das zweierlei Auswirkungen mit sich: Einerseits könnten derartige Phänomene dann nicht länger als mahnende oder strafende Aktionen Gottes interpretiert werden; andererseits könnte sich der Mensch, würde die Souveränität Gottes im Blick auf zukünftige Ereignisse, also seine Verfügung über die sogenannten „contingentia futura singularia", geschmälert werden, in etwa ausrechnen, was am Jüngsten Tag auf ihn zukommt: er könnte die Wahrscheinlichkeit erhöhen, im göttlichen Gericht gut abzuschneiden, könnte mithin Ansprüche vor Gott erwerben.[4] Völlig zu Recht rückte damit nicht nur der Zufall, sondern auch und vor allem der Versuch, den Zufall zu beherrschen und auf diese Weise Einfluss auf zukünftige Ereignisse und ihre Bedeutung im Heilsplan Gottes zu nehmen, in die Aufmerksamkeit der

---

[4] Vgl. R. *Campe*, Spiel der Wahrscheinlichkeit – Literatur und Berechnung zwischen Pascal & Kleist, Göttingen 2002, 25–34.

Theologen. Die Unberechenbarkeit von Naturereignissen bedingt die Berechenbarkeit von Heilsereignissen. Am Ende, so fürchtete man, ist die Souveränität Gottes depotenziert und die Freiheit des Menschen, sich auf das Gute auszurichten, demotiviert. Den Theologen lag vielmehr daran, eine Art Gleichgewicht zwischen menschlicher Freiheit und göttlicher Souveränität herzustellen.[5] Wird dieses Gleichgewicht gestört, ist es wieder herzustellen: Hofft der Gläubige, er könnte einfach Glück haben, pochen die Theologen auf moralische Anstrengung, zeigt der Gläubige dagegen Disziplin, verweisen die Theologen auf die unverfügbare Gnade Gottes.[6]

Die Lehre von der speziellen Vorsehung besagt in einer Variante des ausgehenden 17. Jahrhunderts, dass Gott in öffentlichkeitswirksamer Form nach Bestimmung seiner speziellen Vorsehung in Weltlauf und Naturgesetz eingreifen könne (privat auch in unmerklicher Weise). So konnten innerweltliche Ereignisse, die sich menschlicher Voraussagbarkeit entzogen, als heilsgeschichtliche Eingriffe gedeutet werden. Diese Merkmale wären durch den Klimawandel, wird er als Tatsache akzeptiert, erfüllt: Er kann als allseits sichtbarer Eingriff Gottes verstanden werden. Gott kann den Lauf der Dinge ungeachtet der Naturgesetze bestimmen. Auf diesem Weg wird jeglicher Beeinträchtigung der Vorsehungskompetenz Gottes, der, wie wir sahen, über die „contingentia futura singularia" wacht, ein Riegel vorgeschoben. Die Lehre von der speziellen Vorsehung (die zur Lehre von der generellen Vorsehung Gottes trat) sollte einerseits zum Beten motivieren und andererseits der autonomen Bestimmung des Menschen über sein Leben zugunsten der göttlichen Souveränität wehren. Damit wird jedoch die Freiheit der Akteure auf eine eigenartige Weise in der Schwebe gehalten. Wenn Gott auf die Kontingenzen dieser Welt, also auch auf die Naturläufe, in souveräner Form Einfluss nehmen kann, wird der Mensch in eine zwiespältige Rolle gedrängt. Die Erwartung, der Mensch könne und müsse Gott um das für ihn Zuträgliche bitten,

---

[5] Vgl. ebd., 21–40.

[6] Eine Lösung wird in der Providenz Gottes gesucht, die eine Fortsetzung der von Augustinus entwickelten Lehre von der Prädestination mit anderen Mitteln darstellt. Dabei soll das Nachdenken über Zufall und Wahrscheinlichkeit, das in dieser Zeit ja immer mehr an Bedeutung gewinnt, mit der Lehre von der Prädestination verknüpft werden. Dass die Theologen General- und Spezialprävention eng aneinanderzurücken versuchten, ist verständlich, sollten doch die moralischen Lehren Gottes einen pädagogischen Nutzen entfalten können.

scheint die Freiheit des Menschen zu stärken, doch nur so weit, als die Souveränität Gottes nicht beschädigt wird.

Immerhin lässt sich für die menschliche Freiheit mit Blick auf das Bittgebet zweierlei anführen. Zunächst muss ich Gott, soll er meine Freiheit achten, erlauben, mir zu helfen; sodann muss ich ihm sagen, wie er mir helfen kann. Soweit Gott in die Weltläufe auf kontingente Weise eingreifen kann, muss der Mensch zudem, wie die Vertreter der Spezialprovidenz versichern, zumindest in den Fällen, die die Öffentlichkeit betreffen, unterscheiden können, wo Gott die Dinge in die Hand nimmt und wo der Mensch eingreifen soll. Sonst müsste und könnte der Mensch den Dingen ja einfach ihren Lauf lassen, darauf vertrauend, dass Gott am Ende alles richten (hier scheint ein beachtlicher Doppelsinn auf) werde. Doch widerspricht eine solche Haltung zu offensichtlich den Lebensgewohnheiten selbst derjenigen, die sich dieser religiösen Logik verpflichtet fühlen. Alternativ müsste der Mensch alles selbst in die Hand nehmen, und das kann der Gläubige dieses streng religiösen Zuschnitts vermutlich noch viel weniger akzeptieren. Würde Gott tun, was er im privaten Leben eines Menschen tun kann, nämlich unbemerkt in die Zeitläufe eingreifen, würden im Geflecht gegenseitiger Erwartungen Irritationen auftreten: das Phänomen der doppelten Kontingenz zwingt Gott also zu Transparenz in seinem Tun (zumindest soweit scheint er in seiner Souveränität beschränkt zu sein).[7]

Es müsste somit plausibel geklärt werden können, warum gerade der Klimawandel Zeichen dafür ist, dass Gott in den Weltlauf eingreifen will, um sich des Menschen anzunehmen und ihn zu einem gottgefälligen Leben anzuhalten. Deshalb kritisierten Theologen wie

---

[7] Vgl. N. *Luhmann*, Soziale Systeme. Grundriß einer allgemeinen Theorie, Frankfurt a. M. [2]1988, 148–191. Gemeint ist mit dem Begriff der doppelten Kontingenz die gegenseitige Undurchschaubarkeit und deshalb Unberechenbarkeit psychischer Systeme, was dazu führt, dass sich Erwartungen nicht auf Handlungen, sondern auf Erwartungen richten. Gegenseitige Erwartungs-Erwartungen produzieren Verhaltensunsicherheit, die nur durch die Institution von Verlässlichkeit überwunden werden kann. Damit wird unser Gedanke aufgegriffen, im Blick auf psychische Systeme die Umwelt, in der sie agieren, immer mitzudenken. In unserem Fall zählten andere psychische Systeme zur Umwelt eines psychischen Systems. Reduziert werden kann diese Verhaltensunsicherheit durch Kommunikation, die freilich strategisch gelenkt und auf diese Weise individualisiert sein kann: Sie ist ausbeutbar.

Calvin die Unterscheidung von Spezial- und Generalprovidenz. Unklar ist zudem, warum der Klimawandel, auch wenn er als eschatologisches Zeichen gelten kann, nicht das entschiedene Handeln des Menschen provozieren soll? Denn wie soll eine Situation, in der der Mensch gerade nicht frei zu handeln vermag, zu einer Bewährungsprobe für das Gericht Gottes werden können, hat das Gericht Gottes doch das freie Handeln des Menschen zum Gegenstand? Was es dann bedeuten soll, so vor Gott zu leben, dass man vor seinem Gericht bestehen kann, bleibt unklar, ebenso, warum und worum man Gott bitten soll, wenn der ohnehin souverän handelt. Immerhin könnte man anführen, dass Gott den Menschen durch Naturphänomene Zeichen zur Umkehr gibt, die sich allerdings nicht auf den Schutz der Natur, sondern auf das Heil seiner Seele richtet. Man würde dann wiederum sagen können, dass derjenige, der den Klimawandel zu verhindern trachtet, Gott daran hindert, den Menschen – zu seinem Heil – zu mahnen und zu strafen. In dieser merkwürdigen Ambivalenz wirkt wohl noch der Einfluss von Augustinus nach, der die „civitas divina" von der „civitas terrena", also die neutestamentliche Gemeinschaft der Liebe von der alttestamentlichen Gemeinschaft der Gerechtigkeit, unterschied. Einerseits wird die irdische Gerechtigkeit durch Herrschaft realisiert, andererseits der Vorrang der überirdischen Liebe oder der Religion vor der Politik betont. Auf diese Weise äußert sich ein soteriologischer Vorbehalt gegenüber jeder irdischen Herrschaft, insofern es letztlich um das Heil des Einzelnen noch vor jeder gesellschaftlichen Ordnung zu tun ist. Weil die Annahme einer speziellen Vorsehungskompetenz Gottes das religiöse Leben stark individualisiert, ist diese Haltung mit den Erfordernissen einer Krise, die kollektive, nämlich globale Anstrengungen erfordert, nur schwer in Einklang zu bringen. Zumindest liegt es nahe, diesen Aspekt unter den Souveränitätsvorbehalt Gottes zu stellen.

4. Natürliche Neigungen

Eine weitere Möglichkeit, den Gedanken eines von Gott kommenden Plans, der Freiräume zulässt und wichtige Belange des menschlichen Lebens normiert, weiterzuverfolgen, besteht in der Vorstellung einer menschlichen Natur, die mit normativen Signifikanzen ausgestattet ist. Traditionell sprach man etwa von natürlichen Neigungen.[8] Ich will dieser Möglichkeit nachgehen, indem ich ihr zunächst eine etwas andere Richtung verleihe, den Begriff des Ziels oder des Zwecks wieder aufgreife und den Begriff der Natur mit dem der Evolution verknüpfe: Kann eine durch natürliche Selektion geleitete Evolution zielgerichtet sein? Die Anschlussfrage lautet: Lassen sich daraus, falls es uns gelingt, eine solche Zielgerichtetheit zu begründen, normative Signifikanzen erzeugen, die für unser Handeln zumindest beachtenswert oder sogar verpflichtend sind? Dabei setze ich voraus, dass mit dem Begriff einer evolutionären Zielgerichtetheit Entwicklungsstufen angenommen werden müssen, die eine Unterscheidung von höher oder niedriger stehenden Zuständen und damit auch die Annahme eines Fortschritts oder natürlich auch eines Rückschritts erlauben. Mit dem Begriff der Zielgerichtetheit einschließlich der genannten Voraussetzungen soll ein zentrales Moment aufgenommen werden, um von einem Plan Gottes sprechen zu können. Pläne macht nur, wer, wie schon angedeutet, das Verhältnis von Zielen und Mitteln vernünftig bestimmen und so vorankommen will. Diese Deutung setzt außerdem voraus, dass die Evolution einen beachtenswerten Plan Gottes entfaltet.

a) Einwände

Mit Blick auf den Versuch einer solchen Analyse sind zwei Argumente relevant: (1) Zum einen muss es einen wohlbegründeten Maßstab geben, um das Ziel einer Entwicklung oder eine erreichte Entwicklungsstufe, also ein Zwischenziel, als höherstehend oder als Fortschritt auszuzeichnen. Ich würde deshalb behaupten: Wird von einem Plan Gottes gesprochen, ist insofern eine implizite normative Annahme getroffen, als Zustände, die diesem Plan entsprechen, ob sie sich nun evolutionär ergeben oder durch das freie Handeln des Menschen, der natural begründeten normativen Signifikanzen folgt, hergestellt werden, gegenüber alternativen Zuständen ausgezeichnet sind. Es ist dann explizit auszuweisen, welcher Maßstab eine solche Auszeichnung erlaubt. Der Hinweis auf einen Plan Gottes kann diesen Maßstab natürlich nicht ersetzen, weil wir ja wiederum nach

---

[8] Vgl. *C. J. Scherer*, Die *per se* schlechte Handlung in der Summa Theologiae des Thomas von Aquin. Die Bedeutung von Tugend und Gesetz für die Artbestimmung der menschlichen Handlung, Bonn 2014, 148–158.

Maßstäben suchen müssten, die ausweisen könnten, dass ein bestimmter Zustand diesem Plan entspricht bzw. auch nicht entspricht. Klar dürfte sein, dass dieser Maßstab nicht nur deskriptiv
sein kann, sondern auch präskriptiv sein muss: das heißt, der geforderte Maßstab hat zu bewerten, nicht allein zu beschreiben. (2) Zum
anderen ist zu klären, ob das, was wir Evolution nennen, einfach
dem Zufall unterliegt, die Rede von einem Plan Gottes wäre dann,
so vermute ich, aufzugeben. Auch hier sind alternative Konzepte
nicht ausgeschlossen, die Zufall und Plan Gottes als vereinbar ausweisen. Wenn man also von einem Plan Gottes sprechen wollte,
müsste man entweder zeigen, dass die Evolution nicht dem Zufall
unterliegt, oder man müsste zeigen, dass diese Terminologie mit
der Tatsache vereinbar ist, dass die Evolution dem Zufall unterliegt.

Wenn wir von einem Ziel oder Zweck der Schöpfung, wie wir
dann sagen müssten, ausgehen wollen, würden wir die Evolution teleologisch deuten, ihr also im Ganzen wie in Teilen Zielgerichtetheit
unterstellen. Ich möchte an dieser Stelle die beiden erwähnten Einwände etwas näher beleuchten: Der erste Einwand gegen eine teleologische Deutung der Evolution hat geltend gemacht, die Wissenschaft, die sich mit der Evolution beschäftigt, könne einen
entsprechenden Maßstab, der Wertungen beinhaltet, nicht begründen. Der zweite Einwand hat für sich in Anspruch genommen, evolutionäre Entwicklungen könnten deswegen nicht auf ein Telos ausgerichtet sein, weil bzw. wenn sie auch alternativ hätten verlaufen
können. Was immer evolutionär zustande gekommen ist, scheint
sich dem Zufall zu verdanken.

b) Begriffsklärungen

Zur Schärfung der Überlegungen soll zunächst zwischen Zweckmäßigkeit und Zweckhaftigkeit unterschieden werden.[9] Von *Zweckmäßigkeit* kann im Modus der Mittel-Ziel-Relation gesprochen werden, wenn ein Mittel sich als geeignet oder besonders geeignet
erweist, um ein vorgegebenes Ziel zu erreichen. Von *Zweckhaftigkeit*
sprechen wir mit Blick auf ein Ziel: Die Natur hat Lebewesen beispielsweise mit Sinnesorganen „ausgestattet", die einem bestimmten

---

[9] Vgl. zu dieser Unterscheidung ausführlich *Ch. Illies*, Philosophische Anthropologie im biologischen Zeitalter, Frankfurt a. M. 2006, 214–235.

Zweck oder mehreren Zwecken dienen. Für unsere Belange ist der Begriff der Zweckmäßigkeit belanglos. Was ist also unter Zweckhaftigkeit genauer zu verstehen?

Mit Blick auf die Evolution könnte eine erste Anwendung lauten: Lebewesen sind insofern zweckhaft organisiert, als sie Merkmale und Eigenschaften aufweisen, die ihnen bzw. ihrem Überleben in einer spezifischen Umwelt dienlich sind. Man könnte auch den Begriff der Anpassung verwenden: Lebewesen erweisen sich dank ihrer Merkmale und Eigenschaften als an ihre Umwelt besonders gut angepasst. Eine zweite Anwendung könnte wie folgt aussehen: Das Evolutionsgeschehen als Ganzes ist ein zweckhafter Prozess. Das führt uns nahe an das Ausgangsthema heran, die Überlegung, ob wir sinnvollerweise von einem „Plan Gottes" sprechen können. Deutet man das Evolutionsgeschehen insgesamt als einen zweckhaften Prozess, dann kann das mit Vernunft begabte Lebewesen Mensch selbst als Ziel dieser Entwicklung gesehen werden; oder als Ziel der Evolution gilt das Vernunftwesen Mensch nur insofern, als es in der Lage ist, Geltungsansprüche anzuerkennen und zu verwirklichen und sich so als moralisches Wesen zu behaupten: Wo der Mensch Moralität verwirkliche, dürfe er sich als Ziel dieser Welt betrachten.[10]

Nun kann noch eine weitere Unterscheidung hinzugenommen werden, nämlich die zwischen einem zweckhaften *Phänomen* und einer zweckhaften *Ursache* als Erklärung eines Phänomens. Diese Unterscheidung hat den Sinn, zweckhafte Phänomene annehmen zu können, ohne damit zu behaupten, sie müssten auch eine zweckhafte Ursache haben.[11] Wie verhalten sich nun jedoch zweckhafte Ursachen, die intentional, also zielgerichtet sind, zu zweckhaften Phänomenen?

Folgende Kombinationsmöglichkeiten sollen weiterhelfen: (1) Zweckhafte Phänomene können zweckhafte Ursachen haben. So behauptete die Physikotheologie bzw. der Spezialkreationismus, Lebewesen seien zweckhaft für ihren spezifischen Lebensraum ausgestattet, was den Rückschluss auf Gott als direkte zweckhafte Ursache zulasse. (2) Zweckhafte Phänomene haben nicht-zweckhafte Ursachen. Darwin ging bezüglich der verschiedenen Organismenarten von einer nicht-zweckhaften Erklärung für zweckhafte Phänomene aus. Es werden jene Varianten positiv selektiert, denen eine über-

---

[10] Vgl. ebd., 82.
[11] Vgl. zu den folgenden Ausführungen ebd.

lebensfähige Anpassung an die jeweilige Umwelt gelingt, natürlich einschließlich der folgenden Reproduktion. Man kann somit sagen, dass Lebewesen zweckhaft für ihre jeweilige Umwelt angepasst sind. (3) Schließlich können zweckhafte Ursachen mittels nicht-zweckhafter Mittel wirken. Leibniz bezeichnete Gott, der sich nicht-zweckhafter Ursachen, nämlich der Naturgesetze, bedient, um etwas Zweckhaftes zu erschaffen, als zweckhafte Ursache. Ich vermute, ohne das innerhalb dieses Beitrags näher zeigen zu können, dass die Kombinationen (1) und (2) unvereinbar sind, dass Kombination (2) nach unseren naturwissenschaftlichen Kenntnissen plausibel ist, und dass Kombination (2) und (3) vereinbar sind. Ich würde allerdings einschränken, dass der Begriff vom „Plan Gottes" ungeeignet ist, um auf Kombination (3) plausibel reagieren zu können; der Begriff „Schöpfung" mag sich hier als geeigneter erweisen.

c) Anwendungen

Überlegt werden soll, ob sich aus Naturzwecken normative Konsequenzen ergeben. Nehmen wir dazu zweckhafte Phänomene an, die unzweckhafte Ursachen haben. Können wir aus einer solchen phänomenalen Zweckhaftigkeit normative Signifikanzen generieren? Können wir aus Naturzwecken Verbindlichkeiten für unser Handeln gewinnen? Zunächst ist zu überlegen, was wir unter solchen Naturzwecken verstehen – wir nähern uns wieder dem schon erwähnten Begriff der natürlichen Neigungen. Wählen wir hier als Beispiel für einen solchen Naturzweck die Hervorbringung von Nachkommen. Blickt man auf die natürliche Ausstattung des Menschen, die dem Zweck der Reproduktion dient, kann man von einem zweckhaften Phänomen sprechen, das eine nicht-zweckhafte Ursache hat. Lässt sich aus dem Naturzweck der Reproduktion ein normativer Gehalt gewinnen? Hier wäre daran zu denken, dass die organische Ausstattung des Menschen zu anderen Zwecken als zur Reproduktion verwendet wird. Naturwissenschaftlich kann man neben dem Zweck der Reproduktion die Gewinnung von Lust oder die Stärkung von Bindung bei Sexualpartnern anführen.[12] Von daher ergibt sich eine

---

[12] Vgl. *Ch. Breitsameter*, Menschliche Sexualität zwischen Natur und Kultur, in: K. Hilpert, S. Müller (eds.), Humanae vitae – die anstößige Enzyklika. Eine kritische Würdigung, Freiburg i. Br. 2018, 373–387.

Mehrzahl und Vielfalt von Zweck- oder Sinndimensionen menschlicher Sexualität. Bemerkenswert: Mit der Zeugung von Nachkommen und der gegenseitigen Treue sind zwei klassische Ehezwecke normativ positiv, die Lust hingegen negativ gedeutet (wir finden eine solche Deutung mit unterschiedlichen Akzentsetzungen bei Augustinus und Thomas von Aquin): Idealerweise zielen Partner die Erzeugung von Nachkommen an, nicht jedoch die damit verbundene Lust. Wird die Lust angezielt, um die Bindung der Partner zu stärken, ist dies (selbstverständlich nur innerhalb der Ehe) eine lässliche Sünde (eine schwere Sünde läge vor, wenn dies außerhalb der Ehe geschähe).[13] Dahinter stehen nach heutigen naturwissenschaftlichen Erkenntnissen physiologische Muster, die freilich nicht in einem geordneten Verhältnis zueinander stehen: sexuelle Lust und sexuelle Anziehung, die der Reproduktion, sowie sexuelle Bindung, die der Aufzucht der Nachkommen dienen. Sie können, wie vermutet wird, miteinander verbunden oder unabhängig voneinander wirken.[14] Lust kann – zusammen mit, im Prinzip jedoch auch ohne Anziehung – dem Naturzweck der Fortpflanzung dienen, und zwar unabhängig davon, ob ein Paar eine Bindung eingeht oder nicht. Geht ein Paar eine Bindung ein, kann sich das Dispositiv der Lust bzw. Anziehung verselbstständigen.[15] Es gibt also, wenn man die tra-

---

[13] So argumentiert etwa Augustinus. Vgl. dazu Ch. *Breitsameter, St. Goertz*, Vom Vorrang der Liebe – Zeitenwende für die katholische Sexualmoral, Freiburg i. Br. 2020, 43–57.

[14] Vgl. H. *Fisher*, Lust, Anziehung und Verbundenheit. Biologie und Evolution der menschlichen Liebe, in: H. Meier, G. Neumann (eds.), Über die Liebe. Ein Symposion, München [4]2010, 81–112.

[15] H. *Fisher*, Lust, Anziehung und Verbundenheit. Biologie und Evolution der menschlichen Liebe, in: H. Meier, G. Neumann (eds.), Über die Liebe. Ein Symposion, München [4]2010, 81–112, hier 107f.: „Die statistische Dauer der menschlichen Ehe, die mit der Scheidung endet, von vier Jahren, entspricht dem traditionellen Abstand zwischen zwei aufeinanderfolgenden Geburten beim Menschen von ebenfalls vier Jahren. Deshalb nehme ich an, daß die weltweite Tendenz beim Menschen, ein Paar zu bilden und für etwa vier Jahre zusammenzubleiben, eine alte Fortpflanzungsstrategie der Hominiden widerspiegelt, ein Paar zu bilden und zumindest während der Zeit zusammenzubleiben, in der das Kind von der Mutter gestillt wird und die frühe Kindheit andauert. Sobald das Kind im Alter von etwa vier Jahren in der Lage war, sich einer altermäßig gemischten Spielgruppe anzuschließen, konnten ältere Geschwister, Tanten, Großmütter und andere Mitglieder der Jäger- und Sammlerhorde einen großen Teil der Lasten der Elternschaft übernehmen. Wenn nun ein Paar kein zweites Kind

ditionelle Lehre von den Ehezwecken bemühen will, eine potenzielle
Konkurrenz zwischen Treue und erfolgreicher Fortpflanzung. Traditionell hat man dem „reinen" Naturzweck der Fortpflanzung übrigens keine normative Signifikanz zugesprochen. Die menschliche
Natur wird, so dachte man, erst durch die Vernunft normativ an-
sprechbar. Dabei konnte der Zweck der Fortpflanzung, soweit er
der individuellen Vernunft (eines Paares) nicht einsichtig war, durch
die soziale Vernunft geltend gemacht werden: Er dient dem Überleben und dem Wohlstand einer Gemeinschaft.

Der Vorwurf gegenüber Menschen, deren sexuelle Beziehungen
folgenlos bleiben sollen bzw. müssen, die also die Lust um ihrer
selbst willen suchen, lautete, sie verhielten sich hedonistisch, weil
sie ihren Beitrag zum Gemeinwohl nicht zu leisten bereit sind. Verkannt wird hier meist, dass dieses Urteil auf komplexe Weise gleichermaßen auf heterosexuelle wie auf homosexuelle Akte bezogen
wird. Beide Male wird also ein und derselbe Sachverhalt kritisiert.[16]

---

miteinander hatte, waren beide frei auseinanderzugehen, einen neuen Partner zu
finden und sich erneut fortzupflanzen – und so eine gesunde genetische Vielfalt
in ihren Stammbäumen zu schaffen."

[16] Im Fall heterosexueller Beziehungen, die unfruchtbar sind, ist dem menschlichen Willen durch die Natur eine kontingente Grenze gesetzt (weil sie nur einige Menschen betrifft), eine Grenze, die im Fall homosexueller Beziehungen –
ebenfalls von Natur aus – notwendig existiert (weil sie alle Menschen betrifft).
Der Vorwurf gegenüber homosexuellen Beziehungen lautet dann ganz einfach,
dass sie, wenn sie wollten, innerhalb heterosexueller Beziehungen Nachkommen
hervorbringen könnten – die Unfruchtbarkeit homosexueller Akte ist somit allein dem Hedonismus der Beteiligten geschuldet. Thomas von Aquin hätte ganz
sicher nicht Menschen beigepflichtet, die innerhalb heterosexueller Beziehungen
diese natürliche Grenze – dauerhaft oder auch nur einmalig – instrumentalisieren, indem sie unfruchtbare Zeiten nutzen und ihrer sexuellen Lust ohne das zu
intendierende Ziel der Erzeugung von Nachkommen frönen: Auch in solchen
Fällen würde er den Vorwurf des Hedonismus erheben, der asozial wirkt, weil er
der Gemeinschaft einen erwartbaren Beitrag, nämlich die Erzeugung von Nachkommen, versagt. Die Komplexität dieser normativen Parallelität besteht darin,
dass der Vorwurf an homosexuelle Verbindungen nicht lautet, sie können (wie
unfruchtbare heterosexuelle Paare) keine Nachkommen zeugen, er lautet vielmehr: Sie wollen keine Nachkommen zeugen, obwohl sie es innerhalb einer heterosexuellen Beziehung tun könnten, wenn sie nur wollten. Homosexualität war
damals, wie man hinzufügen muss, nicht als Veranlagung erkannt, sondern wurde als Neigung, als selbstgewählte Abweichung von dem, was als natürlich galt,
behandelt, eine Neigung, die freilich nicht naturgemäß genannt werden kann,
sondern in einer naturwidrigen Haltung gründet, die zu unerlaubten, weil ge-

Zu dieser sozial geprägten Vernunft gehörte auch, dass die beständige und treue Gemeinschaft zwischen Mann und Frau einen Zweck der Ehe bildet, der die Legitimität der Nachkommen sichern soll. Dieser Zweck hat gegenüber der puren Erzeugung von Nachkommen, die ja in jedweder Verbindung stattfinden kann, Vorrang. In der traditionellen Normativität sollte der Mensch somit den „Zweck" seiner geschlechtlichen „Natur", nämlich die Erzeugung legitimer Nachkommen, zum Ziel seines Handelns bestimmen. Die Kehrseite dieser Norm besagte, dass sexuelle Lust nicht um ihrer selbst willen angestrebt werden darf. Es galt, jede nichtgenerativ wirkende Begehrlichkeit zu verhindern. Wo sich dieses soziale Erfordernis durch kontingente Entwicklungen der Gesellschaft nicht mehr ungebrochen begründen ließ, weil gesellschaftliche Produktion und Reproduktion sich zunehmend voneinander abtrennten, verblassten auch die entsprechenden Normen: Sie verloren ihren einsehbaren Sinn. Insofern erweisen sie sich tatsächlich als „kontingent, jedoch nicht zufällig": Sie sicherten in einer spezifischen Umwelt durch Anpassung das Überleben der Menschen. Statt von Naturzwecken ist also richtigerweise von Vernunft- und Sozialzwecken im Gebrauch der geschlechtlichen Natur zu sprechen, die je nach Umwelt durchaus normative Signifikanz entfalten konnten. Sowohl das Erfordernis der Reproduktion als auch das Erfordernis der Legitimität von Nachkommen setzt eine Umwelt voraus, in der die enge Verbindung von Ehe- und Erbrecht das Überleben einer Gemeinschaft und so auch ihrer Mitglieder sichern soll. Heute existieren diese Gegebenheiten nicht mehr, weshalb die normativen Signifikanzen, die einstmals plausibel waren, erloschen sind.[17]

Für Kant existieren keine Naturzwecke mehr, durch die das Handeln des Menschen normiert wird. Entsprechend ist für ihn auch die

---

meinschaftsschädigenden Handlungen führt. Die Naturwidrigkeit lustbetonter heterosexueller wie homosexueller Akte bestand somit in der Schädigung des Gemeinwohls. Wo der ehelichen Pflicht in gemeinschaftsfördernder Weise Genüge getan wird, wird die lustbetonte sexuelle Neigung durch die Gesellschaft zumindest geduldet, und diese Duldung gilt zumindest im paganen Kontext sowohl für heterosexuelle Akte innerhalb wie außerhalb der Ehe als auch für homosexuelle Akte (jeweils nur bei Männern, Frauen waren dabei selbstverständlich nicht im Blick).

[17] Vgl. *Ch. Breitsameter, St. Goertz*, Vom Vorrang der Liebe – Zeitenwende für die katholische Sexualmoral, Freiburg i. Br. 2020, 128–137.

menschliche Sexualität entfinalisiert.[18] Verzwecken sich jedoch, so könnte man einwenden, nicht gerade deshalb Partner gegenseitig und würdigen sich zum bloßen Mittel herab, wenn sie der Lust wegen miteinander geschlechtlich verkehren? Kant beantwortet diese Frage, indem er in der wechselseitigen Erwerbung der Partner die Voraussetzung dafür sieht, von einer Person Gebrauch zu machen, ohne ihre Würde zu verletzen. Nun muss geklärt werden, wie ein Mensch sich einem anderen Menschen übereignen kann, ohne sein Eigentum zu werden, das heißt ohne sich selbst zu einer Sache herabzuwürdigen oder herabwürdigen zu lassen. Es würde bedeuten, eine Person wie eine Sache gebrauchen zu dürfen, ohne über sie zu verfügen. Der Gebrauch, den Partner in einer Geschlechtsgemeinschaft voneinander machen, ist für Kant der sexuelle Genuss. Hier bedient sich ein Partner des anderen Partners „unmittelbar zu seiner Belustigung", und nicht mittelbar zu einem Zweck, der über die sexuelle Handlung selbst hinausgeht. Im geschlechtlichen Verkehr wird also wechselseitig kein anderer Zweck als der Zweck der Handlung selbst verfolgt. Weil nun das Ziel des Geschlechtsverkehrs die gegenseitige „Belustigung" ist, ist der sexuelle Genuss der Handlung inhärent. Die Partner instrumentalisieren sich nicht zum Zweck der Erzeugung von Nachkommenschaft oder zum Zweck der Vermeidung eines unbotmäßigen Gebrauchs der Geschlechtskräfte, um erneut die traditionelle Sicht zu bemühen. Es liegt gerade in der gegenseitigen „Belustigung" keine gegenseitige Verzweckung oder Herabwürdigung vor, die, selbst wenn sie konsensuell zustande käme, aus ethischer Sicht nicht statthaft wäre. Die Partner übereignen gegenseitig sich selbst, sie übereignen nicht ihren Körper, weil sie auch als Zweck an sich und nicht nur als Mittel behandelt, eben in ihrer Einheit und Ganzheit geachtet werden wollen, was auch einer gegenseitig zugestandenen, nicht nur einer einseitig vorgenommenen Verzweckung oder Selbstverzweckung wehrt. Es können somit keine Zwecke der Liebe (ähnlich den Zwecken der Ehe) außer dem einen Zweck, nämlich der geliebten Person, existieren. Kants Denken ist stark von Pufendorf beeinflusst, der betont: Unser Tun instituiert Normen und überzieht eine natürliche Welt mit normativen

---

[18] Diese Darstellung folgt *F. Kuster*, Verdinglichung und Menschenwürde. Kants Eherecht und das Recht der häuslichen Gemeinschaft, in: Kant-Studien 102 (2011), 335–349.

Signifikanzen, die intrinsisch keine Richtlinien oder Urteilsmaßstäbe für das Handeln enthält. Eine normative Signifikanz wird einer nichtnormativen Welt übergeworfen wie ein Mantel über ihre Nacktheit, die Natur des Menschen bekleidet sich mit Kultur. Allerdings, und das ist ein Unterschied zu Kant, erkennt Pufendorf an, dass Gott als vernünftiges Wesen moralische Eigenschaften einsetzen oder etablieren könne. In diesem Sinn wird er als einer von uns behandelt. Doch auch für Gott ist, wie Pufendorf betont, die Erschaffung der physischen Welt die eine und ihre Ausstattung mit moralischen Eigenschaften die andere Sache.[19]

Ich will nun von daher weiter überlegen, ob sich eine teleologische Deutung der Evolution von Moralsystemen begründen lässt. Deutlich übersichtlicher formuliert, wäre zu diskutieren, ob sich eine solche Deutung mit Blick auf einzelne Normen plausibilisieren lässt. Damit komme ich auf die beiden vorgestellten Einwände zurück: (1) Zum ersten Einwand ist festzustellen, dass eine Bewertung moralischer Normen nicht durch die Evolutionswissenschaft vorgenommen werden kann, sondern der Ethik zusteht. Man kann allerdings annehmen, dass die teleologische Deutung einer Evolution von Moralsystemen bzw. Moralnormen mit den Evolutionswissenschaften, also auch mit spezifischen Erklärungsmodellen dieser Wissenschaften in Einklang stehen und deshalb evolutionswissenschaftlich plausibilisiert werden können, wobei dann natürlich zu zeigen ist, worin eine solche Konvergenz von, kurz gesagt, Moral und Natur bestehen kann und worin nicht. Die Evolutionswissenschaft könnte etwa auf natürliche, zweckhafte Anlagen verweisen, womit zwar klar wird, dass die Beschreibung dieser Anlagen nicht ihre Bewertung durch die Ethik zu ersetzen vermag (die Bewertung kann, mit anderen Worten, aus der Beschreibung nicht abgeleitet werden), es ließe sich aber zeigen, dass eine Bewertung mit einer spezifischen Beschreibung konvergiert. Von diesem Punkt aus lässt sich das schon eingeführte Argument entwickeln, dass es eine natürliche Selektion und damit auch eine Evolution von Moralsystemen oder Moralnormen gibt, die nicht einfach zufällig, doch kontingent ist, weil sie als Anpassung an eine spezifische Umwelt gedacht ist. Wir beschreiben damit einen Sachverhalt, den Kant elegant durch die Wendung

---

[19] Vgl. *Ch. Breitsameter*, Welche Schwierigkeiten entstehen, wenn wir von „moralischer Wahrheit" sprechen? in: MThZ 73 (2022), 138–146, 141.

zum Ausdruck bringt, die Kultur sei der Naturzweck des menschlichen Geschlechts.[20] Eine Population, die diese Moral, wie wir jetzt
kürzer sagen wollen, hervorgebracht hat, konnte, zumindest in einer
kontingenten Umwelt, besser überleben als eine Population, der dies
nicht gelang. Die Formel „nicht zufällig, doch kontingent" lässt sich
auf die Diskussion der Ehezwecke bzw. der „Naturzwecke" im Ge-
wand der dargestellten natürlichen Dispositionen anwenden. Ähnliche Aussagen lassen sich in Bezug auf die sogenannte Gen-Kultur-
Koevolution vornehmen, in deren Verlauf sich „altruistische
Populationen" gegen „egoistische Populationen" durchsetzen konnten. (2) Folgt man diesem Argument, dann ist der zweite Einwand
nicht stichhaltig, kann man doch argumentieren, dass die evolutionäre Entwicklung genauso gut einen anderen Weg hätte einschlagen
können und deshalb rein zufällig sei. Ein selektiver Erfolg durch Anpassung an die Umwelt – was die Vernunft- bzw. Sozialmoral ein-
schließen kann – ist in einem anspruchsvollen Sinn wahrscheinlich.
Freilich bleibt es möglich, dass Zufälle bzw. Kontingenzen zu einer
anderen Entwicklung auch von Moralsystemen bzw. Moralnormen
führen bzw. hätten führen können. Doch das auszuschließen, ist für
die vorgeschlagene teleologische Deutung nicht erforderlich. Für
den Nachweis eines vernünftigen Telos der Entwicklung genügt,
dass die Moral die relativ am besten angepasste ist, also eine gut begründete Hoffnung auf ihren Erfolg besteht. Wenn das der Fall ist,
dann ist der Erfolg keine bloße Frage des Zufalls. Die Natur des
Menschen selbst, die Zweckhaftigkeiten birgt, erweist sich als normativ nicht signifikant, seine Vernunft- und Sozialnatur kann allerdings eine nicht-zufällige, weil an die Gesellschaft angepasste, freilich kontingente, sofern jederzeit an veränderte gesellschaftliche
Erfordernisse anpassbare Moral begründen. Auch wenn sich eine angepasste Moral nicht aus der Natur des Menschen ableiten lässt, weil
sie jederzeit auf kontingente Randbedingungen, zu denen auch das
Verhalten anderer Akteure zählt, zu reagieren hat (abgesehen davon,
dass die menschliche Natur kultiviert und so dem Wandel unterworfen ist), kann sie sich immerhin auf natürliche Anlagen stützen, so
dass eine Konvergenz von Natur und Kultur entsteht, unter Umständen in Konkurrenz zu oder unabhängig von weiteren natürlichen

---

[20] Vgl. ausführlicher Ch. *Illies*, Philosophische Anthropologie im biologischen
Zeitalter, Frankfurt a. M. 2006, 82.

Anlagen. Der Begriff vom Plan Gottes erweist sich hier als ungeeig-
net, um Naturphänomene oder Moralsysteme in ihrer Genese bzw.
Geltung zutreffend zu beschreiben. Vermutlich lässt sich der offenere
Begriff der Schöpfung weit besser mit der Vorstellung evolutionärer
Mechanismen verknüpfen.

5. Autorität und Freiheit

Normen werden als verbindlich legitimiert, ja erhalten überhaupt
erst Geltung, indem sie durch Individuen anerkannt, das heißt letztlich handelnd angeeignet werden, mithin Zustimmung finden. Kant
betont, dass wir zwar nicht frei sind, uns von Normen völlig loszusagen (es würde bedeuten, sich von der Vernunft loszusagen), dass wir
aber nicht frei wären, wenn wir uns durch etwas anderes als durch
unsere eigenen praktischen Einstellungen binden ließen: In diesem
Sinn binden wir uns selbst durch Normen. Normative Einstellungen
bringen normative Status (im Sinn vereinbarter Regeln) hervor. Damit ist die Supervenienz normativer Status auf normative Einstellungen zugestanden, ohne freilich einem Naturalismus oder Reduktionismus verpflichtet zu sein. Vernünftig handeln bedeutet, sich
selbst freiwillig an Normen zu binden. Selbstbindung an Normen
ist Autonomie. Genauer gesagt, ist es nicht das Gebundensein an
Normen selbst, das Freiheit vermittelt, sondern die Vorstellung davon. Normative Status gründen, mit anderen Worten, in den normativen Einstellungen derer, die sich ihnen unterwerfen bzw. unterworfen wissen.

Wir haben als rationale Wesen die Autorität, Regeln zu instituie-
ren, denen gegenüber wir verpflichtende Verantwortung tragen. Der
normative Status, der durch die Instituierung von Regeln entsteht,
ist deshalb *Objekt* der normativen Einstellung, die ein *Subjekt* sich
selbst und anderen gegenüber einnimmt. Rationale Wesen sehen
sich nur zu dem verpflichtet, zu dem sie selbst sich verpflichtet sehen. Wenn ein Akteur will, dass sich andere rationale Wesen dem
verpflichtet sehen, wozu er sie verpflichtet sehen will, ist die gegenseitige Achtung der regelsetzenden Autoritäten, die sich durch die
Bindung an Regeln selbst verpflichten, erfordert. Wenn also ein ra-
tionales Wesen andere rationale Wesen zu etwas verpflichtet sehen
will, muss es sich selbst dazu verpflichtet sehen. Man hat, mit ande-

ren Worten, die Autorität, normative Status auf normative Einstellungen zu gründen nur, wenn sie von anderen geachtet wird, was natürlich wechselseitig gilt. Zu achten ist die Autorität eines jeden rationalen Wesens, sich nur dem verpflichtet zu sehen, dem man sich rationalerweise verpflichten will, das heißt, ein jedes rationale Wesen muss Regeln, die Verbindlichkeit entfalten sollen, zustimmen oder zustimmen können. Wo ein Akteur einer Regel nicht zustimmt, kann offenbleiben, ob durch Informationen bezüglich der *instrumentellen* oder *prudentiellen* Rationalität einer Regelsetzung diese Bereitschaft erzeugt werden kann. Durch zustimmungsfähige Regeln erreichen wir, wie schon erwähnt, dass wir überhaupt Handlungen ausführen können, sei es, weil wir durch andere nicht daran gehindert, sei es, weil wir durch andere (im Sinn kollektiver Handlungen) dazu befähigt werden. Die Beschränkung von Handlungsräumen durch Regeln eröffnet Interaktionsräume. Wir sprechen dann von einer *werthaften* Rationalität. Diese drei Facetten von Rationalität (instrumentell, prudentiell und werthaft) erlauben die Formulierung von einem „sinnvollen Plan" für unser Leben, die sonst pleonastisch erscheinen könnte, insofern sie informative Eingriffe durch andere Akteure und damit potentielle Korrekturen der unverwechselbaren Weise, sein Leben zu führen, herausfordern. Wie Pufendorf vorschlägt, kann auch Gott – über den Weg der Offenbarung, wie wir sagen müssten – als ein solcher Akteur betrachtet werden, er ist dann einer unter Gleichen, wenngleich wir, darin Kant folgend, nicht zugestehen würden, dass er moralische Eigenschaften autoritativ instituiert. Eine solche Bestimmung entkommt den geschilderten Schwierigkeiten insbesondere epistemischer Art. Die Autorität Gottes bzw. seiner Vernunft ist dann eine Autorität unter Autoritäten, sie muss durch die normativen Einstellungen endlicher Wesen, also durch Vernunftgründe, anerkannt werden, um Autorität zu entfalten. Damit ist die Freiheit Gottes, sich entsprechend zu artikulieren, eine Freiheit unter Freiheiten, die wiederum durch die Freiheit (bzw. Vernunft) endlicher Wesen Anerkennung zu finden hat. Dass Gott frei sein kann, ohne die Freiheit endlicher Wesen zu übertrumpfen oder zu überstimmen, sollte weniger Voraussetzung als vielmehr Folge unserer Überlegungen sein.

Zur Normativität eines Plans

Die Rolle von Natur, Plan und Gott in unseren normativen Überzeugungen

Alexis Fritz

Hinführung: Anscombes Kritik am Begriff „Sollen"

Die Philosophin Gertrude E. M. Anscombe arbeitete zur Hochzeit der angelsächsischen Metaethik. „Metaethik" ist der Ort, wo die Analytische Philosophie auf moralische Sprache trifft. In einem ihrer Klassiker, dem Aufsatz „Modern Moral Philosophy" (1958)[1], fragt Anscombe danach, wie wir die normative Kraft des Wortes „sollen" verstehen können. Sie beginnt mit einer Alltagsgeschichte: ihrem Gemüsehändler. Bei diesem bestellt sie, er liefert und sie *soll* bezahlen. Dieses „sollen" kann nun nicht moralisch oder moralisch verstanden werden. Im nicht moralischen Sinn soll sie den Gemüsehändler bezahlen, weil es ihr ansonsten schlecht ergeht. So wie es für eine Maschine schlecht ist, nicht geölt zu werden, so ist es für sie schlecht (im deskriptiven Sinn), nicht zu zahlen. Dagegen soll sie bezahlen im moralischen Sinn, weil sie dazu verpflichtet ist. Anscombe fragt: Was verpflichtet sie eigentlich moralisch dazu?[2]

- Das Gewissen? Dieses habe Menschen zu den niederträchtigsten Schandtaten verleitet.
- … Das Gleiche gelte für gesellschaftliche Normen.
- Die Leidenschaften (passiones)? Jedes x-beliebige Ziel könne Leidenschaften entfachen.
- Die Selbstgesetzgebung? Ein inhaltsleerer, aber dafür rigoroser Grundsatz, demzufolge wir uns immer so entscheiden müssen, dass alle zustimmen können.

---

[1] G. E. M. *Anscombe*, „Modern Moral Philosophy", in: Philosophy 33 (1958), 1–19; dt.: „Die Moralphilosophie der Moderne", in: K. Nieswandt/U. Hobil (Hg.), G. E. M. Anscombe Aufsätze, Berlin 2014, 142–170.

[2] Vgl. ebd., 144f., 161f.

– Die Lust als Ziel aller Handlungen? Dieser Begriff wirft viele Fragen auf und bringt Probleme mit sich.
– Nutzenerwägungen? Eine ebenso gehaltlose Methode, die sich nicht darauf festlegen wolle, welche Handlung erlaubt oder verboten ist.
– Verträge? Verträge, die man nicht geschlossen hat, binden nicht, so wie Gesetze, die nicht bekanntgemacht wurden.
– Kosmische oder [Natur-]Gesetze? Dann dürften womöglich die Starken die Schwachen unterwerfen.

Wittgensteins Schülerin kommt zu dem Ergebnis, dass wir selbst unsere moderne Sprechweise über moralische Verpflichtungen nicht mehr verstehen, ja nicht mehr verstehen können. Daher sollen wir Begriffe wie „Verpflichtung", „Sollen", „Pflicht", „Richtiges" oder „Falsches" nicht mehr moralisch gebrauchen. Diese Begriffe stammen aus einer Zeit, in der ein göttliches Gesetz oder ein entsprechender Gesetzgeber verpflichtet hat.[3] Dieser göttliche Nimbus einer Gesetzesethik sei aber schon länger aufgegeben. Der moralische Begriff „Sollen" habe seine eigentliche Semantik überlebt. Es sei so, als ob wir noch immer das Wort „kriminell" verwenden würden, das weltliche Recht aber schon längst abgeschafft worden ist.

Dennoch gebrauchen wir laut Anscombe in der alltäglichen wie akademischen Sprache gleichermaßen das moralische „Sollen" „als ein Wort von unerklärlicher Zauberkraft"[4]. Es übe eine starke psychische Wirkung auf uns aus. Aber es bezeichne keinen Begriff, keinen Inhalt mehr. Wir verbinden damit ein spezielles Gefühl. Aber außerhalb einer Gesetzesethik sei dieser Ausdruck völlig sinnlos. Die Suche nach anderen Inhalten oder Grundlagen – das eigene Gewissen, Selbstgesetzgebung, Nutzenerwägungen, gesellschaftliche Normen … – laufe ins Leere. Deshalb sei es nur richtig, den „Sollens"-Gebrauch im moralischen Sinn völlig aufzugeben.[5]

Es ist umstritten, wie Anscombes Argumentation und plakative Schlussfolgerungen tatsächlich zu verstehen sind: Fordert Anscombe wirklich, dass wir das moralische „Sollen" sein lassen sollen, oder möchte sie dieses auf eine göttliche Gesetzesethik zurückführen?

---

[3] Vgl. ebd., 150f.
[4] Ebd., 153.
[5] Vgl. ebd., 154.

Möchte sie lediglich auf die fragwürdigen Inhalte und Geltungsansprüche zentraler normativer Theorien hinweisen? Geht es ihr darum, den Ansatz einer aristotelischen Tugendethik möglichst stark
zu machen gegenüber anderen, in ihrer Zeit dominanteren Ethik-
theorien? Unstrittig ist, dass wir im Alltag selbstverständlich auch
darüber sprechen, was moralisch getan werden soll. Wir treffen normative Aussagen. Dazu verwenden wir in der Regel deontische Begriffe als Signalwörter wie z. B. „geboten", „verboten", „erlaubt"
oder auch „sollen".[6] Doch von welcher Art ist das Normative in unseren Aussagen? Können wir überhaupt von dem Normativen sprechen? Haben die unterschiedlichen Arten normativer Aussagen
(rechtlich, technisch, prudentiell, moralisch ...) etwas Gemeinsames? Wie werden normative Aussagen generiert? Und woher
schöpfen sie ihre Bedeutung und Geltung?

In jüngster Zeit hat vor allem der Philosoph Ralph Wedgwood
die Normativität sprachanalytisch bzw. metaethisch intensiv untersucht. In schlüssiger Weise gebraucht er den Begriff „Plan", um die
Normativität unserer Vorstellungen und Intentionen zu erklären.
Hierfür rezipiert und kombiniert Wedgwood klassische philosophische mit jüngeren metaethischen Ansätzen. In Anlehnung an seine
analytischen und systematischen Überlegungen möchte dieser Beitrag den Begriff „Plan" für unser Verständnis von Normativität
fruchtbar machen. Es wird dafür argumentiert, den Begriff „Plan"
nicht heteronom („von außen kommend"), naturalistisch-szientis-
tisch oder subjektivistisch-psychologisch zu verstehen. Wer die normative Bedeutung von „Plan" mit empirischen, biologischen oder
evolutionstheoretischen Vorstellungen oder mit Gefühlen und Emp-
findungen gleichsetzt, verliert dessen normative Signifikanz. Zugleich sollen die Absicht und die Umstände des Handlungssubjektes
der Ort sein, an dem von einem normativen Plan sinnvoll gesprochen werden kann. Es geht im Folgenden um normative Überzeugungen, die immer für ein bestimmtes Subjekt zu einem bestimmten
Zeitpunkt normativ sind. Es geht nicht um Überzeugungen, die für
andere, aber nicht für das betreffende Subjekt selbst normativ sind.
Letzteres gibt es natürlich auch. Doch hier geht es um Überzeugungen, über deren Normativität ich mir selbst bewusst bin. Eigentlich

---

[6] Vgl. *F. v. Kutschera*, Das Humesche Gesetz, in: GPS 4 (1977), 1–14.

ist dieser Ausgangspunkt, Normativität vom Bewusstsein des Subjektes her zu entfalten, eine philosophisch-ethische Binsenweisheit: Nach der neuzeitlichen anthropologischen Wende ist dies nichts Außergewöhnliches, im Gegenteil.

Unter diesem Vorzeichen lautet die Ausgangsfrage: Wie kann der Begriff „Plan" der Schlüssel zur Normativität unserer Sprache sein? Welche Rolle kommt diesem Begriff in normativen Aussagen zu?

Bevor der Begriff „Plan" in Anlehnung an Wedgwoods Überlegungen bewusstseinstheoretisch entfaltet wird, skizziert der erste Teil ein analytisches Grundverständnis und zwei naturrechtliche Verstehensweisen von Normativität. Dadurch wird zunächst die Komplexität der jüngeren metaethischen Normativitäts-Diskussion anschaulich. Normatives Sprechen, normative Überzeugungen sind Phänomene, die an jeder Straßenecke anzutreffen sind. Dennoch sind sie vielschichtig und werden aus unterschiedlichen Perspektiven metaethisch analysiert. Ferner sind naturrechtliche Denkmodelle in der römisch-katholischen Denk- und Lehrtradition tief verwurzelt. Vielerorts kombiniert kirchlich normatives Sprechen die Begriffe „Plan" und „Gott" auf der Basis unterschiedlicher Naturverständnisse. Allerdings sind nur bestimmte naturrechtliche Varianten an die jüngere metaethische Diskussion anschlussfähig. So lehnen die zwei hier besprochenen Naturrechtsvarianten es ab, die Bedeutung normativer Sprache auf empirische oder psychologische Zustände zu reduzieren. Die herausgearbeiteten naturrechtlichen Grundanliegen und -positionen dienen nicht nur der Selbstvergewisserung des eigenen Faches. Sie bieten auch eine thematische Hinführung zu Wedgwoods Ansatz und seinem Planbegriff, die im zweiten Teil dargestellt werden. Der dritte Teil skizziert eine theologisch verantwortete Möglichkeit, „Gott" in Bezug auf die Normativität von Sprache zu thematisieren. Insgesamt reflektiert dieser Beitrag die konzeptionelle Rolle der Begriffe „Natur", „Plan" und „Gott" in unseren normativen Überzeugungen.

1. Normativität in der Metaethik und im Naturrecht

a) „It's magic?" Metaethische Untersuchungsebenen

Anscombes Argumentationsgang berührt einen wunden Punkt: Was steckt hinter der bindenden Kraft des Normativen, wenn wir uns schon längst von seinen göttlichen Instanzen verabschiedet haben? Die Frage nach dem Wesen von Normativität muss differenziert gestellt werden:[7]

1. Die *Handlungskraft* normativer Überzeugungen wird auf Motive oder Gründe zurückgeführt, die den Überzeugungen inhärent sind (= Internalismus) oder diesen von außen hinzukommen (= Externalismus).

2. In der *Semantik* wird die Bedeutung oder Bedeutungsbeziehung von Begriffen wie „sollen", „erlaubt" oder „verboten" analysiert. Wörter beziehen sich aufeinander (Syntax), auf die außersprachliche Wirklichkeit (Semantik im engeren Sinn) und auf die Sprecherin bzw. den Hörer (Pragmatik).

3. Beziehen sich Aussagen auf Tatsachen, reale Eigenschaften oder Relationen, so wird auf der *ontologischen* Ebene von einem Realismus gesprochen. In diesem Fall gebieten Aussagen nicht nur eine Norm, sondern behaupten einen Sachverhalt, der wirklich ist. Der Auffassung des ontologischen Realismus, dass normative Aussagen, die wahr sind, mit irreduziblen normativen Eigenschaften, Beziehungen oder Tatsachen korrespondieren, wird in der Metaethik auch widersprochen. So sei die Vorstellung, dass normative Tatsachen existieren, einfach zu seltsam oder diese könnten mit „unproblematischen", nämlich physischen Tatsachen identifiziert werden.[8] Im Unterschied dazu umschiffen konstruktivistische Theorien diese ontologische Fragestellung, insofern sie den Wahrheitswert normativer Aussagen ausschließlich mithilfe von prozeduralen Kriterien bestimmen.

---

[7] Vgl. *N. Scarano*, Moralische Überzeugungen. Grundlinien einer antirealistischen Theorie der Moral, Paderborn 2001; *ders.*, Metaethik – ein systematischer Überblick, in: M. Düwell/Ch. Hübenthal/Christoph/H. W. Micha (Hg.), Handbuch Ethik, Stuttgart 2002, 25–35.

[8] Vgl. *J. L. Mackie*, Ethik. Die Erfindung des moralisch Richtigen und Falschen, Stuttgart 2000, hier 40–49.

4. Schließlich lautet die *epistemologische* Frage: Wie kann ich erkennen, ob eine normative Überzeugung wahr oder falsch ist?

Die Eigenart normativer Überzeugungen und Sprache wird auf diesen vier unterschiedlichen, allerdings sich gegenseitig beeinflussenden Ebenen untersucht.

Über alle metaethischen Differenzen und Kontroversen hinweg ist man sich weitgehend darüber einig, dass normative Sprache etwas Anderes tut, als lediglich empirische Aussagen zu treffen. Normative Sprache besitzt ein „nicht-deskriptives Plus"[9]. Was dieses Andere oder dieses Plus genau ist, zeigen zwei alltagsphänomenologische Beobachtungen unseres Gebrauchs normativer Sprache. Erstens sind normative Überzeugungen *praktisch* – sie motivieren zu Handlungen. Jemand, der behauptet, dass das eine geboten und das andere verboten ist, stets aber das Gegenteil tut, verhält sich aus unserer Sicht seltsam. Zumindest fordert er uns heraus, anzuzweifeln, ob er unser Verständnis von „geboten" und „verboten" oder „erlaubt" und „nicht erlaubt" teilt. Zweitens beanspruchen normative Überzeugungen Allgemeingültigkeit oder mit einem anderen Wort „*Objektivität*". Verurteile ich z. B. einen Genozid, dann sage ich damit mehr, als dass nur ich über etwas empört bin.[10] Ich werde die Meinung anderer nicht stehen lassen, wenn diese meinten, dass Genozid unter bestimmten Bedingungen doch erlaubt sei. Normativität im Allgemeinen und moralische Sprache im Besonderen hat diese zwei Eigentümlichkeiten: Sie ist *praktisch* und *objektiv*.[11]

b) Normativität des naturrechtlichen Denkens im „katholischen" Bereich

Eine Normativitäts- bzw. Moraltheorie kommt der Alltagsphänomenologie normativer Sprache dann nahe, wenn sie diese zwei Eigenschaften möglichst reflexiv einholt. Im darauffolgenden Abschnitt

---

[9] *H. Steinfath*, Orientierung am Guten. Praktisches Überlegen und die Konstitution von Personen, Frankfurt a. M. 2001, 253.

[10] Vgl. ebd., 243: „Wie wollen in ihnen [unseren Urteilen] mehr zu verstehen geben, als dass wir – und d. h. zunächst einmal nur wir – etwas empörend oder erfreulich oder interessant oder schön finden."

[11] Vgl. *A. Fritz*, Der naturalistische Fehlschluss, Das Ende eines Knock-Out-Argumentes, Freiburg i. Br. 2009, 169–192.

wird gezeigt, wie dies durch den Begriff „Plan" gelingen kann. Zuvor werden diese zwei Eigenschaften normativer Sprache anhand zweier naturrechtlicher Varianten diskutiert, die in der römisch-katholischen Moraltheologie relevant waren und es immer noch sind. Selbstverständlich werden in der römisch-katholischen Moraltheologie neben naturrechtlichen Ansätzen auch andere (meta-)ethische Ansätze vertreten. Das Etikett „naturrechtlich" taugt nicht als konfessionelles Alleinstellungsmerkmal.[12] Zudem gibt es in der römisch-katholischen Denk- und Lehrtradition kein einheitliches Naturverständnis. Wenn lehramtliche Aussagen den Naturbegriff (und damit im engen Zusammenhang auch den Planbegriff) verwenden, tun sie dies zum Teil mit unterschiedlichen Semantiken. Im Folgenden werden zwei Varianten naturrechtlichen Denkens beleuchtet, die in der Moraltheologie gegenwärtig diskutiert werden und die vor allem von der Theologie des Thomas von Aquin (1225–1274) inspiriert sind.

Ab Mitte des 20. Jahrhunderts erwachte ein starkes und bis in unsere Gegenwart anhaltendes, dezidiert philosophisch-ethisches Interesse an Thomas' Moraltheologie.[13] In seiner *Summa Theologiae* entwickelt der Aquinate systematisch eine Theologische Ethik, in der Gott und seine Schöpfung aufeinander bezogen sind. Wesentliche anthropologische, metaphysische und erkenntnistheoretische Annahmen begründete er theologisch bzw. bezog diese auf theologische Anfangs- und Zielpunkte: die Entstehung der Schöpfung und ihre Rückkehr zum Schöpfer; das Streben der Schöpfung und ihre heilsgeschichtliche Vollendung in Christus; der Mensch als Bild Gottes; seine Vernunftnatur, die auf Gott ausgerichtet ist; Gott als letztes Ziel und Glück des Menschen; die Teilhabe der menschlichen Vernunft am ewigen Gesetz ... Thomas erstellte also keine genuin philosophische Ethik. Nichtsdestoweniger kann ein solcher Versuch unternommen werden, „ohne gegen den Geist des Aquinaten zu verstoßen"[14]. So kann vom Inhalt eines Naturrechts auch ohne Rekurs auf eine göttliche Ordnung gesprochen werden. Demnach

---

[12] Vgl. *E. Gräb-Schmidt* (Hg.), Was heißt Natur? Philosophischer Ort und Begründungsfunktion des Naturbegriffs, Leipzig 2015.

[13] Vgl. *A. Fritz*, Fehlschluss (s. Anm. 11), 200–207.

[14] *G. Wieland*, Gesetz und Geschichte, in: A. Speer (Hg.), Thomas von Aquin. Die Summa theologiae, Berlin 2005, 223–245, hier 235.

gründet die sittliche Kraft des Naturgesetzes nicht in einem göttlichen Gesetz, sondern in natürlichen Willensbestrebungen und in
praktischen Vollzügen unseres Vernunftvermögens. Das moderne –
an Thomas angelehnte – Naturrecht benötigt für den Sollensan-
spruch oder für die Normativität keine transzendente – womöglich
göttliche Ordnung – als gesetzgebende Instanz. Auf dem Gebiet der
Ethik zeigte die Thomasrenaissance des 20. Jahrhunderts marginales
bis kein Interesse an theologischen Fragestellungen oder an einer
möglichst getreuen Rezeption eines vormodernen Denkers. Die Be-
schäftigung mit Thomas erfolgte primär aus einem philosophisch-
systematischen Interesse. Im anglo-amerikanischen Raum wurde
das formalistische und positivistische Vorgehen der Analytischen
Philosophie und die Schwächen utilitaristischer und kantischer Nor-
methiken zunehmend problematisiert und kritisiert.[15] Ein Haupt-
vorwurf lautete, dass sich die vorherrschenden (Meta-)Ethiken allzu
sehr von den Lebenswirklichkeiten und -erfahrungen entfernt hätten
und praktische, existentielle Herausforderungen nicht mehr zufriedenstellend einholen und bewältigten.[16] Weitgehend unabhängig
von dieser englischsprachigen analytischen Diskussion gab es im
deutschsprachigen Raum ein relativ eigenständiges Motiv, sich mit
Thomas zu beschäftigen:[17] Es galt, mit Thomas den Neuthomismus
zu überwinden und naturrechtliches Denken für die Moderne anschlussfähig zu machen. Auch hier wurden Aussagen von Thomas
aus ihrem theologischen Zusammenhang herausgelöst und in ein
philosophisch-ethisches Verständnis überführt.[18]

In der einschlägigen deutschsprachigen moralphilosophischen
wie -theologischen Debatte setzte sich bis in die Gegenwart ein naturrechtlicher, thomanischer Ansatz durch, in welchem „Natur-

---

[15] Vgl. *G. E. M. Anscombe*, Intention, Berlin 2011; *A. C. MacIntyre*, After virtue. A
study in moral theory, Notre Dame 2007; *ders.*, Three Rival Versions of Moral
Enquiry. Encyclopaedia, Genealogy, and Tradition, Notre Dame 1990.

[16] Vgl. *St. Darwalla, A. Gibbard, P. Railton*, Toward Fin de siècle Ethics, in: PR
101 (1992), 115–189.

[17] Vgl. *W. Kluxen*, Philosophische Ethik bei Thomas von Aquin, Darmstadt
³1998; *W. Korff*, Der Rückgriff auf die Natur. Eine Rekonstruktion der thomasischen Lehre vom natürlichen Gesetz, in: PJGG 94 (1987), 286–291.

[18] Vgl. *K. Mertens*, Handlungslehre und Grundlage der Ethik (S.th. I-II, qq.
6–21), in: A. Speer (Hg.), Thomas von Aquin (s. Anm. 14), 68–197; *G. Wieland*,
Gesetz und Geschichte (S.th. I-II, qq. 90–108), in: ebd., 223–245.

recht" vernunftrechtlich verstanden wird. Aber auch unter dem Vorzeichen eines Naturrechts als Vernunftlehre sind unterschiedliche Akzentsetzungen denkbar. Denn man ist sich uneins darüber, wie Natur und Vernunft zusammenspielen, wenn normative Überzeugungen gebildet und begründet werden. Liegt der rationale Maßstab für normative Überzeugungen letzten Endes in einer Natur- oder in einer Vernunftordnung begründet? Und welches Verständnis von Natur und Vernunft werden hierbei vorausgesetzt? „Natur", „Vernunft" und ihr gegenseitiges Verhältnis sind nicht selbsterklärend, sondern voraussetzungsreich. Je nachdem, ob die Betonung auf der Natur oder auf der Vernunft liegt, soll im Folgenden und grob vereinfachend von einer naturalen (weil die Natur betreffend; hingegen gilt die Bezeichnung „naturalistisch" für ein Naturrecht, in welchem das Vernunftvermögen weder die Geltung noch den Inhalt einer Norm begründet) und von einer intellektualen (weil den Intellekt betreffend; hingegen gilt die Bezeichnung „intellektualistisch" für ein Naturrecht, in welchem die Natur weder die Geltung noch den Inhalt einer Norm begründet) Variante des Naturrechts gesprochen werden. Durch diese Unterscheidung soll nicht der Eindruck erweckt werden, dass Natur und Vernunft zwei strikt voneinander getrennte Größen sind. Zwar diskutierte man eine Dichotomie zwischen Natur und Vernunft auch im Mittelalter (z. B. Wilhelm von Ockham), doch entfaltete diese Vorstellung erst in der Neuzeit eine breite Wirkung. Es geht in diesen zwei naturrechtlichen Varianten gerade nicht um ein neuzeitliches, sprich physikalisches Naturverständnis, sondern um eine Teleologie, Finalität der Natur. Es ist die Natur, die nach ihrer Wahrheit, Gutheit und Schönheit strebt. Ebenso wenig geht es um eine sich selbstgenügsame, formale und „sterile" Vernünftigkeit, die in keiner Weise der Natur verpflichtet oder in sie eingebunden ist. Thomas ging es stets um die Vernunftnatur und das von Natur aus Vernünftige. Wenn hier also von zwei Varianten des Naturrechts gesprochen wird, halten beide in thomanischer Tradition an einem grundsätzlichen Zusammenhang, an einer gewollten Sinfonie zwischen Natur und Vernunft fest. Daher gehören diese zwei Varianten, trotz ihrer unterschiedlichen Akzentsetzungen und gerade auch im Vergleich zu anderen naturrechtlichen Entwürfen zu einer Theoriefamilie:

In der ersten, der naturalen Variante sind Handlungen moralisch erlaubt, weil sie mit einer Teleologie oder einer Wesensform (Essenz)

übereinstimmen, die „in der menschlichen Natur eingeschrieben"
ist. Das maßgebliche normative Kriterium ist die menschliche Natur
selbst. Die prudentielle wie instrumentale Aufgabe der Vernunft ist
es, zu erkennen, was der menschlichen Natur Erfüllung bringt und
wie dieses Ziel im Leben erreicht werden kann.

In der intellektualen Variante gründen die Prinzipien des Naturrechts nicht unmittelbar in der menschlichen Natur, sondern vielmehr in praktischen Prinzipien unseres Vernunftvermögens. Unter
Bezug auf STh I-II 94,2 wird hier eine gewisse Eigenständigkeit des
praktischen Vernunftvermögens unterstrichen:[19] Das natürliche Gesetz ist keine Lehre der Natur, sondern der praktischen Vernünftigkeit und ihrer Prinzipien. Moralische Aussagen werden nicht aus
metaphysischen Annahmen einfachhin abgeleitet. Die praktische
Rationalität besitzt ihre eigenen Prinzipien und hat ihre eigene Methodik. Ihre Urteile gewinnt sie nicht allein durch logisch-analyti-
sche Schlussfolgerungen oder empirische Beweise.

In der deutschsprachigen moralphilosophischen und -theologi-
schen Diskussion setzte sich ab der zweiten Hälfte des vergangenen
Jahrhunderts die intellektuale gegenüber der naturalen Natur-
rechtsvariante schrittweise und bestimmt durch. Immer weniger
Anhängerinnen und Anhänger waren davon überzeugt, dass in einer wie auch immer verstandenen natürlichen Ordnung und Teleologie der normative Maßstab vorgegeben und zu finden sei.
Die Vorstellung einer normativen Naturteleologie schien zu voraussetzungsreich und allzu begründungsbedürftig zu sein. Normativität wurde direkt auf eine praktische Vernunftordnung bezogen.
Dagegen endet das Vorhaben, normative Aussagen naturmetaphy-
sisch begründen zu wollen, im Trilemma eines unendlichen Re-
gresses, Zirkelschlusses oder Dogmatismus. Der Moraltheologe
Eberhard Schockenhoff formulierte den Vorwurf einer verdeckten
petitio principii folgendermaßen: „Die Inhalte eines naturgemäßen

---

[19] Vgl. u. a. *F.-J. Bormann*, Natur als Horizont sittlicher Praxis. Zur handlungs-
theoretischen Interpretation der Lehre vom natürlichen Sittengesetz bei Thomas
von Aquin, Stuttgart 1999; *K. W. Merks*, Naturrecht als Personrecht? Überlegungen zu einer Relektüre der Naturrechtslehre, in: M. Heimbach-Steins (Hg.), Naturrecht im ethischen Diskurs, Münster 1990, 28–46; *M. Rhonheimer*, Praktische
Vernunft und das von Natur aus Vernünftige, in: ThPh 75 (2000), 493–522; *E.
Schockenhoff*, Naturrecht und Menschenwürde. Universale Ethik in einer geschichtlichen Welt, Mainz 1996.

Lebens würden als anthropologische Beschreibungen auf den Begriff der Natur übertragen, um anschließend als normative Konsequenz aus dem solchermaßen aufgeladenen Naturverständnis deduziert zu werden."[20] So kann der jüngst beschrittene Weg in der Fundamentalmoral auch als Ausbruch aus diesem Trilemma verstanden werden. Im anglo-amerikanischen Raum stellt sich der Stand der Diskussion polarisierter dar. Vertreterinnen und Vertreter der sogenannten „new-natural-law-theory"[21] gründen die Normativität in selbstevidenten Prinzipien der praktischen Vernunft. Dagegen beziehen Vertreterinnen und Vertreter eines „Neo-Aristotelian ethical naturalism" ihre normativen Vorstellungen auf Vorstellungen von „human flourishing" oder dem Gelingen einer spezieseigenen Lebensform.

Im Folgenden sollen die intellektuale und naturale Variante naturrechtlichen Denkens hinsichtlich der bereits bekannten vier metaethischen Betrachtungsebenen eingehender besprochen werden. Zur Veranschaulichung dient die normative Überzeugung „Ich soll das Rauchen unterlassen". Diese Skizze zeigt, dass je nach dem jeweiligen normativen Ausgangs- und Bezugspunkt spezifische handlungstheoretische, semantische, ontologische und epistemische Herausforderungen bestehen können.

1. Im Alltag erfahren wir Normativität als praktisch, präskriptiv. Normative Überzeugungen wie „Ich soll das Rauchen unterlassen" motivieren uns zu entsprechenden Handlungen. Motiviert diese Überzeugung aus sich heraus oder bedarf es dazu zusätzlicher, von außen hinzukommender, motivationaler Komponenten? Dem *Internalismus* zufolge ist es der Person nicht gleichgültig oder lässt es sie völlig kalt, wenn sie erkennt, was sie zu tun oder zu lassen hat. Aus internalistischer Sicht müssten diejenigen, die diese normative Überzeugung teilen, auch entsprechend motiviert sein. Allerdings können wir vielen Aussagen zustimmen,

---

[20] Ebd., 191.
[21] Vgl. *J. Boyle/J. Finnis/G. Grisez*, Practical principles, moral truth, and ultimate ends, in: The American Journal of Jurisprudence 32 (1987), 99–151; *R. Hittinger*, A critique of the new natural law theory, Notre Dame 1987; *H. B. Veatch*, Swimming against the current in contemporary philosophy. Occasional essays and papers, Washington, DC. 1990; *ders.*, Does the Grisez-Finnis-Boyle Moral Philosophy Rest on a Mistake? in: RM (1991), 807–830.

wie z. B. „Ich sollte mehr Gemüse essen, mehr Sport treiben und weniger Zeit mit meinem Smartphone verbringen", ohne dass dies zu einer Verhaltensänderung führt. Internalistisch betrachtet, motiviert zwar die normative Überzeugung, doch sind andere Motive und Dispositionen stärker. Eine andere Erklärungsmöglichkeit besteht darin, dass z. B. eine Person selbst nicht überzeugt ist, dass Rauchen schadet und die Meinung anderer nur wiedergibt: z. B. dass Fachleute sagen, dass Rauchen schadet. In diesem Fall ist es für die betreffende Person keine praktische Erkenntnis, sondern ein theoretisches bzw. von außen an sie herangetragenes Wissen, dass Rauchen gesundheitsschädlich ist. Dagegen motivieren im *Externalismus* normative Überzeugung alleine noch zu nichts. Hierfür bedarf es einer zusätzlichen motivationalen Komponente.

Nach der naturalen Variante des Naturrechts soll ich das Rauchen lassen, weil ich erkenne, dass Rauchen mit meiner normativen Vorstellung gelungenen Lebens (z. B., dass ich möglichst lange gesund bleiben möchte) nicht vereinbar ist. Nach der intellektualen Variante des Naturrechts soll ich das Rauchen lassen, weil ich erkenne, dass Rauchen vernünftigen Prinzipien und Maximen widerspricht. Internalistisch betrachtet motivieren mich meine Vorstellungen guten Lebens bzw. meine praktischen Vernunftprinzipien zu einem entsprechenden Denken, Urteilen und Tun: Ich möchte ein gutes Leben führen und die dafür notwendigen Ziele erreichen oder ich möchte – womöglich aus Achtung vor mir selbst – mein Handeln vernünftig verantworten. Erkenne ich, dass das Rauchen meinen Lebenszielen entgegensteht bzw. für mich nicht vernünftig ist, bin ich zugleich dazu disponiert, das Rauchen aufzuhören. Ich möchte mich nicht schädigen bzw. ich möchte nicht unvernünftig handeln. Aus externalistischer Sicht stellen sich andere, grundsätzlichere Herausforderungen: Wenn normative Überzeugungen nicht motivieren, wie können diese von anderen – empirischen oder psychologischen Propositionen unterschieden werden? Bei Thomas erkennt das praktische Vernunftvermögen das Gesollte immer auch als Erstrebenswertes. Naturrechtliche Theorien, die in seiner Tradition stehen, tendieren zu internalistischen Positionen. Im Externalismus muss diese motivationale Komponente der normativen Überzeugung von außen hinzukommen. Dies zu begründen, ist ein sehr aufwendiges und voraussetzungsreiches Unternehmen.[22] Wer der Meinung ist, dass normative Überzeugungen motivieren, muss sich stets vergegenwärtigen, dass nicht-normative es nicht tun. Es ist ein Warnsignal, wenn gut begründete Überzeugungen keine motivationale Kraft besitzen. Dies kann darin liegen, dass „kraftlose" empirische Erkenntnisse, logische Stimmigkeit und/oder andere Instanzen mit grundsätzlich motivierenden Vorstellungen guten Lebens und/oder dem praktischen Urteilsvermögen verwechselt werden. Eine naturale naturrechtliche Variante verkehrt sich in einen reduktiven Naturalismus, wenn Normativität allein anhand empirischer Erkenntnis begründet wird; referiert das Naturrecht ausschließlich auf logische Stimmigkeit, so performiert die intellektuale Variante zu einem intellektualistischen Theoriengebilde. Aus motivationaler Sicht sollen naturrechtliche Argumente diese Einseitigkeiten vermeiden. Sind sie dennoch motivierend, dann offensichtlich aus anderen – unausgesprochenen oder nicht bewussten – Dispositionen und Gründen.

2. *Semantisch* gesehen benutzen wir im alltäglichen Sprachgebrauch den Satz „Ich soll es unterlassen, zu rauchen" wahrheitsfunktional. D. h. wir sind überzeugt, dass diese Aussage wahr ist bzw. dass es ein Problem für die Gültigkeit meiner Aussage ist, wenn jemand Gegenteiliges behauptet. Doch wie verhalten sich die Bedeutungen der Wörter „rauchen" und „unterlassen" zueinander? Weder ist „unterlassen" im Begriff „rauchen" analytisch enthalten, noch lässt sich empirisch beobachten, dass so wie der Donner auf den Blitz das Unterlassen auf das Rauchen folgt.[23] Weder durch Analyse noch durch Deskription lässt sich die Gültigkeit einer normativen Aussage beweisen. Stattdessen lässt sich diese normative Aussage mit einem praktischen Syllogismus begründen. Dann ist die Aussage „Ich soll es unterlassen zu rauchen" eine Konklusion. Ihre möglichen Prämissen sind „Schaden ist zu unterlassen" (OS) und „Rauchen schadet" (US). In dieser Aufstellung ist die Bedeutung von „Schaden" zentral, um die Bezie-

---

[22] Vgl. *B. Williams*, Internal and External Reaons, in: ders. (Hg.), Moral Luck, Cambridge 1981, 101–113.

[23] Vgl. *A. Fritz*, Fehlschluss (s. Anm. 11), 79–90.

hung zwischen „unterlassen" und „rauchen" nachvollziehen zu
können. Je nach naturrechtlicher Variante wird die Bedeutung
dieses Brückenbegriffs „Schaden" hinsichtlich einer normativen
Vorstellung guten Lebens bzw. praktischer Vernunftprinzipien
bestimmt. Naturale Versionen des Naturrechts reduzieren die Bedeutung von Schaden nicht auf physische Eigenschaften (z. B.
Durchblutungsstörungen als Folge von Rauchen), da das, was
als Schaden zählt, in Bezug auf eine prudentiell verantwortete
Vorstellung guten Lebens bestimmt wird: Wenn Rauchen etwa
zu Durchblutungsstörungen führt, schädigt mich das, weil ich
bestimmte Lebensziele schwerer oder nicht mehr erreichen kann.
Im Gegenzug bestimmen intellektuale Versionen den Schaden
nicht unabhängig von den physischen Eigenschaften einer Handlung. Auch die formalsten praktischen Prinzipien sind in ihrer
Anwendung in einer ontologischen Ordnung eingebettet: Wenn
Rauchen zu Durchblutungsstörungen führt, schädigt mich das,
weil es nicht vernünftig ist, sich zu beeinträchtigen, wenn dies
vermeidbar ist.

3. Auf die semantische Frage nach der Bedeutung normativer Aussagen folgt die *ontologische* nach dem Realitätsbezug derselben.
Zweifelsohne besteht ein Zusammenhang zwischen Sein und Sollen: Würde Rauchen mich nicht schädigen, bräuchte ich es nicht
zu unterlassen. Das Schadenspotential von Rauchen ist real, d. h.
diesem entsprechen Tatsachen. Dem *moralischen Realismus* zufolge beziehen sich normative Aussagen auf Tatsachen, die unabhängig von unseren Gefühlen, Interessen oder Einstellungen real
existieren.[24] In unserem Beispiel beziehen sich „rauchen" wie
„unterlassen" auf die Tatsache, dass Rauchen gesundheitsgefähr-
dend ist. Das ist empirisch feststellbar. Auf *dieselbe* Eigenschaft
des Schadens bezieht man sich, wenn man das Rauchen verbietet.
Deskriptive wie normative Aussagen beziehen sich hier auf dieselbe Eigenschaft, ohne dass ihre Bedeutungen synonym sind. Sie
besitzen dieselbe Extension, jedoch unterscheiden sie sich begrifflich (intensional).

---

[24] *P. Geach*, Assertion, in: Philosophical Review 74 (1965), 449–465; *P. Schaber*,
Zur Debatte um den moralischen Realismus, in: J. Fischer u. a. (Hg.), Moralischer Realismus. Theologische Beiträge zu einer philosophischen Debatte, Freiburg i. Br. 2006, 15–26.

Naturale Versionen des Naturrechts begründen die Beziehung zwischen Normativität und Realität *in dem, was geregelt wird*. Die Ziele, die ich anstreben soll, geben bspw. meine Vorstellungen guten Lebens und/oder meine spezieseigene Lebensform vor. Rauchen gefährdet tatsächlich einige dieser mir vorgegebenen Ziele und Zwecke. Im Unterschied dazu findet die intellektuale Version des Naturrechts den Geltungsgrund *in dem, der regelt (i. S. in der regelnden Instanz)*. Auch hier beziehen sich normative Aussagen auf eine Ordnung, die vorgegeben ist. Doch ist diese keine Naturmetaphysik oder -teleologie, sondern eine Ordnung, welche durch ihre praktischen Vernunftprinzipien ausgedrückt wird. Die normative Aussage „Ich soll nicht rauchen" ist richtig, weil sie den Prinzipien der praktischen Vernunft (z. B. „Schaden ist zu unterlassen") entspricht. Die Normativität einer Überzeugung erschließt sich hier aus deren Vernunftbezogenheit. Allerdings ist das Vernunftvermögen selbst sowie sein Vollzug in einer ontologischen Ordnung eingebettet.

4. Im Fokus einer *epistemologischen* Untersuchung steht die Erkennbarkeit normativer Überzeugungen. Je nachdem, mit welchem Verständnis von Wirklichkeit meine normativen Überzeugungen korrespondieren, werden die Fähigkeiten und die Aufgaben meines praktischen Erkenntnisvermögens unterschiedlich bestimmt. Würde ich annehmen, dass normative Überzeugungen auf ontologisch absonderliche Entitäten referieren, so müsste ich ein ebenso absonderliches Erkenntnisvermögen postulieren.[25] In beiden naturrechtlichen Varianten wird beides – absonderliche Entitäten und absonderliche Erkenntnisse – abgelehnt. In der naturalen Variante wird die Aufgabe der praktischen Vernunft darin gesehen, eine vorgegebene und zu verwirklichende materiale Ordnung zu erkennen und diese zu konkretisieren. Man ist hier besonders sensibel für Bedürfnisse, Neigungen, Grundgüter und artspezifische Lebensformen: Ich soll z. B. nicht rauchen, weil ich erkenne, dass gesund zu sein ein Grundbedürfnis für mich als Mensch ist. In diesem Zusammenhang besitzt der normative Bezugspunkt stets einen Zielcharakter bzw. etwas Erstrebenswertes. Allerdings reicht es nicht, dass ich beobachte,

---

[25] Vgl. *W. K. Frankena*, Analytische Ethik. Eine Einführung, München 1972, 124–127; *J. L. Mackie*, Ethik (s. Anm. 8), 43.

dass sehr viele oder alle Menschen tatsächlich gesund sein wollen. Es gibt z. B. sehr viele Menschen, die das Bedürfnis nach Rache haben. Sich rächen zu wollen ist aber deshalb nicht gut bzw. erstrebenswert. Es gibt auch Menschen, die nicht gesund sein wollen, z. B. weil Krankheit ihnen Aufmerksamkeit und Zuwendung sichert und zu einem wichtigen Lebensinhalt für sie geworden ist. Für die Bewertung, ob ein Bedürfnis gut und es richtig ist, dieses jetzt zu verwirklichen, wird auf normative Leitbilder zurückgegriffen. Auf das Trilemma, normative Vorstellung guten Lebens zu begründen, wurde bereits hingewiesen. Es besteht die Gefahr, dass das praktische Erkenntnisvermögen letztlich dazu verkümmert, Handlungsimperative aus als normativ vorgegebenen Ordnungen einfachhin abzuleiten. Es ist vor allem dieses Problem, das viele Moraltheologinnen und Moraltheologen im deutschsprachigen Raum dazu bewegt, die intellektuale der naturalen Version vorzuziehen.

In der intellektualen Variante werden aus ersten praktischen Vernunftprinzipien, die jeder Mensch anerkennen kann und vernünftigerweise auch soll, normative Überzeugungen hergeleitet. Betont wird die konstitutive Funktion des praktischen Vernunftvermögens für die Bildung von normativen Überzeugungen. Allerdings – auch das wurde bereits erörtert – vollzieht sich die praktische Rationalität in keinem „ontologiefreien" Raum. Vorausgesetzt werden eine Trägerin, die vernünftig ist, und eine entsprechende ontologische Verfasstheit. Auch dort, wo durch praktisches Denken und Argumentieren normative Überzeugungen gebildet werden, wird dies im Horizont der Natur und nicht durch formale Konstrukte vollzogen.[26] D. h., um zu erkennen, dass ich nicht rauchen soll, muss ich auch darum wissen, welche Bedürfnisse, Neigungen und Ziele ich habe und welche Auswirkungen Rauchen haben kann.

Welcher der beiden Wege des Naturrechts nun auch beschritten wird – beide versuchen, der Alltagsphänomenologie normativer Überzeugungen gerecht zu werden und vernünftige Auseinandersetzungen über das eigentlich Gute und Richtige zu ermöglichen. Normative Überzeugungen werden eben nicht als beliebig subjektive

---

[26] Vgl. *F.-J. Bormann*, Natur (s. Anm. 19).

Wertungen abgetan. Gleichzeitig wird abgelehnt, normative Aussagen aus einem ontologischen Überbau theoretisch abzuleiten. Die beschrittenen Wege wollen eine vernünftige Diskussion und eine Hinwendung zur Wirklichkeit ermöglichen und nicht stoppen. Beide Varianten treffen natur- wie vernunftmetaphysische Vorannahmen. Diese sind aber kein archimedischer Punkt, um normative Überzeugungen möglichst stichhaltig zu begründen. Unser Verständnis von einem guten Leben oder von praktischer Vernunft ist kein geschlossenes, nicht weiter zu hinterfragendes System, das unbestechlich gegenüber soziokulturellen und biografischen Faktoren da ist und für jede mögliche konkrete Situation eine passende Antwort parat hat. Kein Mensch erkennt das Gute und Richtige unvermittelt in seiner reinen Objektivität und Wahrheit, sondern immer nur so, wie es im eigenen Erkennen in Auseinandersetzung mit seiner Mit- und Umwelt begriffen wird. Normative Ordnungen verpflichten mich in der Weise, wie wir diese erkennen. Allerdings gibt es objektive Maßstäbe, die für mich auch dann gelten, wenn ich meine, dass diese unberechtigt sind.

2. „Plan" – als Schlüssel für metaethische Herausforderungen

An der handlungsleitenden Kraft und dem Objektivitätsanspruch normativer Überzeugungen kommt kein metaethischer Ansatz vorbei. Ralph Wedgwood nähert sich diesen zwei substantiellen Eigenschaften normativer Sprache mit dem sogenannten „conceptual role approach". Dieser Ansatz erklärt normative Konzepte anhand ihre Rolle, die sie in unserem Denken, Urteilen und Handeln einnehmen.[27] Für Wedgwood bilden alle normativen Konzepte trotz ihrer Unterschiedlichkeit eine Familie, weil sie alle in unserem Denken und Tun folgende zwei Rollen besitzen: Sie regeln/steuern (1) unsere Handlungen (action-guiding role) und (2) unser Denken, Argumentieren und Urteilen (reasoning-guiding role). Es besteht hier eine bestechende Nähe zwischen den zuvor erörterten zwei Eigenschaften normativer Sprache und den Rollenzuschreibungen normativer Konzepte. Diese Rollen lassen sich durch bestimmte Regeln be-

---

[27] Vgl. *R. Brandom*, Making It Explicit, Cambridge 1994.

schreiben. Diese geben vor, wie ein Konzept gebraucht wird. Wedgwoods Auslegung des „conceptual role approach" deckt sich weitgehend mit der Metaethik der beiden dargestellten Naturrechtsvarianten: Er argumentiert, dass (1) normative Überzeugungen und Motivationen miteinander internal verbunden sind und (2) für normative Überzeugungen bestimmte Wahrheitsbedingungen gelten. Nicht nur diese metaethische Positionierung macht Wedgwood zu einem interessanten Gesprächspartner. Hinzu kommt, dass er die Normativität von Überzeugungen mithilfe des Begriffs „Plan" entfaltet. Wie im vorangegangen Abschnitt soll auf den vier metaethischen Ebenen Wedgwoods Ansatz erörtert werden:

1. Wenn ich normativ urteile, dass „Ich p tun soll" (z. B. „Ich soll das Rauchen unterlassen."), dann werde ich erstens mein Urteil begründen können und zweitens motiviert sein, dementsprechend zu handeln. Daher ist es zunächst plausibel, auf der ersten metaethischen Untersuchungsebene – der der *Handlungskraft* – anzunehmen, dass mein normatives Urteilen mit meiner Handlungsmotivation innerlich (internal) verknüpft ist.[28] Normative Konzepte haben im praktischen Denken und im Handeln die Rolle, diesen inneren Zusammenhang herzustellen, diesen zu aktualisieren. Wedgwood beschreibt die Rolle von Konzepten mittels Regeln und bezeichnet diese als „basic rules of rationality". Diese „basic rules" geben an, wie solche normativen Konzepte gebraucht werden sollen. Eine solche robuste Regel lautet: Jedes Urteil in der Form „Ich soll p tun", das ein normatives Konzept enthält, verpflichtet die Denkerin rational dazu, p zu intendieren. Wedgwood bezeichnet seinen Ansatz als „normative judgement internalism"[29]. Ihm zufolge sind normative Aussagen einer bestimmten „Disziplin" bzw. grundlegenden Rationalitätsstandards unterworfen: Wenn jemand normativ urteilt, dass er p tun soll, dann wird er – wenn keine relevante Unsicherheit dagegenspricht – die Intention bilden, p zu tun. Wenn wir normativ urteilen, dann sind wir bereits grundsätzlich dazu disponiert, das zu intendieren, was wir tun sollen. Das normative Urteil und eine intelligible Disposition erklären hinreichend unsere Handlungsmotivation. Ihnen braucht nichts hinzugefügt werden. Allerdings

---

[28] Vgl. *R. Wedgwood*, The nature of normativity, Oxford 2007, 32–34.
[29] Ebd., 268.

folgt nicht notwendigerweise aus jedem normativen Urteil eine entsprechende Handlung: Wir tun nicht immer das, zu dem wir uns rational verpflichten. Laut Wedgwood urteilen und handeln wir dann irrational: Ich tue etwas nicht, von dem ich überzeugt bin, dass es mich rational verpflichtet. In solchen Fällen wird die entsprechende Disposition „blockiert" oder kann sich gegenüber anderen nicht durchsetzen. An die Stelle der Disposition von der Art, dass das für mich rational Verpflichtende von mir zu intendieren ist, treten andere – z. B. beschreibende, berichtende oder wunschbefriedigende Dispositionen –, die anderen Rationalitäts- und Wahrheitsbedingungen unterliegen: Z. B. „Es ist wahr, dass meine Ärztin mir gesagt hat, dass ich p tun soll (z. B. das Rauchen unterlassen soll)".

2. Der „conceptual role approach" erklärt die *Semantik* normativer Konzepte durch ihre konzeptionelle Rolle in unserem Denken, Urteilen und Handeln. Eine erste, fundamentale Regel normativer Konzepte wurde im vorangegangenen Abschnitt über die „Handlungskraft" bereits vorgestellt. Obschon alle normativen Konzepte bestimmte Rollen in gleicher Weise erfüllen, sind sie doch leicht zu unterscheiden. Der Term „sollen" kann für unterschiedliche normative Konzepte stehen: „Damit du die Wette gewinnst, sollst du das Rauchen lassen", „In öffentlichen Räumen sollst du nicht rauchen", „Meine Ärztin sagt mir, ich soll das Rauchen lassen", etc. Neben prudentiellen und moralischen Konzepten arbeitet Wedgwood ein weiteres normatives Konzept heraus, das uns im Folgenden näher beschäftigen wird. Das Konzept des „practical ‚ought'" bzw. „all-things-considered ‚ought'" benützen wir, wenn wir davon sprechen, dass in Anbetracht aller moralischer wie nichtmoralischer Überzeugungen p zu tun ist, weil es für mich am schlüssigsten und sinnvollsten ist. Wedgwood unterscheidet explizit zwischen diesem „practical ‚ought'" und dem moralischen Sollen. Letzteres drückt ein „Sollen" in Bezug auf grundlegende Interessen, Rechte und Pflichte oder auf Vorstellungen von Fairness und Hilfsbereitschaft aus. Dagegen lässt es das Konzept des „practical ‚ought'" zu, dass ich nochmals danach frage, ob das moralische Sollen für mich am schlüssigsten und sinnvollsten ist.

Bereits im vorangegangen Abschnitt wurde festgestellt, dass mich der Gebrauch normativer Konzepte erstens dazu verpflichtet, das

Gesollte auch zu intendieren. Die Bedeutung des „practial ‚ought‘" lässt sich durch weitere Rationalitätsstandards explizieren: Aussagen, die dieses Konzept enthalten, betreffen zweitens zumindest eine(n) A zur bestimmten Zeit t:[30] Die normative Überzeugung „Ich soll das Rauchen lassen" indiziert mich zu einem bestimmten Zeitpunkt. Dagegen drückt z. B. der Satz „Es soll weniger auf der Welt geraucht werden" eine allgemeine Erwünschtheit aus. Drittens betrifft es eine(n) A zu t, die/der die gesollte Handlung kausal beeinflussen kann: Niemand soll irgendetwas tun sollen, was er in keiner Weise beeinflussen kann. Das wäre z. B. der Fall beim Satz „Er hätte schon vor Jahren das Rauchen lassen sollen". Was in der Vergangenheit liegt, können wir nicht mehr beeinflussen. Zusammenfassend kann gesagt werden, dass normative Überzeugungen, die das „practical ought" enthalten, immer auf eine bestimmte wirkmächtige Person zu einer bestimmten Zeit referieren.

Ein Set an normativen Überzeugungen, was A zu einem bestimmten Zeitpunkt t tun soll, nennt Wedgwood „Plan". Im Unterschied zu einer oder mehreren normativen Überzeugungen hat ein Plan auch Teile, die von A kausal unabhängig sind. Die Teile meines Planes, die ich nicht beeinflussen kann, sind für mich nicht geboten. Dennoch ist es für mich rational, diese in meinen Plan aufzunehmen: z. B. dass sich der Zug für die Anreise nicht zu sehr verspäten soll und ich so den Vortrag halten kann. Allerdings enthält der Satz „Der Zug soll sich nicht zu sehr verspäten" kein „practical ‚ought‘"-Konzept, da es nicht in meiner Macht steht, ob sich der Zug verspätet oder nicht. Dagegen liegt es sehr wohl an mir, ob die Überzeugung „Ich soll den Vortrag halten" Wirklichkeit wird. Der Begriff „Plan" ist weiter als meine normativen Überzeugungen, Vorstellungen und Intentionen, da er Teile enthält, die ich nicht intendieren kann.[31] In Bezug auf den Begriff „Plan" lässt sich die konzeptionelle Rolle von „practical ‚ought‘" wie folgt beschreiben: Wenn ich der Überzeugung bin, dass ich zu einem bestimmten Zeit-

---

[30] Vgl. ebd., 89–95.
[31] Ebd., 96.

punkt *p* tun soll, dann verpflichtet es mich rational, *p* als Teil meines Plans zu übernehmen.[32] Wenn meine Überzeugungen und Pläne das „practical ‚ought'"- Konzept gebrauchen, verpflichte ich mich zu weiteren grundlegenden Rationalitätsstandards. Diese sind nichts anderes als die Beschreibung der konzeptionellen Rolle von „practical ‚ought'".[33] Im Anschluss an die bereits genannten Standards muss viertens der Bildungs*prozess* und die *inhaltliche* Verknüpfung von normativen Überzeugungen kohärent sein.[34] Allerdings sind meine Überzeugungen und Pläne nicht allein deshalb schon richtig, weil sie mir kohärent erscheinen: Auch wenn ich mit bestem Wissen und Gewissen bestrebt bin, kohärente Überzeugungen und Pläne zu bilden, können diese trotzdem falsch, irrtümlich und inkorrekt sein. Für Wedgwood erfordert die konzeptionelle Rolle normativer Überzeugungen mehr als „nur" kohärent zu sein. Geht es doch vielmehr darum, die richtigen normativen Überzeugungen und Pläne zu besitzen. Das Einhalten von Rationalitätsstandards ist kein Selbstzweck. Ich verfolge mit meinem praktischen Denken und Tun externe Anliegen und Ziele. Demzufolge sind meine Überzeugungen und Pläne dann und nur dann korrekt, wenn ich dadurch ihre Zwecke tatsächlich erreiche.[35] Es geht nicht nur um kohärente Vorstellungen, sondern darum, dass ich korrekte Überzeugungen und Pläne bilde und mich dafür entscheide.

Um diese zwei Rationalitätsforderungen an meine normativen Überzeugungen und Pläne begrifflich auseinanderzuhalten, spricht Wedgwood von *rationalen* Überzeugungen und Plänen, wenn diese relativ zu bestimmten Informationen kohärent sind; und von *korrekten*, wenn meine Überzeugungen und Pläne ihr

---

[32] Die Grundregel der Rationalität lautet hier: „if it is rational for the thinker to believe the proposition ‚O <me, t>(p)', then this makes it irrational for the thinker not to incorporate the proposition p into her ideal plans about what to do at t" (ebd., 162).

[33] Vgl. ebd., 101. 153f.

[34] Vgl. ebd., 100–107.

[35] Dazu unternimmt Wedgwood auch eine mögliche Zielbestimmung – nicht um zu sagen, dass diese die exakt richtige ist, sondern um eine Möglichkeit zu illustrieren: „the ultimate goal of practical reasoning is to have a set of intentions that one will actually execute in such a way that as a result one will act in a manner that is genuinely choiceworthy." (ebd., 101)

Ziel tatsächlich erreichen. Konzeptionell unterscheidet sich „rational" von „korrekt", da Ersteres ein information-relatives Sollen und letzteres ein eher objektives Sollen ausdrückt. Eine Überzeugung ist rational stets relativ zu einer bestimmten Information. Dennoch zielen Rationalitätsstandards auf korrekte Überzeugungen. Den Zusammenhang zwischen „rational" und korrekt" definiert Wedgwood wie folgt: Eine Überzeugung ist rational relativ zu einer bestimmten Information, wenn es aufgrund der Information höchstwahrscheinlich (d. h. keine relevante Unsicherheit besteht) ist, dass die Überzeugung korrekt ist. Meine Überzeugungen und Pläne sind für mich korrekt, nicht, weil es für mich rational ist, diese zu übernehmen, sondern weil ich durch diese externe Ziele erreichen kann. Dennoch erkenne ich nicht unmittelbar die externen Ziele und ihre Erreichung, sondern dies muss ich mir mittels Informationen reflexiv erschließen. Es gilt daher: Wenn es relativ zur gegebenen Information rational ist, etwas als korrekt zu behaupten, dann verpflichtet es mich, diese Überzeugung zu haben bzw. diese in meinen Plan aufzunehmen. Damit sind wir schon im Herzstück der ontologischen und epistemologischen Diskussion angekommen.

3. Auf der *ontologischen* Untersuchungsebene wird das Wesen normativer Eigenschaften und Beziehungen expliziert. Wedgwood vertritt hier nach eigenen Angaben einen „gemäßigten Naturalismus". Zwei Extrempositionen lehnt er ab: einen reduktiven Naturalismus, demzufolge normative Eigenschaften „ohne Verlust", d. h. vollständig durch nicht normative Wörter ausgedrückt werden können, sowie einen Nichtnaturalismus, demzufolge zwischen Normativität und Nicht-Normativität kein konstitutiver Zusammenhang besteht. Im Gegensatz dazu vertritt Wedgwood ein realistisches Erklärungsmodell, in dem normative auf nichtnormative Eigenschaften supervenieren bzw. durch diese „genötigt" respektive in diesen realisiert sind.

Normative Vorstellungen gebrauchen normative Konzepte und daraus lassen sich a priori Regeln herleiten, die für normative Eigenschaften und Beziehungen stehen. Dadurch kann ich feststellen, ob meine normativen Vorstellungen rational bzw. korrekt sind. Hierbei supervenieren normative Eigenschaften auf nichtnormative, sind aber nicht auf diese reduzierbar. Eine mögliche Formulierung dieser Supervenienz ist folgende: Wenn *A1* zum

Zeitpunkt t die Handlung p tun soll (z. B. ein Versprechen halten), dann ist es nicht möglich, dass $A2$ in exakt der gleichen Situation die Handlung p nicht tun soll.[36] Eine beliebte Analogie, um die Supervenienz von Normativität zu erklären, ist die zwischen normativen Propositionen und Farbprädikationen: Wenn x gelb ist, dann ist y, wenn mit x vollkommen identisch, auch gelb. So wie es korrekt ist, das Konzept „ … ist gelb" auf den Gegenstand y anzuwenden, weil ich y auf bestimmte Art wahrnehme, so ist es korrekt, das „practical ,ought'"-Konzept auf die Handlung p/t anzuwenden, wenn es für mich tatsächlich richtig ist, p/t in meine eigenen Pläne zu integrieren.[37] Das „practical ,ought'" steht für die Eigenschaft, dass es für mich korrekt ist, p/t in meine Pläne aufzunehmen. Ob eine normative Vorstellung rational ist, wird in Hinsicht auf Informationen und Daten bestimmt; ob es für mich korrekt ist, diese Vorstellung in meine Pläne aufzunehmen, hängt nicht von meinen Vorstellungen, sondern von externen Zielen und Zwecken ab. Das letzte Ziel von Rationalitätsstandards ist es, korrekte Vorstellungen zu bilden und zu besitzen.

4. So wie meine Vorstellung „y ist gelb" ist meine normative Vorstellung „Ich soll p/t tun" ein mentaler Zustand über etwas. So gesehen sind normative Vorstellungen nichts Außergewöhnliches. Sie besitzen wie alle anderen Vorstellungen einen intentionalen Gehalt. Allerdings besteht die Herausforderung darin, dass es nicht offensichtlich ist, wie normative Vorstellungen eine essentielle Verbindung zur Wirklichkeit haben. *Epistemologisch* betrachtet braucht es für normative Vorstellungen ein Vermögen, wie es für farbliche Vorstellungen das Sinnesvermögen ist.

Wie kann ich erkennen, dass es korrekt ist, p/t in meine Pläne aufzunehmen? Für Wedgwood ist es wichtig, aus dem normativen Konzept selbst eine Antwort zu entwickeln.[38] Um die richtigen nor-

---

[36] Vgl. ebd., 250.
[37] Ebd., 175: „it is an essential and constitutive feature of the property referred to by the practical ,ought', when it is indexed to an agent A and time t, that it is the property of a proposition p that makes it correct for A to incorporate p into her ideal plans about what to do at t, and incorrect for A to incorporate the negation of p into any such plans."
[38] Vgl. ebd., 228–233.

mativen Vorstellungen richtig bilden zu können, d. h. die entsprechenden Konzepte zu besitzen, muss ich disponiert sein, mit deren Prinzipien der Rationalität und Korrektheit übereinzustimmen. Laut Wedgwood erfüllt grundsätzlich jeder Mensch diese Mindestanforderungen bzw. besitzt diese Grundfähigkeit.

Zum besseren Verständnis hilft hier eine andere Analogie weiter, dieses Mal zwischen normativen Aussagen und der Aussage „x ist bewundernswert"[39]: Unser Vermögen, d. h. die Disposition zu bewundern, ist nur dann korrekt, wenn der Gegenstand der Bewunderung tatsächlich bewundernswert ist; und es ist nur dann rational, etwas zu bewundern, wenn vorangegangene Informationen – die allesamt mentale Zustände sind – es hinreichend wahrscheinlich machen, dass der Gegenstand tatsächlich bewundernswert ist. Ob eine Vorstellung korrekt ist, hängt von der externen Welt ab. Allerdings antworten meine Dispositionen, die die Vorstellung bilden, nicht direkt auf die externe Welt, sondern auf vorhergehende, stimulierende Vorstellungen und auf der Basis von Hintergrundvorstellungen. So wie ich disponiert bin, eine bestimmte Tat zu bewundern, so bilde ich erstmals Intuitionen über das „Gesollte" aufgrund von bestimmten Antezedenzien: Diese sind stimulierende Vorstellungen und Hintergrundvorstellungen. Sind meine noch anfänglichen normativen Intuitionen mit diesen Antezedenzien kohärent, so vertraue ich diesen und bilde normative Vorstellungen. Je stabiler die innere Kohärenz eines Vorstellungsgefüges (eines „reflective equilibriums") ist, desto eher bin ich bereit, die neue normative Vorstellung als rational und korrekt in meinen Plan aufzunehmen. Letztlich gründen auch die relevanten Hintergrundvorstellungen auf normativen Intuitionen. Daher müssen die Anfangsintuitionen und Hintergrundvorstellungen hinreichend zuverlässig sein, damit unsere weiteren Überlegungen, die darauf aufbauen, korrekt sind. Es gibt keine Garantie a priori, dass mein „normativer Rahmen" korrekt bzw. wahr ist.

Im Realismus und Kognitivismus ist normativer Dissens herausfordernd, da zumindest eine der konträren Positionen eine falsche Annahme hat. Grund eines normativen Dissens können ein irrationales prozedurales Denken, Nichtwissen oder ein Tatsachenfeh-

---

[39] Vgl. ebd., 235–237.

ler oder irrtümliche normative Basisannahmen sein. Falsche Annahmen kann ich leicht erkennen, wenn sie inkohärent sind. Schwieriger ist es hingegen, auf falsche Annahmen aufmerksam zu werden, die aufgrund von personalen soziokulturellen Faktoren zunächst ein kohärentes Bild abgeben. Um solche „versteckten" Inkohärenzen zu entdecken, ist es wichtig sich mit kritischen und konträren Anfragen auseinanderzusetzen. Allerdings soll man laut Wedgwood nur dann auf die Annahmen und Meinungen anderer bauen, wenn diese für mich zuvor und unabhängig davon vernünftig sind. Im Konfliktfall empfiehlt Wedgwood, sich an eine Asymmetrie zugunsten der eigenen Annahmen zu halten. Denn es ist vernünftig, seinen eigenen Intuitionen und Annahmen zu vertrauen, auch wenn man keine vorangehenden und unabhängigen Gründe hat, diese als verlässlich anzusehen; dagegen ist es dann und nur dann vernünftig, den Intuitionen, Annahmen anderer Menschen zu vertrauen, wenn man solche vorangehenden, eigenen Gründe hat, um ihre Intuitionen und Annahmen als verlässlich anzusehen. Nur so denkt und handelt eine Person wirklich autonom.[40]
Allerdings kann man laut Wedgwood keine absolute Gewissheit erlangen, dass man in seinen normativen Überzeugungen nicht irrt.[41] Meine normativen Überzeugungen, wie dass z. B. Genozid nicht erlaubt ist, werden nie den Grad an Rechtfertigung und Verlässlichkeit erzielen, wie ich davon überzeugt bin, dass 2+2=4 ist oder dass ich jetzt auf einem Stuhl sitze. Wedgwood vertritt hier eine Form des Fallibilismus.[42] Gleichzeitig betont er, dass ich zu Recht behaupten kann, dass meine normativen Überzeugungen für mich vernünftig sind und ich ihnen mehr vertrauen muss als anderen. Welchen Grad an Rechtfertigung ich für eine normative Überzeugung benötige, lässt sich nicht unabhängig vom Kontext entscheiden.

---

[40] Vgl. ebd., 262.
[41] Vgl. ebd., 264f.
[42] Ebd., 266: „It is one of the hard facts of life that we must act in spite of lacking the sort of certainty in the rightness of our conduct that we quite rationally wish to have."

3. „Gottes Plan" als Anfang oder Grund meiner Pläne?

Was würde Wedgwood auf Anscombes provokante Frage, warum sie ihren Gemüsehändler bezahlen soll, antworten? Vermutlich würde er ihr antworten, dass man keinen göttlichen Gesetzgeber bemühen müsse, um die Verbindlichkeit des Zahlens zu erklären. Vielmehr sollten wir darauf achten, dass
– die richtige Disposition für dieses Problem sensibilisiert ist,
– ihre Funktionsweise nicht von anderen Dispositionen beeinträchtigt ist,
– und so rationale wie korrekte normative Überzeugungen gebildet werden können.
Bin ich dann davon überzeugt, dass ich meinen Gemüsehändler bezahlen soll, verpflichtet es mich rational, diese Intention als Teil meines Plans zu übernehmen. Die normativen Überzeugungen selbst sind praktisch und objektiv. Um dies zu verstehen, benötigen wir laut Wedgwood kein magisches Wirklichkeitsverständnis oder eine mysteriöse Erkenntnisfähigkeit: Pläne, Vorstellungen, Intentionen beziehen sich auf reale Tatsachen; planvolles Denken und Urteilen sind rational, wenn kohärent und korrekt, wenn Pläne und ihre Intentionen ihr tatsächliches Ziel erreichen können. Um die Eigenart normativer Überzeugungen zu erklären, benötigen wir demnach keine Vorstellung von einer unbedingten Autorität über uns oder womöglich einem moralisch allwissenden Schöpfer, der auch das Innerste unserer Herzen kennt. Auch ohne religiöse Überzeugungen sind wir hinreichend disponiert und entsprechend fähig, normative Vorstellungen zu bilden und zu rechtfertigen. So gesehen, scheint nichts Defektives daran zu sein, wenn wir ohne religiöse Bezüge normativ denken, argumentieren und handeln. Im Gegenteil, es ist mit Sicherheit defektiv, nicht rational korrekte normative Überzeugungen bilden und realisieren zu wollen, weil es dem „Wesen" von Normativität widerspricht.

Letzteres würden auch die zwei skizzierten Varianten naturrechtlichen Denkens unterstreichen. In der Regel mündet in der gegenwärtigen römisch-katholischen Moraltheologie die Vorstellung eines göttlichen Gesetzgebers[43] nicht in ein voluntaristisch begründetes

---

[43] Vgl. Konzil von Trient, Canon 21: „Wenn Jemand sagt, Christus Jesus sei von

Naturrecht oder in eine „missbrauchte"[44] Kasuistik. Diese Formen normativen Denkens führten in ihrer Anfangszeit durchaus offene Auseinandersetzungen mit bestehenden Herausforderungen.[45] So gab es in der Klassischen Kasuistik (16–17. Jahrhundert) eine fruchtvolle und konstruktive Performation zwischen menschlicher Natur und Erfahrung auf der einen und moralischem Denken und Prinzipien auf der anderen Seite. Normative Erfahrungen und bestehende Prinzipien mit ihren Schlussfolgerungen forderten sich wechselseitig heraus. Im 18. Jahrhundert kam diese dynamische Interdependenz weitgehend zum Erliegen. In der römisch-katholischen Moraltheologie verfestigte sich eine zirkulär-geschlossene und deduktiv-legalistische Manier normativen Denkens:[46] Eine Norm war zeitlos richtig, weil natürlich; sie war natürlich, weil gottgewollt; sie war gottgewollt, weil zeitlos richtig. Normen waren deduktiv-logische Anwendung idealisierter Prinzipien auf den Einzelfall.[47] Das Naturgesetz bestand aus unveränderlichen Vorschriften und Verboten. Diese waren für jeden Menschen in jeder Kultur gültig. Dies wurde begründet mit einer unveränderlichen teleologischen Ordnung, die im Wesen eines jeden Menschen angelegt sei. Diese lasse sich in ebenso unveränderlichen Gesetzen ausdrücken, die letztlich eine Manifestation des göttlichen Schöpferwillens selbst sind.[48]

Viele Moraltheologinnen und Moraltheologen lehnen heutzutage eine solche Naturmetaphysik als naiven Essentialismus ab und verstehen die menschliche Natur geschichtlich und unterbestimmt.[49] Was die menschliche Natur ist, erschließt sich uns immer partiell

---

Gott den Menschen gegeben als Erlöser, auf den sie vertrauen, nicht aber auch als Gesetzgeber, dem sie gehorchen sollen: der sei ausgeschlossen."

[44] Vgl. *A. R. Jonsen/St. Toulmin*, The Abuse of Casuistry. A history of moral reasoning, Berkeley 1989.

[45] Vgl. *J. F. Keenan*, A History of Catholic Moral Theology in the Twentieth Century. From Confessing Sins to Liberating Consciences, London 2010, 3f.

[46] Vgl. *St. Ernst*, Grundfragen theologischer Ethik, München 2009, 133f.

[47] Vgl. als Bsp. einer manualistischen Moraltheologie: *H. Jone*, Katholische Moraltheologie, Paderborn 1949.

[48] Vgl. *K. Arntz, P. Schallenberg*, Ethik zwischen Anspruch und Zuspruch. Gottesfrage und Menschenbild in der katholischen Moraltheologie, Freiburg (Schweiz) 1996; *P. Schallenberg*, Naturrecht und Sozialtheologie. Die Entwicklung des theonomen Naturrechts der späten Neuscholastik im deutschen Sprachraum (1900–1960), Münster 1993.

[49] Vgl. *E. Schockenhoff*, Naturrecht (s. Anm. 19), 128–129. 290–291.

und im interdisziplinären, multiperspektivischen Dialog. Normative Überlegungen sollen der Wirklichkeit zugewandt sein und müssen selbstverständlich wissenschaftliche Erkenntnisse berücksichtigen. Dessen ungeachtet lassen sich Normen nicht aus Naturerkenntnissen ableiten. Denn nicht Naturerkenntnisse, sondern vernünftiges Denken begründet moralische Urteile.[50] Ebenso erkennt jemand das moralisch Gesollte weniger in Normen, die aus Prinzipien deduziert werden. Vielmehr findet man die korrekte normative Überzeugung, wenn die konkrete Situation in ihrer Komplexität betrachtet wird. Das (hermeneutische) Vermögen, für einen selbst die richtige Norm für eine entsprechende Situation zu finden, entfalten viele Moraltheologinnen und Moraltheologen mithilfe des schillernden Begriffs „Epikeia/Epikie"[51] oder der „Klugheit"[52].

Das, was ich tun soll, lässt sich nicht aus Naturerkenntnis oder universal gültigen Normen ableiten. Vielmehr verdunkeln solche Ansichten unsere Fähigkeit, die eigenen normativen Überzeugungen zu rechtfertigen bzw. die für einen selbst richtige Norm für eine entsprechende Form zu finden.[53] Vernunfttheoretische Ansätze des Naturrechts wollen auf der einen Seite keinen naturalistischen Fehlschluss begehen, andererseits geben sie sich nicht mit einem rein prozeduralen Vernunftbegriff zufrieden.[54]

Die Normativität von Überzeugungen und Handlungen ist nicht primär hinsichtlich ihrer natürlich-biologischen Eigenschaften oder der Logik bestehender Normen zu bewerten. Vor dem Hintergrund der hier vorliegenden Untersuchung ist für die Normativität das Verhältnis zwischen meinem Denken und Tun und meinem Plan entscheidend. Was dies konkret bedeuten kann, lässt sich anhand von Stephen Popes Überlegungen zur Frage nach der moralischen

---

[50] Vgl. *W. Korff*, Natur oder Vernunft als Kriterium der Universalität des Sittlichen? in: Concilium 17 (1981), 831–836.
[51] Vgl. *G. Virt*, Epikie – verantwortlicher Umgang mit Normen. Eine historisch-systematische Untersuchung, Mainz 1983; ders., Art.: Epikie, in: LThK³ 3, 715.
[52] Vgl. *M. Rhonheimer*, Praktische Vernunft und Vernünftigkeit der Praxis. Handlungstheorie bei Thomas von Aquin in ihrer Entstehung aus dem Problemkontext der aristotelischen Ethik, Berlin 1994, 359–366; ders., Die Perspektive der Moral. Philosophische Grundlagen der Tugendethik, Berlin 2001, 201.
[53] Vgl. *J. Fuchs*, Für eine menschliche Moral. Grundfragen der theologischen Ethik, IV: Auf der Suche nach der sittlichen Wahrheit, Freiburg i. Br. 1997.
[54] Vgl. *F.-J. Bormann*, Natur (s. Anm. 19).

Bewertung gleichgeschlechtlicher Partnerschaft zeigen. Pope schlägt vor, die Moralität von gleichgeschlechtlichen Ehen nicht durch das biologische Geschlecht der betroffenen Personen bestimmen zu lassen, sondern ob elementare Ziele wie „Treue" in solchen Verbindungen realisiert werden können.[55] Demnach ist die zentrale ethische Frage nicht, ob mein Verhalten mit meiner Biologie übereinstimmt, sondern ob ich dadurch meine Lebenspläne verwirkliche. Hierbei sind *meine* Pläne keine private Angelegenheit. „Meine" ist so zu verstehen, dass es um die Normativität mit ihren Rationalitätsanforderungen geht, welche das jeweilige Subjekt in seinem Denken und Tun erfährt. Gleichzeitig sind meine normativen Vorstellungen hinsichtlich meines Planes nie statisch, abstrakt unveränderbar, sondern flexibel, da neue Erkenntnisse über die Wirklichkeit hinzukommen und alte verblassen.

Doch welche Orientierung geben bzw. welchen Einfluss auf die moralische Urteilsbildung haben die für eine Religion typischen Instanzen wie Offenbarung, kirchliche Lehrautorität und Tradition? Ist die Beziehung zwischen Glauben und dem hier dargelegten Verständnis von Normativität motivationaler, rationaler, formaler oder inhaltlicher Natur? Diese grundsätzliche Frage wurde in der deutschsprachigen römisch-katholischen Moraltheologie in der Debatte zwischen zwei ausgewiesenen Denkrichtungen einer sogenannten Glaubensethik und der sogenannten Autonomen Moral ausgetragen. Vertreterinnen und Vertreter einer Glaubensethik problematisieren die Abstraktheit und Neutralität des ethischen Vernunftbegriffs.[56] Ihnen zufolge benötigt der Mensch auch in materieller Hinsicht Glaubenseinsichten, welche das sittliche Vernunftvermögen „reinigen" und „vertiefen".[57]

Jemand, der in der ersten Reihe der Protagonisten der Autonomen Moral stand, war der Tübinger Moraltheologe Alfons Auer[58].

---

[55] Vgl. *St. Pope*, Scientific and Natural Law Analyses of Homosexuality. A Methodological Study, in: Journal of Religious Ethics 25 (1997), 89–126; *ders.*, Reason and Natural Law, in: Oxford Handbook of Theological Ethics, Oxford 2007, 148–67; *J. F. Keenan*, History (s. Anm. 45), 177–8.

[56] Vgl. *J. Ratzinger/H. Schürmann/H. U. v. Balthasar*, Prinzipien christlicher Moral, Einsiedeln 1975.

[57] Vgl. *G. Ermecke*, Katholische Moraltheologie am Scheideweg, in: MThZ 28 (1977), 47–54; *B. Stoeckle*, Flucht in das Humane, in: IKaZ 6 (1977), 312–25.

[58] Vgl. *A. Auer*, Autonome Moral und christlicher Glaube, Düsseldorf ²1989.

Ihm zufolge kann die christliche Ethik nicht an bestimmten Normen und Inhalten festgemacht werden. Auf der Linie der klassischen naturrechtlichen Tradition versteht er die sittliche Autonomie des Menschen so, dass jeder Mensch das moralisch Richtige mithilfe des Gewissens bzw. der praktischen Vernunft erkennt. Und das gilt für alle Menschen. Der Glaube hingegen bietet bzw. sagt jedem Einzelnen einen neuen Sinnhorizont für sein vernünftiges Denken und Handeln zu. Der Normbildungsprozess geschieht auf vernünftige Weise und diesem wird durch den Glauben material nichts hinzugefügt. Jedoch beeinflusst der Sinnhorizont des christlichen Glaubens den Prozess der Normfindung und -begründung indirekt, insofern er die moralischen Überzeugungen kritisiert, stimuliert und integriert. James F. Keenan würdigt Auer folgendermaßen: „Auer put conscience front and center. He built the foundations of a contemporary theological anthropology on the assertion that the domain of theological ethics is the moral subject called by God in conscience to realize through critical reason a morally upright life responsible to God, the self, the neighbor, and the world."[59]

Es bleibt eine fortlaufende systematische Herausforderung, das Verhältnis zu klären zwischen der Autonomie und der Freiheit des Menschen und dem, worauf es im Christentum vor allem anderen ankommt. So kritisiert Frans Vosman, dass die Moraltheologinnen und Moraltheologen im säkularen Diskurs zu viel aufgeben, wenn sie ihre Glaubenseinsichten außen vor lassen. Er plädiert für eine „bescheidenere Autonome Moral". In dieser ist der Mensch, bevor er autonom Handelnder ist, bezogen aufeinander und letztlich auf Gott.[60] Klaus Demmer bestimmt in seinem hermeneutischen Ansatz die Beziehung zwischen Vernunft und Glaube nicht als dichotom oder konkurrierend,[61] sondern als dialektisch. Der Glaube zeigt die volle Wirklichkeit bzw. das volle Menschsein, zu dem eine jede Person verwirklicht werden kann. Wie bei den meisten katholischen Moraltheologen ist bei Demmer der Autonomiebegriff relational

---

[59] *J. F. Keenan*, History (s. Anm. 45), 179.

[60] Vgl. ebd., 109.

[61] Vgl. *E. Schockenhoff*, Theologische Ethik, in: C. P. Sajak (Hg.), Christliches Handeln in Verantwortung für die Welt (Theologie studieren Modul 12), Paderborn 2015, 114–118.

und letztlich theonom bestimmt.[62] Mit dem Begriff „Theonome Autonomie" will Franz Böckle deutlich machen, dass der letzte Grund der praktischen Vernunft und des Freiheitsvollzugs des Menschen Gott ist, der den Menschen ruft.[63] Allerdings ruft Gott nicht jeden Einzelnen, indem er Gebote und Verbote erlässt. Böckle stellt diesem Gottesbild als materialem Gesetzgeber ein transzendentaltheologisches Modell[64] entgegen: Es bleibt dabei, dass sich der Mensch frei und vernünftig bestimmen kann. Der eigentliche Zweck der menschlichen Freiheit ist die menschliche Selbstverwirklichung. Gott als letzten Grund meiner sittlichen Verpflichtung anzuerkennen, heißt zum einen, die Abhängigkeit, Kontingenz meines geschöpflichen Status als Mensch anzuerkennen (z. B. das klassische Axiom „Sollen setzt Können voraus"); zum anderen die Unbedingtheit des Rufes einer vernünftigen Selbstverwirklichung zur Nachfolge.[65]

Um die vorangegangenen Überlegungen zur Normativität aufzugreifen, könnte in diesem Zusammenhang der Planbegriff als transzendentale, unthematische Kategorie verstanden werden. Es geht hier um eine Öffnung – Offenbleiben für sich selbst, letztlich um eine Offenheit, das für sich Gute und Richtige erfahren zu können. Im Christentum wird diese originale Öffnung möglich als Antwort des Menschen auf einen zuvorkommenden und unbedingten Ruf Gottes. Gleichzeitig ist der Ruf, zu lieben, immer auch der Ruf, richtig zu lieben. Es geht darum, aus Liebe diese Liebe richtig zu realisieren. Der Plan bleibt unthematisch, transzendental. Er kann nur in jeder einzelnen Wahl und Entscheidung erkannt werden. Versteht man Plan als transzendentale, unthematisch gegebene Kategorie, so heißt dies auch, dass der Plan mir nicht vollkommen thematisch bewusst ist oder reflexiv verstanden wird, weil menschliche Existenz begrenzt und kontingent ist. Welcher Mensch kann wirklich ernst-

---

[62] Vgl. K. Demmer, Moraltheologische Methodenlehre, 71–74; J. F. Keenan, History (s. Anm. 45), 177–188.

[63] Vgl. F. Böckle, Fundamentalmoral, 85–91; vgl. auch: E. Schockenhoff, Theologie der Freiheit, Freiburg i. Br. 2016; ders. Erlöste Freiheit – Worauf es im Christentum ankommt, Freiburg i. Br. 2012, 61–63.

[64] Vgl. auch M. Rosenberger, Frei zu leben. Allgemeine Moraltheologie, Münster 2018.

[65] Vgl. F. Böckle, Theonome Autonomie. Zur Aufgabenstellung einer fundamentalen Moraltheologie, in: G. Gründel u. a. (Hg.), Humanum. Moraltheologie im Dienst des Menschen, Düsseldorf 1972, 17–46.

haft von sich behaupten, dass er einen Plan für alle Situationen hat, die das Leben für ihn bereithält? Ein Plan in der Form eines Katalogs universal gültiger Normen würde eine für uns nicht erreichbare Allwissenheit über alle möglichen Kombinationen von Situationen und Handlungen voraussetzen. Nur wenn wir eine Handlung und Situation vollumfänglich betrachten, können wir zu objektiven – weil der Wirklichkeit gerechten – moralischen Überzeugungen gelangen. So ist der Plan keine reine Abstraktion, sondern er drückt sich in einzelnen Handlungen und im Denken aus. Und mein Denken und Tun wirkt sich auf meinen Plan aus.

Personenregister

Autorenverzeichnis

Dirk Ansorge, Prof. Dr., geb. 1960, Studium der Katholischen Theologie. Professor für Dogmatik und Dogmengeschichte an der Philosophisch-Theologischen Hochschule Sankt Georgen in Frankfurt am Main.

Christina Aus der Au, Prof. Dr., geb. 1966, Studium der Philosophie und Evangelischen Theologie. Professorin für Religion, Ethik und Politik an der Pädagogischen Hochschule Thurgau (CH).

Christoph Böttigheimer, Prof. Dr., geb. 1960, Studium der Katholischen Theologie. Professor für Fundamentaltheologie an der Katholischen Universität Eichstätt-Ingolstadt.

Christof Breitsameter, Prof. Dr., geb. 1967, Studium der Philosophie und Katholischen Theologie. Professor für Moraltheologie an der Universität München.

Stephan Ernst, Prof. Dr., geb. 1956, Studium der Philosophie und Katholischen Theologie. Professor (em.) für Theologische Ethik – Moraltheologie an der Universität Würzburg.

Reinhold Esterbauer, Prof. Dr. Dr., geb. 1963, Studium der Philosophie und Katholischen Theologie. Professor für Philosophie an der Universität Graz.

Alexis Fritz, Prof. Dr., geb. 1976, Studium der Philosophie und Katholischen Theologie. Professor für Moraltheologie an der Katholischen Universität Eichstätt-Ingolstadt.

Ulrich Lüke, Prof. Dr., geb. 1951, Studium der Philosophie, Katholischen Theologie und Biologie. Professor (em.) für Systematische Theologie an der Universität Aachen.

Matthias Perkams, Prof. Dr., geb. 1971, Studium der Philosophie, Katholischen Theologie und klassischen Philologie. Professor für Philosophie an der Universität Jena.

Andreas Reitinger, Dr., geb. 1977, Studium der Katholischen Theologie, Philosophie und Politikwissenschaft. Referent an der Katholischen Akademie des Bistums Hildesheim.

Michael Rosenberger, Prof. Dr., geb. 1962, Studium der Katholischen Theologie. Professor für Moraltheologie an der Katholischen Privatuniversität Linz.

Wolfgang Schoberth, Prof. Dr., geb. 1958, Studium der Soziologie, Philosophie und Evangelischen Theologie. Professor für Systematische Theologie an der Universität Erlangen-Nürnberg.

Henning Tegtmeyer, Prof. Dr., geb. 1968, Studium der Philosophie und Germanistik. Professor am Centre for Metaphysics, Philosophy of Religion and Philosophy of Culture an der KU Leuven.

Kristin Weingart, Prof. Dr., geb. 1974, Studium der Evangelischen Theologie und Judaistik. Professorin für Altes Testament und Geschichte Israels an der Universität München.